張大可文集

中國文獻學

第十卷

创于1897
商務印書館
The Commercial Press

图书在版编目(CIP)数据

中国文献学/张大可著．—北京：商务印书馆，2013
（张大可文集）
ISBN 978－7－100－09389－7

Ⅰ．①中…　Ⅱ．①张…　Ⅲ．①史籍-文献学-中国
Ⅳ．①G257．35

中国版本图书馆CIP数据核字(2012)第202573号

中国文献学
张大可　著

商　务　印　书　馆　出　版
（北京王府井大街36号　邮政编码100710）
商　务　印　书　馆　发　行
北京德富泰印务有限公司
ISBN 978－7－100－09389－7

2013年5月第1版　　　　开本　640×980　1/16
2013年5月北京第1次印刷　　印张　32

定价：128．00元

内容提要

本卷《中国文献学》，编列文集为第十卷。该书既是作者编著的一部高校教材，也是作者建构综合性通论文献学理论的尝试。作者认为，《中国文献学》不是传统文献工作产生的分支文献学，即目录学、版本学、校勘学等的叠加，而是20世纪产生的一门综合型的文献学新兴学科，它的理论建构还在探索之中。该书重新定义文献，指出："一切人类社会实践活动的史实和经验，通过某种载体表现的文字资料、图物资料、音像资料等等，均为文献。"文献学应以一切历史文献为研究对象，也就是包括古今文献为研究对象的新理论。全书十二章，前十章以20世纪传世的古文献和新增的历史文献为对象，考察它的载体形式、内容类别、整理利用以及历史发展四个方面的内容，别具一格。第十一章为本次入集时所增，从作者主编的《中国历史文献学》中移来。本章补充论述中国文献学发展的历史与成就，回照全书。《中国历史文献学》是本书《中国文献学》的前身。读者对照两书的目录，可以领略作者建构中国文献学理论探索的足迹。第十二章继续探讨文献学理论的架构。书后两个附编。附编一，典籍评介四篇，为相关的文献研究。附编二，收录作者主编三部高校教材《中国历史文选》、《中国历史文献学》、《史记教程》的前言，从一个侧面记录作者致力于教材建设的艰辛历程。

自　序[①]

中国文献学既年轻而又古老。说它年轻，是因为“文献学”这一概念是20世纪产生的新名词。“文献学”的建构是20世纪80年代后正式兴起的学问，它的理论建构还在探索之中，并未形成定式。说它古老，是因为中国文献学是一门传统的学科，它是中国悠久文化历史的产物。中国文献学的产生，从孔子整理六经算起已有2400多年的历史，传统文献工作积累了丰富的经验，产生了许多分支文献学科。但是古代没有“文献学”的概念，而只有“文献”的定义，于是有学者认为：古代只有文献工作，没有文献学。这个说法是值得商榷的。有文献工作，就有文献学。所谓“学”，就是实践经验的总结与升华，是实践工作的理论积淀。任何一门学问都不能凭空产生。某一门学问的实践工作，它既是基础，也是这一门学问的构成部分。也就是说，文献工作本身就是文献学的构成部分。

于是又有了另一个极端，把整理文献的基础工作所产生的目录、版本、校勘等分支学科叠加起来叫做“文献学”，这也是不科学的。任何一门学科，都有它的研究对象、研究范围与目的和方法。目录、版本、校勘，既然是各自独立的学科，有各自独立

① 本文是初版自序，保留以见写作历程。

的研究对象、研究范围与目的和方法，那末叠加起来的“文献学”，它的研究对象、研究范围与目的和方法在哪里？被叠加的几大块与叠加起来的总体，岂不是完全重合的码？显然叠加起来的“文献学”是一个空头的学科，因此是不能成立的。换句话说，“文献学”不是目录、版本、校勘的叠加，而是一门独立的学科。“文献学”既然是20世纪新生的名词，它应当是20世纪新生的学科，所以是年轻的。由于“文献学”是以古今的一切文献，以及古今一切文献分支学科为研究对象，它不能脱离目录、版本、校勘等而独立存在，所以又是古老的。

如何解读这种关系呢？还得从头说起。

中国传统文献学，或称古典文献学，省称古文献学，它由许多分支文献学组成，一是由校雠工作而发展演化出目录学、版本学、校勘学、考据学、辨伪学、辑佚学；再是由经学讲习传授而演化出文字学、音韵学、训诂学、注疏学等。文献的数量与日俱增，文献工作不断发展，因此，古文献学的各分支文献学是逐渐积累发展起来的。20世纪文献大发展，文献工作随之发展，因而产生了新的文献学分支学科，大体说有三个系统。一是伴随新型出版社和图书馆的产生这一新生事物，产生了编辑学、图书馆学、图书馆目录学、索引书目学、文献检索学、文献情报学等；二是科技与文化发展，产生文献新载体，从而产生了载体学、电子文献学、古籍整理学、今注今译学；三是新材料发现，产生文献学的相关学科甲骨学、简牍学、古文书学、档案学等。20世纪新增的这些文献学分支学科，可总称为现代文献学。古典文献学与现代文献学总称就是“中国文献学”。但这只是广义上的“中国文献学”，仅仅是一个称谓，不具有理论建构，不是一门学科。

学术的发展是不断地深入和分支，同时也要求有不断的综合。文献工作的深入发展，产生了众多的分支文献学，而如何总结这些分支文献学的经验，把握各分支文献学的发展规律，上升为指导性的理论学科，这就是综合型的通论文献学，即狭义文献学。狭义文献学以广义文献学的各分支文献学为考察对象、研究范围，进行综合的理论归纳，有对象、有范围、有目的，所以是一门新生的学科。在这里，广义文献学与狭义文献学二者的关系，前者是后者的研究对象，后者是前者的理论归纳。因此，狭义文献学考察叙述的内容，仍然是目录、版本、校勘等，但它不是这些分支文献学的叠加，而是升华、总结这些分支文献学的经验，纳入一个宏观的体系之中，成为文献学的高超层次。各分支文献学是基础学科，也是实证学科，分支文献学是微观狭小范围的理论总结，文献学是宏观综合范围的理论总结，是高级形式通论文献学理论。

在中国旧学者的思考中，把文献学泛称为校雠学和考据学，始终摆脱不了产生目录学、版本学、校勘学当时的学术环境与基础。由于这一思维定式的惯性波及，使20世纪80年代以来产生的几十部“文献学”论著，十之八九仍徘徊在古典文献学的樊篱之中。他们考察文献的范围到“五四”为止，以古籍为界域，看不到新生文献的发展，漠视新文献工作的主流形态，至今还没有一部现代文献学的产生，这个偏差应予纠正。

文献学是总结文献工作之学。文献在发展，文献工作在发展，文献学也理应向前发展。让我们看一看20世纪文献工作的特点。

20世纪是人类社会步入电子时代快速发展的新世纪，科技文化的高涨，使全社会人民大众文化整体素质提高。书面语与口语的统一，是社会进步的一大标志。中国的“五四”运动，结束了文言文写作的传统积习，社会进步，教育发达，白话文写作，这一切带来了作者队伍的空前壮大，各种写作人群以百万计。另一方面，社会需求，精神食粮已成为社会全体人群每日必需的消费品，再加上现代印刷具有无限的生产能力，20世纪文献的生产以几何级数成百倍地增长。我国在20世纪80年代改革开放以来，每年出版的图书发行量就达五六亿册，还有报刊、杂志、媒体文献，数不胜数。事物的发展，总是量变引发质变。20世纪的文献工作，就是由于当代文献数量的急剧增加，改变了文献工作的主流形态，出现了许多新的特点。具体说，主要有以下几个方面。

第一，传统文献工作是学术型的整理旧籍，宗旨是修复还原所整理的文献原貌，20 世纪产生了服务型的文献工作，即图书馆业务，宗旨是大规模收藏图书，向社会开放，于是产生了图书馆目录与图书馆检索的文献工作，并产生了新的文献分支学科，即图书馆学与文献检索学。正是由于图书馆目录的发展，突破了传统的四部分类，革新了目录学。

第二，传统文献工作，以专业文献学者为主体进行综合整理，版本、校勘、考据、辨伪、结集、收藏等一系列文献工作，一条鞭完成，毕其功于一役。古代国家大规模整理图书，尤其如此，如西汉刘向校书，清代修纂《四库全书》就是适例。私人刻书与收藏整理也大体如此。20 世纪文献工作以个人为主体的综合性整理日益淡出，而社会分工与群体协作的专项文献工作成为主流形态。这就是当代古籍整理，它由学术团体、社会学者、出版社与图书馆，诸多部门协作完成，并且成为经常性的程式工作。

第三，文献工作是还原旧籍，学术研究是解读历史文献内涵，两者有很大区别。20 世纪产生了文献工作与学术研究两者交融而不可分割的新学问，那就是 20 世纪新材料带来的新学问，即甲骨学、简牍学、敦煌吐鲁番古文书学，以及考古学。这些领域的文献工作与学术研究是兼容的，也是 20 世纪前传统文献工作所没有的。

第四，20 世纪科技日新月异，于是产生了不断拓展载体转换的文献工作。从技术角度说，当代古籍整理就是印刷载体的转换，古籍整理的现代化就是电脑与网络为载体的转换，这已是不可抗拒的潮流。

20 世纪文献工作的上述特点，已生动地表明，乾嘉时代的旧学高峰已成历史，新学的潮流浩浩荡荡，文献学建构怎能固步自封囿于“五四”以前的旧籍呢？

不可置疑，经历 2400 多年积淀的古典文献学各个分支学科所创立的理论和经验，是文献整理的基础工作，例如目录、版本、校勘、考据、辨伪、辑佚等，只要有文献整理，这些基础工作都是不能改易的。整理“五四”以前的旧籍，四部分类的目录也是最完善的。但是一部综合型的文献学理论，它应贯通古今，包括新学与旧学，以古今一切文献为对象，所以这是一门新学问，而不是旧学分支的叠加，文献学的分支学科是专门之学，其基础是微观研究，而综合型的文献学是宏观概括，它以总结各分支文献学微观研究的成就、经验、方法，升华为综合型的宏观理论，对考察文献工作的走向提供指导。

20 世纪是旧学与新学的一个过渡时期。20 世纪上半叶，旧学还占主导，新学延生；20 世纪下半叶，特别是改革开放的 20 年，新学占了主导。构建综合型的文献学理论，也是 20 世纪 80 年代才成型的。因此“中国文献学研究一百年”，可以有两个思路：一是只总结“20 世纪的古典文献学”，只讲旧学，不讲新学；二是总结“20 世纪的文献学”，或称“现代文献学”，包括旧学与新学。本书采取第二个思路，因此，对文献学的定义，采用“以一切历史文献为研究对象”的新理论，用以反映 20 世纪整个时段的文献内容与文献整理工作，而不囿于古文献的范围。具体说，“中国文献学研究一百年”的内容和任务，就是要概括整个 20 世纪这一时间段的整体文献学，它以 20 世纪传世的古文献和新增的历史文献为研究对象，考察它的载体形式、内容类别、整理利用，及其历史发展四个方面的内容，同时进行现代综合性通论文献学理论建构的尝试。[①] 目前学术界出版的诸多文献学论著，基本上仍停留在传统古文献学几大块的研究范围内，所综合的理论仅仅是对传统文献学一个阶段性的总结。如果目光只囿于传统的古文献学，那么文献学的旧框架就无法打破，这不仅远离实际，而且全新体系的文献学理论将永远无法建立，这是有悖于学科发展的。由于 20 世纪文献与文献整理工作的迅猛发展，反映这一时代的文献发展与文献整理工作，建立全新体系的文献学，义不容辞地落在我们的肩上。为此，本书作者不揣简陋，借福建人民出版社出版“20 世纪中国人文学科学术研究史丛书”的机会，大胆地进行文献学理论的建构，以期抛砖引玉，收效于将来。

① 笔者 1988 年组织《中国历史文献学》的编写就是按这一思路建构的。因此该书为编、章结构，详本书后附编二该书前言。

最后，我要感谢福建人民出版社的气魄，给我提供了一个机会。制定和组织“20世纪中国人文学科学术研究史丛书”，抓住了20世纪时代变革的特点，总结这100年的学术成果将在中国学术史上产生巨大影响。我还要感谢协助出版社主持这一计划的著名学者傅璇琮先生。是他的信任交给了我这一任务。时间是2002年秋，希望我在2003年完成。由于我手头正在统稿“史记研究集成丛书”的工作，力争在2004年出版。这套丛书十四卷有八百万字的规模，要在一年多的时间完成统校，本身压力就很大。因此2003年我无法转移工作重心，于是承诺在2004年3月底交稿。浙江师大中年教授俞樟华与我长期合作，共同主持“史记研究集成工作”，于是我请樟华同志与我共同承担，又恰值樟华同志因眼疾需要休息，暂时不能展开工作。但在困难条件下，樟华同志仍然搜集了百余万字的资料，提供20多本参考书，其精神感人。我凭借这些资料和参考书断断续续生产零件，一个一个问题在间隙中完成。本书出版，我与樟华同志合署发表。南京大学图书馆中文采编部陈远唤主任协助第十章电子文献一节的写作，弥补了我的不足。2003年底，“史记研究集成”工作告一段落，完成统稿付排版，于是回过头来组装这部文献学书稿，总算在计划时间内完成了初稿，这时又要投入“集成”的校对工作。这部“文献学”的校对、修改又陷入了间隙工作，当二校完成，杀青已定，已是2004年五月十五日了，离预定交稿时间拖了一个多月。在整个工作进程中，傅璇琮先生始终予以坚定的信任与支持，不断督促，才得以完成。如果没有福建人民出版社和傅璇琮先生的坚定支持和信任，这部书稿是不会产生的。为此，再次表示衷心的感谢。

我对文献学研究不够，水平有限，加之时间匆忙，自己很不满意，本书的理论建构也只是一种探索，说不上是“一家之言”。如前文所述，权作抛砖引玉吧。

张大可

2004年5月15日

目 录

第一章　绪　论

本章对文献学的基本理论和20世纪文献学内涵的架构模式做概略的探讨，为全书之纲。

第一节　文献与历史文献新界说

文献，是人类社会进入文明时代的产物，它记录了人类活动的全部历史和经验，并伴随着人类文明的进步而不断发展。因此，“文献”一词的含义在不断的变化与扩大。由于“文献”一词的内涵与外延是“文献学”的理论基础，因此，“文献学”的内容也是伴随“文献”词义的扩大而发展。“文献”词义的变化是怎样随历史的变迁而发展，当今对“文献”的词义应赋予什么样的新的理念，这是首先要弄明白的。

一、文献的本义

“文献”二字连用，最早出自孔子的言论，记载于《论语·八佾》篇中。孔子说：“夏礼，吾能言之，杞不足征也；殷礼，吾能言之，宋不足征也。文献不足故也。足，则吾能征之矣。”汉、宋大儒郑玄、朱熹等以典籍释文，以贤人释献。清人刘宝楠《论语正义》更明确地解释说：“文谓典策，献谓秉礼之贤士大夫。”近人刘师培在《文献解》中进一步申说云：“仪、献古通。书之所载谓之文，即古人所谓典章制度也；身之所习谓之仪，即古人所谓动作威仪之则也。”又说：“孔子言夏、殷文献不足，谓夏、殷简册不备，而夏、殷之礼又鲜习行之士也。”上述诸儒解释“文献”词源本义甚确。“文”，指典籍文章；“献”，指耆旧先贤所熟悉的各种礼仪，以及耆旧先贤的见闻、言议与事迹。由于在上古时代，文字记录以甲骨、金石、简牍等物质材料为载体，书写十分困难，因此历史及知识的传授，大量是通过口耳传闻，少量的才是文字记录。《史记·十二诸侯年表序》就指出，孔子作《春秋》，“七十子之徒口受其传指”，于是有左氏、公羊、谷梁三家不同的传授记录。司马迁说：“鲁君子左丘明惧弟子人人异端，各安其意，失其真，故因孔子史记具论其语，成《左氏春秋》。”这说明在左氏成书之前，《春秋》的传授是口耳相传。公羊、谷梁两家，更晚于战国时成书，口耳相传的时间更长。孔子的《论语》也是由门人弟子“相与辑而论纂”成书的。夏、商、周三代学在官府，也是和当时的物质条件分不开的。口耳相传历史与有知识的耆旧贤士自然受到人们的尊敬，被称为“圣”、“善”、“哲”、“贤”，他们是知识的载体，统称为“献”。

孔子慨叹夏、殷之礼久远，而夏、殷的后代杞、宋两国保存的文字典籍不多，口耳传授知识的贤士大夫寡少，无法考实。要是杞、宋两国文与献两方面的材料充足，夏、殷之礼就能够验证了。这表明孔子鲜明地认识到叙述历史，考核史事，需要充足的文献做根据，他晚年致力于六经的整理，就是要为历史保存文献。而正是由于孔子整理六经的文献工作，萌芽和产生了文献学。

二、文献含义的演变

宋末元初，马端临以“文献”二字名其书，曰《文献通考》，并在该书“总序”中作了具体而明确的阐释。马端临说：“凡叙事，则本之经史，而参之以历代会要，以及百家传记之书，信而有证者从之，乖异传疑者不录，所谓文也。凡论事，则先取当时臣僚之奏疏，次及近代诸儒之评论，可以订典故之得失，证史传之是非者，则采而录之，所谓献也。”马氏的《文献通考》，不是通考“文献”的文献学，而是一部贯通历代典章制度的政书。他之所以认真地辨析“文”与“献”，旨在说明《文献通考》的取材，主要有两个来源，一是图书资料，二是名流言议，并在行文中加以区别。凡是顶格写的，都是书本记载；凡是低一格写的，都是名流言议。正因为“文”与“献”两字有不同的含义，而又为孔子所连用取证，使得古代学者把书本记载与传说口碑、名人言议并重，产生了积极的影响。

不过细细推敲，马氏笔下的“文献”二字，含义已有了变化。孔子所说的“献”，指贤者身之所习与口传的知识，而马氏换题为“论事”，凡臣僚奏疏、诸儒评论、稗官记录都包括其中，这些已经是“文”的范围。马氏论事中的“名流燕谈”还保留了“献”的本始意义。这一部分，直到今天还有它的遗迹。例如采访的调查报告，记录硕学以及各行艺术大师的口述资料，还有民间一些风俗礼仪的演习与整理，都需要请教那些熟悉方方面面掌故的人。

马端临对“文献”一词所下“叙事”与“论事”的定义，实际缩小了原始“文献”词义的范围，只认定“文字记载”才是“文献”，非文字记载的知识载体就不是“文献”。按这一定义，“文物”就不属于文献。因此，人们一提起“文献”，就总是与图书、典籍并列起来，有的统称之为“图书文献”、“典籍文献”。当然“图书”、“典籍”是文献，但不能等同于文献，即不能包涵全部文献。

三、现代的文献概念

中国是世界文明古国之一，如果从商周时代甲骨文、金文算起，中国历史文献已有3000多年的发展历史。今天种类繁多的文献，与甲骨文、金文相较，真是天差地别，不可同日而语。中国古代的“文献”概念，当然不能适用于发展了的今天。要建立科学的现代文献学，首先必须对“文献”一词作出新的定义。

目前学术界对文献一词的含义，说法不一。《文献》杂志1985年第4期，开辟了讨论专栏，展开了讨论。该刊编辑部在《致读者》一文中指出，学术界对文献一词的解释，代表性的意见为两种：“一种是把‘文献’看做是一联合结构的名词性词组，文指文章，献指贤人，另一种认为文献是指图籍和文物。”该刊同期发表邵胜定《说文献》一文，对两种解说都不赞同，他认为文献即上献的书籍文章，不应包括文物。《文献》1986年第1期刊载傅振伦的《释文献》与单柳溪的《文献诠释》两文，又各自提出了不同的见解。傅文说：“文献学就是图书资料之学，包括口碑，往事的追记回忆，不见经传的古迹古物的再现、勘查，以及现在时事和人类、民俗调查等资料在内。换言之，文献学也就是目录学。”单文则认为：“具有使用价值、历史价值的字、词、语、篇、书、人、时、事、地、物具体材料的科学、典型、完备知识的资料，就是文献。”学术界还有其他种种说法，兹不具引。

如何定义“文献”的词义，关键是它能否包容发展了的物质技术及其用途。今天讨论“文献”一词，不是考证词源的语义界定，而是作为文献学这门学科的理论基础，要反映现代化的“文献”实际，要有科学性，因此本书对“文献”的涵盖，定义如下：

> 一切人类社会实践活动的史实和经验，通过某种载体表现的文字资料、图物资料、音像资料等，均为文献。

在这个定义中，一切图书、期刊、报纸、图画、谱表、有历史价值的符号、文物，以及各种视听资料，如胶片、胶卷、录音带、录像带、幻灯片、影片、磁带、电脑光盘、网络资料、数字资料等，它们都是人类知识的记录，只不过是形式与载体不同而已，都应当是文献。我们认为这是广义的、全面的“文献”含义。“文献”二字是一个统一概念，不能分割。

随着科学文化的不断发展，特别是历史观念与历史研究方法的更新与深入，“文献”的旧概念已不完全适用。所以在实际运用中，“文献”的概念在不断地演变和扩大。在当今的图书、情报工作中，“文献”已泛指一切记录知识的印刷型与非印刷型的出版物。

当前学术界已出版的多种文献学著作，一般都还是在传统界定的含义中讨论“文献”，认为它是一个旧名词，只能使用它原本的意义。我们认为，即使“文献”原本意义，也要重新予以科学的说明。作为人类知识记录的文献，不论其形成途径、制作方式或出版与否，关键在于有一定的载体作为依托而成为确定的可感知的对象。古人界定“文”与“献”的区别，目的在于扩大历史研究的取证范围。献者，贤也，指的是演习礼仪及言议的载体。作为演习礼仪和言议载体的硕学耆儒本身并不是图书，但他们的言谈议论可以用文字记录下来，转化成图书。例如《论语》这部图书，就是孔子及其弟子的言论记载，它既是“文”，亦是“献”。进一步说，图书本身也只不过是文字记录的知识载体。同理可证，地下出土的骨骼化石或没有文字的各类文化遗存，本身并不是文字资料，但它们蕴藏的历史价值可以通过古生物学家、文物考古学家的鉴定、诠释转化成文字资料的文献。说得确切一些，文物是考古学家的文献；文物考古所形成的文字资料是历史学家的文献。把文物排除在文献之外，是没有道理的。

在孔子对“文献”一词的运用中，以及后代硕学耆儒对“文献”一词的解说中，根本就没有“载体”的概念，“献”，实质就是载体。文献学家并不直接研究载体，所以马端临用“论事”去代替“献”，从原始含义上看似缩小了“文献”词义的范围，而实质是更接近于科学地定义了“文献”的词义。当然马端临时代，也不会产生“载体”的概念。而“载体”是现代“文献”一词含义中不可缺少的物质因素。可以说没有载体，就没有文献。

我们说“文物”也是文献，就指的是“文物”也是一种知识载体，它最终将转化成文字资料，就如孔子这个“圣献”转化成一部《论语》一样。

全面的“文献”定义，文指知识记录的符号，包括文字、图画、图形、符号、音像等；献指知识记录依托的载体，包括图书、贤者、文物、胶片、胶卷、录音、录像带、影片、磁带、电脑装置等。换句话说，“文”和“献”都在发展。“文献”二字，分开来看，它是一个联合词组，这是古义；合起来看，不应当加以分割，乃是今义。本书重新界定的“文献”含义，简言之，就是“人类知识记录”，它总是通过一定的记录方式（即文），并附在一定的载体（即献）上可以被感知。“文”与“献”迥异而又是不能分割的。对“文献”一词的含义作这样扩大和革新的界定，目的是扩大文献学的视野，扩大历史研究的取证范围，即突破“古籍文献”的樊篱，包容当代的图书文献与科技文明。可以预料，未来的科技发展，还会出现我们预想不到的知识记录形式和载体，但它都将统一在“人类知识记录”这一界定的含义中。但迄今为止，有文字记录的图书仍是文献的主体，而且是文献学研究的主要对象，因此，“文献”一词的原有意义不能割断，尤其是在传统的古典文献学的用语中，更是只有原本的意义。换句话说，“文献”一词，可以有广狭二义。广义文献，就是由一定载体所表现的全部人类知识记录；狭义文献，专指传统的古典文献，也就是原本的含义。

四、历史文献

何谓历史文献？亦有广狭二义，可作如下界定：

> 广义历史文献，系指一切文献；狭义历史文献，是指在一定范围内的历史史料文献，其中历史记注与撰述的典籍是狭义历史文献的主体。

历史，首先是一个时间概念。一切文献都是过去的历史知识的记录。因为时间是一副无首无尾、连绵不断的链条，它以“现在”为坐标，前乎此者谓之“过去”，后乎此者谓之“将来”。过去即历史，产生的文献叫历史文献；现在即当今，产生的文献叫当代文献。而“现在”，在时间链条中，是一个极不稳定、稍纵即逝的环节。当文献学家着手对某种当代文献进行整理研究的时候，它实际已经成为历史的存在物。所以本书使用的“历史文献”的时间概念，只从属于“一切文献都是历史文献”的命题，在收罗文献时，尽可能下延至现在，从古代至新中国成立以来的50多年，均在论述之列。

其次，从学科体系来看，广义历史学包括自然界的变迁和人类社会活动发展过程，十分广泛。广义的历史文献是一切自然科学与社会科学文献的总和，可以包容天地间一切著作，一切文献，这就是文献学所使用的“历史文献”的含义。而我们通常所说的历史学，专指人类社会发展史，即所谓的狭义历史学。历史学典籍则指古代四部分类目录中的史部典籍，以及现代文、史、哲、经等学科分类中的史学著作。历史学典籍文献的总和就是历史学文献，它只是一个学科的文献。同理，可以从广义历史文献中分出文学文献、哲学文献、经济学文献，以及自然科学的数学文献，化学文献，物理学文献，等等。辨析学科的分类文献，就是要牢牢把握广义历史文献与狭义历史文献，以及历史文献与历史学文献这两组两两相关的词义区别，否则就无法展开对文献学理论的归纳与阐释。

第二节 传统的文献整理与古文献学

本节阐释古文献学的产生及其分支内容，它为综合型的文献学提供理论基础，也是必须要明了的。

一、什么是文献整理

历史文献在长期流传过程中，产生了散佚、文字衍、倒、讹、脱，以及语言障碍等问题，丧失了文献的原貌。为了恢复文献原有的面貌，于是产生了文献的校勘、辨伪、考据、辑佚、注释、结集等，均以文献为对象展开的工作，称为文献整理。张舜徽先生在其所著《中国文献学》一书中，对传统文献整理做了极其简洁的概括。张舜徽说：

> 对那些保存下来了的和已经发现了的图书、资料（包括甲骨、金石、竹简、帛书），进行整理、编纂、注释工作。使杂乱的资料条理化、系统化；古奥的文字通俗化、明朗化。并且进一步去粗取精，去伪存真，条别源流，甄论得失，替研究工作者们提供方便、节省时间，在研究、整理历史文献方面，作出有益的贡献，这是文献学的基本要求和任务。①

上述理论概括，仅仅是对已往的传统文献整理工作的总结，有着局限性，它只着眼于“流传中的历史文献”，用张舜徽的话说，就是“那些保存下来了的和已经发现了的”图书、资料，也就是古文献，既不包括当代文献，也不包括古代的一切文献。作为文献学理论，“文献整理”的定义应包括古今一切文献，因为文献整理，不只存在于古文献中，也存在于当代文献中。也就是说，“文献整理”没有时间限制，它是贯通古今文献的。包括一切文献的“文献整理”，其定义应当是：

> 对文献进行整理结集、分类收藏、检索利用，这一整个过程就是文献整理，或称文献工作。

传统文献工作的目录、版本、校勘、辨伪、考据、辑佚、诠释等包括在“整理结集”四个字中。这四个字也可以用“结集”两个字涵盖，“结集”就要整理并收藏。由整理而产生目录、版

---

① 张舜徽：《中国文献学》，中州书画社 1982 年版，第 3 页。

本、校勘、辨伪、考据、辑佚、诠释等专门之学。由于载体的发展需要而进行转换，即改变文献记录的形式与传播方式，属文献整理，故也包括在“整理结集”四个字之中，用今天的话说，“结集”就是出版，出版之前的编辑工作实质就是文献整理。只是古今文献的整理形式，即编辑内容不同罢了。

图书文献的“分类收藏”，也可用“收藏”二字涵盖。大规模收藏图书，就必须分类有序，于是产生目录之学。现代图书馆收藏，当代文献占绝对优势，由于对当代图书的分类产生了现代图书馆目录，改变了四部分类，革新了目录学。在这个意义上，20 世纪的图书馆收藏是当代文献工作的主流形态，并产生了图书馆学。图书馆学的研究对象，以及图书馆的收藏，均以当代文献为主体，这是不言而喻的。

收藏图书，目的是“检索利用”，而“检索”是文献工作的重要内容之一。现代图书馆收藏是对社会公众开放，目的是有效地利用古今的一切文献，自然也包括当代文献。

综合上述，文献整理，不仅不能排除当代文献，而且它以当代文献为重要内容。也就是说，现代文献理论，它是包括古今文献，以一切文献为对象的。

二、什么是古文献学

什么是文献学，将在下一节来谈。直白地说，对文献工作的理论概括，就是文献学。有文献工作就有文献学。由于中国古代没有“文献学”这一概念，于是有人断言：“我国古代，无所谓文献学，而有从事于研究、整理历史文献的学者。”[①] 我们认为这一论断是值得商榷的，它把学术发展的阶段截然分开是不科学的。所谓学，就是人们对实践工作进行总结，上升为理论。一般说，理论的发展有两个层次：第一层次，对具体的实践工作过程与经验，进行条理性的总结与升华，形成基础理论，产生某一领

① 张舜徽：《中国文献学》，中州书画社 1982 年版，第 3 页。

域的分支学科。第二层次，是综合各分支学科进行更高层次的理论概括，形成宏观视野的某一领域的学科总结，称某某学。前者是微观的，直接的，具体的工作经验总结；后者是宏观的，系统的，更具抽象的理论总结。前者是基础理论，后者是综合性的升华理论。两者不同而又紧密相联，截断两者或混淆两者，都是不得要领的①。中国古代学术，基础性的理论十分发达，而综合性的理论滞后于实践，文献学领域最具典型性。20世纪前，中国没有综合性的文献学理论研究，而总结文献整理工作产生的各别分支文献学却有着悠久的历史，与20世纪新起的现代文献学相对而言，总称中国古文献学。中国古文献学的分支学科，大体区分，有两个系统。其一，是直接的文献整理，由校雠工作而发展演化出目录学、校勘学、版本学、考据学、辨伪学、辑佚学等分支文献学。这些分支文献学，均可冠以“文献”二字，名曰“文献目录学”、“文献校勘学”、“文献版本学”等。其二，是疏解古文献因时间与地域差异而产生的语言障碍，由经学讲习传授而产生的训诂学、注疏学、翻译学，以及紧密相关的文字学、音韵学等。但疏解文献与整理文献有着本质的区别，准确地说，疏解文献是文献学的相关学科，属于广义文献学的范畴。

三、古文献学的产生与形成②

从孔子整理六经到刘向大规模校理图书，是古文献学的产生和形成的历史时期。

孔子整理六经，《史记·孔子世家》和《儒林列传》均做了系统的记载，文长不具引。归纳起来，孔子整理文献的工作有以下几个方面：

其一，访求文献。简册时代，由于载体笨重，图书文献以单篇形式流传。《史记》中多有记载。如《管晏列传》云：“太史公

① 1986年上海古籍出版社出版王欣夫的《文献学讲义》，内容为目录、版本、校勘三大块，是混淆两者的典型例证。

② 此为概说，详述见本书第十一章“中国文献学的发展与成就”。

曰：吾读管氏《牧民》、《山高》、《乘马》、《轻重》、《九府》……详哉其言也。"《老子韩非列传》载："秦王见《孤愤》、《五蠹》之书曰：嗟乎，寡人得见此人与之游，死不恨矣。"又《商君列传》载："太史公曰：余尝读商君《开塞》、《耕战》书，与其人行事相类。"这些记载说明《管子》、《韩非子》、《商君书》均以单篇形式流传，所以司马迁以单篇著列其书。[①] 三代的诗歌，公文档案文件，都是单篇流传，散落社会，周王室与诸侯藏书也自然是单篇的形式。孔子周游列国，至周王室问礼于老聃，进行文献的访求。孔子搜集的诗歌达 3000 余篇，搜集公文档案也有 3000 余篇。

其二，鉴别选择文献。单篇文献有许多重复，有的真伪混杂，或有文字讹误，孔子进行了鉴别选择，去其重，去其伪，诗歌选了 305 篇，写成定本，是为《诗经》；公文档案选了 100 篇，写成定本，是为《尚书》。

其三，条理文献。《诗经》是古代的诗歌总集，《尚书》是古代的公文档案汇编。经过孔子整理与编定，成为有条理的教科书，这就是结集。

其四，解读文献。孔子整理《易经》，所著《易传》，就是孔子解读《易经》的著述，后来成为《易经》的组成部分。

其五，编撰文献。孔子自称"述而不作，信而好古"[②]，他编著的《春秋》，是依据鲁国史官所记，孔子删选写成大事记标题，赋予褒贬的意义，成为一部历史著作。

孔子整理六经的工作，进行了文献的访求、鉴别、选录、条理、讲解与编纂工作，而后用之于教学，开启了刘向校书与经学讲习两个系统的文献工作，标志着文献学的萌芽与产生，只是，那时还没有进行理论的概括。

嗣后，社会动乱，特别是秦始皇烧书、禁书，使历史文献遭

① 清代学者刘宝楠在《愈愚录》卷四提出古代简册书单篇流传的论断。已故现代学者王重民在《中国目录学史论丛》第一章第二节更明确地指出："古代图书用简牍抄写，为物质条件所限制，成本高，体积大，所以多是以单篇流传。"

② 《论语·子罕》。

到了历史上第一次空前的人为浩劫，图籍散乱。西汉政府经过了近百年的搜求，提倡民间藏书，公私讲学兴起，图籍大备，公私收藏甚丰。西汉刘向受诏大规模校理图书，他制定了规范的工作程序。第一步，广求众本，删定篇目。第二步，进行校雠，订其讹脱。第三步，确定书名，以备编目。三个步骤，完成校理图书的整理。每一步骤，都有许多细微的工作。由于简册图书的单篇流传，同一作者的同一部书，收藏单位或收藏人，往往是数量不同，内容有异，书名也不一致。例如《晏子》一书，刘向搜求了4种藏本：其一，中书《晏子》11篇；其二，太史所藏《晏子》5篇；其三，刘向所藏《晏子》1篇；其四，长社尉杜参所藏《晏子》13篇。刘向收聚众本，总计30篇，838章，整理后的《晏子》删去重复，定著8篇，215章。又如《战国策》，单篇流传的书名有《国策》、《国事》、《短长》、《事语》、《长书》、《修书》等名称，刘向校定，取名《战国策》。刘向校书的整个过程，包括采集众本、辨伪去重、辑佚补缺、校雠勘误、杀青写定等工作程序，完成了把单篇流传的书编校成全本的定本书，并确定了统一的书名。这一工作过程，实际是把编书、校书，还有编目，三位一体完成，这正是简册时代文献整理独有的特点。于是版本、校勘、辨伪、辑佚等文献工作均已涉及。刘向把校书的工作程序写在每一本书的《叙录》中，标志着理论工作的开启，萌芽了各别分支文献学。

刘向校书并不止步于每一种书的写定。由于是大规模校理图书，是对整个国家藏书的清理，所以当全部校书工作完成之后，刘向把所有图书的《叙录》编定在一起，称为《别录》。刘向之子刘歆进一步分门别类，删取其要，写定成为一部专书，名曰《七略》。“七”，指对图书的分类；“略”，指对《别录》要旨的删存其要。《七略》的产生，完成了书目编定，以及“辨章学术，考镜源流”的工作，诞生了目录学。

从孔子整理六经到刘向校书，文献工作延续了500多年，校书已取得了程式化的经验和大规模整理图书的成绩，各分支文献学的理论总结已经启动，目录学正式产生，至此，传统文献学已经形成。

四、古文献学的衍生与发展阶段

文献学产生于文献整理工作，而影响文献整理工作的有两大要素：一是文献流传，二是载体演变。中国古文献流传，随着载体演变，大体经历了四个时期。第一，甲骨金文时代，历经殷商西周近千年。第二，简册时代，历经春秋战国至两汉。第三，纸写本时期，历经魏晋南北朝至隋唐。第四，雕版印刷时期，历经五代至清末。20 世纪是活字印刷与现代技术载体的新时期，不在古文献学的研究范畴之中。

甲骨金文时代，由于载体笨重，学在官府，文献不在社会流传，因此没有文献整理，也无文献学。甲骨文在 20 世纪初发现，产生了考释与研究甲骨文的新学科，而甲骨文属于古文献学的范畴，因此，甲骨学是文献学新衍生的相关学科。简牍学与敦煌吐鲁番古文书学也是如此。

简册时代，文献载体相对轻便，可以复制，文献得以在社会流传，为春秋战国时代诸子百家的兴起创造了物质条件，这时，学术下移，私人讲学之风兴起，文献工作应运而生。孔子开私人讲学之风，他整理六经作为教本，是中国历史上的第一次文献整理，所以孔子是第一个文献学家。诸子学说，也都是文献整理的结集，所以先秦诸子也对文献整理作出了贡献。西汉刘向大规模校理图书，积累了规范化整理文献的丰富经验，创造了国家馆藏图书文献的模式，分类著录与收藏，创造了目录学。总之，简册时代，从孔子整理六经到刘向校书，整理文献的基本方法已成定式，如前所述，这是古文献学的产生与形成时期。

纸写本时期，由于纸载体的价廉和书写便易，图书得到了广泛的传播，图书不以单篇形式而是整部流传，大型类书、诗文集、别集编纂兴起，特别是文集多由作者或门弟子编定，不再假校书人之手，于是编目不再以编书、校雠为前提而独立发展。又由于手抄图书，产生了许多文字讹误，客观上为校勘学的发展创造了条件。纸写本校书也不需两人雠对而由一人完成，校勘学也独立发展起来。总之，纸写本为图书流传，为目录学、校勘学的独立发展提供了物质条件。

五代以后，雕版印刷技术为图书的大批生产创造了条件，兴起了版本学。版本学的兴起，又推动了校勘学，以及辨伪学、考据学的发展。这一时期，各别分支文献学分道扬镳，各自成为独立的学科，到了清代，以乾嘉考据学和四库全书的整理为标志，古文献学达到了高峰。

疏通文献语言障碍的训诂学、注疏学等，也具有大体以两汉经学讲习、唐代五经正义、清代群经新疏为标志的三个发展时期，与文献载体及文献整理的发展密切关联。

综上所述，中国古文献学由若干文献分支学科构成，它是不断发展丰富起来的，大体有两个系统：一是由校雠工作而发展演化出目录学、版本学、校勘学、考据学、辨伪学、辑佚学；二是由经学讲习传授而演化出文字学、音韵学、训诂学、注疏学等。以上均是各自独立的学科，古人并不称之为“文献学”，因为没有产生“文献学”的概念。但这些学科均以古文献整理为对象，是伴随大规模图书整理和群经、群籍的注疏而不断发展和丰富起来的，为了有别于20世纪综合型理论的“文献学”，于是把它们称为分支文献学或统称为中国古文献学。

第三节 20世纪的文献学

学术的发展是不断地深入和分支，同时也要求有不断的宏观理论综合，推动学术向更高的层次发展。20世纪产生的“文献学”概念与理论建构，就是如此。

一、什么是文献学

泛言之，以文献的整理和研究为对象的学科，就是文献学。

这是广义的文献学定义。目录学、版本学、校勘学等独立学科之所以统称为分支文献学，或古文献学，就是广义的文献学定义，意谓这些学科统属于文献学，而且是“文献学”概念产生以后追加的称谓。相对于“广义”而言，狭义的文献学，它应当是一门具体的独立学科，应当具有自己的理论体系，即研究范围、研究方法、目的和任务，这是在20世纪里，经过长期酝酿，几代人的努力，直到80年代才提出的新概念、新理论。显然，那种把目录、版本、校勘三大块或五大块分支文献学搭积木式的叠加叫做“文献学”，甚至说“目录学”就是“文献学”，均是不能成立的。

广、狭二义容易产生混淆，可用时间概念加以区分，叠加的分支文献学是古文献学，通称古典文献学，20世纪的文献学可称为现代文献学。由于现代文献学是古文献学的延伸，它不是只以现代文献为整理研究的学问，加上“现代”两字更容易产生歧义，因此学术界通称为“中国文献学”或“中国历史文献学”，或直白为“文献学”。

在中国文化史上，“文献”一词产生很早，如前文第一节所述，是孔子第一个所使用的，已有2400多年的历史，古典文献学也经历了2400多年的历史发展，对文献进行注释、著录、校勘、辨伪、考据等，积累了丰富的成果和经验，有着古老而悠久的历史。而“文献学”一词则产生很晚，是近代才出现的。“文献学”之名，首见于梁启超1924年成书的《中国近三百年学术史》，梁氏说：“明清之交各大师，大都重视史学——广义的史学，即文献学。”梁氏定位文献学为广义的史学，是一个学术问题，姑置不论，留待后文剖析。但一个学科新名词的出现，意味着这一门新学科的诞生。梁启超提出了“文献学”的新名词，对开启“现代文献学”学科理论的建设是有贡献的。顾名思义，“文献学”是“文献”一词的延伸，它是对各分支古文献学进行综合型的理论概括，探索其发展规律，既是新兴的学科，又承续了古老的传统，可以说中国文献学既古老而又年轻。正由于此，中国文献学的学科体系目前还不健全，在学科结构上学术界尚在探索之中，并未形成定式。因此，对于“文献学”这一概念，有必要明确其定义，界定其理论范围。

第一部以“文献学”命名的论著，并对“文献学”一词作定义界说的是郑鹤声、郑鹤春。二郑编撰的《中国文献学概要》，成书于1928年，该书在《例言》中援引马端临《文献通考》关于“文献”的释义后说：

> 本编亦采其谊，结集、翻译、编纂诸端，谓之文；审订、讲习、印刻诸端谓之献。叙而述之，故曰文献学。

这部“文献学”是以孔子之言，马端临所释的“文献”含义来规范“文献学”，内容结构一是叙述图书文献的结集、编纂的演变历史，二是讲述审订、传播文献的基本方法。二郑的开创之作，把建立“文献学”理论体系的工作提上议事日程。但自那以后，历经了半个世纪，系统的文献学理论仍没有建立起来。故1982年中州书画社出版了张舜徽的《中国文献学》，被称为奠基性的著作。嗣后，学术界出版了多种文献学论著，对文献学理论的建构，展开了有益的探索。

既然“文献学”的理论归纳是近现代提出的任务，尤其是当代人的任务，因此文献学的理论不能停留在古代的传统工作范围之内。现代文献学理论必须包括古今的文献工作。古代传统文献工作的重点是对图书的分类和整理。现代文献工作，除对图书的分类整理之外，还着重对文献的技术处理，以便达到最迅速的传播和利用，亦即文献的检索。袁翰青同志给现代文献工作归纳了如下的一个定义：

> 文献工作是组织知识的工作。更明确一点可以说，文献工作是将分散记录起来的知识，特别是文献中新发现的知识单元，经过学术分析与抽取之后，用一定的方法组织起来，对使用者提供最大的便利，能随时被检索到并参考利用。文献中的知识单元实质上就是所含的情报。通常所谓文献工作

实际有两个方面：知识组织工作的一方面和情报检索工作的一方面。只有经过科学地组织起来，检索工作才有基础。组织工作是体，检索工作是用。这体和用的两方面，构成文献工作的基本内容。①

袁氏的这个定义，把现代文献工作的两个基本内容，即“组织知识”与“检索技术”统一起来，是可取的。

本书综合20世纪30年代至80年代半个多世纪以来文献学者的成果及其论述，以及包容古今文献工作的特点，对“文献学”试做如下的界说：

以一切历史文献为对象，主要考察它的载体形式、内容类别、整理利用及其历史发展的一门学科，谓之文献学。

这一定义规范了文献学作为一门独立学科的范围、目的和任务，它是对一切历史文献的历史发展、学科文献类别、整理利用，加以集中的理论说明的一门学问。整理对象是“一切历史文献”，打破了传统文献学以古文献为整理范围的樊篱，包容古今文献，以适应近现代历史文献的发展。这一定义还赋予了文献学以崭新的内容，并将目的和任务具体化为四个方面的内容。其一，引入了载体概念，用以叙述历史文献的发展形态。其二，“内容类别”，指历史文献的学科分类。其三，“整理利用”，是文献学的核心内容。具体包括整序收藏、检索利用、结集传播等内容。文献整理的基本方法，古今是一致的，但它又在不断地发展，因此古文献学整理文献的基础理论，承续在现代文献学中，而现代文献学包含的整理内容比古文献学要丰富得多，是不言而喻的。其四，“历史发展”，指总结文献自身的发展规律与成就。第二、三两项“内容类别”与“整理利用”八个字，规范了文献学的任务，它通过对历史文献的学科分类与整理工作，不仅为各

① 《现代工作基本概念》，《图书馆》1964年第2期。

种文化学术研究提供丰富而翔实的资料，而且为社会大众使用文献提供服务。试想一下，如果摆在历史学家面前的大量图书、资料，都是未经整理的杂乱文献，则研究工作势必陷入困境，虽尽百倍之力，难收微末之功。换句话说，如果没有古今文献学家和文献工作者对历史文献的整理与研究，各门学科和历史学要取得今天的成就是不可能的。再有，如果没有现代图书馆文献工作的拓展，怎能大量收藏图书，并对大众提供服务？总之，文献学为各学科的历史研究工作以及社会大众运用历史文献，提供了良好的条件。

二、文献学产生的背景及其地位

历史文献在不断地发展和变化。不同历史时期各学科文献的发展水平及其在历史上占有的地位，就形成了这一学科“历史文献”的发展史。随着社会历史的不断变化，社会内容的不断丰富，载体记录形式的不断更新，历史文献的类别也在不断地扩大。政治经济的社会改革、文化学术思潮的承传递变、中外交往的日趋频繁、科学技术的日新月异都在不同性质、不同程度上增添着历史文献的内容，也就相应地在扩充着它所涉及的范围，从而提出了许多新的文献工作内容，产生了新的分支文献学或相关文献学科。20 世纪正是这样一个历史文献与历史文献学大发展的历史时期。一是近现代印刷技术突飞猛进的发展，以及现代载体技术的应用，历史文献以几何级数成百倍地增长，产生了知识爆炸的新纪元。再就是中西文化交流、学术观念的更新，推动了学科建设和理论的发展。这两个因素是推动 20 世纪文献学发展的根本动力。总起来说，20 世纪的历史文献，内容极其丰富，不仅有保存传世的古代图书文献，还从地下出土了大量古文献，而且新增了众多的近现代新型文献，报纸、期刊、文摘、统计、个人文集、回忆录、自传、年谱等，层出不穷，日新月异。与此同时，研究方法更新，比如考据学有王国维的二重证据法，胡适的“大胆假设，小心求证”的实证方法，顾颉刚的层累式考证的方法等。马克思主义思想传入后，在唯物史观指导下的文献研究领域，繁琐堆砌资料的旧注体系为简明的白文新注体系所取代，这是当代古籍整理的一大特色。文物考古学的发展，打破了文献只限于文字资料的旧含义，文物及历史遗迹都可经研究整理转化为文字记录的特殊文献资料。20 世纪，正是由于文献数量的急剧增加、研究方法的更新、眼界的扩大以及唯物史观理论的指导，推动了文献整理工作的开展以及理论的总结。20 世纪的文献整理与使用目的都发生了重大的变化。例如图书目录的分类就产生了重大的变化。传统目录学重在“辨章学术，考镜源流”，现代图书馆目录重在“纲纪群籍，部属甲乙”，以便检索与利用，所以作为目录学分支的索引被广泛地应用。如今文献检索已是一门新生的文献学分支学科。此外，古文献的现代化，实质就是载体转换的文献工作。这一切都向传统文献学发出了挑战。如果文献学的整理工作，仍囿于传统的几大块分支学科，还墨守以“五四”以前的古文献为界域，那么文献学将脱离实际的需要而远离生活。就拿传统的文献整理工作来说，20 世纪兴起的古籍整理就是一种综合型的文献工作，其中新式点校与今译则是新生的文献工作。正是在这种背景下，现代综合型理论的文献学应运而生。

目录、版本、校勘是古文献学的三大分支学科，也是整理文献的最基本方法。还有辨伪、考据、辑佚都是整理文献的实学。这些古文献学的基础理论，被现代文献学所承传，是现代文献学的基础理论，这是不言而喻的。因为整理文献的基本方法是不会随时间的推移而改变的，它只会不断地丰富和增加。从这个意义上说，现代文献学是古文献学的延伸和发展，是对古今文献整理做理论的综合和科学化的条理，因此它不是几大块分支文献学搭积木式的叠加，而是一门独立的学科。

如何定位文献学，是由它的性质和目的决定的。前已述及，文献学是为各种文化学术研究、各门学科提供翔实可靠的历史文献资料的，这一性质和目的决定了文献学在历史学大系中是历史研究的基础学科，它统属于历史学，是历史学的一个重要分支。长期以来，在中国旧学者中，把文献学与历史学等同起来，或者颠倒过来，认为文献学包含历史学，梁启超的认识与论述就是一个典型例证。在20世纪80年代出版的历史文献学专著中，仍有人赞同此论。例如前文所引张舜徽的《中国文献学》就提出文献学的最高任务是编撰《中华人民通史》巨著。

历史学和历史文献学具有不同的界域。历史文献学的对象即认识客体，乃是自古迄今形成的历史文献。而历史文献总是有一定的文字、图符或音像内容，并被一定的制作技术和载体固定下来的可感知的存在物。历史学的对象即研究客体，乃是先前人类社会的客观发展过程。历史学家生活在人类社会的“今天”，要研究的却是人类社会的“昨天”和“前天”。这种时间上的限制，把历史学的认识主体“史家”与认识客体“昨天的人类社会发展过程”截隔开来。由此确定历史学的认识路线与研究方法，凭借历史文献，以之作为史料，尽量去接近和逼近研究客体，求得对人类历史发展的真理性认识。研究对象，即认识客体的不同，这是历史文献学与历史学分别作为独立学科而不得混同的根本原因所在。历史学研究的是人类全社会的发展过程，不言而喻，它的内容和范围比历史文献学博大，是历史学包容历史文献学，而不是历史文献学包容历史学。

以上各节是为绪论，为全书之纲。本书以下十章的内容，依循上述宗旨而展开，是否得当，留待历史来验证。

第二章　文献载体

记录、保存、传播文献的物质实体，称为文献的载体。在世界历史上，泥版、纸草、羊皮、龟甲、兽骨、竹木、金石、缣帛类织物直至纸张等，先后被不同地区人们用于书写和印刷文字，进行社会交往，从而留下了各种载体的文献。由于自然条件和书写实践存在差异，各民族使用载体的种类不尽相同，但都毫无例外地经历了从利用简单自然物开始逐渐发展到以纸为载负实体的历史过程。随着人类科技文明的发展，文献载体的发展趋势，由笨重到轻便，其所负载（记录）的知识密度由小到大，所传递信息的速度由慢到快地变革和发展着。现代科技的迅猛发展，变革着文献载体，也变革着文献的表现形式。以纸为载体的文献，表现为文字纪录；以胶卷、磁带等物质材料为载体的文献，表现为音像纪录；以电脑为载体的文献，表现为信息储存。载体不同，文献的制作方式也不同。以纸为载体的物质出现，人类发明了印刷术。纸和印刷术的发明，是人类文明发展史上的一场大变革。迄今为止，文献的主体仍是文字记录的图书，这是纸和印刷术带来的文明。

以物质载体分类文献，应包括制作技术。例如以纸为载体的文献，就有手抄、雕版、活字印刷、现代技术印刷等不同形式。

在纸体印刷文献之前，我国古代的文献依靠契刻、铸字和手写，其物质材料有甲骨、金石、简牍、缣帛等；现代技术摆脱纸张载体，出现音像、微缩、网络等电子文献。本书以载体与制作技术二者结合为标准，将我国丰富的历史文献，区分为八大物质技术类别，用以勾勒由简到繁的发展历史。一是甲骨文献，殷商时代的主流载体。二是金石文献，商周时代，以志久远的载体，周代是金文盛行的巅峰时期。三是简牍文献，战国秦汉魏晋时代的主流载体。四是缣帛文献，简牍时代的辅助载体。五是抄本文献，流行于六朝隋唐五代时期，极盛于隋唐。这五种不同物质载体文献，是印刷术通行前的文献形式。六是雕版印刷文献，是以纸为载体的雕版技术文献，也是传统版本学研究的主体，是五代宋元明清时代的主流载体。七是活字印刷与现代技术印刷文献，是以纸为载体的近现代技术印刷文献，也是 20 世纪的主流载体。八是以现代科技为载体的文献，指摆脱纸的非印刷型文献，即音像、微缩与网络等电子文献，正方兴未艾，迅猛发展，是未来的主流载体。这八类文献是以载体来分类的，它生动地反映了人类文明的进化过程，本书列为专章紧接绪论之后来谈，就是首先要从物质技术的宏观上来把握文献的产生、发展与传播。因为载体是文献的物质构成，载体的进步直接影响文献研究的方法与内容，而载体的转换，本身就是最重要的文献工作。传统文献学忽略对文献载体的研究是不完整的。特别是 20 世纪后半叶，文献载体技术的迅猛发展，事实上已经打破了传统文献学作茧自缚的范围与封闭式的研究方法，所以在 20 世纪 80 年代出现了文献学研究与理论建构的热潮，出版了多种多样的文献学论著。学术界修正了“文献”二字的意义，其核心就是引进了载体的概念。本章对 20 世纪的文献载体下分六节来谈。

第一节　印刷术通行前的古文献及其载体

甲骨、金石、简牍、缣帛、抄本等五大类文献是印刷术通行前的文献形式。甲骨、简牍埋于地下，是20世纪新发现的古文献，对它的整理与研究已成为专门之学，在本书第三章各立专节讨论。这里只谈金石、缣帛、抄本三大类传世的载体文献。

一、金石文献

以金石为载体的文献称金石文献，也就是铸刻在金石上的铭文。金指青铜器，石指石料，包括石片、玉片、石鼓、石碑、摩崖等。金石的共同特点是坚固耐久，用作记事的物质材料，能保持久远。青铜器上的铭文又称金文或钟鼎文，石料上的铭文又称石文，石文有毛笔写的，而更多的则是镌刻而成，因又统称石刻。

1. 金文源流与研究

我国早在夏代，就已开始使用青铜器。《墨子·耕柱》载："昔者夏后开使蜚廉采金于山川，而以铸鼎于昆吾。"此事又见《左传》宣公三年："昔夏之方有德也，远方图物，贡金九牧，铸鼎象物。"20世纪50年代，考古工作者在河南偃师二里头村发现了公元前2000年相当夏代的青铜器生产工具、兵器和礼器①，证明旧籍所叙并非子虚。

以青铜器作载体记事，先秦典籍如《墨子》的《尚贤》下、《兼爱》下、《天志》中、《明鬼》下、《贵义》、《鲁问》诸篇，以及《庄子·徐无鬼》，《逸周书·大聚解》，《左传》昭公六年、二十九年，《吕氏春秋·求人》，《周礼·秋官·职金》等亦多有记述，只是起于何时，史无明文。《墨子·兼爱》下问："何以知先圣六王之亲行也？子墨子曰：'吾非与之并世同时，素闻其声，亲见其色也，以其所书于竹帛，镂于金石，琢于槃盂，传遗后世子孙者知之。'"《墨子》书中的"六王"，指尧、舜、禹、汤、文、武；又《逸周书·大聚解》载："乃召昆吾冶而铭之金版。"这里的"昆吾"指夏代传说中的诸侯。按《墨子》、《逸周书》所

① 《偃师二里头遗址新发现的铜器和玉器》，《考古》1976年第4期。

述，至迟在夏代，我国已用青铜制品作记事材料了。不过这种说法是否可靠目前无法证实，现已出土的青铜器，凡属夏代的，都没有铭文，有铭文的青铜器最早见于商代。

商代是我国青铜器制造的重要发展时期，工艺水平提高，器胎由薄转厚，纹饰由简趋繁，器种增多，但铭文字数不多，最少的仅三两字，一般均简短，或记器主族氏、名字，或记所祀先人称号，或两者兼记，纣王四年铸造的“四祀邲其卣”，藏故宫博物院，是现存商器中铭文字数最多的，亦不超过 50 字。

西周是我国青铜器制作的繁荣时期，工艺精细、花纹装饰始则繁丽，后趋简朴，突出特点是铭文篇幅一般较长，内容也丰富，记录当时封赏、战争、祭祀以及其他社会活动，不少记事可与古籍相印证，史料价值极高。实物藏台湾的“毛公鼎”，铭文 497 字，比《尚书》中 144 字的《汤誓》几乎多三倍，是现存最长的青铜器铭文。其叙述周王叮嘱毛公效忠王室，并给予大量赏赐，对研究周代官制和等级制很有意义。全文五段，每段起始均作“王若曰”，文体与《尚书》十分相似。1976 年在陕西临潼发现的“利簋”，是现存最早的西周青铜器，铭文 32 字，记武王克商的日期在甲子日，与《尚书·牧誓》、《逸周书·世俘解》所载全同，其叙战事过程，亦皆吻合，这为古籍记事的可靠性提供了有力的物证。

东周时期，天子式微，青铜器的制作以前主要由王室垄断，诸侯作器很少，现在则颠倒过来了。现存的东周青铜器分属 48 位以上诸侯，属王室的几乎没有。① 器物本身更加精美，工艺先进，具有很高的艺术水平，可是铭文总的呈下降趋势，到战国末期，一般只记工匠和督造官员名字了。但不能由此断定东周就没有长篇的青铜器铭文。《左传》昭公六年、二十九年载，郑国、晋国都曾“铸刑鼎”，记载的既是法律条文，文字不可能太少。1974 年在河北平山县战国群墓中，出土的有铭文青铜器 50 余件，

① 转引自钱存训：《印刷发明前的中国书和文字记录》，印刷工业出版社 1988 年版，第 32 页。

"中山王鼎"铭文469字，"中山王方壶"铭文448字，均与西周"毛公鼎"铭文相差无几①。

历代出土青铜器数量不少，流散国内外各地，无法确计，但以有铭文而见于著录者计，就有1万余件（包括1949年以后出土的千余件），其中多属周代，由此也可以看到周代青铜器铭文在金文中占有特别重要的地位。

青铜器铭文向来为人们所重视，春秋时期晋国叔向曾引《谗鼎之铭》的"昧旦丕显，后世犹怠"作根据批评晋国国君过度娱乐，不知忧患②，西汉宣帝时美阳（今陕西武功）出土"尸臣鼎"，京兆尹张敞曾对鼎铭文字作过考释③，东汉许慎作《说文解字》，亦据郡国山川所得鼎彝铭文收录"前代古文"④，不过在宋以前，认识这类文字的人不多，对它的研究只是和石刻羼杂在一起，统称金石学。北宋欧阳修《集古录》，收录宋以前历代金石铭文400余篇并予考证，是我国现存的金石最早专著。其后赵明诚撰《金石录》，著录上古自五代金石拓本凡2000件，仿欧阳修书体例，考据精审，以证史传，特别于新旧《唐书》多所订正，成为当时金石学的重要代表作。南宋初薛尚功集历代青铜铭文凡510件，撰《历代钟鼎彝款识法贴》，释名考据，堪称精详，此后青铜器铭文从金石学中分离出来成为独立的金文学科。元明于金文研究者较少，至清而转盛，重要著作有乾隆时梁诗正等奉敕撰的《西清古鉴》、阮元《积古斋钟鼎彝器款识》、吴大澂《愙斋集古录》、罗振玉《三代吉金文存》等。近人郭沫若《两周金文辞大系》、杨树达《积微居金文说》，尤多卓识。中国社会科学院考古研究所编《殷周金文集成》20册，从1983年起由中华书局陆续出版。该书收集国内外所藏青铜器铭文10000余件，分册出版，每册有附说、目录，每器铭文字数、时代、著录情况、出土

① 《笔谈建国30年来文物考古工作》，《文物》1979年第10期；河北平山青铜器又见《考古学报》1979年第2期。

② 《左传》昭公三年。

③ 《汉书·郊祀志》。

④ 《说文解字·叙》。

时间、地点、收藏者均作说明。除铭文集外，另有图像集、释文和索引。该书是集殷周金文之大成的专著，也是20世纪金文学文献整理与研究一项标志性的工程，有重大的学术价值。

2. 石刻源流与研究

在学术论著中，往往金石并举，说明石刻记事，起源很早。管仲说："古者封泰山、禅梁父者七十二家，而夷吾所识者有二焉。"① 桓谭《新论·离事》载："泰山之上有刻石，凡千八百处，而可识者七十有二。"《韩诗》："自古封泰山、禅梁甫者万有余家，仲尼观之，不能尽识。"② 泰山上封禅刻石的文字，管仲、孔子都认识无几，这自然是很古的了。惜乎这些泰山封禅刻石今已只字不存，无从具体考察。二三十年代殷虚发掘，与甲骨出土的同时，发现了刻有文字的小件玉器、石器③，确证金石记事大体同步，至迟在商代已经有了。不过和有字青铜器一样，有字的石器、玉器数量不多，文字也少。

《礼记·玉藻》载："笏，天子以球玉，诸侯以象，大夫以鱼须文竹，士竹本象可也。"《大戴礼记·保傅》云："胎教之道，书之玉版，藏之金匮，置之宗庙，以为后世戒。"《素问·玉版论要篇》："至数之要，迫近以微，著之玉版，藏之藏府，每旦读之，名曰玉机。"《礼记》、《大戴礼记》和《素问》都是战国时期典籍，大体上反映两周情况，可见两周用玉记事是较为广泛的。"球玉"是美玉，为天子所专用；玉版用作太子的"胎教之道"，事非一般，"藏之金匮，置之宗庙"，常人也看不到；而记医术的"玉机"，则是普通人都能"每旦读之"的。

唐初在天兴（今陕西宝鸡）三畤原出土的10个石鼓上刻有文字，称"石鼓文"。石鼓今藏历史博物馆，是现存实物中最早发现的石刻。石刻形状大小不一，高45厘米至90厘米，横切面周长平均210厘米。刻辞是类似《诗经》的四言诗，每鼓可能载一首诗约70字，10鼓计700字左右，由于年代久远，石皮脱落，

---

① 《史记·封禅书》引。

② 司马贞补《史记·三皇本纪》引。

③ 陈梦家：《殷虚卜辞综述》，科学出版社1956年版，第45页。

最初发现时存465字，今存256字。唐宋人以为是周宣王时遗物，文字内容与狩猎有关，石鼓呈圆柱形，似碣，故称《周宣王猎碣》。今人根据石鼓文的文体、字体、出土地点参照古籍记载，认定为东周秦刻石，郭沫若、马衡等以为系春秋初年遗物，唐兰等认为属战国时期。

1940年前后，在河南沁阳县武德镇（今属温县）曾出土一批玉片和石片，多数散佚，今存11件，大小不一，最长一片为22.4厘米，上有毛笔墨书的文字，虽绝大部分模糊不清，也有少数可以辨识，文中有韩玠名字，另三处载“丕显晋公”，显然是春秋时期晋国遗物。①

1965年又在山西侯马发现5000余件玉片、石片，最大的长32厘米，宽近4厘米，厚近1厘米，小的长18厘米，宽不到2厘米，薄如纸片，其中1/3为玉片，2/3为石片，多有朱笔书写的文字，有些字迹模糊，能辨识的约600多片，记载春秋时期晋国赵氏与政敌争夺权力、财产时同有关方面订立的盟约，内容包括要求效忠盟主，诛伐敌对势力，禁止“纳室”等，被称为“侯马盟书”②，是研究东周盟誓制度及阶级关系的重要资料。

1980年在河南温县（即20世纪40年代前后发现东周盟书的遗址）又出土了万余件载有盟书的石片，毛笔墨书，记晋国韩氏和与盟者的盟约，时代同“侯马盟书”接近。③

如今既已有商代和东周的石文出土，虽然尚未发现西周石文，也可以证明前人所谓“三代而上，惟勒鼎彝；秦人始大其制而用石鼓”④之说是不确切的，春秋时期已大量用石作载体记事了；不过在秦代以前，石文多用石片，规模体制不大，这倒是事实。

秦始皇统一全国，为炫耀功德，曾于二十八年至三十七年（公元前219—前210年）十年之间，先后在山东峄山、泰山、之

① 《东周盟誓与出土载书》，《考古》1966年第5期。
② 《侯马盟书》，文物出版社1976年版。
③ 《文物》1983年第3期。
④ 郑樵：《通志·金石略序》。

罘（三次）、琅邪、河北碣石、浙江会稽等地刻石凡八次[①]，实物今存泰山、琅邪二刻，琅邪刻石“高丈五尺，下宽六尺，中宽五尺，上半宽三尺，顶宽二尺三寸，南北宽二尺五寸”[②]，丰碑巨石，规模体制绝非以往的石片、石鼓所能比拟，刻石之风由此一变。

汉代以后，刻石尤为盛行，种类繁多，数量庞大，而以碑碣墓志最具史料价值。碑碣本是用来记功或悼念死者的，立在地面上叫“碑碣”（方曰碑，圆曰碣），葬在坟墓中叫“墓志”。现存最早的墓志是东汉殇帝、桓帝时遗物。[③] 西汉碑刻无一物存世。据传是王莽篡汉后恶称汉德，禁毁石刻，以至烟灭。

把一种著作全部刻在石头上，供人阅读的书是历代石经。这是中国真正大型的石刻书。由于石经之刻，引发而有雕版印刷术之发明，影响至深至远。最早的石经，始刻于王莽。西汉平帝末，莽命甄丰摹古文《易》、《书》、《诗》、《左传》于石。东汉灵帝时，诏诸儒正订《易》、《书》、《诗》、《仪礼》、《公羊》、《论语》六经刻石立于太学门外，称为《熹平石经》。魏废帝曹芳时，邯郸淳以古文、篆、隶写刻石经，称《三体石经》，又称《正始石经》。唐文宗时又立《开成石经》，所刻增至十二经，即今传十三经，其中缺《孟子》。五代时蜀主孟昶立《蜀石经》，无《孝经》、《尔雅》而有《孟子》，所刻凡十一经。南宋高宗御书石经，立于临安太学。清十三经刻石于高宗乾隆时，仁宗嘉庆时磨改。今存于西安碑林中的十三经石刻，即唐《开成石经》十二经，《孟子》朱注石经为康熙年间补刻。《开成石经》中之《孝经》四石为唐玄宗御书，天宝时立，是碑林石经中最早的石经。碑林创始于北宋哲宗元祐二年（公元 1087 年），石经于元祐五年（公元 1090 年）移于碑林。十三经石碑共 114 碑，计经注刻石 65.5 万字。古代明经取士，而经文传写多误，故刻石立于太学以为定本。

---

① 《史记·秦始皇本纪》收录石文六篇。

② 阮元：《山东金石志》，转引自王昶《金石萃编》卷四。三尺相当于今一米。

③ 赵万里：《汉魏南北朝墓志集释》，科学出版社 1956 年版。

我国集录碑刻成书，始于南朝梁元帝，撰《碑英》120卷，惜其书不传。目前搜罗宏富的石刻史料文献专集有：

《石刻史料丛书》 严耕望编，1967年台北县文印书馆影印本，精装100册，分甲、乙两编。甲编为文录类，收录石刻文字，收书22种；乙编为目录跋尾类，收书26种。

《石刻史料新编》 台北新文丰出版公司编辑部编辑影印，分三辑共90册，收书近千种。第一辑30册，1977年版，收书102种；第二辑20册，1979年版，收书104种；第三辑40册，1986年版，收书700余种。此丛书性质与《石刻史料丛书》同，而搜罗更广，第一、二两辑分"一般"、"地方"、"目录题跋"三类。第三辑增"研究参考"类。

《北京图书馆藏中国历代石刻拓本汇编》 中州古籍出版社出版。八开本，精装100册，收拓本18100种。全书由九个部分组成：秦汉部分1册，收拓本200种；三国两晋南北朝部分7册，收拓本1200种；隋唐五代十国部分，28册，收拓本5200种；两宋部分8册，收拓本1500种；辽金西夏部分3册，收拓本500种；元代部分3册，收拓本500种；明代部分10册，收拓本2000种；清代部分30册，收拓本5000种；中华民国部分10册，收拓本2000种。每种拓本均附文字说明，颇便阅读参考。

二、缣帛文献

以丝织品为载体的文献称缣帛文献，简称帛书、缯书、缣书，在古代帛是丝织品的总称，又叫缯。《说文》："帛，缯也。""缯，帛也。"二字转注，同物异名。帛（缯）的种类很多，缣是其中的一种。《说文》："缣，双丝缯也。"缣是两股丝织成，精密细致、质地优良的丝织品，又叫缣帛。缣帛轻软光滑，易着墨，便于书写；容量大，不受字数多少限制；可折可叠，舒卷自如，阅读方便，在古代造纸术发明之前，无疑地是理想的文献载体，只是成本高，生产量少，不能像简牍那样广泛运用，因此未能推广。

1. 帛书源流

以丝织品作为文献载体的帛书，起于何时？目前尚无定论。郭沫若认为："殷代除甲骨文之外一定还有简书和帛书。"[①] 先秦典籍往往竹帛并举，《墨子·明鬼篇》下："古者圣王必以鬼神为务，鬼神厚矣，又恐后世子孙不能知也，故书之竹帛传遗后世孙。"《韩非子·安危篇》："先王寄理于竹帛"。《墨子》、《韩非子》中所谓的圣王、先王虽然很古，但无明确的时代；《周礼·春官宗伯·占人》："凡卜筮，既事，则系币以比其命。"郑玄注引杜子春云："系币者，以帛书其占，系之于龟也。"《晏子春秋·外篇》："昔吾先君桓公予管仲狐与谷，其是十七，著之于帛，申之于策。"可见至迟在春秋时期，缣帛已经用于书写，则其起源当更早些。不过在相当长的时期内，丝织品都是高级消费品，价值昂贵，除贵族外，一般人是用不起也不准用的。汉初规定商人不得穿丝织品。[②] 西汉桓宽《盐铁论》载，当时中国出一端（二丈）素帛，得匈奴价值几万钱的货物。《太平御览》卷六〇六引应劭《风俗通义》："汉刘向为孝成皇帝典校书籍二十余年，皆先竹书，改易刊定，可缮写者以上素。"这里的素兼指洁白的竹简与缣帛。《文选》张景阳杂诗李善注："今东观书，竹素也。"说明未书写的洁白竹简也称素，在东汉竹书仍是文献的主要载体。西汉皇家校书，稿本只用竹简，定本才书写在竹素或缣素上。当然也有特殊情况，《全汉文》卷五十二《扬雄答刘歆书》，述其撰《方言》时，为搜集原始材料，"常把三寸弱翰，赍油素四尺，以问其异语，归其以铅摘次于椠"[③]。这是因为四处调查，缣帛轻便，以之为稿本。

其后，随着社会生产的发展，丝织品产量增多，东汉一妇女一天可织一匹（四丈）多。《焦仲卿妻》："十三能织素，十四学裁衣。……三日断五匹，大人故嫌迟。"《古乐府·上山采蘼芜》："新人工织缣，故人工织素。织缣日一匹，织素五丈余。"因此丝

① 《奴隶制时代》，人民出版社 1973 年版，第 252 页。

② 《汉书·高帝纪》下。

③ 郑文：《扬雄文集笺注》，巴蜀书社 2000 年版，第 180 页。

织品用作文献载体的数量也越大。《后汉书・儒林传》载："光武迁还洛阳，其经牒秘书载之二千余辆，自此以后，叁倍于前。及董卓移都之际，吏民扰乱，自辟雍、东观、兰台、石室、宣明、鸿都诸藏典策文章，竞共剖散，其缣帛图书，大则连为帷盖，小乃制为縢囊。及王允所收而西者，载七十八乘。"东汉初"秘书"主要是"经牒"，虽遭兵燹仍有"二千余辆"；东汉末"图书"主要是"缣帛"，乱离之际，"大则连为帷盖，小乃制为縢囊"，可见帛书之多。王允所收仅仅"七十八乘"，自然与毁坏严重有关，但主要还是由于帛书轻便的缘故。

晋代已普遍用纸，但帛书依然存在。《隋书・经籍志》记晋秘书监荀勖著《新簿》成，"盛以缥囊，书用缃素"。宋人苏易简《文房四谱》五卷有关于晋代治书令史领受缣帛及笔墨的记载。直到唐代，"宋亳间织成界道绢素，谓之乌丝栏、朱丝栏，又有茧纸"[①]，供书写用，说明丝织品作书写材料的下限在唐代。至于其后仍有在丝织物上题字者，如《红楼梦》三十四回记贾宝玉挨打后送林黛玉手绢，林在"尺幅鲛绡"上题诗，则是缣帛文献的孑遗。

2. 现存帛书的发现及其内容

现存帛书，最早为战国时期遗物。1942年在湖南长沙一楚墓出土一件帛书，通称"缯书"、"楚缯书"。宽47厘米，长38.7厘米。中央是两段毛笔墨书文字约750字，字体近似两周金文；周围有彩色图像及简短说明文字约250多，共1000余字；其中的帝名、神名和四季等名称，多与古籍所载相符，如炎帝、祝融、帝俊等，是古代传说中的重要人物；四周的12种神像，代表一年12月，每一个神像下注有神名、职司及该月忌禁，其月名与《尔雅》记载大体相同；四角有树四株，用白、黑、青、朱四色绘制，表示四时。这件缯书对于研究楚文化及中国古代历史十分重要，很受中外学者珍视。[②]

---

① 《唐国史补》卷下。

② 《文物》1963年第9期；1964年第9期。

此外尚有1949年、1973年在长沙楚墓发现的两幅帛画，对了解楚国风俗及画法，亦颇有价值。①

两汉缣帛文献早在20世纪初即有发现，1908年斯坦因在甘肃敦煌得帛书两件，为私人信函，虽不注明日期，但据同时出土文物考察，当是王莽天凤二年至刘秀建武中元元年（公元15—56年）之间实物。②

汉代缣帛文献最具重要意义的是1973年在湖南长沙马王堆3号汉墓出土的26件帛书，计12万余字。大部分用朱丝栏墨前书，字体有篆、隶两种，篆书写本约写于汉高祖十一年（公元前196年）左右，隶书写本约写于汉文帝初年。

帛书内容涉及汉初政治、军事、思想、文化及科技等方面，学术价值很高。特别是《老子》的甲、乙两种写本，德经在前，道经在后，上下篇的次序和今本正好相反；甲本、乙本的佚文，是研究儒家五行学说，以及汉初黄老思想的宝贵资料。另一部类似《战国策》的帛书，未标书名，27章，11000多字，其中60%不见于《战国策》、《史记》，或许是司马迁都不曾见过的，现定名为《战国纵横家书》，是研究战国中期合纵连横战争的重要史料，对旧有文献如《史记》、《竹书纪年》或有订误补缺之功。《易经》亦比今本多4000余字。另有关于阴阳、刑德之书以及中国现存的最早的地图等。③

三、抄本文献

抄本文献按字面理解是指抄写的文献，简称抄本，又称写本，习惯上唐以前称写本，唐以后称抄本。在印刷术发明前，所有文献都是手写的（甲骨、金石的铸刻可说是手写的一种特殊形式），因此，抄本文献有广狭二义：广义是就版本分类而言，指

① 郭沫若：《关于晚周帛画考察》，《人民文学》1953年第11期；《新发现的长沙战国楚墓帛画》，《文物》1973年第7期。

② 罗振玉、王国维：《流沙坠简》。

③ 《文物》1974年第7期、第9期；1975年第2期。

除印本以外的一切文献；狭义是就文献载体而言，专指以纸为载体的抄写文献，我们这里用的是狭义。在造纸术发明以前，文献主要用简牍和缣帛，但简体重而缣质贵，使用都不方便，而纸却具有轻便和价廉这两个优点，是理想的书写材料，所以一直使用到今天。

1. 抄本文献的起源与发展

造纸术的发明，是中华民族对世界文化的伟大贡献。《东观汉记》卷二十载：蔡伦“典作尚方，造意用树皮及敝布鱼网作纸。元兴元年奏上之，帝善其能，自是莫不用，天下咸称蔡伦纸”[①]。又《太平御览》卷六〇五引董巴《舆服志》：“东京有蔡侯纸，即伦也。用故麻，名麻纸；木皮，名榖纸；用故鱼网作纸，名网纸也。”据此，传统的说法都认为造纸是蔡伦发明的。但是，也有不同的意见，北宋陈槱《负暄野录》说：“盖纸，旧亦有之，特蔡伦善造尔，非创也。”

据文献记载，早在汉武帝时期，宫中已经用纸。《三辅故事》：“卫太子大鼻，武帝病，太子入省，江充曰：‘上恶大鼻，当持纸蔽其鼻而入。’”近几十年的考古发掘，先后在新疆、陕西、甘肃几次出土了西汉时期的古纸。

1934年在新疆罗布淖尔的汉代烽燧遗址中，发现西汉宣帝时期的麻纸一片。[②]

1957年在陕西西安灞桥古墓中，发现汉武帝时期麻纸一叠，计88片，这是现存在世界上最早的植物纤维纸。[③]

1972年至1974年在甘肃居延地区金关肩水遗址发现西汉麻纸两片。[④]

1978年12月从陕西扶风一西汉窖藏中出土麻纸三片，可能为宣帝时遗物。[⑤]

① 《后汉书·蔡伦传》所载同。

② 黄文弼：《罗布淖尔考古记》。

③ 《文物参考资料》1957年第7期；《文物》1964年第11期。

④ 《居延汉代遗址的发掘和新出土的简册文物》，《文物》1978年第1期。

⑤ 《光明日报》1979年5月30日。

1979年在甘肃敦煌马圈湾发现西汉宣帝时麻纸八片。[1]

以上西汉古纸的发现，证实在蔡伦之前，我国已发明了造纸术，但蔡伦对造纸原料的扩大及制作工艺的改进对于纸的推广和普及仍具有十分重要的意义。

从古籍记载看，在西汉造纸术发明不久，纸即用来作为书写材料了。《汉书·外戚传》载：成帝皇后赵飞燕曾用“赫蹄”作书令掖廷狱丞籍武毒杀中宫史曹宫。“赫蹄”，孟康注：“染纸素令赤而书之，若今黄纸也。”应劭注：“薄小纸也。”孟康、应劭对“赫蹄”的具体解释虽有不同，但认为它是纸，可作书写用则是一致的，这说明当时宫中不仅用纸，而且以纸作书写之具。应劭《风俗通义》：“光武车驾徙都洛阳，载素、简、纸经凡二千辆。”这里素、简、纸并提。由上可见纸在西汉就已用作文献载体，至于东汉，朝廷有专门管理纸笔墨的官员，在少府设守宫令“主御纸笔墨及尚书财用诸物”，又有尚书右丞“假署印绶及纸笔墨诸财用库藏”[2]，同时用纸书写经传也更普遍。《后汉书》卷三十六《贾逵传》：建初元年（公元76年），贾逵入宫讲《左氏传》，发明大义受奖，“令逵自选公羊、严、颜诸生高材者二十人，教以《左氏》，与简纸经传各一通”。又《后汉书》卷十《皇后纪》：邓贵人自幼志在典籍，永元十四年（公元102年）立为皇后，“是时，方国贡献，竞求珍丽之物，自后即位，悉令禁绝，岁时但供纸墨而已”。东汉人崔瑗复友人葛元甫书谓：“今遣送《许子》十卷。贫不及素，但以纸耳。”[3] 可见到汉末，不仅宫中，一般寒士也能用纸了。西晋左思作《三都赋》，构思十年乃成，“于是豪贵之家竞相传写，洛阳为之纸贵”[4]。此时纸开始代替竹帛。东晋纸更普及到民间，葛洪《抱朴子》谓：“洪家贫，伐薪卖之以给纸笔，故不能早涉艺文，常乏纸，所写皆反覆有字，人少能读之。”此后纸即取代简帛。东晋桓玄称帝后曾下令：“古无

---

① 《文物》1981年第10期。

② 《后汉书·百官志》。

③ 《北堂书钞》卷一〇四引。

④ 《晋书》卷九二《左思传》。

纸，故用简，非主于敬也。今诸用简，皆以黄纸代之。”[①] 南北朝虽仍有竹帛，已是尾声；进入隋唐，完全用纸，所以隋唐是抄本文献的极盛时期。

古籍记载西汉已将纸用于书写，但至今所得有字实物最早是东汉时期的。1942 年在居延烽燧遗址发现的植物纤维纸，有隶草 20 余字，据考证大约为安帝永初三至四年之间（公元 109—110 年）遗物。[②] 1959 年在新疆民丰[③]、1979 年在甘肃旱滩[④]发现的有字古纸残片，确切时间虽难断定，但为东汉遗物也是大致无疑的。

2. 今存古抄本文献内容

唐以前古抄本，自 20 世纪以来，陆续有所发现，多为公文、私人信件、账簿等原始材料，典籍少见，较为重要的有：1924 年在新疆鄯善出土的晋写本《三国志·吴志》残卷，80 余行，1090 余字，原件流入日本，影印件见罗振玉《汉晋书影》1926 年增订本及 1962 年中华书局标点本《三国志》卷一卷首；20 世纪 60 年代在新疆吐鲁番出土晋写本有《三国志》残卷，40 行，570 余字[⑤]；以及隋薛道衡《典言》、唐卜天寿抄《论语郑注》[⑥]。

现存唐以前抄本文献的大宗是敦煌文书和吐鲁番文书。详见本书第三章。

3. 印刷术通行后的抄本文献

雕版通行以后，抄本文献仍大量存在。

首先，雕版是手工操作，制版不易，没有相当的人力物力，难于成事，不是大量需要的典籍，一般不会轻易制版。各代朝廷藏书，虽有不少印本，但仍以抄本为主。宋代是雕版印刷盛行时期，特设“补写所”专门抄书。仁宗嘉祐年间，一次抄书 16000 余卷，而同时的印本书为 4700 余卷，仅及抄本的 1/4 强。

① 《太平御览》卷六〇五。
② 劳榦：《论中国造纸术的原始》。
③ 《文物》1959 年第 7 期。
④ 《文物》1977 年第 1 期。
⑤ 《文物》1972 年第 8 期。
⑥ 《文物》1972 年第 1 期。

明清是雕版的极盛时期，朝廷抄写规模更大。明成祖永乐年间（公元1403—1424年）初编《永乐大典》，收书七八千种，22937卷，仅抄书手即达2669人。明宣宗时，“秘阁贮书约二万余部，近百万卷，刻本十三，抄本十七”[①]。明人杨士奇奉诏编《文渊阁书目》，谓正统时阁中藏书仍是“锓版十三，钞本十七”。清乾隆年间编《四库全书》，收书3461种，79309卷（不包括存目的6793种，93551卷）共七部《四库全书》，二部《荟要》，全部为抄本，仅缮写、装订等人员即达3826人。[②]

朝廷藏书都是这样，私人藏书自然不例外。袁同礼考订宋、明两代私家藏书说：“宋代私家藏书，多手自缮录，故所藏之书，抄本为多。”“明人好抄书，颇重手抄本，藏书家均手自缮，至老不厌”[③]。南宋陈振孙聚书51180余卷，全部“传录夹漈郑氏、方氏、林氏、吴氏旧书”[④]，他的《直斋书录解题》就是在这样的藏书基础上撰成的。明清不少藏书家都有互相交换借抄的契约，有的还成立“抄书社”，以抄写来增加藏书。

其次，我国学者向来有抄书的习惯，把抄书作为重要的学习方法之一。东汉“高君孟颇知律令，常自伏写书。著作郎署哀其老，欲代之，不肯。云：‘我躬自写，乃当十遍读’”[⑤]。以为抄一遍可抵读十遍，所以当时还有“梁子初、杨子林，好学，所写万卷，至于白首”[⑥]。《旧唐书·柳仲郢传》叙述柳虽身为高官，“退公布卷，不舍昼夜。《九经》、《三史》一钞，魏晋以来南北史再钞，手钞分门三十卷，号《柳氏自备》。”直到清代，钱泮还说：“古人读一书，必求竟乎一书之蕴。使记忆尚不能熟，则书自书而我自我。虽尝识面，转盼已若秦越。一旦索之，挂一漏万，倘恍不能自信，则亦何益之有哉！故手写一，敌口诵十；视仅一过目，有不可

---

① 《明会要》卷二六。
② 《办理四库全书档案》。
③ 《宋代私家藏书概略》，《明代私家藏书概略》。
④ 周密：《齐东野语》卷一二。
⑤ 《北堂书钞》卷一〇一。
⑥ 《太平御览》卷六一九引桓谭《新论》。

以道里计者。乌呼！今欲以此语人，鲜有不笑其掘者矣。”①

最后，抄书还被认为是研究的基础，梁启超说：“善钞书者可以成创作。荀悦《汉纪》而后，又见之于宋袁枢之《通鉴纪事本末》。”② 又魏了翁抄群经“注疏”而成《九经要义》，洪迈节抄四部群书而成《法语》、《精语》。时至今日，姜亮夫在谈他从事敦煌研究50年的收获时说：“我的成果大体可以分为两大类：一类是校录，即将敦煌卷子拿出来校对并抄录，有次序有系统地搞；一类是研究。校录工作往往为研究工作做基础，根据校录好的材料进行研究。”③

宋、元抄本现存实物极少。宋人抄本有《大云广圆觉修多罗了义经集》三卷，藏故宫博物院；近人傅增湘藏有《仙源类谱》。元代抄本有故宫博物院藏赵孟頫妻管夫人手抄书《心经》，国家图书馆藏宋陈与义撰《简斋诗外集》一卷；宋刘勋撰《水云村泥稿》十卷。明、清藏书家不少，抄书极多，难以备记，可参见毛春翔的《古书版本常谈》和吴晗的《江浙藏书家考略》两书。明《永乐大典》（已残）、清《四库全书》为现存规模最大的抄本；又1962年在福建发现的弹词长篇小说《榴花梦》，计360卷，约484万字，为道光年间福建女作家李桂玉用毕生精力撰成，是现知我国篇幅最长的一部古典小说，极其珍贵。

抄本文献与书法结合成为艺术品，将永世长存。常见的书法小楷为古诗词与名篇散文条幅。当代有人用金粉抄写整部的《三国演义》、《水浒传》、《红楼梦》、《西游记》四大名著，以及其他著作。这类文献是艺术创作，不在常规文献讨论范围之内，不赘述。

第二节　雕版印刷文献

雕版印刷文献，简称雕版文献或雕版书，它以纸为载体，运

① 《纲鉴辑略·序》。
② 梁启超：《梁启超史学论著四种》，岳麓书社1985年版，第126页。
③ 姜亮夫：《敦煌学概论》，中华书局1985年版，第4页。

用雕版技术印刷而成的书。中国雕版印刷术起于唐初，成熟于五代，繁荣于宋，极于明至清中叶，迄清末而衰，历时1000余年。中国古代历史文献，赖雕版印刷流传，达于鼎盛。

我国是世界上最先发明印刷术的国家。继造纸术之后，又发明印刷术，二者珠联璧合，遂使人们在创造历史活动中产生的文献，从写本到印本，获得了新的载体和表现形式。此项发明，很快传入近邻朝鲜、日本等国，后来又通过西亚地区，远播于欧洲国家，影响到全世界。这是古代中国科学技术对人类社会的伟大贡献。

我国发明的印刷术，包括雕版与活字两大类别。雕版印刷术，又称整版印刷术，是将文字、图像、表格、符号之类，按底稿要求，阳文反刻于整块木版之上，然后涂抹色料印上纸面而造成读物的技术。后起的活字印刷术，则是先制成一个个反刻单字，再拼版施印之法。随着刻书事业的发展，雕版印刷又分出墨版、套版（彩版）、饾版；活字印刷又分出泥字、木字、铜字乃至磁字等多种工艺，从而使读物呈现不同风貌。

在雕版印刷基础上衍生的活字印刷，无疑是一种更加先进的技术，但由于种种原因，一直未能在古代刻书业中普遍推行。截至19世纪上半期西方铜活字印刷术传入之时，我国绝大多数古代和近代典籍都是雕版印制的。因之，雕版文献便理所当然地成为历史文献研究者注目的对象。

一、雕版印刷术的发明与雕版书形制

1. 雕版印刷术的起源与发明时间

雕版起源于石刻捶拓与图章捺印。

在印刷术发明之前，我国已有了多种复制文字和图像的方法，如陶胚按模、封泥加戳、石刻捶拓、图章捺印、丝绢摹印、镂花模印乃至佛像钤印之类，“这些都是异途同归导引成为木刻的一些重要步骤”①。其中，石刻捶拓与图章捺印的先驱影响作用

---

① 〔美〕卡特：《中国印刷术的发明和它的西传》，商务印书馆1957年版，第44页。

尤为明显，而捺印方法中的阳文印章更是雕版印刷术的直接祖先。

在印刷术发明之前，图书靠抄本流传，难免造成文字舛误，而且效率极低，流布不广。我国封建王朝统治者，为了维护儒家经典的权威性，十分重视正定《六经》的文字工作，于是从东汉起将经书刻石，而形成了石经书籍。佛、道二教起而效尤，将整部经典勒石。如佛教的《大般若经》、《华严经》、《法华经》，道教的《道德经》之类，相继勒石，矗立于深山寺观附近或都邑市井教徒聚居之所。此类石刻工程浩大，往往需要数十上百年，更有易数代始成者。如北京房山石刻佛经，创于隋释静琬，至明代方才全部完工，前后已历千年。

儒家石经立于京师，佛、道经典竖于寺观，颇不便流传，而士子教徒在抄录中仍有差错发生。为使流传广泛，而又移录准确无误，从而发展起来捶拓复制技术。此技术就是将石刻文字移印纸上。其法是略喷薄水于纸，使之湿润，铺上雕有正书阴文的石刻版面，均匀打平，使软润的纸张完全紧附于无字石面和雕字凹入部位，再用刷施墨或用含墨絮包细心运捶，待平面部分全部受墨后，揭下拓纸，整版石文便原样石印纸上，而形成黑底白字的读物。据《隋书·经籍志》所载，我国在南北朝时期，捶拓方法就广泛运用于复制石刻文献。

对写本而言，拓本自是准确可信，但就制作与阅读来说，仍不尽人意。一是耗时费工，难于大量生产；二是石刻版面硕大，照式取拓，不便展读；三是黑底白字，与写本白底黑字，正好相反，不符合正常览视习惯，又因满地皆黑，无法圈点批注。凡此种种，皆须改进。

我国使用玺印的历史十分悠久。不过先秦古玺文字皆正刻，若果捺印，印出成反字，可见它的功能不是用于钤盖，而是系钮佩带。佩者用以示信，并证明官阶身份，文字由印上读之。秦汉之后，佩印转为钤盖，即今印，其文字由正刻转为反刻，钤盖而成正字。秦汉三国时期，佩印与今印兼用，是其转变交替时期。西晋以降，随着官私文献普遍采用纸张誊写，扎绳封泥的方法日渐失效，于是在纸上文书钤盖印章，逐渐成为公认的取信制度。由此，古玺向今印的嬗变，才正式完成。

从印刷术角度来看，一方阳文反刻印章，就是一块小小的雕版。将阳文反刻与石经捶拓两者技术结合，于是实现了新的技术突破，即雕版印刷。首先是制版：为便雕造，用料改金石为坚木；为利展读，版面大于印章小于经石，以取适中；为现正书，镌字用阳文反刻而弃阴文正刻。接下来是印刷：先将雕版固定，继之施墨铺纸，然后在纸上均匀运刷，刷毕揭纸，受墨面便印出了正书的黑字白地读物，积叶装订而成书。这一制作工艺在实践中经过不断改进而定型，于是就产生了雕版印刷术。显而易见，雕版印刷术正是印章钤盖与石经捶拓方法的综合与发展。

我国雕版印刷术起于何时，学术界有多种说法。最早的说法谓起于汉代，晚者认为起于五代。沈括《梦溪笔谈》卷十八说："版印书籍，唐人尚未盛行之。自冯瀛王始印五经，已后典籍，皆为板本。"据此，唐代已发明雕版印刷术，只是未盛行而已。从现存文献可以考知，雕版印刷术发明于唐初，至五代冯瀛王始印五经，到了宋代得以广泛传播。《旧唐书·文宗本纪》载，大和九年（公元 835 年）十二月丁丑诏《禁断私置历日版敕文》，可知当时雕版印刷已得到某种程度的推广，不少地区私置日历板，说明发明有年了。日历发行量广大，故首为雕版之书。其次，雕版佛经。从唐司空图所作《为东都敬爱寺讲律僧惠确化募雕刻律疏》一文可知，在唐武宗会昌年间（公元 841—846 年）毁佛事件中有大量刻版佛经被焚毁。既然会昌毁佛时焚烧了大量版印佛经，则这些佛经雕印时间当在其前，只是上限难于确定罢了。总之，中唐文宗时，雕版印刷术已走过了它的发轫时期，进入了推广实用的阶段。

雕版印刷术的发明是我国文化史上的重大事件。雕印从此成为文献的主要表现形式。"书籍自雕镌版印之法行，而流布始广，亦借以永传。"[1] 也就是说，有了雕版印刷，书籍可以大量产生，

① 李元复：《常谈丛录》卷一。

知识得到迅速传播，并且长留人间，由此之故，中外学者无不高度评价我国印刷术对人类社会进步和历史发展作出的伟大贡献。

2. 雕版书的形制——版面和装订

整块雕版的印刷页在印刷上所占的面积，叫做版面。书版四周叫做版框。版框四周的线叫做栏或边，上方的线叫上栏，下方的线叫下栏；两边的线叫左右栏或边栏，一道直线的叫单栏，两道直栏的外粗内细称双栏。版面居中有一行格，称中缝，也叫版心或书口。在版心、中缝刻有▼记号叫鱼尾。书口印有黑线的称黑口，线粗的叫大黑口，线细的称小黑口。书口不印黑线的称白口。黑口本版心上的黑线，好似象的鼻子垂在胸前，所以又称象鼻。正文的行数和字数叫行款。

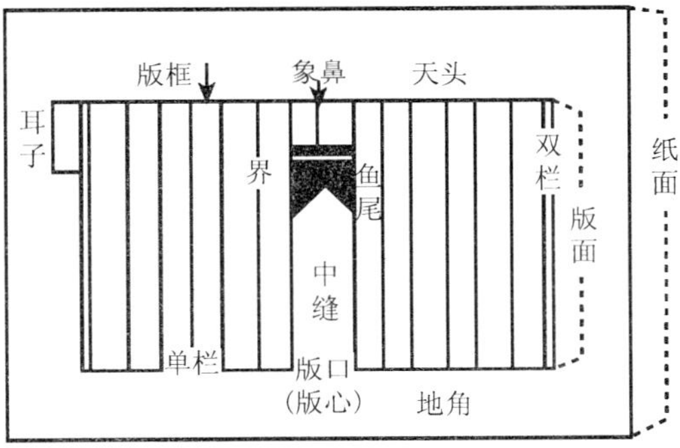

图 1　版式

雕版书最普通的标准装订形式是线装书，它经历了一个发展的过程。雕版印刷发明之前的抄本纸书和佛教经卷主要有卷轴装、经折装、旋风装等形式。

卷轴装，又称卷子装，是纸书的最早装订形式，它继承了简牍成卷为书的样式，在隋唐时非常通行。现在装裱字画长卷，仍沿用这一形式。其次，是将写好的长条卷子，按照一定的行数，均匀地左右连续折叠起来，然后再粘加前后封面，成为折子，称折子装，又称经折装或梵夹装。将经折装首尾相接，翻阅时似旋风旋转，称为旋风装。雕版是一叶一叶的单叶，最初按照长幅写本进行卷轴装、经折装、旋风装，就要一叶一叶地粘接起来，反而费事。在经折装和旋风装的基础上，进行单叶成册装订，发展为蝴蝶装、包背装，而后定型为线装书。

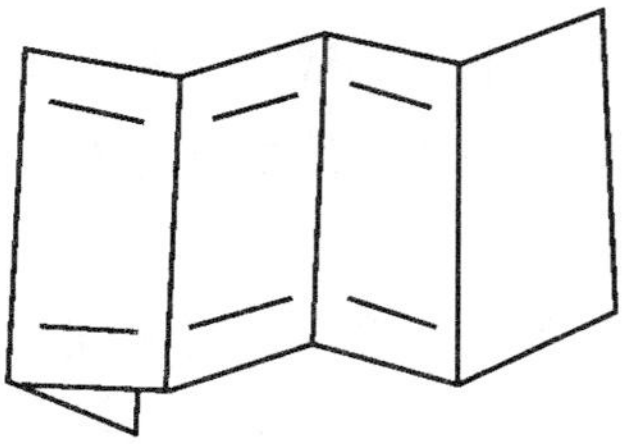

图2　经折装

图3　旋风装

蝴蝶装　将雕版书叶按中缝对折，有文字的一面朝里，然后把折缝处一齐粘在包背的纸上，裁齐成册，如今之地图书册。这样装订的书，翻看时如同蝴蝶飞舞，故名蝴蝶装。

包背装　与蝴蝶装的对折法相反，将有文字的一面向外对折，装订时书口向外，在有界栏的一侧打眼，用纸捻穿透装订成册，然后包裹书皮，题签，即完成了包背装。这比蝴蝶装进步了许多。元末明初时多用包背装，又称裹背装，或裹后背。

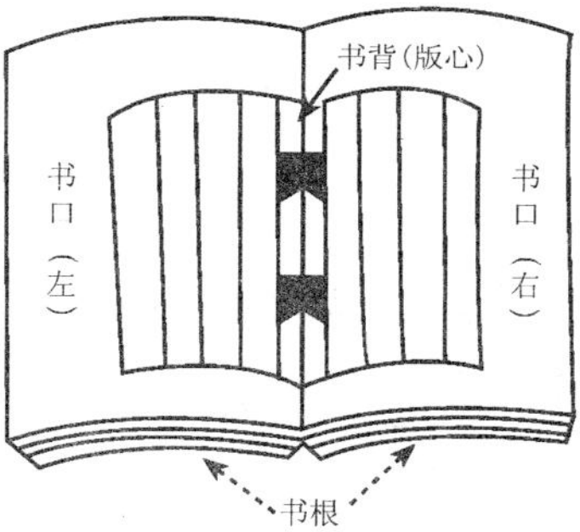

图4　蝴蝶装

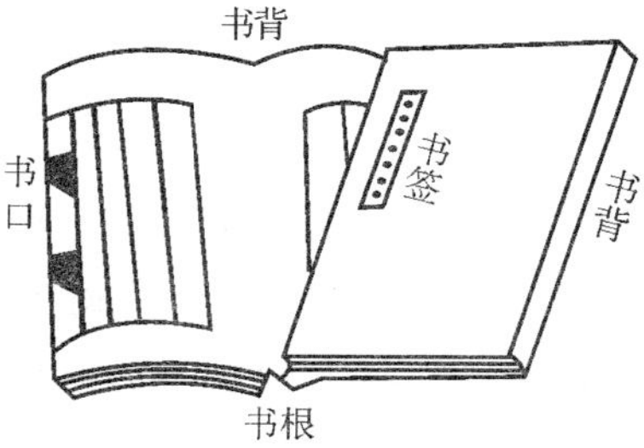

图5　包背装

线装　此与包背装基本相同，所不同的是用线穿订以代纸捻，书皮不是整幅包背，而是前后各加书皮。针孔订线右侧的空白处称书脑，订线右端顶头的书脊称书背，书的右侧上下两隅称为书角，珍贵的书还用蓝色绫子在纸订时将书角包起，叫做包角。线装书只能平放，故不能在书脊上印书名、卷、册数，而在书根（书的下端）上写书名、册数以便查检。书签是在书皮上粘贴的纸签，用以题写书名。珍贵的线装书外包书套，再装入书箱。许多大部头书，如《十三经注疏》、《资治通鉴》、《二十二子》、《册府元龟》、《太平御览》、《古今图书集成》等，用许多箱子装盛，还将书箱雕花刻字，十分典雅美观。

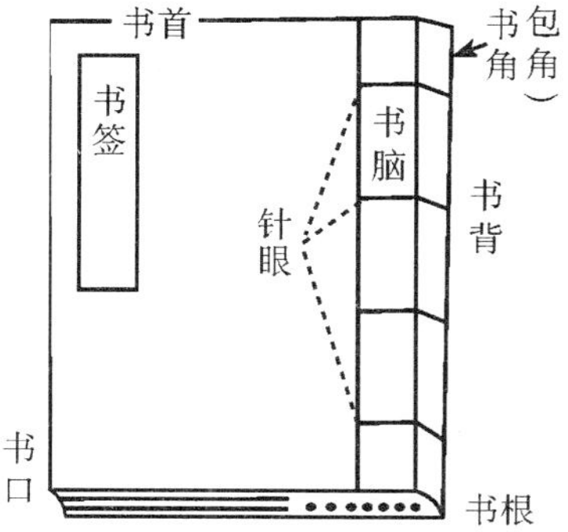

图 6　线装书

雕版书的大量印行，兴起了版本学，成为传统文献学的一门重要分支学科，详见本书第六章第一节版本学。

二、雕版印刷术的发展

宋辽金元明清是雕版书昌盛的时代，下面分为四个时期，略加概述。

1. 宋代的雕版书

五代时刻书业已方兴未艾，遍及蜀、江宁、汴梁、瓜州、沙州、青州、浙江、福建等地。由于中原鼎沸，而蜀中呈现出一派相对的太平景象，加之蜀中又盛产麻纸，所以蜀中刻书在五代时最盛。五代时历后唐、后晋、后汉、后周四朝刻成的“五代监本九经”，标志着我国古代的图书刊布，进入了一个新阶段，雕版印刷术已经成熟。

两宋是我国古代图书史上的辉煌时期。举世闻名的宋版书是我国古代文化的瑰宝。雕版印刷在两宋出现了黄金时代。

北宋统一中国，结束了唐末五代以来的长期战乱，政治稳定，经济发展，带来了学术文化的昌盛，以及印刷、造纸技术的成熟，这些条件推动了雕版印刷术的发展。宋太祖赵匡胤为了扭转唐末五代以来的武人干政局面，政治上采取了重文轻武的政策，对武将夺兵权百般防范；而对文臣高官厚禄，笼络利用。为扩大统治阶级的基础，宋代科举规模盛大，每年取士高达二三千人，比唐代多二三十倍。中举后不必经"身、言、书、判"的考试即可为官，长期落第士子，也可开恩做官。通过科举制，使大量中下层的文人进入仕途，享受优厚的待遇。这一制度，刺激了读书人的队伍迅速扩大，两宋的学术活动也得到了空前的发展。北宋初年，政府编纂了《太平御览》、《册府元龟》、《文苑英华》、《太平广记》四大著名的类书。而后，思想方面，出现了程颐、程颢、王安石、朱熹、陆九渊等大师，以及《二程全书》、《朱子语类》等广为流传的著作；史学方面有司马光《资治通鉴》和郑樵《通志》等巨著；文学方面，出现了欧阳修、苏轼、陆游、辛弃疾等巨匠，以及他们大量的诗文作品；金石方面，欧阳修《集古录》和赵明诚《金石录》等问世；科学技术上，火药和指南针广泛运用，苏颂等人发明了"水运仪象台"；医学上出现了《开宝本草》、《铜人俞穴针灸图经》等重要著作；宗教方面也刊行了大量的佛经道藏。这些文化学术的发展，刺激了社会对图书的需求，推动了雕版事业的发展，形成了两宋时代官、私、坊三大刻书系统。

两宋官方刻书机构，主要有国子监和各州公使库。公使库是接待来往官吏的公寓。叶德辉《书林清话》列举的就有苏州、吉州、明州、沅州、舒州、抚州、台州、信州、泉州、鄂州等十大公使库。除公使库外，各地方学校、行政机关也刻书籍。政府各机构刻书，尤其是国子监和书院刻书，主持者都是行家里手，书的质量比较高。刻书量大，遍及经、史、子、集四部之书，以及大量的佛藏、道藏。佛藏有《开宝藏》、《福州藏》、《崇宁藏》、《碛砂藏》等。道藏有《宝文统录》、《万寿道藏》等。官刻书以儒家经典为主，其次为史。值得一提的，是南宋时四川眉山所刻的《宋》、《齐》、《梁》、《陈》、《魏》、《北齐》、《周书》七史，世称眉山七史。此本字大如钱，所以称蜀大字本。又为每半叶九行，印本多模糊，故又称九行邋遢本。元时有修版。明洪武时取天下书版入南京国子监，因又称南监本。明嘉靖、万历、崇祯有补版，所以又称为三朝本。至清尚存江宁藩库，嘉庆藩库着火，版始毁灭。前后历经七百年，是书版寿命最长的一种。

私人刻书在南宋盛极一时。据《书林清话》的统计，有46家，少则刻书一二种，多或八九种。刻书以名家诗文为多，著称于世的有陆子遹刻其父陆游的《渭南文集》，廖莹中世彩堂合刻《昌黎先生集》、《河东先生集》。庆元间（公元1195—1200年），吉安周必大刻《欧阳文忠公集》，建安黄善夫刻《史记集解索隐正义》，建安余仁仲万卷堂刻《春秋公羊经传解诂》等。

坊肆刻书著名的有临安棚北大街陆亲坊陈起、陈续芸父子的经籍铺；杭州猫儿桥开笺纸马铺钟家；由汴京迁往临安的荣六郎书籍铺。辽宁省所藏海内外孤本《抱朴子》即为荣氏所刻。

两宋刻书地区主要分布在以下四大地区。（1）北宋首都汴梁，即今开封市。汴梁手工业发达，商业兴盛，文化集中，官刻书主要在此刻印。（2）浙江杭州。杭州为南宋首都，早在北宋已是刻书中心。经、史、子、集四部书都在此大量刻印。《五经》、《十二经》、《十七史》等，都在杭州刻印。浙江又盛产纸张，所以不仅杭州，各地都有刻书行世。（3）四川。四川经济稳固，读书人多，交通又闭塞，从中原或杭州运书到四川困难。因此，四川刻书，从唐代已开始，至北宋时则大量刻书。大藏经《开宝藏》就是北宋开宝年间在蜀中刻的。四川刻书技术起初在成都，后转到眉山，刻有许多唐宋人诗文集，如《张文昌集》、《司空表圣集》、《张承吉文集》、《李太白集》、《骆宾王集》、《王右丞集》、《李长吉集》、《欧阳行周集》、《苏文忠公集》、《苏文定公集》、《秦淮海集》、《陈后山集》等。大部头的有《册府元龟》、《太平御览》等。（4）福建。闽刻图书，在南宋时尤为发达。建阳的麻沙镇和崇化坊、书林、汀州、宁化，都是刻书中心。麻沙、崇化两坊产书，行布四方，无远不至，号为图书之府。福建建阳本，简称建本。建阳产竹，造纸原料丰富，南宋偏安东南，故建阳成为南宋最大的刻书中心。建本面向大众，如将《史记》三家注与正文合刻于一编，方便读者。还新编、改编了许多适用的书，如《万宝诗山》、《事林广记》一类的百科全书，很受读者欢迎。

此外，江西、江苏、安徽、湖北、广东也都刻书，但传本较少。

两宋尽管是我国雕版史上的黄金时代，但流传至今的宋版书并不多。据日本《朝日新闻》1977年6月23日的报告，日本阿布隆一教授考查了日本、中国、中国台湾等地所藏宋版书：日藏有890多部，620版种；中国有1500多部，1000版种；中国台湾有840部，500版种（不包括大藏经之类文献）。此外，苏、德、英、美等也有少量宋版书。从现存的宋版书来看，制作的行款、版式、字迹、纸质、黑色，都十分精雅古朴，远非后世所及。内容多经名家校勘者衔名，以示慎重。所以传世宋本，皆被视为稀世之宝。即使名声不好的福建麻沙坊刻，也十分珍贵。书场刻书，志在图利，多以柔木制版，经多次印刷，字迹模糊。好的书版都用梨木、枣木，取其质坚耐磨，即使长久印刷，也十分清晰。因此，从实用来看，宋版书亦有好坏之分，治学者不可不知。

2. 辽金蒙古西夏和元代的雕版书

辽、金、蒙古、西夏是在我国北方和西北与两宋对峙的政权。元代是继宋之后的中原政权。它们都是少数民族建立的政权，集中来谈。

辽为契丹人所建，受汉文化影响，也曾刻书，政府亦有藏书之所，《辽史》中载有乾文阁。辽圣宗耶律隆绪开泰元年（当宋大中祥符五年，公元1062年）八月，那沙国来乞儒书，宋真宗诏赐《易》、《诗》、《书》、《春秋》、《礼记》各一部。但辽代刻书没有流传下来。原因是辽国法禁辽书外传。沈括说："契丹书禁甚严，传入中国者法皆死。"① 1974年7月28日，国家文物保护科学研究所和山西省雁北地区应县文物工作者，检查应县佛宫寺木塔塑像残破情况时，在佛像胸部发现一批刻经、写经、书籍、佛画、文物等共160件。其中有辽刻经47件，雕印最早的是统和八年（公元990年）雕刻的《上生经疏科文》。刻经主要是卷子装，间有蝴蝶装。有的经卷还刻有刊印地点、年代、刻印人及刻

① 《梦溪笔谈》卷一五。

工姓名。书籍有唐李翰编的《蒙求》上中下三卷。这些辽刻经、书，其书写字体、纸张版式、刻印风格均与后来的金刻本近似。据刻经题记，刻印在燕京（今北京）。

金刻本中心在平水，今山西临汾。公元 1127 年，金灭北宋，破汴梁时，掳掠大批版刻工人及书版移往平水。金刻除监本外，私家和坊刻书也很多。私刻多经史文集，坊刻着重医书、类书及说唱诸宫调。金刻传世的有《刘知远诸宫调》，《四美图》等，皆平水坊刻。此外，河北宁晋也是金代刻书中心。金刻本值得大书特书的是，今存《赵城广胜寺藏》① 佛经四千余卷，是我国仅存的一部珍贵孤本佛经，卷轴装。此本历来不见文献记载和公私目录。自金皇统八年至大定十八年（公元 1148—1178 年），历时 30 年才刻成。现藏北京国家图书馆。

西夏的雕版事业，据文献记载，刻有西夏文《大藏经》，用梵夹装，字画严整，卷首有图，刻印精美，仅见有残卷。用汉文刻印的书传世甚罕。

蒙古自公元 1207 年铁木真建国至公元 1271 年改国号为元止，称蒙古时期，这一时期版印书籍著名的有《重修政和经史证类本草》30 卷，《歌诗篇》4 卷，《玄都宝藏》7800 余卷等书。由于元世祖忽必烈佞佛毁道，在至元十八年（公元 1281 年）下令焚毁一切道藏，因此蒙古所刻道藏几乎灭迹。今北京国家图书馆所藏仅有《云笈七签》残叶，中国书店藏有《太平风露经》一卷。

元朝建立，公元 1279 年破南宋临安，将三学（宋时太学分上中下三舍，时人称为三学）秘籍、书版及生员悉数北移大都，并掳去许多刻工。元世祖尊孔改汉制，拨款刻书，于是雕版印书在元代统一后复兴。

元代官刻本，中央机关有兴文署和艺文监，太医院则刻医书。传世最著名的官刻本是兴文署至元二十七年（公元 1290 年）所刻胡三省音注《资治通鉴》、《通鉴释文辨误》等。元代地方官府刻书也很多，各路、府、州、郡县都设有儒学，各路儒学刻书

① 又称《赵城藏》。

不少。以九路儒学分刻的《前汉书》、《后汉书》、《三国志》、《隋书》、《唐书》、《北史》、《辽史》、《金史》、《宋史》九史著称于世。至正十四年（公元 1354 年）嘉兴路儒学主管刘廷翰刻本《大戴礼记注》12 卷，大德十年（公元 1306 年）绍兴路儒学刻本《吴越春秋音注》10 卷，泰定元年西湖书院刻本《文献通考》348 卷，都极精善，可称元刻本的代表作。

私刻本著名的有元初岳氏荆溪家塾刻本《春秋经传集解》，至元二十六年（公元 1289 年）福建中书省参知政事魏天佑刻的《资治通鉴》，至大三年（公元 1310 年）曹氏进德斋刻元好问《中州集》，大德八年（公元 1304 年）东平丁思敬刻曾巩《元丰类稿》等。

元代坊刻也十分发达，比宋有过之而无不及。但没有刻过大部头的经史，所刻多医书、小说和戏曲，保存了大量民间优秀文学作品，仍不可轻视。著名的书坊有叶日增广勤堂、刘君翠岩精舍、虞平斋务本堂、郑氏宗文堂、刘锦文日新堂、陈氏余庆堂、朱氏与耕堂、梅隐书堂、双桂书堂等，都刻印了很多书，且有传本行世。这些书坊，多集中在福建地区。

元刻本书，据清钱大昕《补元史·艺文志》的统计，各类书有 3142 种，只有不到 100 年历史的元朝，刻印如此众多的书，可以说是一件盛事。元人刻书，走两个极端。其精者超过宋本，其劣者不如明本。

3. 明代的雕版书

明代遗留下来的雕版文献，多用竹纸、绵纸刻印。竹纸薄易老化，但不易为虫蛀。绵纸莹洁，有如玉版，韧性极强，宜于收藏。明代造纸技术的提高，为刻书事业的发展提供了必要的物质条件。

明代官家刻书机构，有南北国子监、太医院和宫廷司礼监。地方布政司、按察司多刻地方志一类书。官刻本流传最多的是内府司礼监所设经厂刻印的书，称经厂本。书籍品类多为经史读本和前代儒家性理道学古籍及明代政令典制等。经厂本由太监主持，代表皇家刻书，经费充足，其特点是版框宽大，行格疏朗，字大如钱，看起来悦目醒神，纸、墨工料都选上等。其缺点是主持其事的太监，不学无术，故校勘不精，脱漏舛误甚多。

明代藩王刻书，也属官刻。在传世明本中，有辽藩、潞藩、徽藩、秦藩、周藩、鲁藩、晋藩、宁藩、蜀藩、益藩等。其中宁藩朱权、晋藩朱钟铉所刻较善。《四库全书总目》有《宁藩书目》一卷，所刻书有137种之多。晋藩朱钟铉是朱元璋曾孙，他博古好书，其子孙亦好学。晋藩本《宝贤堂法帖》、重刻张伯颜本《文选》、《唐文粹》、《宋文鉴》、《元文类》等，都是很有名的传本。

明代私刻，在中期后大行，嘉靖、隆庆之间，刻书多精品。如隆庆五年叶盛蒙竹堂所刻《云仙杂记》及《昆山杂咏》，芙蓉馆翻宋本《楚辞章句》都是精品。《楚辞章句》，几可乱真，以致有的书商抽去刻书序，挖改讳字缺笔及刻工姓名，冒充宋本欺世。迨至万历以后，私刻更加繁荣，有吴勉学、陈仁锡、胡文焕、汪廷讷、毛晋等刻书名家辈出。吴勉学在万历刻经史子集百余种，如《五经》、《四史》、《资治通鉴》、《二十二子》等都校刻精善。毛晋为明晚期刻书大家，江苏常熟人，室名汲古阁、绿君亭。毛氏从明万历至清顺治，经营40多年，刻书600余种，书版18万，四部具备。大部头的有《十三经注疏》、《十七史》、《文选李注》、《六十种曲》等。

明代坊刻，前期多雕印经史，后期则以戏曲、小说、医书和百科大全之类为主。前期，福建地区书坊较多，建阳的名坊就有勤有堂、翠岩精舍、尊德书堂、敬善书堂、进德书堂、清江书堂、归仁斋、慎独斋等。北京书坊集中在正阳门一带。京坊书肆翻刻旧本成风，因而形成一种类似宋本的字体。南京（金陵）书坊林立，在晚明盛极一时，有富春堂、文林阁、广庆堂、世德堂等名坊，刻印了大量的戏曲书行世。杭州的藏珠馆、容与堂、人文聚，也刻了不少书。总体来说，书坊刻书，多是面向群众的通俗读物。

晚明雕版印刷的突出成就是版画，除画谱、墨谱外，戏曲小说中多有插图附图，歙县黄氏，出现了许多著名刻工。杰出的作品是饾版、拱花、套印。如天启六年颜继祖的《萝轩变古笺谱》、崇祯年间胡正言的《十竹斋画谱》、《笺谱》，其刻印技术登峰造极。吴兴闵齐伋和凌蒙初用朱墨套印许多书，亦颇精致。

明代除刻图书外，还刻了佛藏、道藏。洪武五年在金陵蒋山寺开雕永乐元年刻成的《大藏经》，世称《南藏》或《南本大藏经》。永乐八年开雕，在正统五年刻成的世称《北藏》或《正统藏》。另外，还刻了《武林方册大藏经》、《嘉兴藏》（一名《径山藏》）等。

明以前的雕版文献，由于年代久远，历经沧桑，流传下来的为数极少。有明一代，由洪武迄崇祯，凡276年，其间书刻，不仅保存了明代众多的史料，而且数量之大，品种之多，仅万历一朝就超过了宋元雕版文献的总和，实为我国雕版印刷上极盛的一页。可见搞古籍整理或搞学术研究的人，求宋元本很困难，寻明刻本是比较容易的。几乎每一个中型以上的图书馆都有些收藏。万历以后明刻坊本，好篡改删节，这是需要注意的。

4. 清代的雕版书

清统一全国后，政治机构、典章制度、科举制度等承袭明制。雕印图书亦随明余绪，官刻、私刻、坊刻都十分发达，相互间，既有竞赛，又相互补充。

清代官府刻本，于武英殿设修书处，派翰林院词臣总领其事。内府书籍如实录、圣训、御制诗文、御纂经典、方略等，统统由武英殿刊版印行。历朝刻印很多图书，世称武英殿本。官设刻本机构除武英殿外，还有曹寅主持的扬州书局。武英殿和扬州书局所刻各书，缮写刊刻之精致，无不尽善尽美，为清代刻书树立了楷模。

到了晚清，政治颓废，官吏腐化，丧权辱国，激起了人民对清帝的反抗，农民起义终于爆发。当时曾国藩一方面使用武力镇压革命，一方面号召知识分子维护封建文化。同治三年他攻进安庆之后，就以重兴文化为名，创设治山书局；攻入金陵，又设书局。不久，金陵官书局、浙江官书局、四川官书局、安徽敷文书局、湖南官书局、山西官书局、山东官书局、直隶官书局相继成立，这些官书局，由于主持人的文化水平不同，选用底本不一，校勘有精劣，出版质量有高下。其中以浙江官书局选本校勘为精当，为书局本之代表。金陵、江西、湖北官书局出版各书，校勘不精，刻印欠佳，脱漏错讹较多，均不足取。

清代私家刻本，大体分为两类：一类是著名文人所刻自己的著作和前贤诗文，这类书大都是名家手写上版，所谓的“写刻”是刻本中的精品，世称“精刻本”。另一类则是考据、辑佚、校勘学兴起之后，藏书家和校勘学家辑刻的丛书、逸书和影摹付印的旧版书。精刻本从康熙年间开始，雍、乾、嘉、道都有精刻本传世。如康熙年间林佶手写上版的汪琬《尧峰文钞》，陈廷敬《午亭文编》，王士祯《古夫于亭稿》、《渔洋精华录》，顾嗣立秀野草堂刻的《韩昌黎先生诗集》，陆钟辉水云渔屋刻的陆龟蒙《笠泽丛书》；雍正年间般若庵刻《冬心先生集》，辛浦校刻汪琬《说铃》，卓尔堪的《三家诗》；乾隆年间歙县程哲七略书堂写刻《带经堂集》，郑燮自己手写上板的《板桥集》，吴江沈守义刻其祖沈睯撰《南船记》；嘉庆年间松江沈慈、沈恕古倪园刻唐、宋、元《四妇人集》①；道光年间刻的汪中《述学》、许涟古韵阁《六朝文絜》等都是清代精刻本的代表作。

辑佚、考据、校勘学的兴起也与刻书有着密切关系，由于这些学术的发展，大大丰富了刻书的内容。有民族气节的余姚黄宗羲、昆山顾炎武，感到复明无望就大力搜集资料，从事著述。顾炎武著有《音学五书》、《日知录》等；黄宗羲著有《明夷待访录》、《明儒学案》等。他们所读经史范围很广，凡有所得随手札记，他们这种援经证史考证谬误，随手札记辑成系统材料用于治学的方法，对后世的考据学起了很大作用。如万斯同、全祖望、邵廷采、邵晋涵、章学诚等受影响较深。

清代私刻蔚然成风。名家如歙州鲍氏知不足斋，金山钱氏守山阁，曲阜孔氏微波榭，海宁吴氏拜经楼，德州卢氏雅雨堂，仪征阮氏文选楼，大兴黄氏养素堂，吴县黄氏士礼居，江都秦氏石研斋等都辑刻了丛书或翻刻了一些旧版书。

清代书坊非常普遍，各地都有。金陵郑氏奎壁斋，由明至清，到乾隆时仍在刻书，书肆设在金陵状元境巷内。延续最久的

---

① 《四妇人集》包括唐《鱼玄机诗》、《薛涛诗》，宋《杨太后宫词》，元孙蕙兰《绿窗遗稿》。

要算扫叶山房，相传创设于明万历间，主人席氏。汲古阁《十七史》版片散出后，即归席氏所有。刻印之书，包罗万象，经、史、子、集及村塾读本，应有尽有，达数百种之多。书肆以熟悉版本著名于世的，有五柳居陶正祥、鉴古堂老韦皆为人称道。李文藻《琉璃厂书肆记》载之最详。

晚清的书坊，南北两京较为集中。如南京状元巷的李光明庄、聚锦堂、德聚堂；北京的老二酉堂、聚珍堂、善成堂、文成堂、荣禄堂等，刻印发售通俗读物，大力满足民间文化生活的需要。

清代刻书遍布全国，传世刻本数量多，门类广，今天各大、中、小型图书馆中所藏古籍都是清刻本居多。清代版本学家和校勘学家辈出，因而精校精刻善本很多，若加分类，可分为禁毁善本、殿版善本、校勘善本、丛书善本、地方志善本、清代文集的稀见本、家刻善本、翻宋元旧本等八类。由于藏书家和版本学家贵宋元和明嘉靖、隆庆以前刻本，而轻清刻本，所以对清代雕版文献的优劣缺乏深入研究，这一局面，亟须改变。

第三节　活字印刷——20世纪的主流载体文献

活字印刷是近现代高速制作文献的印刷技术，也是中国印刷工人继雕版印刷之后的又一伟大发明，以适应社会对图书的大量需求。20世纪的主流载体就是活字印刷文献。由活字印刷排版引发的各种近现代印刷技术，诸如凸版、凹版、平版、丝网、石印、复印、激光照排等，一并概述，以展现20世纪图书文献高度繁荣的风采。

一、活字的发明与运用，推动印刷术空前发展

活字的最早发明者是我国宋代浙江杭州雕版店的一位名叫毕昇的工人，他在宋仁宗庆历（公元1041—1048年）年间就发明了活字，比欧美一些国家所认为的西方最早发明者德国人谷登

堡，整整早了 400 年。

毕昇的发明，引起了同时代的北宋著名学者沈括的注意。沈括在《梦溪笔谈》中作了完全的记载。毕昇发明的活字用胶泥（即黏土）刻成很薄的单个文字，用火焙烧，就成了坚实的泥活字。这些活字按韵装于纸袋。复制文献时，按照稿本拣出所需的字，排在一块铁板上，字下放一层松脂蜡和纸灰，在火上烘烤。待蜡微融，再取一铁板放在活字上将其压平。然后使铁板冷却，活字便粘固在铁板上完成了排版工作。最后在字版上施墨贴纸印刷，就完成了文献的制作。这一工艺流程，包括了制活字、排版和印刷三个过程，这是完全的活字印刷术发明。

印刷后的字版，再用火烘烤，便可取下活字，以备再用。毕昇的活字以胶泥为材料，称为泥活字。沈括说：活字印刷，“若止印三二本，未为简易，若印数十百千本，则极为神速”。可见活字印刷是为了迅速地大量地生产图书。但是由于当时图书市场有限，雕版印刷正在蓬勃发展，印量小，制活字反而费事，所以毕昇的发明没有得到推广。泥活字易残损，实用技术还有待提高。毕昇发明泥活字后 200 余年，到了元代，王祯在元成宗大德元年至二年（公元 1297—1298 年），在安徽旌德县创制了一套有 30000 余枚的木活字，并用木活字印了一部《旌德县志》。王祯还从工艺上进行总结，写了《造活字印书法》一书，这是世界上最早的活字印刷术文献。从此，活字印刷进入了实用。元、明、清三代都留下了很多木活字书籍文献。清乾隆年间，清政府刻成一套收 250000 多枚的枣木活字，改称活字版为聚珍版，用以印成武英殿聚珍版丛书。这套丛书包括经、史、子、集四部书，共 138 种，2800 余卷。木活字一直沿用到辛亥革命时期，苏州校经山房 1910 年还用木活字出版书籍。

近现代活字印刷用金属活字主要是铅活字和机器生产，是西方科技发明的产物。中国金属活字印刷技术是在 19 世纪末逐步由西方倒输过来的。所以我国近现代印刷技术，与欧美发达国家相比，存在一定的差距。20 世纪 80 年代改革开放以来，我国出版业与印刷技术突飞猛进。20 世纪 90 年代中电脑排版已取代手工活字排版，大大缩短了与欧美发达国家的差距。

活字印刷是20世纪的主流载体，报刊、杂志、图书依赖于这一新型印刷技术而能够大规模地生产。与之相适应，出现了新型的出版机构与出版业。各类载体的古籍图书转化为活字印刷图书，从而产生了古籍整理的文献工作。新闻出版总署是管理全国出版工作的专门机构。出版社是实施图书编辑出版的业务机构。印刷厂制作图书。新华书店发行图书。图书馆收藏与借阅图书。社会各界个体或集体的作者创作图书。整个印刷业是社会各界的分工合作。图书的生产与知识积累呈几何级数增长，乃至有知识爆炸之说，这都是技术进步带来的结果。以图书出版为例，1952年全国共出版图书13692种，印行78566万册（张），与新中国成立前出书量最高的1936年出书9438种，总数18800万册（张）相比，种数增长了45%，册数增加了318%。1956年，全国出版图书28773种，发行178437万册（张），比1936年分别增加194%和901%。1956年出版文艺图书9375种，比1952年（5004种）增长87%。此年哲学社会科学图书出版3727种，比1952年（1377种）增长171%。出版自然科学、技术图书8698种，比1952年（3092种）增长181%。文化教育类2391种，比1952年（1827种）增长31%。通俗读物和少年儿童读物8997种，比1952年（3400种）增长165%。这一年还出版了《史记》、《资治通鉴》的新式标点本。以少数民族文字出版的图书有4900多种。出版外文图书640种。据不完全统计，从新中国成立到1956年底，翻译出版43个国家的各类图书15700多种。

1958年出书45495种，是50年代出书种数最多的一年。从1957—1965年，出版了高等院校教材近100种，其中不少是较有价值的学术著作。

1966年“文化大革命”开始了，这一年出书种数从1965年的20143种降至11055种；1967年降至2925种，只及1956年的10%多一点。1971年出书数量开始回升。但直至1975年，“文化大革命”十年平均每年出书不过7903种，只及1956年的 27.5%。

1978 年出版盲文读物 179 种，共计发行 20 多万册。1979 年盲文版图书 201 种，发行 19 万多册。同年出版各种少数民族文字图书 1544 种（其中新出 1290 种），接近 1965 年水平。1976—1979 年，蒙文版图书出版 900 种，印行 700 多万册。

1978 年以来随着改革开放的新形势，我国出版工作蓬勃发展，每年的出书量呈直线上升之势。全国出版社有 500 余家，并成立了一批出版古籍整理和地方文献的文史专业出版社。现在每年出书三四万种，出版古籍 1000 余种，印数七八亿册。图书出版事业，进入 20 世纪 80 年代以后，出现了繁荣昌盛的新局面。

二、图书制作的印刷原理与印刷种类

图书制作的印刷原理是将印版上的文字或图画，涂上油墨转印到纸面上成为复制的印刷物，都需要一定的压力。因此，压力原理是印刷技术的基础。

为了获得大量相同的文字或图画的各种复制品，必须根据人们的不同需要，制作不同的印版，采用不同的印刷方法，达到印刷复制品的目的。无论什么印版，版面都具有图纹部分（着墨部分）和非图纹部分（空白部分，非着墨部分）。压印前，图纹部分涂有油墨，在压力的作用下，图纹部分的油墨就被转移到纸张表面，完成一次印刷。印刷技术的发展，实际上就是印版和压力方式的演变过程。印刷的版式很多，根据制版的方法不同，可分为活字版、铜版、各种照相版和雕刻版等。根据印版所使用的不同材料来分，又可分为活字版、锌版、铜网版、感光树脂版、明胶干片版、木刻版、橡皮版、孔版和电镀铝版等种类。

由于印版的方法不同，印版表面所制成的不同印版可以分为凸版、凹版、平版和孔版等四种。根据印版的区别，在印刷种类方面就有凸版印刷、凹版印刷、平版印刷以及丝网印刷之分。前三种印版特点及应用范围，列表比较如下：

印刷方法		操作过程	用　途
凸版印刷	雕版印刷	把文字雕刻在木板上，再用来印书，是我国最早发明的印刷术。	印木板古籍、木刻画、信笺、美术品，效率极低，雕版费时。
	活版印刷	把铅活字排成的版面直接装在机器上印刷。	印数较少的零件，如卡片、表格之类，以及印数 20000 以内的书刊。
	铜版印刷	把铜字排成的活版打成纸型，再浇成铅版印刷。印量大时还可在版面镀铜、铬、铁等。	印数很大，使用最广。
	铜、锌版印刷	用照相锌版、铜版等直接装在印刷机上印刷。	多用于印刷插图、封面等。
凹版印刷	蚀刻版印刷	把油墨涂在蚀刻成的线条凹下去的铜版上，然后把版面上非印刷部分的油墨完全擦去，只将嵌在凹下去的线条里的油墨印在纸上。	多用于印刷邮票、纸币、艺术品。
	照相凹版印刷（影印版印刷）	利用网目版照相和化学腐蚀而制成的凹版再用以印刷。	多用于印画报、插图，用途较广。
平版印刷	石印	把文字用脂肪性液体写在石板上，印时把石板版面用水润湿，涂上油墨，由于水油相斥，只在有字部分着墨，然后印在纸上。	多用于印广告或招贴。
	胶印（又称影印或转印）	通过照相或别的方法制成印版，印刷时先从印版转印到橡皮上，再由橡皮转印到纸上（这样可以避免纸和版的直接接触，延长印刷的寿命，也减低了对纸张的质量的要求）。	使用很广，一般画报、彩图多用此法。
	珂罗版印刷	通过照相的方法，制成颗粒很细的玻璃版印到纸上。	印刷精细的美术品，印数受限制。

丝网印刷　这是一种手工式印刷技术。特点是结构简便，能在各种平面塑料用品上印刷各种装饰图案。

除以上四种印刷方法外，还有一些特种印刷，如滤过印刷、凹凸印刷、塑料印刷、贴花印刷、软管印刷、马口铁印刷、盲人读物印刷和木刻水印等多种。20 世纪 80 年代，新发明并被应用的特种印刷有传真印刷、立体印刷、曲面印刷等多种印刷的方法。

石印、影印 这两种印刷技术，均属平版印刷。石印和影印多用于复印古籍。石印在以锌版为材料的胶印出现以前，它是彩色印刷的主要方法。由于石印制版和印刷效率都很低，现在已基本不采用。

石印 以石料为印版，一般选用碳酸钙含量为 99%的多孔质石料磨制而成，厚度约 10cm。制版方法有直接描绘法和转印法两种。

影印 运用化学方法、物理方法，或照相方法复印的书都称为影印。按原书开本影印的书，又称翻印书。化学、物理方法只能依照原书开本印刷，质量较差。照相方法可以缩小开本，质量较优。两种方法都用石印或胶印。用化学、物理方法复印古籍已经落后，现在已为照相方法所取代。过去的玻璃制版（即湿片）方法也逐渐被干片所代替。

有些古版原书的纸张已经变色，或印版字迹模糊，或如竹木简之类的照片，字迹不够明显，在制版之前或在制版过程中须加以整修。或者根据实物的具体情况用某种滤光片拍摄全色干片，或用红外线干片拍摄，先晒成照相纸，加工描修，再行摄影制版。遇到这一类原书影印，就有反复校勘、修整的必要。

作为底本的原书中如有无法辨认的不易修整的字迹，只有拍摄适性的干片，制成珂罗版，采用珂罗版印刷。在这种情况下，如果需要较大的印数，不适用珂罗版印刷时，可以改用照相凹印的方法来进行印刷。珂罗版的印刷可以利用中国传统的宣纸、毛边纸等纸料，也可利用水溶性油墨，印刷成品的效果比较接近于中国古旧印本的风味。

静电复印 这是现代科技之一，是 20 世纪 30 年代发明的。1938 年美国物理学家专利代办人卡尔逊研制出了世界上第一张静电复印品。1950年，出现了世界上第一台静电复印机商品，并在普通纸上制成最终复印品。1960年，美国施乐公司制成世界上第一台落地式全自动办公用“914”型硒静电复印机。到20世纪60年代末期，静电复印机已发展到较为完善的程度。70年代，普通纸静电复印机在世界范围内获得较大发展，到了80年代，普通纸静电复印机已得到普遍使用。静电复印机，自动化程度很高，操作简便，只要按动按钮就可进行复印；且成像极为迅速，一般几秒钟就能复印一张，最快的每秒钟可复印两页，最慢的彩色复印机每分钟也能复印两页。新式复印机具有印刷、远距离传真复印、进行文字处理等多种功能。

静电复印技术已成为当今世界上复制文献最迅速、最方便、最低廉的技术。现在复印机正向更高速、多功能发展，与计算机、打字机、电话等组合使用，产生了智能复印机，具有记忆性能的复印机、缩微胶片复印机（还原机）、阅读复印机、微处理机等更加专业化、高级化的复印机，更大程度地满足了人们的需求。

三、现代化排版技术

活字印刷要用铅和火，20世纪是它的鼎盛时代。铅活字排版，要经过多道工序，耗费大量人力、物力，少慢差费。我国印刷在20世纪90年代后期，告别了铅与火的时代，采用现代技术排版，一是照相排版，二是电脑激光排版。后者是最主要的方法。

照相排版 照相排版是一种新兴的机械化排字方法，在生产过程中不使用火、电等热源，所以被称为冷式排字，而活字排版等方法需要火、电等热源，为热式排字。照相排版利用的是光源，利用光学摄影原理进行排版。

照相排版所用的设备是照排字机。目前使用的手动照相排版机，配收各种不同焦距的主透镜，能根据需要将玻璃字模版上的文字缩小或放大，拍摄成20种大小不同的字像于感光材料（感光胶片或照相纸）上。同时还可以用变形透镜把拍摄的字像变成长体、扁体及斜体。

一台手动照相排字机配备宋体、黑体、仿体、楷体四种字体的玻璃字模版，一副字体大约有7000个单字，每一个字和符号能获得20种变倍（大小变化）和24种变形。因之，一台照排机便可以变换出7000×4×（20×24）＝13440000个不同大小、不同体形的字。

现在，一般都用照排工艺与胶印配合起来印刷书刊。

照排工艺最大的优点是：摆脱了对人体有毒的铅，防止了环境污染；摆脱了铅字排版的繁重操作，减轻了体力；简化了排版工艺过程。

电脑激光排版 激光技术是在近代量子物理学基础上发展起来的新兴科学技术领域。激光是由受激辐射产生的光。所谓受激辐射是处于激发态的原子在光的作用下，被迫从高能级回到低能级而发出同外来光子完全相同的光子。

1960年6月，美国休斯公司研究所20多岁的梅曼制成了第一台激光器——红宝石激光器，标志着激光技术的正式诞生。在印刷工业中，利用激光的相干性、能量集中、光斑小来识别画像和形成画像。使激光技术与电子计算机技术相结合，就可以实现从排版、制版直到印刷和装订的高度自动化，从而大幅度地减少工序，简化操作，节省劳力，改善劳动环境和降低印刷成本。

在制版装置中可用激光制版，它的机理是用氦氖激光（约10毫瓦）扫描单色原稿，并将形成的数字信号调制氩激光（约10～15瓦），使制版材料表面的金属层或感光材料层蒸发，曝光后绘出画像。这类装置用于凸版和胶版印刷。

美国的报刊制造工序中率先放弃活字排版，从计算机中心处理装置校核产生的电子文字到版面设计，都由一个系统迅速完成，该系统被称为电子计算机化排版系统，报刊版面的一切都已数字信号化，并由计算机中心处理装置存储，通过计算机中心处理装置与氩激光的直接联结，能节减大量的工序和人力。

照相凸版的制作，过去是在圆筒上涂上感光材料，经曝光、腐蚀而形成凹版，后来改进的工艺是用氙灯扫描原稿，由电信号控制的钢石针直接雕刻圆筒上的铜层。后来，有人研制成功了用激光代替金刚石针的激光直接雕刻系统。

电子照相排字机已风靡欧美报界和一般印刷界。原来的工艺是，将数字信号化了的文字图样的存储器把所需的文字读出并书写在阴极射线管上，再在银盐感光材料上绘出文字。现在有一种名为戴墨激光排字 100 型机器，它将氩激光器装在计算机化排版系统的主件电子照相排版机中，取代阴极射线管，其性能是 1000 新闻行/分，扫描密度 640 线/时，是一种速度很快的电子排字机。

另外，在印刷界中，报刊版面照像传真装置、制版薄膜用扫描机构，高速打印机，光学字母读出器等设备已广泛采用激光器。

我国印刷厂在 20 世纪 90 年代后期配备了激光制版装置。我国自制的华光 IV 型激光汉字编排系统在 1989 年 12 月 26 日，通过了机械电子工业部主持的设计生产定型鉴定。目前华光型计算机——激光汉字编排系统，已广泛用于报纸、书刊印刷单位，大大提高了报刊、图书的出版时效与数量，带来了印刷业的飞跃。

第四节　现代技术载体文献

以现代技术为载体，指的是以现代技术装备为载体。使用现代技术记录、存贮文献的装备，目前常用的方法有视听技术、缩微技术和电子计算机存贮技术，其文献的形式则为音像文献、缩微文献和机读电子文献。

一、音像文献

运用现代声像技术将声音和图像直接记录在某种载体上，并能使之再现以达到传递知识和信息的新型文献称为音像文献，也称为视听资料。音像文献摆脱了传统的文字记录形式，利用现代科技包括唱片、录音带、幻灯片、录像片、电影、电视等载体，给人以直观的感觉，因之又称为直感性文献。又因为音像文献不再以纸张作为记录载体，而利用了多种媒介以及现代化的传播方式，故又称之为现代资料。音像文献对于现代科学观察、知识传播能起到独特的作用，在现代文献存贮手段中，已成为不可缺少的组成部分。

音像文献根据记录信号的不同，一般分为三种类型：录音资料、录像资料、音像资料。

音像文献的特点，主要有：（1）利用特技处理，使信息形象在动和静，快和慢，大和小等方面按照人们的需要而变化，使视觉和听觉不断深化。如化虚为实，化快为慢，化慢为快，化大为小，化小为大等等。（2）存贮密度高。如一张直径为 30 厘米的激光电视唱片，单面可记录 50000 多张图画。存贮量大，密度高，可以节省大量的空间和载体。（3）音像文献为科学研究提供了第一手资料。一些罕见的现象以及重要的研究对象可以通过各种技术使之再现，促进科学观察和实验。（4）打破时空再现历史，对于领袖名人的声像记录、对重大历史事件活动的现场记录，对于后人都是珍贵资料。20 世纪 90 年代京剧界开展的抢救国粹京剧音像配音工程，可以说就是一项标准的用音像手段保存传统艺术的现代文献工作。（5）有利于知识的传播和普及。音像文献宣传面广，读者不限，如盲人可以听录音资料；音像文献可以见其形，闻其声，能引起人们学习的兴趣，增加学习时的集中力并能提高知识的记忆力；音像文献可以反复利用，使声音或图像反复出现，大大提高了学习的实际效果。

二、缩微文献

它是采用照相的方法，利用透镜成像原理，用具有光化作用的感光胶卷、胶片作为载体，把文献资料的影像缩小记录下来的一种文献形式，又称缩微复制文献。1839 年，英国人丹塞（J. B.

Dancer）将一张 8 英寸大的文献缩摄成 1/8 英寸的胶片，制成了世界上第一件缩微文献。1859 年，法国人达格龙（R. P. Dagron）在法国获得了世界上第一份有关缩微胶卷的专利权。1870—1871 年普法战争中，缩微复制法被用于军事通信。1928 年，出现了缩微文献阅读机后，缩微技术便广泛地被运用了。1930 年，美国图书馆开始应用缩微胶卷复制珍贵资料。第二次世界大战前夕，各国需要将大量文献、档案、工程图纸等摄制成缩微胶卷保存，又一次推动了缩微复制技术的发展。1940 年，德国军队研制出一种叫做“点缩微”的摄影法，能将文献资料缩小几十倍，几万倍，几千万倍，可以把几页长的秘密情报缩藏在书中句子的标点符号之下。说明当时缩微复制技术已发展到相当高的水平。20 世纪 50 年代以来，由于情报有存贮缩微化等新的需要，缩微复制技术的应用越来越广泛和普遍，更刺激了这项技术的迅速发展，出现了许多新方法、新材料、新设备和复制品的新品种。当前缩微复制技术正在与电子计算机技术日益密切地结合起来，开拓它应用的新领域。

缩微文献的特点，主要有四：（1）体积小，重量轻，存贮密度大，节约藏书空间。（2）缩微文献可以弥补印刷品的不足，代替珍贵书刊和善本、孤本、绝版本、印刷量很少的资料等的使用，既便于借阅，又利于保护原本。（3）缩微文献可长期保存，不易损坏变质。国外对缩微复制品的加速试验表明，在恒温恒湿条件下，纸张印刷品保存几十年就会老化损坏，缩微胶片或胶卷则可保存 500 年左右。（4）缩微文献适于自动化检索。但阅读不方便，必须借助于缩微阅读机或其他辅助设备才能阅读。辅助设备通常有三种方法。一是利用静电复印机放大复印。二是利用阅读复印机，阅读时只要一按电钮，该机即可送出一页放大的复印件。三是用照相方法放大成可阅读的照片。无论哪一种办法，都要借助阅读设备，这是不能普及推广的主要原因。

三、机读电子文献

机读电子文献是指电子计算机（电脑）可以阅读的文献资

料，是20世纪后期出现的一种新的文献形式，它的发展如日中天，方兴未艾。电子文献主要通过编码和程序设计，把文献资料变成数字语言和机器语言，输入电子计算机中去，存贮在载体上，阅读时再由计算机的输出器将存贮的文献信息打印出来，打印的结果可以直接阅读，或者通过屏幕显示装置在屏幕上阅读。

机读文献存贮载体有磁带、磁盘和光学录像盘三种。目前磁带、磁盘已不常用，下面只介绍光学录像盘。

光学录像盘，简称光盘。它是用激光记录信息，直径30厘米，像密文唱片。光盘的记录密度很高，并且能存贮书本、杂志及各种形式的教育材料，还可以存贮幻灯片、电影、声音等信息，能够把文字、高质量静止图片与运动图片结合起来，阅读时随时随地能把声音和照片配合起来或抽出来。每一个画面的资料存贮在光盘里，就像给文献分类编目一样，给它一个号码，任何时候都可以用微型机检索所需要的那一页，不管是找1页，还是3000页、30000页，或是某一本书的一章、一节，还是全书，不到一分钟就可得到。又因为上面的资料是用激光处理过的，表面用薄膜盖起来，易于保护。如果有一张关于古代文物的光盘，待在家里就可以查阅整个博物馆的馆藏，有配乐，有解说。用起来可停可进，可退可跳，还有声音。这是一种近乎理想的文献存贮载体。由于光盘有这些极大的优越性，于是迅速取代了磁带、磁盘等存贮载体。

电子计算机是20世纪中期科学技术的卓越成就之一，它是能代替部分脑力劳动的自动控制机器，是人类大脑的延伸。它不仅能模拟人的感官思维，进行大量的科学计算，还可以从事定理论证，逻辑判断等较高级的思维活动。电子计算机能超越人体机能的限制去完成人类靠时间和精力所达不到的工作。现在运用电子计算机上网，我们足不出户，就能查阅全世界图书馆的书。还可运用电子计算机绘制复杂的图表与地图、排比资料、校勘古籍，改进文献整理的方式，完成传统方法依靠人力所不可能进行的工作。例如版本校勘，利用计算机可以把多种版本的典籍文字，逐字逐句一一对照在一个版面上，进行浏览或下载，这比手工在一种底本上逐一录记校本文字，准确度与速度便捷何止千百倍。编制成百上千种典籍的字、词、句索引，以及字数统计，离开了计算机，人力无法轻易制作。又如多媒体技术，可将文字、图像、图形、音像、音频、视频等多种媒体形式的信息，集成输入到一个系统中，由计算机综合控制采用在人机交互方式同时获取、处理、编辑、存储和展示的技术，广泛用于浏览、查询、通信，以及自动化办公、储存数据等。如何将古文献研究手段的现代化与电子文献检索，本书将在第十章第五节“电子文献的检索与利用”中作进一步阐释。

第三章　20世纪新发现的古文献及古今档案与考古文献

中国近代史学以“新史料”领域的开拓而著称于海内外。殷墟甲骨文、甘肃汉晋简牍、敦煌遗书、清内阁大库档案，在19世纪末到20世纪初相继发现，被学术界誉为中国学术史上的四大发现①，正如王国维所说：“古来新学问起，大都由于新发现。”② 整理和研究甲骨、简牍、敦煌遗书，包括后来发现的吐鲁番文书，在20世纪形成高峰，不仅各自成为专门之学，而且均为具有国际意义的独立学科。这些学科的文献工作，不是传统的版本、校勘，而是崭新的考识文字，断代识别，整理结集，内容研究，既是文献研究，也是史学研究的新课题。文献整理与学科研究密不可分，故特立专章来谈。

第一节　甲骨文献

以甲骨为载体的文献称甲骨文献。甲，指龟甲，包括腹甲、

①② 王国维：《最近二三十年中中国新发现之学问》，《学衡》，1925年第45期。

背甲，以腹甲为主；骨，指兽骨，包括牛骨、鹿骨、羊骨、猪骨、马骨等，而以牛骨为主，特别是水牛的肩胛骨。

一、甲骨文的起源与制作

甲骨文献是我国现存的最古老的文献，它主要是商代后期殷人占卜的记录。用甲骨占卜，本是中华原始先民向鬼神祈福、请求庇护并示预兆的一种巫术礼仪，在我国许多新石器时代的遗址中，曾发现不少虽无文字但有灼痕的兽骨和龟甲碎片，就是这种巫术活动的孑遗痕迹。殷人的甲骨占卜，显然是远古原始巫术的延续。

以龟甲占，史籍有载，见《周礼・春官・宗伯》下、《仪礼・士丧礼》、《荀子・王制篇》、《韩非子・饰邪篇》、《史记・龟策列传》等；以兽骨占，除少数民族外，则仅见《论衡・卜筮篇》："猪肩羊膊，可以得兆。"然从出土实物证实，殷人是甲骨并用的。占卜的程序：(1) 整治。先刮削龟甲兽骨，去肉留甲骨并使之清洁光滑。(2) 钻凿。在整治干净的甲骨的背面钻圆形的窝或凿梭形的槽，窝槽的深浅以不穿透甲骨为度。以上两项是占前准备，一般由专人负责。(3) 命辞。告鬼神以所卜之事。(4) 灼兆。将硬木枝烧成炭，用炭火沿窝槽边沿烫灼，使甲骨正面的相应部位呈现"卜"字形的裂纹，这就是卜兆。当时的人以为，鬼神的意志便显示在卜兆中，卜人即根据卜兆裂纹的长短、粗细、曲折、隐显等对卜兆作出种种解释，以判断所问事情的吉凶。(5) 刻辞。将占卜时间、卜人名字、所问事情、占卜结果刻在相应的兆纹附近，有时还补刻应验结果。由于这些刻辞都是记录占卜的，所以叫做卜辞。卜辞刻在甲骨上，其文字则叫甲骨文。

二、甲骨文的内容与史料价值

甲骨文献的内容主要是卜辞。卜辞记事有一定的体例。一篇完整的卜辞包括四个部分：(1) 叙辞（或称前辞），记占卜日期和卜者名字。(2) 命辞（或称问辞、贞辞），记卜者要问之事。

（3）占辞，记卜者根据卜兆所作的吉凶祝福的判断。（4）验辞，记是否应验和应验的情况。不过在现存的卜辞中，这四部分皆备的全篇较为少见，一般往往只有叙辞、命辞，而无占辞、验辞。

除卜辞外，甲骨文献也有非占卜的刻辞。这类刻辞，有的与占卜有关的，如在甲桥背面、背甲顶端或背面内缘、甲尾正面一角、胛骨骨臼、骨面宽薄处等偏僻的、卜兆不到或离卜兆较远的地方，常刻甲骨来源，整治甲骨人员以及保管者的名字等，这些虽不是占卜的记录，但与占卜有关，称卜事刻辞。与占卜无关，主要记狩猎、战争或宫廷大事的，则称记事刻辞。

甲骨文献记事简略，所用文字不多，最少的只有一个字，一般是一二十字，50字以上的即少见，百字以上目前只发现一条，虽然这样，甲骨文献的内容还是十分丰富的。

甲骨文有很高的史料价值。“殷人尊神，率民以事神，先鬼而后礼”①。郭沫若也指出：“殷人最为迷信，无论什么大小的事情都要卜，一卜总是要连问多次。”② 殷人对占卜真是近乎痴迷，所以卜辞的内容就自然会涉及当时社会生活的许多方面，如农业、畜牧、手工业、商业和社会以及宗教观念、科技文化发展水平等，这就为研究商代的历史提供了可靠的根据。

甲骨文献被发现以前，人们对商代历史的认识一直是模糊的。两千多年前的孔子对此就曾发过“文献不足”的感叹。③ 在先秦典籍中，《尚书》里的“商书”，除《盘庚》外，其余多不足信。他如《诗经》、《左传》、《三礼》、《国语》、《战国策》、《吕氏春秋》、《楚辞》以及诸子中关于商代的史料，尽是只言片语，《竹书纪年》、《世本》也仅仅是王朝世系简记。西汉司马迁的《史记·殷本纪》是唯一的一篇关于商代历史的比较完整的记载，全文2860字，除记有商朝500多年史实外，还包括成汤建国前的商族史，其略可知，而且《殷本纪》所载是否可信还有待证实，只是在甲骨文献发现之后，商代的历史才有了可靠的物证。郭沫

① 《礼记·表记》。

② 郭沫若：《先秦天道观之进展》，《青铜时代》，科学出版社1957年版，第2页。

③ 《论语·八佾》。

若指出："靠着殷虚的发现，我们得到一大批研究殷代的第一手资料，是我们考古者的最幸福的一件事。就靠着这一发现，中国古代的真面目才强半表露了出来。"[①]

三、甲骨文的发现

甲骨文产生很早，但直到近代才为人所知。先是19世纪90年代初，河南安阳小屯村农民在翻地时经常发现甲骨，有的有字，有的无字，误认为是龙骨（古代地质时期各种脊椎动物骨骼的化石），其有字者，便将字迹刮去卖给药店以作药用，因为药店不买有字的。时安阳为彰德府府治，历年有青铜器等古物出土，古董商人常往收购，而对有字者均出价较高，当地农民又将有字"龙骨"卖给古董商，商人将贱价购得的有字"龙骨"运到京津出售，受到一些古物收藏家的注意，特别是当时的国子监祭酒王懿荣，喜好金石，于文字考订亦颇精深，认定有字"龙骨"为有价值的古物，从1899年秋起，高价购买，不及一年，得1000余片。1900年八国联军入侵，王氏兼任团练大臣，投池自尽，为国殉难。王氏接触甲骨时间很短，不及深研，无任何成果传世，但他是甲骨文献最早的发现者和鉴定人。王氏是一位博通金石学、历史学、古文字学且造诣深厚的学者，因此他在甲骨文出土的准确地点尚未确定之前，就准确地断定甲骨文为殷商文字，并大力收购，使这一仅做药用的古董为世人所重，成为震惊世界的人类文明宝库中的稀世之宝。甲骨文的发现，开创了中国历史研究的新阶段，王氏也因这一发现，被誉为"甲骨文之父"，也就是甲骨学的开拓者。

四、甲骨文献的整理与研究

甲骨研究的创始者是刘鹗。刘氏在北京与王懿荣相识，得知王氏高价收购甲骨事，在王氏死后的第二年（1901年）即着意收

---

① 郭沫若：《古代研究的自我批判》，《十批判书》，科学出版社1956年版，第3—4页。

集。1902年王懿荣长子出售家藏古物，刘鹗将王家千余片甲骨大部收买，二三年间刘鹗获甲骨约5000片。1903年得友人罗振玉之助，选所藏甲骨拓印1058片影印出版，题名《铁云藏龟》，这是第一部著录甲骨文献的专书，对于甲骨文献的研究，具有开创之功，实是我国近代学术史上的大事。

此后对甲骨文的研究吸引了更多人的瞩目，成绩卓著者先是罗振玉、王国维，后有郭沫若、董作宾。罗振玉（1866—1940），字叔蕴，号雪堂，又号贞松老人，浙江上虞人。王国维（1877—1927），字静安，号观堂，浙江海宁人。董作宾（1895—1963），原名守仁，字彦堂，号平庐，河南南阳人。郭沫若（1892—1978），号尚武，又号鼎堂，四川乐山人。罗、王、董、郭四人的研究，奠定了甲骨学的基础，因他们的字号都有一个“堂”字，于是在甲骨学界被誉为“四堂”。

罗振玉在甲骨文的搜集、整理和出版方面，做了许多基础性的工作。罗氏于1907年开始收藏甲骨，1908年最先考证出甲骨乃殷虚遗物，其文字乃殷代占卜文字，除几次派人直接去安阳收购外，又亲自前往调查，几年之间，所得逾万，于1910年至1916年先后印行了《殷墟书契前编》（1912年）、《殷墟书契菁华》（1914年）、《铁云藏龟之余》（1915年）、《殷虚书契后编》（1916年）、《殷墟书契续编》（1933年）、《殷墟古器物图录》（1916年）等著录性质的专著，成为研究甲骨文献的必读之书。同时，罗氏在1910年和1914年先后发表了《殷商贞卜文字考》和《殷墟书契考释》两书，考释近千个甲骨文字，打下了甲骨文字研究工作的坚实基础。

王国维是中国近代著名的资产阶级历史学家。早年受过传统的乾嘉考据学的教育，同时接受过西方资产阶级学术思想和治学方法的影响。王氏研究过西方资产阶级实证哲学和中国文学、戏曲，后来转向研究古史、古文字、整理文献，作出了重大贡献。王国维研究甲骨文、金文，发明了“二重证据法”，即以地下出土的甲骨文、金文资料印证和核实固有的历史典籍，即“纸上资料”①。1917年，

① 关于王国维的“二重证据法”，详见本书第七章第一节“考据学”。

王国维先后发表了《殷卜辞所见先公生王考》、《续考》和《殷周制度论》，解决了殷商历史上的许多重大问题，证实了《史记》对古史记载为可信历史。可以说王国维是运用甲骨文研究商代历史的第一人，为甲骨学的研究开拓了新领域。

罗、王两人对甲骨学奠基性与开创性的研究，得到了郭沫若的高度评价。郭氏在《中国古代社会研究》的自序中评价罗、王说："在中国的文化史上实际做了一番整理功夫的要算是以满清遗老自任的罗振玉与王国维。"又说："大抵在目前欲论中国的古学，欲清算中国的古代社会，我们是不能不以罗、王二家业绩为其出发点了。"特别是王国维的"二重证据法"被广泛地应用于古学研究与文献的实证，取得了很好的效果。郭沫若称誉王国维为"新史学的开山"。20 世纪 60 年代，陈直运用考古新发现的地下材料考释历史典籍《史记》、《汉书》，给学术界留下《史记新证》与《汉书新证》两书，可以说是应用"二重证据法"实证文献的典型例证。

董作宾 1922 年师从王国维，1928 年参加殷墟发掘工作，1949 年去台湾。董氏对甲骨文的著录、分期断代研究，以及对商代历法研究有突出的贡献。他把 1928 年到 1937 年间在河南安阳殷墟发掘所得甲骨文先后整理成《小屯殷墟文字甲编》（1940 年）、《小屯殷墟文字乙编》（1948 年），对甲骨文做了分期断代整理。早在 1933 年，董氏发表了著名的《甲骨文断代研究例》，提出了甲骨文断代的十项标准和五期分期法。董氏创立的理论和方法成为后继者深化甲骨文分期断代研究的基石。嗣后，陈梦家有九期之分，胡厚宣有四期之分，均是对董氏分期的调整和补充。1979 年许进雄著《甲骨上的钻凿形态》一书，又提出了用钻凿形态来断代，对董氏十项划分标准做了进一步的补充。20 世纪末，甲骨文的断代研究成为热点。1991 年黄天树出版《殷墟王室卜辞的分类与断代》，1994 年彭裕商出版《殷墟甲骨断代》，1996 年李学勤、彭裕商合作出版《殷墟甲骨分期研究》，这些论著进一步提出了殷墟王室卜辞演进上有两个系统的新说，把甲骨文的分期断代研究推进到了一个新的发展阶段。没有分期的甲骨文是混沌一片，其史料价值大打折扣。甲骨文的断代研究，是对甲骨文献最科学的文献整理。经过半个多世纪众多学者的努力，殷墟卜辞的大部分大体上皆可置于各王之下，大大提高了甲骨文的史料价值。

郭沫若是我国第一位运用历史唯物主义的观点研究甲骨文和殷商历史的学者，这一领域的代表著作有《中国古代社会》(1930 年)、《甲骨文字研究》(1931 年)、《卜辞通纂》与《殷契粹编》(1937 年) 等一系列有影响的著作。郭氏在甲骨文的搜集整理和考释断代各个方面颇多创获，往往发前人所未发。例如他考释羌甲为沃甲，以象甲为阳甲，就是对商王世系的重大贡献。郭氏晚年主编《甲骨文合集》，从提出课题，组织班子、拟定书名、收集资料到解决出版等，作出了特殊的贡献。毫不夸张地说，“没有郭老，就没有 20 世纪 80 年代出版的这部巨著——《甲骨文合集》”[①]。

继“四堂”之后，研究甲骨文成就最大的应推胡厚宣(1911—1996)，河北望都人，中国社会科学院研究员。1934 年毕业于北京大学历史学系，进入前“中央”研究院历史语言研究所，参加了第十次和第十一次殷墟发掘工作。胡氏一生精力主要从事甲骨文与殷代历史研究，是享誉中外的甲骨学专家。主要著作有《甲骨六录》(1945 年)、《战后宁沪新获甲骨集》(1951 年)、《战后京津所获甲骨集》(1951 年)、《甲骨续存》(1955 年) 等五部甲骨学著录专著。疑聚胡氏几乎半生心血的著作是他主持的《甲骨文合集》。[②] 胡氏在运用甲骨文研究殷代历史方面，涉及范围广泛，颇多创见。他对殷代封建、宗法制度、婚姻家庭、疾病梦幻、人祭人殉、图腾崇拜、方国，以及农业、气候、五方观念、四方风名等都有突出的建树，受到学术界的公认。胡厚宣被国内

① 《甲骨文合集》编辑组成员孟世凯语，《郭老与〈甲骨文合集〉》，《郭沫若学刊》，1999 年第 3 期。

② 《甲骨文合集》是一项大型的国家项目，由众多学者参加的系统工程，结晶了 20 多位学者的智慧。胡厚宣作为项目主持人与计划实施的指挥者，司总编辑之责，所付出的辛劳应予高度评价。

外学术界誉为继“四堂”之后中国甲骨学界的又一位一代宗师。

为了推进甲骨学的发展，1956年中国科学院历史研究所在郭沫若的提议下决定将国内现有的实物、著录以及拓片进行全面清理，出版《甲骨文合集》，实际工作于1961年4月开始，经过20年的努力，到1979年10月开始正式陆续出书，1982年出齐。全书分装13册，计5421页，收甲骨41956片，这是目前著录最多、影印最好的大型专著，堪称甲骨文献全面整理的集大成之作，凡具有一定学术价值的甲骨文资料大体均已收录。《甲骨文合集》的出版，是中国甲骨学史上一座重要的里程碑。

此外，容庚、商承祚、于省吾、唐兰、杨树达、孙海波、张政烺、徐中舒、李学勤、裘锡圭、王宇信等在甲骨学研究方面也作出了重大贡献。据统计，20世纪的100年，正好是甲骨发现100周年，甲骨学论著10000多篇（部），涉及甲骨研究的作者有1000余人。

关于甲骨的收藏情况，从1899年至今，百多年间先后出土甲骨150000万片以上，现我国大陆藏90000多片，台湾、香港地区藏30000多片，流散日本、加拿大、英国、美国、德国、俄罗斯、法国、瑞士、比利时、朝鲜等20000多片。《甲骨文合集》收录了甲骨文的精华。1973年中国社会科学院考古研究所在安阳殷墟小屯南地，发掘得甲骨5041片，由考古所整理缀合为4589片，编成《小屯南地甲骨》一书，1980年由中华书局出版。该书所收甲骨，除零星采集者外，都有明确完整的出土记录，科学价值甚高。中国社会科学院历史所编辑的《甲骨文合集补编》，收录甲骨文13500余片，在甲骨文发现时值100周年之际出版。至此，研究者手中有《甲骨文合集》及《补编》，加上《小屯南地甲骨》等三书，甲骨文的原始材料大体齐备，人们已可以基本了解到已知商代甲骨的全貌而无需他求。甲骨文发现了50年时，相关论著不过800多篇（部），到了80年时，也只有1800多篇（部），而到了100年时，竟多达10000多篇（部）。由此可见，《甲骨文合集》等书的出版，不仅开创了甲骨文献研究的新局面，而且为21世纪甲骨学的进一步发展奠定了坚实的基础。

另外，从20世纪50年代起，我国考古工作者先后在山西洪洞县、陕西长安丰镐遗址、北京昌平、陕西岐山扶风间周原遗址发现了西周时期周人占卜的甲骨，特别是周原甲骨，数量多，卜辞内容丰富，引起国内外学者注意。不过这批甲骨相当部分还未公布，不少内容还待探讨，但可以肯定，它对西周历史的研究具有极其重要的意义。

五、甲骨文献的历史价值

甲骨文的内容异常丰富，它为我们了解殷商时代的农业、手工业、交通、贸易、狩猎、战争、祭祀、社会、民俗、语言文字、书法艺术等提供了第一手资料。随着甲骨学的发展，对甲骨文解读的日益增多，它所蕴藏的价值更将大放异彩。具体说，主要有四个方面。

第一，推动了中国近代考古学的诞生。由于甲骨的发现，河南安阳西北的小屯村殷墟遗址才为世人所知。1928年10月至1937年6月，前“中央”研究院历史语言研究所在安阳殷墟先后进行了15次大规模的考古发掘，不但出土了大量甲骨文，而且发现了殷王宗庙宫殿区、王陵区及其他遗址。通过这15次的发掘，总结出来一套完整的考古发掘、修复、整理和研究的方法，奠定了中国田野考古的基础，标志着中国近代考古学的正式形成。

第二，推动了夏商周三代历史文化的重建，证实了古典历史文献的记载。甲骨文发现以前，人们对商代历史知之甚少，对《史记》等典籍的记载抱怀疑态度，认为是传说历史。20世纪初疑古思潮兴起，有人甚至提出“东周以上无史”的观点。这样，中华民族5000多年悠久历史文化一下子缩短了一半，前半段历史成了空白。根本原因是有关夏商周的文献不足故也。甲骨文发现后，经过王国维的“二重证据法”的论证，极大地提高了《史记》对夏商周三代历史记载的可信度，推动考古学家和历史学以《史记·夏本纪》为线索，探寻夏代历史文化。至20世纪末，由于多学科合作进行夏商周断代工程的研究，取得突破性的进展。商代600年的历史、夏代400年的历史得到证实。可以说，由于甲骨文的发现，把中国古代信史提前了1000多年。因此，对甲骨文的发现，不仅仅是一种古老的文字，更是发现了一个古代的社会，特别是对殷商历史的明确印证，无论怎么评价，都不过分。

第三，推动了我国古文字学研究的发展。汉字构造的“六书”理论是汉代许慎在《说文解字·叙》中阐释的。这一理论是许慎总结战国秦汉文字与甲骨文有1000多年的时间差距，汉字形体的演变已发生了很大的变化。因此，用许慎的六书理论去释读甲骨文，有许多困难。为此，甲骨文研究者提出了新理论。唐兰在《中国文字学》（1949年）中提出了象形、象意、象声的“三书”说。陈梦家在《殷墟卜辞综述》（1956年）中提出象形、假借、形声的新“三书”说。裘锡圭在《文字学概要》（1988年）中赞同陈说而有所发挥。这样“三书”说的汉字形体构造理论由甲骨文的考释而建立起来，既丰富了汉字古文字学的研究，又使得甲骨文的释读有了可循的规律。

第四，推动古籍整理更加准确和科学。应用甲骨文于古籍整理，一是印证古籍记录，二是纠正古籍舛误。王国维运用甲骨文印证古史纪录已如前述。王氏还把《山海经》中王亥的故事与卜辞关于王亥的记载互明参照，两者被证明基本一致。胡厚宣运用甲骨文中的四方风名与《山海经》中的四方风名做比较，也证明了《山海经》中的一些记载并非虚妄。

甲骨文纠正史籍错误的例证也不少。例如今文《尚书》与《史记》都记载殷王大戊为“中宗”，而甲骨文记载祖乙为“中宗”。又《史记》记载殷先公主壬、主癸，甲骨文记载为祭壬、祭癸。

甲骨文博大精深，迄今已发现有5000多个单字，学术界几代人100多年的努力，已考释出的单字，仅1000余字，不到1/3。甲骨文的考释、分类与断代，甲骨的整理与契刻，这些都是甲骨学研究基础性的文献工作，尽管取得了伟大的成就，但仍然是方兴未艾，任重道远。甲骨学还有更辉煌的明天。

第二节　简牍文献

中国古代以竹、木制成的书写材料，竹为简，木为牍。统言之，只称简。以简牍为载体的文献，称简牍文献，流行于东周至魏晋时期。现在存世的简牍发现于1901年，嗣后不断有新发现，积数迄今有70000余枚之多。以时代分，有战国简、秦简、汉简、魏晋简等，绝大多数97%为汉简。以出土地域分，有甘肃、新疆、内蒙古、山东等各地简牍，80%约50000余枚集中在甘肃，最主要为敦煌汉简、居延汉简。

学术界对简牍的整理与研究，历20世纪至今有110多年，已逐步发展成为一门国际性的多学科交叉的新兴边缘学科，称简牍学。在简牍学研究中，如何将散乱无绪的出土简牍复原缀合、编号收藏、释读文字、整理刊布、分类结集，这些都是基础性的简牍文献工作。以下做概略性的阐述。

一、简牍的形制与起源

秦汉时的简牍，条形竹木片，一般都是长23厘米的一尺简，宽1厘米。书写特殊内容的简牍，长短有不同的规定。用做算筹或传符的是六寸简。皇帝诏书用一尺一寸简，称“尺一之诏”。法律条文一般用二尺四寸简，称“二尺四寸之律”。重要律令写于三尺简上，称“三尺律”。军中命令一般写在二尺长的“檄”上，谓之“飞檄”，表示紧急。檄简制成棱形的木棍叫觚。觚的断面一般呈三角形或四方形，可书写较多的文字。还有其他特殊用途的形制，如“检”、“笺”、“楬”，等等。

简字“从竹”，说明它是竹制品，故称竹简。由于北方很多地方不产竹，实际多用木制简，即木简。木简又叫“牒”、“札”，所以《说文》解释说：“简，牒也。”“牒，札也。”“札，牒也。”简、牒、札，同物而异名。《汉书·司马相如传》颜师古注：

“札，木简之薄小者也。”

宽度 1 厘米简，一般只写一行字，若写两行字，要将宽度加到 1.8 厘米，甚至 2.8 厘米。宽简要用木制，称为牍。《急就篇》注：“牍，木简也。”牍字“从片”。篆文作“片”，正是木（𣎳）的一半，即一分作二之木，叫木牍，又叫“版”，《说文》云：“牍，书版也。从片，卖声。”书版，就是写字的木板，简称“版”，方形版就称“方”。《周礼·春官·内史》贾公彦疏：“古时名为方，汉时名为牍。”这一时代称谓，或许说明周人木牍多为方版，汉时多为简牍。

书写较多的是，将三只以上的简编连在一起，称为“册”，借作“策”。杜预《春秋序》孔颖达疏云：“单执一札谓之简，连编诸简为策。”长策可以多达近百只简。若干册连在一起就成为“编”，也写作“篇”，又称为“卷”，因简册要卷起来放置故名。若干卷简策连起来就可以书写几十万字的长篇著作。简牍书有很大的体积和重量，多部书要用车载或重量来计量。秦始皇披阅公文，每天 120 斤。说一个人有学问，称“学富五车”。

综上所述，简、牍、策，笼统说，都是简；分别讲，它们的区别主要在形制和作用。杜预《春秋序》：“大事书之于策，小事简牍而已。”孔颖达疏：“简之所容，一行字耳。牍乃方版，版广于简，可以并容数行。凡为书，字有多有少，一行可尽者书之于简，数行可尽得书之于方，方所不容者乃书于策。”《仪礼·聘礼》：“百名以上书于策，不及百名书于方。”

简牍文献起源于何时？目前尚无定论，但多数认为起于商代，与甲骨、金石文献同时。《尚书·多士》载：“惟殷先人，有典有册，殷革夏命。”在甲骨文中，“册”作“卌”，象征用两道绳子连缀起来的一捆简，“典”作“典”，象征把册放在几上。从殷虚出土的文物中，也发现几件刻有文字的骨简，载狩猎战争之史实。“由此可以推知，殷人除以兽骨用作简牍来记史实外，可能还用同样狭长形的竹简来记事。”①应当说，钱氏的推论是

① 钱存训：《印刷术发明前的中国书和文字记录》，印刷工业出版社，1988 年版，第 24—25 页。

可信的。

西周金文也有“典”、“册”，常指帝王诰命、祝辞。先秦典籍关于两周使用简牍的记载更多。《尚书·金縢》记武王有疾，周公作册书告神，请代武王而死，“乃作册”、“乃纳册于金縢之中”。《诗经·小雅·出车》的“王事多难，不遑启居。岂不怀归，畏此简书。”《左传》襄公二十年，记载南史“执简以往”。《仪礼·既夕》的“书赗于方，若九若七若五，书遣于策”等，足见两周简牍使用的普遍。不过到目前为止，出土的简牍最早是战国时遗物，这以前的实物至今尚未发现，或许是竹木易腐烂的缘故。

二、简牍的发现过程

古代简牍，自汉以来，间有发现，见于史籍中的记载就有八次。第一次，《汉书·艺文志》载：汉武帝末，鲁恭王坏孔子宅，于壁中得竹简，有《尚书》、《礼记》、《论语》、《孝经》等，因得于壁中，故称“壁中书”。“壁中书”用古文（即春秋战国时六国通行的周代文字）书写，不同于汉代通行的隶书，因称“古文经”。这是我国第一次发现的简书，由于它的发现，引起汉代的今古文之争，对后代学术发展影响深远。“壁中书”又见刘歆《移让太常博士书》、《汉书·景十三王传》。第二次，《论衡·正说篇》：汉宣帝时，“河内女子发老屋，得逸《易》、《礼》、《尚书》各一篇”。以篇为单位，可见是简牍。第三次，《晋书·束皙传》：太康二年，汲郡人不准盗掘魏王墓，得竹书数十车。这是历史上最大的一次发现。这批竹书出土时损坏厉害，经荀勖、和峤、束皙等整理研究，以当时文字书写，得古书 17 种，共 76 篇[1]，因得于汲冢，故称“汲冢书”。“汲冢书”在唐代就大部分散佚，今仅存《穆天子传》、《竹书纪年》。关于“汲冢书”，又见《武帝纪》、《荀勖传》等。第四次，《南齐书·文惠太子传》：建

① 《晋书·束皙传》记载为 75 篇，误。

武四年（公元497年）襄阳盗掘古墓，得竹简书，被用作火把燃烧，仅存10余简，王僧虔辨认是残存《考工记》，惜未著录以至湮没。第五次，《太平广记》卷三六八引李德裕《玄怪录》：周静帝宇文衍时，在居延古遗址曾发现有字竹简。第六次，宋人邵博《邵氏闻见录》卷二十七：崇宁（公元1102—1106年）初，在天都（甘肃）发现东汉木简。第七次，宋人黄伯思《东观余论》卷上“汉简辨”：在陕西发现一批东汉竹简，虽大多散乱不可考，然永初二年（公元108年）《讨羌符》独完整。黄氏据以校《后汉书·安帝纪》，纠正刻本不少错误，欣谓“千载之下，幸是简偶存，得以考正范史所书之误”。黄氏未明确说明这批竹简出土时间，然卷首有大观（公元1107年—1110年）戊子自序，戊子为大观二年，则竹简出土当在此之前。第八次，宋人赵彦卫《云麓漫抄》：宣和（公元1119—1125年）中，陕西人发现得汉代木简，为内史梁成得之，然不久亡佚。

以上所出简牍，不是考古发现，只是偶然得之，所以没有形成学术探索，且实物均已无存，仅能知其大概而已。“壁中书”所引起的学术争论，也早已成为历史。20世纪初的近代考古发现，迄今百年，数量巨大，至今仍不断有发现，形成世界性的研究热点，产生专门之学，这是本节讨论的重点。

1901年瑞典学者斯文赫定领导的中亚探险队，在新疆楼兰古城遗址发掘，首次获得121枚木简和1561件纸质文书。接着英籍匈牙利人斯坦因在1906年和1914年，又在楼兰遗址及附近遗址区的发掘中，获得220枚木简。此后百年间，在我国西北和中原广大地区先后发现简牍50余起，以甘肃敦煌汉简、居延汉简数量最多。我国简牍积累总量前文已述及，达70000余枚，分属战国、秦、汉、魏晋。下面按时代来谈。

1. 战国简牍

主要为楚简，已有四个地区发现。

（1）长沙楚简。有三次发现。一是1951年在湖南长沙五里碑得战国竹简38枚。[①] 二是1953年在湖南长沙仰天湖战国楚墓

① 《长沙发掘报告》，科学出版社1957年版。

得竹简42枚。[1] 三是1954年在湖南长沙杨家湾古墓得战国竹简72枚。[2]

（2）信阳楚简。1957年在河南信阳长台关古墓得战国竹简129枚。[3]

（3）江陵楚简。有两次发现。一是1965年在湖北江陵县纪南城两座楚墓中得战国竹简36枚。[4] 二是1973年在湖北江陵藤店一号战国墓出土竹简24枚。[5]

（4）随县古简。1973年在湖北随县战国早期曾侯乙墓得竹简240枚，计6600余字，是目前发现年代最早、字数最多的一批古简。[6]

以上四地出土的战国简581枚。

2. 秦代简牍

秦代简牍有两次发现。一是1975年在湖北云梦睡虎地秦墓出土竹简1155枚。其中有秦代律令及秦昭王元年至始皇三十年（公元前306—前217年）的《编年纪》等。[7] 二是1986年4月，在甘肃天水北道区党川乡放马滩1号秦墓出土秦简470枚，称"放马滩秦简"。天水秦简中的两种《日书》，其内容与湖北云梦睡虎地秦简中的《日书》基本相同。

3. 汉代简牍

汉代简牍近几十年来发现20余次，出土地点包括甘肃、新疆、陕西及黄河、长江中下游广大地区，约70000枚左右，内容丰富，形式多样，史料价值很高，在简牍文献中具有特别重要的意义。

（1）敦煌汉简。有八次发现。一是1906—1908年斯坦因第二次来华，在甘肃敦煌西北长城故垒得汉代木简705枚，其中

① 史树青：《长沙仰天湖出土楚简研究》，群众出版社1955年版。
② 《文物参考资料》1954年第12期。
③ 《文物参考资料》1957年第9期。
④ 《文物》1966年第5期。
⑤ 《文物》1973年第9期。
⑥ 《文物》1979年第7期。
⑦ 《睡虎地秦墓竹简》，文物出版社1977年版。

166 枚可以确切考定具体年代，最早的是西汉武帝天汉三年（公元前 98 年），最晚的是东汉顺帝永和二年（公元 137 年）。① 原简现藏伦敦不列颠博物馆。二是 1913—1915 年斯坦因第三次来华在敦煌得汉木简 84 枚，在酒泉得 105 枚，酒泉所得，或称酒泉汉简。② 三是 1920 年周炳南先生在敦煌小方盘古城附近掘得 17 枚。原简现藏敦煌研究院。四是 1944 年前西北科学考察团夏鼐、阎文儒等在敦煌西北之小方盘城遗址附近掘得汉代木简 43 枚。原简现藏台北图书馆。③ 五是 1979 年 9 月甘肃省文物工作队和敦煌市博物馆，在敦煌考察汉塞烽燧遗址时，于小方盘城以西 11 公里马圈湾西汉后期烽燧遗址获木简 1217 枚。编号为 P21，原简现藏甘肃文物考古研究所。④ 六是 1981 年敦煌市博物馆在酥油土汉代烽燧遗址中采得简牍 76 枚，原简现藏敦煌市博物馆。七是 1986—1988 年，敦煌市博物馆在全市文物普查中，又陆续采得 137 枚，原简藏敦煌市博物馆。⑤ 八是 1990—1991 年底甘肃省文物考古研究所在敦煌悬泉遗址发掘，获得汉简 15000 余枚，数量之多，前所未有。时间上起西汉武帝征和元年（公元前 92 年），下至东汉顺帝阳嘉元年（公元 132 年）。原简现藏甘肃省文物考古研究所。⑥

以上敦煌汉简总量达 17279 枚。

（2）居延汉简。有两次发现。一是 1930—1931 年西北科学考察团在今甘肃额济纳河流域黑城附近，发现汉代木简 11000 余枚，数量大，内容丰富，闻名中外。这一地区汉代属张掖郡居延都尉辖区，因叫居延汉简或张掖汉简。纪年最早者是西汉武帝太初三年（公元前 102 年），最晚者是东汉建武六年（公元 30 年）。

---

① 《斯坦因西域考古记》；沙畹：《中国古文书》；罗振玉、王国维：《流沙坠简》；张凤：《汉晋西陲木简汇编》。

② 斯坦因：《亚洲腹部考古记》；马伯乐：《中国古文书》；张凤：《汉晋西陲木简汇编》。

③ 夏鼐：《考古学论文集·新收获之敦煌汉简》。

④ 《文物》1981 年第 10 期。

⑤ 以上关于敦煌汉简数量，见吴礽骧等校释：《敦煌汉简释文》，甘肃人民出版社 1991 年版。

⑥ 《汉代悬泉遗址考古发掘收获惊人》，《甘肃日报》1991 年 12 月 31 日。

原简现存台湾。[①] 二是 1972—1973 年在甘肃额济纳河居延汉简出土遗址破城子、肩水金关和甲渠塞第四燧等处发掘，获简牍 21000 余枚，大部为木牍，少数为竹简，是此前发现古代简牍最多的一次。纪年简最早为西汉武帝天汉三年（公元前 98 年），最晚为东汉光武帝建武八年（公元 32 年）。原简藏甘肃省博物馆。[②]

（3）武威汉简。有两次发现，共出土汉简 597 枚。一是 1959 年在甘肃武威磨咀子两座汉墓发现竹木简 504 枚，其中有《仪礼》7 章，简特长，约 54 厘米至 58 厘米，是现今发现最长的简牍。[③] 二是 1972 年在武威旱滩坡发现木简 92 枚，记载药物约 100 种，其中 20 余种为本草书中所无，是目前发现最早的医学文献。[④]

（4）甘谷汉简。1971 年，在甘肃甘谷县渭阳乡十字道大队村北的刘家山坪汉墓出土汉简 23 枚。

（5）玉门汉简。1977 年，在甘肃玉门市花海汉长城烽燧遗址中出土汉简 91 枚。原简现藏嘉峪关市长城博物馆。[⑤]

（6）西域汉简。1930 年黄文弼在新疆罗布淖尔得西汉木简 71 枚，木简出土地汉代属西域都护辖地，靠近楼兰遗址，因称西域汉简、楼兰汉简或罗布淖尔汉简。[⑥]

（7）金城汉简。1978 年青海博物馆考古工作队在今大通上的孙家寨西汉晚期墓内发现简牍 400 多枚。主要是军事方面的文献。大通在汉代属金城郡，故称金城汉简。[⑦]

（8）未央宫骨签。从 1986 年开始发掘，历时两年，在陕西西安未央宫三号建筑遗址出土 30000 余片西汉骨签（签为一种小型简牍），数量之多，可以和居延汉简相比。其中大部分记载着当时皇帝的年号，即从汉武帝到汉平帝各朝的准确时间，一些无

① 劳干：《居延汉简》；林剑鸣：《简牍概述》。林著陕西人民出版社 1984 年版。
② 《文物》1978 年第 1 期。又见《居延汉简考释》，兰州大学出版社 1988 年版。
③ 《武威汉简》，《考古》1960 年第 5 期、第 9 期。
④ 《文物》1973 年第 12 期。
⑤ 《汉简研究文集》，甘肃人民出版社 1984 年版。
⑥ 黄文弼：《罗布淖尔考古记》。
⑦ 《文物》1981 年第 2 期。

年号的骨签当为武帝以前诸帝时作品，这就覆盖了整个西汉一代。骨签主要内容为国家“工官”即制造业系统的管理文书，是研究当时国家政权经济结构、官僚组织、手工业生产管理方式以及有关军事、政治等问题的重要原始资料。①

（9）刘家渠汉简。1956 年在河南陕县刘家渠汉墓出土木简 2 枚。②

（10）银雀山汉简。1972 年在山东临沂银雀山两座汉墓中出土竹简近 5000 枚，内容包括《孙子兵法》、《孙膑兵法》、《六韬》、《尉缭子》、《管子》、《晏子》、《墨子》等先秦诸子及《汉武帝元光元年历谱》。《孙膑兵法》早已失传，这次与《孙子兵法》同时发现，是我国古代军事史上的一件大事。根据《汉元光历谱》可以重新推算、检验、校正以前关于汉初朔闰表。③

（11）定县汉简。1973 年在河北定县 40 号汉墓出土大批竹简，残碎严重，经整理得古籍八种：《论语》、《儒家者言》、《哀公问五义》、《保傅传》、《太公》、《文子》、《六安王朝五凤二年正月起居记》、《日者·占卜》等。④

（12）江陵汉简。有两次发现。一是 1973—1975 年在湖北江陵凤凰山三座汉墓出土简牍 500 多枚，内容主要是随葬遣策。⑤二是 1983 年在湖北江陵张家湾出土西汉初年竹简 1000 余枚，内容有律令、奏议、《盖庐》、《算术书》、《脉书》、《引书》、历谱、日书、遣策等西汉法律、军事、医学、数学等重要文献，其中汉高祖和汉文帝时期的两份历谱，是已发现历书中最早的。⑥

（13）云梦汉简。1972 年湖北云梦西汉墓出土木简 1 件。⑦

（14）光化汉简。1973 年湖北光化县五座汉墓出土竹简约

---

① 《光明日报》1989 年 3 月 7 日第 1 版。

② 《考古通讯》1957 年第 4 期。

③ 《文物》1974 年第 2 期、第 3 期。

④ 《文物》1981 年第 8 期。

⑤ 《文物》1974 年第 6 期；1975 年第 9 期。

⑥ 《江汉考古》1985 年第 2 期。

⑦ 《文物》1973 年第 9 期。

30 枚。[①]

（15）长沙汉简。有两次发现。一是 1951—1952 年在湖南长沙徐家湾、杨家大山出土汉木牍 10 枚。[②] 二是 1972—1973 年在湖南长沙马王堆 1 号 3 号汉墓出土竹简 905 枚，木牍 17 枚，内容主要是“遣策”和医书。[③]

（16）阜阳汉简。1977 年在安徽阜阳从西汉开国功臣夏侯婴之子夏侯灶墓中，出土一批竹简，内有《苍颉篇》、《诗经》、《周易》及《年表》、《大事记》、《作务员程》等古籍十余种。[④]

（17）海州汉简。有三次发现。一是 1962 年在江苏连云港市海州汉墓出土木简 2 枚。[⑤] 二是 1973 年在江苏连云港市西汉霍贺墓出土木简 7 支。[⑥] 三是 1973 年江苏连云港市海州西汉侍其繇墓出土木简 2 支。[⑦]

（18）盐城汉简。1963 年在江苏盐城三羊墩发现汉木简 1 支。[⑧]

（19）邗江汉简。1979 年在江苏邗江发现西汉后期木牍 16 件。[⑨]

（20）尹湾汉简。1993 年春，江苏连云港市考古工作者在江苏省东海县温泉镇尹湾村 6 号汉墓发掘出土竹简 133 枚，木简 24 件。《文物》1996 年第 8 期公布了释文，达 4 万余字。

（21）长沙三国吴纪年简牍。1996 年 9 月 11 日晨长沙市中心五一广场东南侧走马楼 22 号古井内清理出土数万枚简牍，为三国吴嘉禾元年至六年（公元 232—238 年）长沙郡的部分档案。内容可分为卷书、司法文书、长沙郡所属人名文籍、账簿、名刺和官刺等，对研究孙吴地方社会有重大意义。

---

① 《考古学报》1976 年第 2 期。

② 《文物参考资料》1952 年第 2 期。

③ 《长沙马王堆一号墓》，文物出版社 1973 年版；《马王堆二、三号汉墓发掘简报》，《文物》1974 年第 7 期。

④ 《文物》1978 年第 8 期；1983 年第 2 期。

⑤ 《考古》1963 年第 6 期。

⑥ 《考古》1974 年第 3 期。

⑦ 《考古》1975 年第 3 期。

⑧ 《考古》1964 年第 8 期。

⑨ 《文物》1981 年第 2 期。

4. 魏晋简牍

魏晋简牍迄今发现不多，除 20 世纪在新疆楼兰遗址和尼雅（今民丰县北）有所得外，在内地出土五次，均所得不多，显然这是由于魏晋时期已普遍用纸的缘故。

新疆出土的魏晋简牍，均为外国人发掘，实物现藏国外，国内学者根据发掘报告整理研究，先后有罗振玉、王国维的《流沙坠简》（1914 年）、张凤的《汉晋西陲木简汇编》（1931 年）、林梅村的《楼兰尼雅出土文书》。①

内地出土五次：一是 1955 年在湖北武昌任家湾古墓发现的魏晋木简 3 枚。② 二是 1974 年在江西南昌晋墓发现的简牍 6 枚。③三是 1982 年在甘肃居延破城子获晋太康元年（公元 280 年）简 1 枚。四是 1985 年在甘肃武威旱滩坡 19 号墓出土东晋穆帝升平三年（公元 359 年）木牍 5 枚。五是 1986 年在甘肃高台县常封晋墓出土木牍 1 枚。内地出土魏晋简共计 16 枚。

此外，甘肃出土的简牍有唐牍 6 枚，西夏文木牍 1 枚。新疆出土的简牍有吐蕃文、佉卢文等数百枚。

三、简牍文的整理与研究

简牍由西方人首先发现，实物带走国外，因此不像甲骨文那样立即引起国内学术界的重视。

1913 年，法国学者沙畹发表《斯坦因在东土耳其斯坦考察所得汉文文书》④ 首次引起了国内外学术界的重视。当时流亡在日本的罗振玉、王国维运用考据学对沙畹公布简牍资料进行考释，于 1914 年在日本出版了《流沙坠简》一书，向学术界公布了这一重大发现，随后又有张凤《汉晋西陲木简汇编》为国内简牍学的研究开辟了道路。20 世纪前半叶出土的汉简，大部分是居延汉

① 《楼兰尼雅出土文书》，文物出版社 1985 年版。

② 《文物参考资料》1955 年第 12 期。

③ 《考古》1974 年第 6 期。

④ 吴礽骧等：《敦煌汉简释文》，甘肃人民出版社 1991 年版。

简，所以简牍研究的成绩首推居延汉简。

居延汉简有新旧之分。1930 年第一次出土的，人们习惯称为旧简。1972—1976 年第二次出土的称为新简。在旧简出土的次年，即 1931 年由在北京的马衡、贺昌群、余逊、劳幹等人进行整理、考释，但未出书。1936 年前西北科学考察团将劳幹、余逊两人的部分释文用晒蓝图纸晒印成册，也称《晒蓝本》。1943 年劳幹在四川省南溪出版了他的研究成果《居延汉简考释·释文之部》石印本。1949 年商务印书馆出版了铅印本。这两种版本共收简号约 9360 余个。劳氏考证按性质和用途分简牍为：书檄（1296 枚）、封检（584 枚）、刑讼（58 枚）、符卷（24 枚）、烽燧（528 枚）、戍役（151 枚）、病亡（35 枚）、钱谷（1292 枚）、器物（702 枚）、车马（129 枚）、酒食（50 枚）、名籍（721 枚）、资绩（46 枚）、簿检（230 枚）、计簿（8 枚）、杂簿（157 枚）、信札（338 枚）、历谱（28 枚）、律令（15 枚）、小学（26 枚）、诸子（7 枚）、医方（4 枚）、术数（10 枚）、年号简（121 枚），以及无简号者 2809 枚。1960 年劳氏在台湾出版了修订本，重分简牍为 7 大类计 66 项，共包括释文简 10156 枚，图牍 605 幅，体现了劳氏多年来的研究新成果。1985 年台湾还出版了劳氏学生马先醒等人补订的《居延汉简新编》。

20 世纪下半叶，新中国成立以来，简牍的发掘与研究都获得了长足的进展。1956 年中国社会科学院考古所出版了《居延汉简甲编》，该书不仅图版好，释文亦较劳氏有很大进步，但收简牍较少，只有 2596 枚，难窥居延汉简的全貌。1980 年底中科院考古所又出版了《居延汉简甲乙编》，发表了照片和全新修订的释文，并注明了简牍的出土地点，是目前有关居延汉简最完整的一部资料书。1991 年甘肃人民出版社出版了吴礽骧、李永良、马建华合著的《敦煌汉简释文》一书，约 30 万字，对新中国成立前出土的敦煌汉简重新做了考释，校正了前人的一些释文错误，还首次公布了 1949 年后发掘的敦煌汉简 1538 枚，并做了释文。该书附录还首次发表了《敦煌马圈湾汉代烽燧遗址发掘报告》。该文对马圈湾遗址的位置、调查发掘经过，遗址的形制与分期、出土器物、简牍都做了详细的论述，对考古学和简牍学的研究提供了许多新资料。该书还编制了《简牍编号索引》，对于查找敦煌汉简各家编号提供了方便。该书是简牍整理与研究的一部上乘之作，也是敦煌汉简研究的一部集大成之作。

对居延汉简新简的整理与研究，1990 年文物出版社出版的《居延新简》仅公布了 8153 枚，还不到一半。考释研究的论著有两部。一是《居延新简释粹》，薛英群、何双全、李永良合著，兰州大学出版社 1988 年出版。该书 11 万字，注释新简 200 余枚，包括“凡例”、“序言”、“甘肃汉简的学术价值”、“简文注释”四个部分。评注简文及学术价值是该书的特点，开拓了简牍学研究的新领域。另一部是薛英群的《居延汉简通论》，全书 40 余万字，由甘肃教育出版社 1991 年出版。该书综合考察了居延新旧简，评述了新旧简的整理与研究情况及史料价值，阐述了居延简的调查与发掘情况，并运用新旧简的资料详尽地探讨了简牍制度以及汉代的政治、经济、军事与科技文化等方面的情况，是作者长期研究汉简的一部力作。

1959 年在甘肃武威出土的“仪礼”简，陈梦家等对其进行了整理与研究，文物出版社 1964 年出版了《武威汉简》一书。该书不仅对“仪礼”简进行了校释、整理、临摹，而且评价了它的学术价值。此外，还对武威出土的“王杖十简”做了论述。嗣后，台湾的学者王关仕也对武威汉简作了研究，在 1975 年由台湾学生书局出版了《仪礼简牍考证》一书。

1991 年 7 月 27 日至 8 月 2 日在兰州召开的首届中国简牍学国际学术研讨会，标志简牍学研究在 20 世纪最后十年进入了一个新时期，对于简牍整理的理论性探讨和运用简牍资料作历史研究都有许多高质量的论著论文问世。

1991 年《江汉考古》第 4 期发表了裘锡圭《试谈解释汉简文字应该注意的一些问题》一文，作者从古文字学的角度，以居延汉简为例提出论说，总结了减少简牍释文错误的六条原则。（1）注意不要释错草体字；（2）不要释错古体别体；（3）不要误合二字为一字或误分一字为二字；（4）注意残片的缀合；（5）注意通用字的原形；（6）注意文义。此外，还提出不要把偏旁当作全字，不要忽略重文号或把字的笔画当作符号等，对于简牍的准确释文有重大的参考价值。裘氏还在《简帛研究》第一辑发表了《读简帛文字资料札记》、第二辑发表了《读汉简杂记》两文，前者对睡虎地秦简、马王堆竹简《合阴阳》及帛书《九主》等六则简文做了全新考释；后者对居延、敦煌新出简文的一些疑难问题进行了校订。1997 年，甘肃人民出版社出版了《简牍学研究》第一辑，何双全在该辑中发表《居延甲渠候官简牍文书分类与文档制度》一文，对居延新简甲渠候官出土的 7000 余枚简牍的形式、类别，以及相关制度作了综合分析。何氏依据简文本身的题名统计，将文书类别划分为书、官府公文、簿籍、课、案、券剌、科品令、录算、劾状、记、计、奏、符、过所、致、文书、程、信札、古文献、律等 20 类。评述了简牍的形制：简、牍、觚、检、缄、签。讨论了文书制度：吏除书、报书、各种名籍、被兵簿、校兵簿、吏卒奉赋、禀食名籍、出入簿、官府文书，以及诏书的行文程序和制度等。各项内容罗列齐备，说明详细，内容翔实。关于历史的研究，1997 年甘肃文化出版社出版了由赵俪生主编的《古代西北屯田开发史》，关于汉代西北屯田部分，利用了敦煌、居延的简牍资料与文献记载结合，对西北地区朔方、河西、西域、河湟等地的屯田规模、管理、劳动力来源等作了深入的分析与研究，具有新见。

国内简牍研究的著名学者如于豪亮、沈文倬、陈直、林剑鸣、徐萍芳、初师宾、李均明等都有很多学术价值很高的论著论文问世。例如陈直的《敦煌汉简评议》、《居延汉简释校》都是名著。

此外，对武威旱滩坡的简牍研究、尹湾汉简的研究，均有重大学术成果问世。特别是对悬泉简 10000 余枚的整理在有序地进行，尚未公开发表。

国外的简牍研究主要有日本、法国、美国、瑞典、朝鲜、韩国、英国等。国外汉学家关注中国简牍的出土整理及研究，热情不亚于中国学者。日本、韩国都有简牍学会。日本学者大庭脩是卓有建树的简牍学家。

四、简牍文献的学术价值

简牍文献数量众多，内容丰富，它作为当时社会记录的原始资料，为研究战国古代史，特别是秦汉时期的政治、经济、军事、文化、科技、历史、地理提供了第一手资料，具有重大的学术价值。举其要者有以下五项。

第一，订正史籍的错误记载，补充文献记载的不足。例如武威汉简《仪礼》校正了今本“十三经”《仪礼》的许多错误。又如居延汉简记载了呼韩邪单于参与了殄灭郅支单于的战役，补充了《汉书》记载的缺失。王国维、郭沫若利用汉简考证司马迁生年，提供了史书文献不足的证据。

第二，利用简牍解决历史上的许多疑案。例如关于玉门关关址、玉门关候官治所及其管辖范围，史学界争论了数十年仍悬而未决。吴礽骧等在《敦煌汉简释文》一书中，利用马圈湾出土的汉简资料，弄清了玉门关关址在临要燧东侧，为候官燧与临要燧之间。马圈湾烽燧遗址即玉门关治所。玉门候官的管辖范围东西直线距离全长 34 公里，从显明燧至仓亭燧，现存烽燧 17 座；南北向直线全长约 50 公里，从小方盘城至南潮墩山，现存烽燧 5 座。玉门候官所属烽燧共 22 座。

第三，简牍文献为研究汉代时期的历史与地理提供了重要的资料。例如汉代算赋是一项重要的经济制度，但如何计算资产，史多疏略。居延汉简提供了详细的资料：

> 候长觻得广冒里公乘礼忠年卅。小奴二人直三万，大婢一人二万；轺车二乘直万，用马五匹直二万，牛车二辆直四千，服牛二六千，宅一区万。田五顷五万。凡赀值十五万。(37.35)

由此可见，赀包括动产奴婢、牛、马、车辆，还包括不动产田地、房屋。衣物用具不计入赀内。计赀以后，户主要按赀值向政府交纳算赋。又，居延新简中甲渠候官遗址出土了一枚记载有关城址、驿置间里程的记载，有的学者据此做了地理考释，对丝绸之路古道和汉代城址与驿置的研究，具有极其重要的意义。①

第四，甘肃出土的整册简牍，提供了秦汉时代简册书籍制度的原形，有重大的文化价值。

第五，简牍文字，为古文字以及书法艺术的研究，提供了重要的资料。

五、简牍研究的不足与前瞻

20 世纪简牍的整理与研究，取得了很大的成绩，独立学科的地位已经确立。但与甲骨研究比较颇有较大的差距。简牍研究力量分散，未能形成一种合力，也未能产生像甲骨学研究那样的学术大师，群星灿烂。简牍研究比甲骨研究，相对难度要小一些，可是简牍研究的一些基础工作做得不尽如人意。首先，出土简牍的整理刊布进度缓慢。甘肃出土的简牍 50000 余枚，至今公布的不到一半。居延新简出土已过了 20 年，只刊布了 1/3，至今未见发掘报告。悬泉简牍，数量大，内容丰富，出土已 10 年，未见刊布。简牍刊布是基础的文献整理，亟待加速。其次，简牍研究要参照甲骨研究中的《甲骨文合集》，编辑出版一部集简牍大成的《简牍文合集》，将考释文字与图版合集，为新世纪的中国简牍学腾飞奠定良好的基础。时代在呼唤简牍学界的郭沫若与胡厚宣，以及众多无私奉献的学者通力合作。必须打破简牍的部门垄断、人为的封闭，提倡开放研究，才能改变现状。最后，编制中国简牍学研究的论著总目，加快简牍的分类整理，深化简牍文字的释读，注释简牍文献，编纂简牍文字典，等等，这些都是基础性的文献工作，简牍学界要奋起直追，在新世纪焕发出应有的光辉。总之，简牍学的发展，方兴未艾，任重道远，是大有可为的。

① 李并成：《居延汉简里程简地理调查与考释》，《西北史地》1993 年第 1 期。

第三节 敦煌文献与吐鲁番文献

敦煌在甘肃，吐鲁番在新疆。20世纪初，由于两地出土了数量巨大的举世闻名的中世纪古文献，对它的整理和研究兴起了敦煌学和吐鲁番学。特别是敦煌学，已发展成为世界性的显学。研究敦煌学的学者遍布世界近20个国家和地区。中国、印度、日本、俄国、英国、法国等国都收藏有敦煌文献。

敦煌学不只是整理和研究敦煌文献，它是多学科对敦煌石窟艺术的保护、复原、临摹、考古，以及开发利用的专门学科。敦煌石窟包括敦煌莫高窟、西千佛洞、安西榆林窟，共有800多个洞窟。开凿这些洞窟，从北魏到元末，即公元4世纪至14世纪，历经千年，久盛不衰，是弘扬佛教的圣地。莫高窟是敦煌石窟的主体，已列入联合国教科文世界文化遗产名录，有石窟700多个，存有壁画和彩塑的洞窟达492个。石窟的壁画、彩塑和建筑是三位一体的综合艺术，具有珍贵的艺术、历史、科技、经济等多元价值。从1943年起，国家在敦煌设立了专门的保护和研究机构。新中国建立前称敦煌艺术研究所，新中国建立后1950年改组为敦煌文物研究院。常书鸿、段文杰、史苇湘、李承仙等一批学者，是敦煌研究所的创建者，终生献给了敦煌艺术。他们数十年如一日，在敦煌从事保护、临摹、考古和研究，对中国敦煌学的发展做出了巨大的贡献。

敦煌艺术是中国人民的骄傲。敦煌学不仅是20世纪的显学，而且必将在21世纪发扬光大。作为多学科交叉研究的敦煌学，是一门独立的学科，但它给文献学带来了新的内容，即敦煌文献的整理与研究，这是本节的重点。下分四目来说，最后一目略谈吐鲁番文献。

一、敦煌文献的发现与内容

敦煌文献，又称敦煌遗书，或敦煌文书，是公元1036年西夏攻占敦煌前夕，由和尚藏入洞中，外面封以泥壁，绘上壁画，一点也看不出封闭的痕迹。逃避战乱的和尚一去不返，藏经洞不为世人所知，直到800年以后，因封壁损坏，无意之中，为王道士所发现。

1900年农历五月二十六日（公历6月22日），居住在敦煌莫高窟的王道士，引党河水冲刷清理16号窟积沙，由于水的作用，造成窟壁干湿骤变，加上清沙后窟壁承受的压力增加，出现了一道裂痕，暴露了藏经洞。这个洞窟开凿在16号窟的通道北壁上，有3立方米左右的空间，室内堆放满满的经卷文书写本和刻本，有50000多件，30000余卷，于是此洞被称为藏经洞，敦煌研究院编号为第17窟。

王道士发现敦煌遗书后，曾多次向清朝敦煌县、安肃道地方政府报告，想得到奖赏。由于清廷政治腐败，得到王道士报告的各级政府官员不予重视。恰好此时西方中亚考察队来到我国新疆、甘肃探险，于是珍贵的敦煌遗书就遭到一批又一批帝国主义者的劫掠，80%散失国外。先是俄国探险家奥勃鲁切夫以日用品交换为名，骗去古文书两大捆；英国的斯坦因用金钱骗去10000多件文献和艺术品；法国的东方学家伯希和在遍阅了藏经洞文献后，选去精品6000多件；日本的桔瑞超、吉川小一郎，俄国的鄂登堡等，又先后盗去近20000件文书写卷。1909年，斯坦因、伯希和将其所得精品在北京展览，引起震动，清廷下令将劫余遗书运往北京，入藏当年的京师图书馆，有16000余件，8600多卷，约占全部敦煌遗书的1/5。现藏北京中国国家图书馆。

敦煌遗书从时间上说，起于北魏直到宋初，约公元5世纪至10世纪。从内容上说，除大量佛经外，还有经、史、子、集四部的多种抄本写卷，以及宗教俗文学、社会经济等方面的资料，涉及社会生活的各个侧面。从文字种类上说，汉文典籍为主，兼有古藏文、回鹘文、于阗文、龟兹文、突厥文、粟特文、梵文等多种文字的抄本。由此，敦煌遗书对研究我国北魏至唐宋时代的社会、经济、文化历史都有重要的学术价值。

敦煌遗书内容丰富。主要是佛教经典，约占90%以上。敦煌佛教典籍，经中外学者的研究，藏有古逸佛经 368 种，对于丰富佛经内容和佛教史的研究都有着重要的意义。敦煌佛经有多种抄本，可据以校正传世佛经的讹误。此外，敦煌遗书中还有景教经典 6 种、摩尼教经典 3 种，以及道教资料，都有重要的史料价值。

敦煌遗书中关于历史学和古地志资料，虽然数量不多，但涉及的内容广泛，有些可补史籍记载的不足，有些可订正史籍的讹误。特别是一些有关西北边地的历史地理资料，尤为珍贵。如《晋书》出而十八家《晋史》亡，敦煌遗书中就有邓灿的《晋纪》残卷，所存史料极精，可订补《晋书》记载的不足。唐五代河西归义军史料独丰。有直接关系的百种以上，间接有关的更多。依据这些资料，再参稽相关文献，归义军及张曹两家族的情况，唐五代河西地区的纷杂历史，大体可稽，有事足纪。千年坠史，历代史家莫知其详，惟赖敦煌遗书中的这些资料，才获重睹。

敦煌遗书的古地志著作 10 余种，有些是关于全国性的区域志，如《贞元十道录》、《诸道山河地名要略》、《唐代地理志》等，大部则为西北边地的地志，如《西川图经》、《沙洲地志》、《敦煌实录》、《沙洲都督府图经》、《寿昌县地境》等。这些珍贵的方志，对汉唐间丝绸之路的研究及西北史地的考证，都有十分重要的意义。

敦煌本《大唐西域记》存卷一至卷三，是目前所见到的《大唐西域记》的最古传本。据此以核传本，订正的不妥之处就有 104 条，有些还关系到中亚古史的一些重大问题。

此外，敦煌文书中还保存了不少的社会经济史料，诸如户籍、手实、计账、书信、日记、告身、牒文、诉状，以及在中原地区从未发现的唐代租佃契约文书等，这些资料是研究中古土地制度、经济关系重要的第一手资料。

科技史方面，还保存了不少医学、天文历法、数学等内容的写本。

古典文学资料有诗、曲子词、变文和俗曲。

二、藏经洞之外发现的敦煌文献

继藏经洞之后，在敦煌地区迄今先后有五次敦煌文献的发现。第一次，1907年和1908年，斯坦因、伯希和等人，在敦煌464窟发现元蒙时期的回鹘文写本约200件，如今有41件藏在瑞典民族博物馆，其他一些藏在英、法、日三国。第二次，1944年8月30日、31日，敦煌艺术研究所创业者常书鸿等在清理拆去莫高窟中寺后园土地庙的塑像时，发现六朝汉文写本79件，残件32件，现分藏于北京故宫博物院和敦煌研究院。第三次，1959年，在党河东岸喇嘛塔中发现西夏文《观音经》、《金刚经》等3件文书。第四次，1965年，在莫高窟122窟前发掘出土《天宝七载（公元748年）过所》、《领物残账》等文书。第五次，1988—1989年，敦煌研究院在三次清理莫高窟北区发掘出土的文物中获得汉文、藏文、西夏文、回鹘文、蒙古文的写经残页和西夏文字残页多种，如今还在整理中，文献总数尚未公布。

今后莫高窟是否还有遗书出土，是个未知数。1952年，敦煌研究所霍亮等研究人员在第53窟主室北壁东侧发现有一个被封堵的密室，覆斗形的窟顶，东西北壁各开一龛，龛内各置阁架一层，阁架上有藏经断片和指痕。可见这个密室原是用于藏经的，经页断片和指痕是搬动藏经留下的痕迹。原藏经被搬走，洞窟废弃，于是被封堵。这个洞窟补编为第469窟，五代时建造。此洞窟壁上有“广顺三年岁次癸丑（公元953年）八月十五府主太保就窟上造二千仁（人）斋，藏内记”等字。广顺是后周太祖郭威的年号。由于469窟的发现，说明莫高窟有了两个藏经洞，留待未来的历史解密罢。

由于有17号窟之外的敦煌遗书发现，于是学术界对敦煌文献有广狭二义的区分。广义的敦煌文献，是指在敦煌莫高窟出土的所有写本和刻本文献。狭义的敦煌文献专指17号窟出土的文献。不过迄今为止，17号窟之外的敦煌文献，只是零星的发现，它的总量仅及17号窟文献的1%，所以广、狭二义敦煌文献之区分，在敦煌文献的整理与研究中有意义，至于一般的叙述可以不作区分。

三、敦煌文献的收藏和整理

敦煌文献的收藏和整理是20世纪文献学的一个新课题。作为历史文献，最基本的版本、校勘，敦煌文献在被封存之前已经存在。由于前述历史原因，敦煌文献散落在世界中、印、英、法、俄、日等国，本来就混杂堆放的文献，由于掠夺瓜分，就更加杂乱，收藏、编目、分类都十分复杂。因此各国进行文献编号收藏，有的一件只是一个残片，有的一件有几卷文献。20世纪上半叶，学者们只能像挖宝似的到巴黎、伦敦去抄录或拍照，按各自的兴趣来研究。20世纪下半叶，英、法、中、俄四大藏家陆续公布藏卷目录和整理成果，敦煌文的全貌才这样为人所知。但至今还未完全公布，因此把敦煌文献的全部，特别是其中记录世俗社会的四部书写本文献，按照合理的分类编排，校录成“定本”出版，还有待时日。这里略述一个梗概。

英国收藏中国古文献16000多件，最主要的是斯坦因1907—1908年掠走的敦煌文献。其中汉文献现藏于英国博物馆，余下的藏文、梵文、于阗文写本则收藏于印度事务部图书馆。从1951年起，英国开始刊布整理和研究成果。H. W. 贝利的《于阗语文书集》1—6卷，《于阗语佛教文书集》，收入剑桥东方丛书，于1951年在伦敦出版。H. W. 托玛斯的《关于西域的藏文文献和文书》，由三个部分组成：文献，文书，补遗及订正，并附藏文词语索引，1955年在伦敦由皇家亚洲学会出版。路易·瓦莱·普散整理的《印度事务部图书馆敦煌藏文写本目录》，1962年在牛津由联邦关系部出版。收藏在英国博物馆的汉文文献，由林奈博士经过40年的整理，编成《英国博物馆敦煌汉文写本注记目录》，在他身后，于1957年由伦敦英国博物馆董事会出版。

法国伯希和是汉学家，1907年他在敦煌精选的遗书有6000多件，主要是汉文文献，也有一部分藏文和粟特文文献。现收藏于法国国立图书馆与写本部的“伯希和汉文文库”、“伯希和藏文文库”、“伯希和粟特文文库”。

俄国鄂登堡从敦煌、吐鲁番等地掠走的文献有19000多件，敦煌文献占绝大部分，收藏在俄罗斯科学院东方研究所圣彼得堡分所。从1934年起，开始出版整理的成果。弗路格的《苏联科学院东方学研究所藏汉文写本非佛经部分概况》，1934年出版。沃罗比耶娃·捷露托夫斯卡娅等人合编的《亚洲民族研究所藏敦煌汉文写本注记目录》第1卷，1963年出版。孟列夫整理的《维摩诘经变文》、《十吉祥变文》、《敦煌汉文写卷·古代佛教俗文学》等书，1963年出版。由上海古籍出版社与俄罗斯科学出版社东方文学部合作的《收藏敦煌文献》1—6卷，1999年出版。此外，圣彼得堡分所还收藏了几百件藏文写经。

日本桔瑞超、吉川小一郎掠走的几百件汉藏文敦煌文献见1914年中国旅日学者罗振玉编录的《日本桔氏敦煌将来藏经目录》，收入《雪堂丛刻》，后又收入《新西域记》第二卷附录。日本京都龙谷大学图书馆收藏了一部分，编有《龙谷大学所藏敦煌古经现存目录》。

中国整理和收藏的敦煌文献，大宗藏国家图书馆有16000多件，此外，敦煌研究院、故宫博物院有少量收藏。中国整理和研究敦煌文献，大体可分为四个阶段。第一阶段，从公元1909—1924年，是我国刊布和研究敦煌文献的第一阶段，主要成果有罗振玉的《敦煌石室遗书》、《鸣沙山石室秘录》和李翊灼、王仁俊、蒋斧、王国维、罗福苌等人的一些著作。第二阶段，从公元1925—1948年，以刘复的《敦煌掇琐》和陈垣的《敦煌劫余录》为标志。此外，还有许国霖、王重民、罗振玉、李盛铎、向达、陈寅恪等人的研究著作。第三阶段，从1949年新中国成立到1983年的34年为第三阶段。主要成果为王重民等人编撰的《敦煌古籍叙录》、《敦煌曲子词集》、《敦煌变文集》，任二北校注的《敦煌曲校录》，商务印书馆编的《敦煌遗书总目索引》，以及当时学者的一批著作、论文等。第四阶段，以此为标志，敦煌学的研究正处在一个新的起点，研究力量正在汇聚扩大。战果初见端倪，1983 年以来，出版了《敦煌研究文集》、《敦煌研究》季刊、《敦煌莫高窟内容总录》、《敦煌石窟供养人题识》，中日合作出版了五卷《敦煌莫高窟》画册等论著。北京大学、武汉大学、兰州大学、杭州大学、西北师范大学、文化部文物局等都成立了敦煌学研究所、室。进入 21 世纪，国内敦煌学研究，必将有一个飞跃的发展，将焕发出更加夺目的光辉。

四、吐鲁番文献

吐鲁番文献，又称吐鲁番文书。这是指自 19 世纪末至 20 世纪 70 年代，先后由外国探险队、考察家，以及新中国的考古工作者，在新疆吐鲁番地区古遗址和墓葬中陆续发现的各种文字的古文书，总数在 30000 件左右。这些文书除大量汉文外，兼有古藏文、回鹘文、古突厥文、粟特文、焉耆·龟兹文、于阗文和梵文等各种语言文字。

吐鲁番地区古为“车师前部”地，西汉时以“高昌壁”得名，其政治、经济、文化中心即在今高昌故城。故城遗址位于今阿斯塔那村东南、哈拉和卓村的西南面。前凉张骏于此置高昌郡，西凉、北凉因之。北凉末，柔然入据高昌，立阚伯周为高昌王，以后，张、马、麴诸姓相继称王，史称高昌国。唐贞观十四年（公元 640 年）灭高昌，置西州。吐鲁番出土文书，就是从高昌郡到唐西州这段历史时期，被高昌居民埋藏在地下的文物的一部分。自 1879—1914 年，先后有俄国雷格尔、柯兹洛夫、克列门兹、鄂登堡，德国格林威德尔、勒柯克，日本桔瑞超、吉川小一郎和英国斯坦因等人，到这里劫夺了大批地下珍贵文物，其中包括吐鲁番文书。现存于国外的吐鲁番文书有“大谷文书”、“斯坦因文书”、“桔瑞超文字书”、“敦煌特藏”等。

中国吐鲁番学的奠基人是黄文弼（1893—1966），湖北省汉川县人。字仲良，我国著名的考古学家，中国科学院考古所研究员。黄氏一生四次赴新疆考察，足迹踏遍吐鲁番和天山南北，对西北史地进行了广泛深入的探索研究。1927—1930 年，黄文弼作为西北科学考察团的成员随团在内蒙古、新疆等地考察了整整3年。在此期间，黄文弼于1928年、1930年两次到吐鲁番，以高昌故城、交河故城为重点，考察了附近的古迹、古墓和发掘，获得了大量的采集品。黄氏潜心研究，写出了《吐鲁番考古记》、《高昌》、《高昌砖集》、《高昌陶集》等著作，奠定了吐鲁番学的基础。

新中国成立后，国家组织考古工作者在吐鲁番进行了发掘，从1959—1975年，先后在阿斯塔那和哈拉和卓两村古墓群进行了13次发掘，共清理古墓456座，其中198座出土有文字碎片5000余件，经过拆剥、拼合，共整理出各种文书2700多件。这些文书，从1981年起由文物出版社整理出版，定名《吐鲁番出土文书》，至1991年出齐，共10册文书。文书原件，少量存吐鲁番文物管理所，大部藏新疆博物馆。

吐鲁番文书，除少量是直接随葬的衣物疏、告身、契约等外，大部是二次利用，被当作废纸的古文书用来制成死者的服饰，如鞋靴、冠带、枕衾等，或是一些俑的构件，所以多残缺。也正由于此，吐鲁番文书中经卷极少，绝大部分为世俗文书，有极高的史料价值，所以对吐鲁番文书的研究很快形成了吐鲁番学。研究成果，目前国外的以日本成绩最大，有不少研究论著、专集问世。六卷七册本《西域文化研究》，可以说是日本学术界对大谷文书的一个总结。国内研究，除刊布《吐鲁番出土文书》外，散见于刊物的论文有近300篇。研究文集，主要有四种：《敦煌吐鲁番研究文集》一集二集，北京大学季羡林主编；《敦煌吐鲁番文书初探》，武汉大学唐长孺主编；《敦煌吐鲁番文书研究》，中国人民大学沙知编辑；《新疆考古三十年》，以及专题研究《文书研究》，新疆社会科学院主编。

吐鲁番文书的主流汉文文书，可归纳为三类：一为官府文书，从高昌郡至唐西州时期各个不同时期的官文书都有，包括辞、呈、启、条、关、属、敕、令等，以及各种官案、文簿、账目等。二为各种私文书，包括契约、账目、信札、衣物疏等。三为古代典籍、杂书。内容涉及政治、经济、军事、思想文化等各个方面。文书大多有纪年，为研究晋唐时期的社会历史提供了珍贵的资料。

最后，值得一提的是，1996年至1997年新疆人民出版社出版了一批新疆学者整理和研究的吐鲁番文书。新疆工学院语言学家李经纬教授撰写的《吐鲁番回鹘文社会经济文书研究》，以及续集《回鹘文社会经济文书研究》两书，收入吐鲁番地区出土回鹘文文书187件，总字数约60万字，1996年出版。两书所收回鹘文文书是按人口买卖与典押文书、土地买卖、租佃与交换文书、借贷文书，有关赋税、徭役文书、书信文书，以及各种经济记录和其他文书等内容分类编排的。每一件文书又分原文转写、注释、汉文译文三项内容。书末附词汇总表、语法形式或索引、各家编号对照，以及参考书目等。这是两部国内首次结集回鹘文化社会经济文书，并将原始文书资料、确实考证和检索手段融为一体的学术著作，是研究新疆以及中亚社会历史弥足珍贵的第一手资料。柳洪亮整理的《新出吐鲁番文书及其研究》，收入了阿斯塔那古墓区360、380—391等12座新出土的墓葬文书。文书所在时代为北凉、高昌国和唐西州时期。在这个意义上，新出土的吐鲁番文书是原十册本《吐鲁番文书》的续集。以上诸书的出版，可以说是吐鲁番学在其故乡走向繁荣昌盛的一道曙光。

第四节 档案文献

20世纪初，清廷内阁明清档案的发现，与甲骨、简牍、敦煌遗书并列为新文献的四大发现。新材料带来新学问。正是由于对明清档案的整理，引发学术界对档案史料价值的重视，产生了档案整理与利用的新型文献工作，也推动了档案学的发展。内阁大库所藏，只是明清档案的一部分，所以本节内容不专囿于此，而是综合古今档案一并来谈，故总题为档案文献。

一、清廷内阁大库明清档案的发现

档案是政府各机关、企业、事业单位和某些个人，在社会活动中形成并作为历史纪录，按一定规律保存起来以备查考的文件材料。现代档案还包括技术图纸、有历史内容和价值的影片、录音、录像等。档案在古代又称为文书、文案、案牍、簿书等。

明清两代统治者十分重视文书档案的保存，从中央到地方各级衙门普遍设置了文书档案工作机构，以及档案库。明清收藏行政事务的档案在内阁大库，皇族档案收藏在皇史宬，军机处档案收藏在方略馆。这三大馆在清宫内廷，免受战争破坏，库藏充盈，保存完整。清代中央各部院衙门所存档案绝大部分毁于战火。1900 年，八国联军攻入北京，许多中央机关衙署被毁，档案文件被焚毁、洗劫一空。如翰林院档案图书全部被毁，礼部、理藩院所藏 200 余年档案也毁坏殆尽。于是宫中所藏档案至为珍贵。内阁总理全国事务，内阁大库所藏档案，数量最大，种类最多。

清内阁大库是沿用明代的文渊阁旧库[①]，位置在紫禁城的东南隅，紧邻内阁大堂，有东西两座库房。明清两代的政务档案就收藏于此。1908 年，宣统即位，醇亲王摄政，要查阅清初多尔衮摄政典礼的旧档，内阁检之不得，便借口库内无用档案太多，于是借维修大库之机，奏请焚毁一批档案。保存的部分移于文华殿两庑和内银库，提议焚毁的部分露积于大库垣内，并获得批准。时值兼管学部的大学士军机大臣张之洞奏请将内阁大库藏书拨交学部，设学部图书馆，派学部参事罗振玉到大库挑选图书，发现拟毁的档案，堆积庭中。罗氏立即报告张之洞，恳请上奏罢焚，并将档案移存学部。上奏获准，大内明清档案就这样被发现，免于火劫，并第一次流出宫外，收藏在学部大堂后楼。

辛亥革命后，国民政府教育部接管了学部所存明清档案，由

① 李鹏年：《内阁大库》，《故宫博物院刊》1981 年第 3 期。

部属历史博物馆保管。其中比较整齐的被挑选出来存放在午门城楼，余下的装入 8000 多个麻袋放在端门门洞中。1921 年，教育部经费紧张，把放置在端门门洞中的 8000 余麻袋明清档案以废纸价格卖给纸店作再生纸原料，重约 15 万斤，卖得 4000 元，称“八千麻袋事件”。1922 年，罗振玉得知消息，以三倍于原价用 12000 元从纸店重新购回，再次挽救了明清档案遭毁的劫难。罗振玉两次挽救内阁大库明清档案，保存了这一文化财富，功不可没。

8000 麻袋明清档案，罗振玉个人无力收藏与整理，后又倒卖他人，几经转卖，最后为前“中央”研究院历史语言研究所，以 18000 元购回，只剩 12 万余斤，前后损失了 2 万多斤，有的遭毁，有的散佚于社会。

二、明清档案的收藏与整理

1. 北京大学对明清档案的收集整理

“八千麻袋事件”发生后，1922 年 5 月北京大学向教育部申请，将余下的明清档案全部拨归北京大学研究所国学门收藏整理，公布于世。几经波折，北京大学获得了明清档案 62 箱又 1502 麻袋。还有一小部分存历史博物馆。

北京大学成立了“档案整理委员会”，后改为“明清史料整理委员会”，主持整理工作。整理分为三个步骤。第一步，按文件形式分类。全部档案分成题本、誊黄、贺表、报销、杂件五类。每一类下按朝代共分先后，在朝代之下再按形成机关区分。第二步，编号摘由，登录上架。第三步，编辑研究，对重大事件经过考证后，编制各种分类统计表。经过两年多的整理，到 1924 年底告一段落，共整理档案 52 万多件。然后北京大学研究所开始研究和公布，编纂出版了一批明清档案史料，带动了一些高等学院和学术团体收集和整理明清档案，在 20 世纪二三十年代掀起了热潮。①

---

① 赵泉澄：《北京大学所藏档案的分析》，《中国近代经济史研究集刊》第二卷第二期《明清档案专号》。

2. 前“中央”研究院历史语言研究所对明清档案的整理

1929年5月历史语言研究所从广州迁到北平，并代管了历史博物馆，于是将所购明清档案集中在历史博物馆午门西翼楼上。这批档案原本是历史博物馆挑选后的破碎档案，又经几次辗转倒卖迁移，更加残破，12万斤档案中，只有7万多斤可以整理。整理人员先要在破纸堆中爬来爬去，细心寻找可用残件、残片，去灰铺平，再分类捆扎。对一些重要的残件要进行接合修补，往往是几十个残片才能拼合成一件完整的档案。拼合残片，要按纸质、纸色、纸的残裂形状、字体、辞意等关系综合考察后拼合。这就是文献整理的文书修复工作。一些重要的档案修复后，均要抄留副本。整理工作从1929年9月底到1932年底基本结束。然后档案上架，备有简明目录查阅，以供研究之用。[①]

3. 清华大学历史系对明清档案的整理

1929—1933年，清华大学历史系从书摊、纸商手中收购了清朝兵部和陆军部的档案有五六万斤。这些档案流失社会被视为废弃物，经过多次搬动，凌乱不堪。许多档案丢失了标封，甚至没有年月衙署，整理极为困难。清华大学师生硬是在“前无师承，后无效法”的情况下，边干边学，摸索总结出了两种有效的整理方法。一是十进式分类法，以问题为原则区分；二是机械式分类法，按档案形成机关及其内部机构的原则区分。这两种方法，一是事由原则，二是全宗原则，符合档案的科学分类，表明清华大学历史系的档案整理工作达到了一个较高的水平。[②]

4. 禹贡学会对明清档案的整理

禹贡学会是顾颉刚等人组织的史学研究团体，办有《禹贡》杂志。1936年，他们从纸商手中购得4000斤，约三四万卷清代档案，主要是光绪、宣统两朝档案。其中有关于边疆、海防、机器制造、铁路工程等档案，填补了这方面清档不足的空白，弥足

---

① 徐中舒：《“中央”研究院历史语言研究所收藏档案的分析》，《中国近代经济史研究集刊》第二卷第二期《明清档案专号》。

② 吴晗：《清华大学所藏档案的分析》，《中国近代经济史研究集刊》第二卷第二期《明清档案专号》。

珍贵。禹贡学会按照文献馆副馆长袁同礼的“档案分类法”的原则，按时期分类，类下按事件排列次序，要事文件繁多，再以区域区分，然后编目、登记，并择要摘由。①

5. 文献馆对明清档案的收集整理

1924年清废帝被逐出故宫后，为了确保故宫的安全，民国临时政府于1925年10月10日宣布成立故宫博物院，下设古物、图书两个馆。图书馆分图书、文献两个部。图书部主管宋元以来旧版书和其他图书。文献部接管故宫各处档案。1927年11月文献部一度改组为掌故部，1929年再更名为文献馆直到1949年新中国成立。

文献馆接收的清室档案计有内阁大库、军机处、宗人府、内务府，以及各宫殿所存档案。1929年又接收了刑部档案和清史馆档案。抗战期间，文献馆在极其艰难的环境下仍坚持接收和整理工作，获得清商部、农工商部、陆军部的档案，以及端方档案、贵胄学堂档案等。到1948年新中国成立前夕，文献馆收藏明清档案已达500多万件（册），共分为13个全宗，为新中国第一历史档案馆打下了坚实的基础。

内阁大库档案流出宫外的只是拟毁的部分，前文提及移存于文华殿两庑和内银库的档案完好无损，最整齐的是实录库所存的实录、圣训及起居注三种，至今完好。文献馆从1931年起开始整理，到1936年告一段落，把大库所有档案按照来源整理为六大类。②

文献馆对内阁大库以外的档案也进行了普遍的整理，并总结经验，在1936年制订了《文献馆整理档案规程》（以下简称《规程》），系统地提出了整理明清档案的原则和方法。《规程》称：“整理档案，应保存其原件之形式”，“不得拆散割裂”，要“以原来行政之系统为整理系统”，“其原有包扎或标识者，不得任意拆散废弃”。总之，整理档案以不失原来之真为原则，保持其原始

① 顾颉刚：《禹贡学会的清季档案》，《文献论丛》1936年10月10日。

② 王梅庄：《整理内阁大库杂乱档案记》，《文献论丛》1936年10月10日。

性和完整性是档案价值的重要因素，这样才能使利用者通过档案全面系统的原始面貌去研究档案所反映的历史内容。文献馆的经验为历史档案的整理积淀了科学的方法。

大批明清档案得到保存、整理，幸存至今，上述学术机构和高等院校的档案工作者付出了艰辛的劳动，做出了巨大的贡献，历史不应忘记他们。原故宫博物院文献馆保存了最大宗的明清档案，有 500 万件（册）。新中国成立后，文献馆改组为专门管理明清档案机构。档案馆几经更名，归属屡变，但业务没变，一直是收藏明清档案的中心。1953 年 4 月，接收了北京大学文科研究所移交的内阁大库档案 813 箱。1954 年 8 月，接收了前“中央”研究院历史语言研究所保存的内阁大库档案 671 箱。1956 年 11 月，接收了苏联档案总局移交的清黑龙江将军衙门，宁古塔、珲春和阿拉楚喀副都统衙门的档案，共 310 箱，17081 卷。1957 年 8 月，接收了食品工业部盐务总局移交的清代长芦盐运使司档案 40000 余件，5000 多卷。1958 年接收了沈阳图书馆移交的清内阁大库档案 163 箱。其中明档 500 多件、清档 54000 多件，另有残破题本 500 多捆。这些档案是罗振玉所购“八千麻袋档案事件”中自留的部分。1963 年 4 月，接收了山东档案馆移交的赵尔巽全宗的档案 20000 多件。① 1980 年 4 月中央正式成立中国第一历史档案馆，直属国家档案局，并升格为司局级，标志国家对档案保护的更加重视。现在在中国第一历史档案馆收藏的明清档案是原文献馆藏的两倍，达到 1000 万件（册）。档案全宗也由原来的 13 个，增加到 74 个。

三、明清档案的内容与结集出版

明档案包括明王朝及其各级政权在行使统治职能过程中，形成的各种类别的文件。其大宗在明末战乱中毁于兵火。现在收藏在中国第一历史档案馆的明档案是清修《明史》征集来的，原有

① 倪道善：《明清档案概论》，四川大学出版社 1990 年版。

20000多件，待明史修成后，明档案移送清廷内阁大库，后又几经辗转破坏，现仅存3600余件。起于洪武，终于崇祯，而以天启、崇祯朝的档案最多。文种包括诏、敕、诰命、铁券、题本、奏本、题行稿、揭帖、呈文、禀文、启本、手本、塘报、咨文、札付，以及一些簿册和残稿。其中尤以题本、题行稿和奏本居多。这些材料加上清初顺治时的档案，反映了明代，特别是明后期的社会面貌、政治经济、阶级矛盾、民族关系等各方面的情况。其中以明清关系和明末农民战争的资料为多。

中国第一历史档案馆保存的清档最多、也最完整。这些档案，原属政府的各个部门，间有地方及私人档案，数量庞大。依文件性质，属皇帝发布命令的，有制、诏、诰、敕、谕、旨、廷寄等；属各级臣工向朝廷奏报的，有题奏、表、笺、单、册等；属于各衙门上下互相行文的，有咨呈、札文、呈文、申文、关文、照会、译文等；此外，还有起居注，皇帝、宗室的玉牒，各种舆图等。清档的内容，几乎包括了清一代的政治、经济、军事、司法、民族、外交、教育，以及天文、地理等自然科学方面的许多珍贵资料。比如内阁全宗收录的六科题本中的户科题本，就有户口、田赋、屯田、库藏、仓庾、漕运、钱法、盐法、关税、杂赋、官员俸饷、蠲恤等方面的文件，是清代社会经济方面的原始纪录。这些资料，远比我们在其他文献资料中见到的完整翔实。另如军机处完全收录的外交档案中，内容包括交聘、边界、商务、文化交流以及其他交涉事件，记录了当时清廷与世界许多国家的交往活动，反映了清代中外关系的历史。此外，秘密结社、反清斗争、民族关系等方面的原始文件，也都十分珍贵。它是研究早期清史、满族史和东北各民族历史的原始珍贵资料，可纠正《清实录》、《清史稿》等官书的不少讹误。

内阁大库的明清档案从20世纪20年代起，就开始整理出版，陆续编印了《掌故丛编》10辑，《文献丛编》44辑，《史料旬刊》44辑，《清代档案史料丛编》等。还有一些专题档案汇辑，如《清三藩史料》6辑、《清代文字狱档》9辑等。前“中央”研究院历史语言研究所汇辑的《明清史料》甲、乙、丙编共30册。

新中国成立后，除出版了一些专题档案汇编外，还正式出版了《明清史料》丁编10册，从1978年起陆续整理出版《清代档案史料丛编》，现已出10辑。台湾的档案出版工作亦很活跃，从20世纪50年代起，先后编印了《明清史料》戊至癸编共60册。1962年，开始出版《故宫文献》季刊。《明清档案存真选辑》，则是影印的原件。

明清档案内容丰富翔实，总量很大，目前出版的只是少数一部分。继续整理与刊布明清档案，将是一项长期的文献工作。深入的研究，还须从原始档案入手。

四、地方档案

地方档案是反映一个地区的政治、经济、文化等情况的第一手材料。我国现有3000多个地方档案馆，收藏了大量地方档案。这里列举介绍西藏历史档案、巴县档案、东北档案和孔府档案。

1. 西藏历史档案

包括元朝以来历代封建王朝统治西藏地方政府的封文、诏书、敕谕，西藏地方政府的札、奏、禀、咨文、呈文、塘报、照会、告示、契约、状纸、执照、典籍等约340万件。这些档案是研究西藏地区的历史、西藏与中原王朝关系的历史，以及西藏民族发展史的第一手历史文献。

2. 巴县档案

1953年在四川巴县长江南岸樵坪场的一座古庙中发现，其年代起自清康熙九年（公元1670年），讫于民国三十年（公元1941年），共有103123件，是迄今发现的我国年代最早、数量最多的地方档案。巴县档案的主要内容是四川总督衙门与巴县及各州县往来的公文、文件底稿等，还有关于矿业、手工业、商业等方面的经济资料。巴县档案由西南博物馆和四川大学历史系整理，陆续出版。

3. 东北档案

指东北档案馆所存档案，集中保管明清至日伪时期东北各地的档案约 210 多万卷（册）。东北档案馆的前身是伪满“旧记整理处”，国民党接管后改称“国立沈阳图书馆筹备处档案组”。新中国成立后，东北人民政府接管改组为东北图书馆档案部，1960 年改为东北档案馆。

4. 孔府档案

这是山东曲阜孔府保存的一批关于孔府贵族地主的私家档案，起于明中叶，讫于 1948 年，共有 9020 个卷宗。孔府档案内容主要为孔府贵族袭封、宗族、属员、刑讼、租税、林庙管理、祀典、宫廷、朝廷政治、财务、文书、庶务等。

五、近现代档案

这里所说的近现代档案，分别指民国档案与新中国成立以来的档案。革命历史档案归入现代档案。

1. 民国档案

民国档案集中收藏在南京“中国第二历史档案馆”。馆藏自 1912 年孙中山建立民国，至 1949 年国民党退出大陆止，完整地保存了整个民国这一历史时期各个政权中央一级机关及其直属系统的历史档案，全面反映了中华民国政治、经济、军事、外交、文化、社会等各个方面的历史情况，是研究民国史和各种近代专史的第一手资料。

民国档案的内容和数量，可分为五大类：（1）南京中华民国临时政府、广州大元帅府、广州民国政府和武汉国民政府的档案；（2）北洋政府的档案，共 17 个全宗，近 100 万卷；（3）国民党政府的档案，共 593 个全宗，内容最丰富；（4）汪精卫及其他汉奸政权的档案，有 87 个全宗；（5）著名人物的个人档案，现有 30 个全宗。

民国档案已印行的主要有《中国现代政治史资料汇编》244 册；《中华民国史档案资料汇编》，《中华民国史档案资料丛刊》等。台湾出版的民国档案有《革命文献》，已出 95 辑；《中华民国重要史料初编——对日抗战时期》；《第二次中日战争各主要战役史料汇编》；《中日外交史料汇编》；《中国近代史资料汇编》；《近代中国史料丛刊》；《中华民国史料丛编》；《民国史料丛刊》等。

2. 现代档案

现代的文书档案是现代社会人类活动的历史记录，反映现代政治、经济、文化、社会等各个方面的内容。现代档案不是一份一份的孤立文件，也不是杂乱的文件堆积，而是具有内在联系的文件体系，有着许多特点，可归纳为以下几个方面：

（1）现代档案来源广泛、内容丰富。不仅国家机关、社会团体、部队、学校、工厂、企业、事业、乡镇等单位形成档案，而且在一个部门内，又以司、处、科、室等内部组织机构为单位形成档案。还有著名社会活动家、科学家、作家、艺术家等个人，也在其专业活动中形成一定的档案，如手稿、信件、演讲记录等。

（2）现代档案具有全新的多样的形式。从载体来看，古代档案载体有龟甲兽骨、竹木简牍、金石贝叶、缣帛纸张等。现代档案，不仅有纸为载体的各种书面文件、电报、手稿等，还有以现代技术为载体的音像资料、缩微资料、机读资料等。从内容来看，同一时期，同一类型的档案，其形式也是多种多样的。如文书档案中就有法律、宣言、条例、章程、决定、决议、命令、指示、通知、通报、布告、请示、报告、会议记录、条约、协议、合同等各种名称。

（3）现代档案管理完善，分类编排细密，形成了科学的体系。现代档案的管理，有一整套的组织机构，主要由档案室、档案馆、档案局三层组成。档案分类有各种不同角度的标准，十分细密。例如从管理归属来分，可把档案区分为国家档案、地方档案、集体档案和个人档案；从纵向的时代来分，把档案按历史时期归类；从横向业务来分，有文书档案、会计档案、司法档案、外事档案、经济档案、技术档案、艺术档案、户籍档案、人事档案等。

我国现代档案分为两大部分。一是革命历史档案，包括从

1919年五四运动到1949年中华人民共和国成立，整个新民主主义革命时期内，中国共产党及其领导的人民政权、军队、企业、事业单位、青年团和其他革命团体、革命活动家所形成的档案。它反映了党领导人民群众进行艰苦革命斗争的历史。这部分档案虽然数量不大，但十分珍贵。二是中华人民共和国时期的档案，包括新中国成立以来各机关、部队、团体、企业、事业等单位的档案，以及由国家征集或个人捐赠的某些著名人物形成的档案。这些档案反映了我国完成民主革命的历史，特别是集中反映了我国社会主义革命和建设的历史。这部分是国家档案中数量最大，并在继续大量产生的档案。

现代档案有一个相当长的保密期，随着时间的推移，逐步解密刊布。对日渐增多的已刊现代档案文献的整理与研究，是档案文献整理工作的又一新课题，也是正在提上议事日程的现代文献工作之一。

六、我国历史档案的史料价值和数量

由于档案是人类历史活动的最原始最真实的记录，因而也是最珍贵的历史文献。档案是机关单位、社会团体、个人在工作交往中，所必然产生的文件，而不是事后编写的。也就是说，档案是随着工作活动的客观需要而形成的历史记录，是人类社会实践活动的自然产物，这正是档案有别于其他资料的特点和规律。因此，档案注重原本、原稿，往往又只有一份。这就是档案成为重要历史文献的原因。

档案的原始性和较大的可靠性，决定了它是历史研究者难得的第一手宝贵资料，有很高的史料价值。它可以充实正史的内容，纠正历史记载或传说的错误，或者作为考订史实的有力凭证。我国古代有许多历史著作，如《尚书》、各种政书、历代实录以及地方志的主要内容，都是历史档案的汇编，或者主要取资于档案编纂的。我们今天进行史学研究，也需要历史档案作第一手参证资料。因为要科学地揭示历史发展的规律，就必须依据大量的历史资料。如果没有档案材料作依据，只靠一些间接材料，就难以准确地阐明历史事件，科学地总结历史规律。所以，积累、保存和使用档案资料是很重要的，特别是研究近现代史，没有档案资料，就根本无法进行有效的研究。

我国的历史档案十分丰富。殷代甲骨文就是我国最早的文书档案。到了秦汉时期，文书档案已有了相当的数量，并设置了专门史官执掌，《史记》中就引用了许多档案资料。魏晋以后，历代都对档案的收藏管理十分重视。明清两代从中央到地方各级衙门普遍设置了为数众多的文书档案工作机构，并建立了规模庞大的档案库。清代正式使用“档案”这一科学名词，标志着文书档案学的初步形成。

我国丰富的历史档案，今天所能看到的，主要是明清以来的档案，明以前的文书档案，除甲骨、简牍、敦煌、吐鲁番文字中偶有保留外，余皆荡然无存。明清以来的档案，数量惊人。据全国 3000 多个档案馆统计，历史档案总数近 3000 万卷。

古今一切档案都是极为珍贵的史料，均属全民共有的文化财富。新中国成立后，党和政府确立了档案工作集中统一管理的原则，全国各机关、团体、高校、学术单位收藏的历史档案均集中收藏在各级档案馆中由国家统一管理，称国家档案全宗。国家档案全宗反映了从古至今，社会经济、政治、法律、军事、外交、科技、文教、卫生等各方面的情况。我国长时期日积月累地形成的国家档案全宗，是历史和知识的宝库。

第五节　考古文献

考古文献，是指考古与文物研究将历史遗迹与文物再现为文字记录的文献，它虽然是 20 世纪新生的文献，但却是文物考古学家解读历史遗存产生的新文献，内容是反映古代社会的文明，应与四大发现的古文献等量齐观。所以，甲骨、简牍、敦煌遗书也包括在 20 世纪十大考古发现之中，这就不难理解了。当然，田野考古收获文物不是文献学直接整理的对象，考古文献是用现代语言表述的，也不能叫做古文献。地下文物与地下发现的古文献，两者有本质的区别，因为历史遗迹和文物不是直接的古文献，但它是一种古文献载体，它载负了古代文明的内容，只不过要由考古学家的研究来转译罢了。

考古文献扩大了历史学研究的取证范围，也扩大了历史文献学的领域。科学的考古与文物学，其所研究对象是古老的，但这门学科却是年轻的。欧洲的考古学萌芽于文艺复兴时期，直到19世纪末和20世纪初，才形成一门新的学科。我国考古与文物学的前身是北宋兴起的金石学。到20世纪20年代，我国以李济、裴文中、梁思永为代表的一批学者，学习外国经验，吸收地质学、古生物学、人类学的研究成果，把近代田野发掘技术与我国传统的金石学相结合，开创了中国科学的考古文物之学。中国真正大规模的考古是20世纪下半叶新中国成立以来的50年。由于中国历史悠久，幅员广大，虽然中国考古学还比较年轻，但它所获成就，在世界是首屈一指的。

一、旧中国时期的考古与文物研究

李济和裴文中是我国考古学的奠基人。李济（1896—1979），湖北钟祥县人，早年留学美国，获哈佛大学哲学博士学位。1923年回国，先后在南开大学和清华大学国学研究院任职。1926年，他主持发掘了山西夏县西阴村的仰韶文化遗址，并于次年出版了《西阴村史前的遗存》一书，成为我国科学考古的开创者。裴文中（1904—1982），河北丰南县（原丰润县）人，我国著名的史前考古学家，旧石器考古学的奠基人。他于1927年由北京大学地质系毕业，主修古生物学。随即入北平中国地质调查所从事古生代三叶虫的研究。

当时，我国科学考古工作主要在两个地方进行。其一是由中国地质调查所主持的北京周口店北京猿人遗址的发掘，其二是由前“中央”研究院历史语言研究所考古组负责的河南安阳殷墟的发掘。

周口店猿人遗址的发掘，早在20世纪20年代初已开始，由瑞典人安特生主持，并于1923年和1926年发掘出两颗50万年前北京猿人的牙齿。1929年12月2日裴文中发掘出一个完整的北京猿人头盖骨，1931年又发现了北京猿人丰富的石器和用火遗迹。这两次发现震惊学术界，把中国人类历史上溯到四五十万年前，在古人类学和原始社会史研究上都有划时代的意义。1933年，裴文中又主持发掘了山顶洞人文化遗址，为研究母系氏族社会提供了宝贵的资料。抗战期间，周口店发掘工作被迫中断，裴文中从事室内研究，完成了《山顶洞文化》等三本专著和《周口店第15地点初步研究》等论文，初步建立起我国旧石器文化发展的序列。在抗战前后，裴文中还对内蒙古、甘肃、青海等省开展野外工作，发现100多处新石器时代文化地点，批判了“仰韶文化西来说”。他的《史前时期之研究》和《史前考古学概念》两书，综述中外史前考古学的主要成果，有很多的新见解，并认为，还应有比北京猿人更早的原始文化，有很大的指导意义。

对殷墟的发掘是在前“中央”研究院历史语言研究所考古组的主持下进行的，李济为考古组主任。从1928年到1937年间，在殷墟共进行了15次发掘，包括对小屯村殷都的发掘12次，对殷王陵墓即侯家庄西北冈的发掘3次。另外又在洹河两岸属于殷墟的范围发掘了12个地方。先后出土了甲骨24000多片和大量的遗迹遗物，为殷代社会历史的研究提供了非常重要的科学资料。李济的《小屯地面下情形分析初步》、《小屯与仰韶》、《小屯地面下的先殷文化层》等论文，以及他在晚年写成的《安阳》一书，是对殷墟考古的科学总结。梁思永（1904—1954），在美国哈佛大学专攻考古学和人类学，回国后，于1930年参加殷墟发掘，对我国田野考古逐步走上科学的轨道，起了积极的推动作用。他的《小屯龙山与仰韶》、《后冈发掘小记》、《龙山文化——中国文明的史前期之一》等著名论文，对从地层上判定仰韶文化—龙山文化—殷代文化的年代序列，探讨三种文化的密切关系，都有重要的学术价值。

旧中国的考古工作，开创了中国科学的考古学，不仅获得了许多珍贵的史前文化和殷商研究资料，而且积累了经验，锻炼了队伍，培养了人才，成绩是很大的。

二、新中国的考古与文物研究

新中国成立以来 50 年，新中国考古进入黄金时代，考古发掘有许多重大的新发现，文物研究也取得了显著的成绩。1961 年，文物出版社出版了《新中国的考古收获》，1984 年又出版了《新中国的考古发现和研究》，这两本书具体记载了所获得的新成就。还有《考古》与《文物》等专业杂志发表了大量的发掘报告与研究论文。史学界利用考古与文物资料研究历史，充实了各专门学科的内容，取得的成就，不胜枚举。50 年来考古与文物研究的新成果按时期概述如次。

1. 旧石器时代

旧时器时代考古，又获重大发现，比北京猿人同时或稍晚的人类化石遗址，有马坝人、长阳人、丁村人、柳江人、资阳人，比北京猿人更早的有蓝田猿人和元谋猿人。这些发现，使我们对我国远古人类的情况有了更多的了解。《北京猿人遗址综合研究》、《古人类论文集》、《贾兰坡旧石器时代考古论文选》等，就是重要的研究成果。

2. 新石器时代

新石器时代考古，发现了 6000 处以上的遗址，进行了许多大规模的发掘工作，特别是 1973 年在长江下游的河姆渡文化，表明我国文明的起源不仅是中原地区，而是有多个不同类型的文明摇篮。黄河流域，1978 年在黄河上游地区甘肃天水发现距今七八千年的大地湾文化遗址，使龙的传人，中华民族的始祖之一伏羲，以及女娲氏的传说得到了地下的物证，在学术界兴起了伏羲文化研究的热潮，意义深远。在黄河中游磁山裴李岗文化的发现，则给我们探讨中国农业、畜牧业和制陶业的起源提供了重要线索。而 20 世纪 80 年代对河南濮阳西水城仰韶文化遗址的研究则说明在6000年以前中原地区已率先进入父系氏族社会，河南贾湖新石器遗址出土甲骨的契刻符号为探索中国文字的起源提供了珍贵的实物资料。《西安半坡》、《庙底沟与三里桥》、《大汶口—新石器时代幕葬发掘报告》、《新石器时代》等是主要研究成果。

3. 夏商周时期

以前在新石器时代和殷墟之间有一大段空白。现在，在河南西北部和山西西南部发掘的二里头文化，为探索夏文化提供了新的线索。殷墟发现了几座保存完整的王室墓以及古城遗址，在陕西周原发掘的西周早期宫殿和宗庙遗存，对解决殷、周历史研究中许多悬而未决的问题有重要价值。对这一时期的研究成果，有中国社会科学院考古研究所《小屯南地甲骨》，陈梦家《殷墟卜辞综述》、《西周铜器断代》，郭沫若等《甲骨文合集》等。

4. 春秋战国时期

此时期最重要的考古发现和研究是对出土铁器的研究，湖北随县曾侯乙墓的发掘和侯马晋国盟书的研究。发表了李众《中国封建社会前期钢铁冶炼技术发展的探讨》、《侯马盟书》、《随县曾侯乙墓》等论著。

5. 秦汉时期

秦代考古，对秦始皇陵兵马俑坑的发掘，被称为历史奇迹。湖北云梦睡虎地秦简的出土为秦朝史的研究提供了珍贵的原始资料。咸阳秦宫殿遗址的发掘，对中国古代建筑史的研究有重要意义。有《睡虎地秦墓竹简》等研究成果问世。

汉代考古与文物研究成果更大。有长安和洛阳城的发掘，有长沙马王堆汉墓、河北满城汉墓、甘肃武威雷台铜制车马仪仗队的发掘，以及山东临沂汉简、甘肃居延汉简等的出土，都是轰动世界的考古新发现。《汉代考古学概说》、《武威汉简》、《居延汉简》、《临沂汉简概述》、《满城汉墓发掘报告》、《马王堆汉墓帛画》、《武威雷台汉墓》等，就是这些新发现研究的部分成果。此外，对东北和北方少数民族、丝绸之路、巴蜀文化、楚文化、滇国文化的考古与研究，也有较大的深入。

6. 魏晋南北朝时期

这一时期的考古与文物研究，主要是石窟寺的发现与研究，以及城址与墓葬的发掘与研究。其中，大量墓志、彩画与瓷器的出土，为研究这一时期的历史提供了新的资料。有《南朝陵墓石刻》、《云冈石窟》、《龙门石窟》、《敦煌莫高窟内容总录》等研究成果。

7. 隋唐时期

这一时期的考古工作重点，是对隋唐两京——长安和洛阳的调查发掘，获得了大量有关当时政治、经济、文化的宝贵资料。对隋唐长安郊区及陪葬昭陵、乾陵的大墓的发掘，也很有收获，其中出土的精美壁画和彩绘陶俑对文化和工艺学的研究有重要意义。镇江甘露寺、扶风法门寺地宫石函、舍利的发现对研究佛教史和工艺史有极高价值。吐鲁番、敦煌文书的研究，也是这一时期考古文物研究的重要内容。《唐墓壁画》、《吐鲁番出土文书》、《敦煌吐鲁番文献研究论集》、《吐鲁番金石录》等是主要的研究成果。

8. 五代两宋时期

这一时期的考古研究，主要是发掘各种类型的墓葬、瓷窟遗址和宁城的辽中京。重要的如南京南唐二陵、成都后蜀孟知祥墓、宁夏西夏王陵、辽宁和北京的辽墓等，出土了很多有研究价值的文物。《王建墓石刻艺术》、《中国古代陶瓷科学技术成就》、《宋陵石雕》、《全辽文》、《西夏陵墓出土残碑粹编》都是有价值的研究成果。

9. 元明时期

明清时期的考古，重点进行了元大都（今北京）的发掘和明中都（今安徽凤阳）的勘查，弄清了城坊布局，出土了许多瓷器、浮雕和碑刻。在墓葬方面，1956 年北京昌平定陵的发掘，是几十年间唯一正式发掘的古代大型皇帝陵，其规模之巨，出土文物达 3000 余件之多，为世所罕有。此外，各处亲王墓和贵族官僚墓也多有发掘，随葬品都很丰富。《明代宫廷与浙派绘画选集》、《明式家具研究》、《定陵——地下宫殿》、《明中都城考》等是这一时期考古与文物研究的主要成果。

在以上各个历史时期的考古发现中，有十项重大发现举世震惊，被称为 20 世纪中国十大考古发现。第一，1899 年甲骨文的发现；第二，1900 年敦煌遗书的发现；第三，20 世纪初甘肃等地的简牍发现；第四，1929 年北京猿人的发现；第五，1968 年河北满城汉墓金缕玉衣的发现；第六，1971 年长沙马王堆汉墓帛画与一具古女尸的发现；第七，1973 年浙江余姚河姆渡遗址的发现；第八，1974 年陕西临潼秦始皇墓兵马俑坑的发现；第九，1977 年湖北随县礼乐编钟的发现；第十，1978 年甘肃天水大地湾遗址的发现。此外，1956 年北京明代定陵地下宫殿的发现，1978 年陕西扶风法门寺塔基地宫佛指舍利的发现，有人列入十大发现中。笔者认为简牍与大地湾遗址两大发现，比地下宫殿与佛指舍利更有深远意义，故列入十大发现，以供讨论。这些重大发现，提供了珍贵的文献与文物资料，带来了新学问和新的文献工作，应大书一笔。

新中国考古与文物研究，与旧中国的时期的工作相比较，是不可同日而语的。第一，新中国考古有马克思唯物主义的理论指导，能够在科学的轨道上进行。第二，现代科技提供了有利条件。例如碳十四、热释光等测定历史遗址和文物年代，有科学的根据，使史前考古学的编年获得了新的框架。第三，物质条件雄厚，队伍扩大。除中国社会科学院考古所外，各省、市都有相当规模的博物馆考古队伍。田野工作方法与地层学的大面积揭露方法有了物质基础。第四，考古工作扩大了所涉及的地域和伸延了研究对象的时间范围，填补了许多的空白。在当今，从事历史文献学和历史科学和研究，如果忽视考古与文物研究的成果，将会造成重大缺陷。由此可见，考古与文物研究的巨大收获及其重要意义。

第四章　典籍类别文献

任何事物都可分为形式与内容两个方面。大体说来，载体分类，只是文献的形体、形式分类，它反映的只是载体本身的发展和图书发行量的增加，以及制作原理和方法的内容，而对文献内容实际上未加分类，是不利于研究和检索的。文献分类是最基础的文献工作。因为类例既分，学术自明。文献学的目录工作，核心内容就是图书分类。但历史文献可以按不同标准予以分类。从物质技术形态表现的形式分类，即从载体与印刷技术分类，已详第二章。从产生的时间先后分类，可以分为古代文献、近代文献和现代文献，具体到每一段，还可以划分出某某朝文献或某某期文献。从产生或内容涉及的地域看，可以区分为本国文献和外国文献，具体到不同国度，又可划出全国文献或地方文献。从记录的文字来区分，可以分为汉语文献，各种少数民族文字和外文文献。从文献记载的社会或自然的内容区分，可以分为文学、史学、哲学、经济、政治等社会科学，以及自然科学物理学、化学、数学等各科各门类的文献，具体到学科内部，又可按内容或编纂体例区分为若干类别的文献。从文献价值的高低来区分，可以分为基本文献和一般文献。从文献取材直接或间接的关系来区分，可以分为一次文献、二次文献、三次文献等。不同的分类方法，从不同的侧面展示文献的产生、发展及其特性。人类社会活动五彩缤纷，生活是七色阳光，文献纪录丰富多彩，内容和形式都极其复杂，所以有各种不同侧面的分类来揭示它的内容。

一切文献工作整理的最终目的，是结集出版，然后收藏利用。本章从结集的成果，即从典籍类别看 20 世纪簿籍文献的多样形式与总量，从中把握 20 世纪文献工作的主流与特点。典籍类别，是一种综合型的分类，是综览文献构成的总量，用以把握一个历史时期或历史阶段的文献工作走向。下分六节来谈。

第一节　四部典籍文献

中国 5000 多年悠久历史文化，积聚了浩如烟海的文化典籍，按经、史、子、集四部分类，总称四部典籍文献。四部是古典目录的分类，因此四部典籍，实际就是古代典籍，简称古籍。这里简括介绍历代积聚起来流传到 20 世纪的四部典籍文献的内容及其总量。

一、经部典籍文献

中国传统文化的主体是儒家的经学。儒家经学的基本典籍就是十三经。自从汉武帝“罢黜百家，独尊儒术”之后，孔子成了圣人，儒家典籍成了经典，儒家思想成为中国封建社会的正统思想。历代统治者大力提倡儒学，通经致仕成为正途，朝廷诏令及群臣奏议皆援引经义以为依据。经学对于中国封建社会政治思想、文化学术和社会意识都产生过深远的影响。单从文化学术方面看，经学与中国的史学、哲学、语言文字学、文献学、考据学都有密切的关系。所以十三经在今天，仍是文史工作者经常备查的书。

十三经是逐渐递增起来的。最早只有六经，其名始于《庄子·天运篇》：“孔子谓老聃曰：‘丘治《诗》、《书》、《礼》、

《乐》、《易》、《春秋》六经，自以为久矣。”《庄子》寓言八九，六经未必是孔子自称，但可证战国时已有六经之名。

经字本无神秘意义，其本义是指丝织物的纵线，横线称纬。《说文》：“经，织纵丝也；纬，织衡丝也。”由经纬以成织物引申为以法治天下。《周礼·天官·太宰》：“以经邦国。”注曰：“经，法也，王谓之礼经，常所以治天下也。”经为书名始于《墨子》。《墨子》有“经”上下篇，又有“说”上下篇。“经”为提纲，只是一些命题；“说”为解说，阐发经义。汉人推尊儒学，只承认孔子之书叫“经”，并把“经”字神圣化，演绎出各种解说。东汉班固《白虎通义·五经论》的解释较为通行。班固释“经”为“常”，即常道，谓经典之言为永恒不变的道理、法则，并与五常伦理相联系。《五经论》说：“经，所以有五何？经，常也，有‘五常’之道，故曰‘五经’。《乐》仁，《书》义，《礼》礼，《易》智，《诗》信也。”其实《乐》在汉时已佚，西汉所置五经博士为《诗》《书》《礼》《易》《春秋》，有《春秋》而无《乐》。东汉增加《孝经》和《论语》，合为七经。唐初以《易》、《诗》、《书》、《仪礼》、《周礼》、《礼记》、《左传》、《公羊传》、《谷梁传》合称九经，并以九经取士。唐文宗太和年间，增《论语》、《孝经》、《尔雅》，合为十二经，刻石立于国学。宋代又增《孟子》为经，于是有十三经。

经书列于四部典籍之首，标志着它的崇高地位。因为经学是历代封建统治者维护其统治制度与治国的理论基础，举国士子必读之书，所以整理与注疏经书的文献工作历代相承，在 2000 多年的封建社会中，经学注疏极其发达。经部书籍，汗牛充栋。单以《四库全书总目》的著录计，就已达 1776 部，20448 卷。最常用的一套经解丛书即《十三经注疏》。清人的经学著述，主要汇刻在两套丛书中，一为阮元汇刻的《皇清经解》，一为王先谦汇刻的《续皇清经解》。下面简介如次。

1. 十三经注疏

这套丛书始汇刻于南宋，历元、明、清有多种汇刻本。清阮元校刻的《十三经注疏》本，号称善本，每卷之后附有校勘记。

中华书局1980年影印重印了原世界书局缩印的阮刻本，为上下两巨册，检阅至为方便。中华书局还重新排印了叶圣陶先生编制的《十三经索引》，每一条下加注了《十三经注疏》影印本的页码，配合发行。这本索引是《十三经》的经文文句索引，为必不可少的工具书。

《十三经注疏》目录如下：

周易：魏王弼、韩康伯注，唐孔颖达等正义；

尚书：旧题汉孔安国传，唐孔颖达等正义；

诗经：汉毛亨传，汉郑玄笺，唐孔颖达等正义；

周礼：汉郑玄注，唐贾公彦疏；

仪礼：汉郑玄注，唐贾公彦疏；

礼记：汉郑玄注，唐孔颖达等正义；

左传：晋杜预注，唐孔颖达等正义；

公羊传：汉何休注，唐徐彦疏；

谷梁传：晋范宁注，唐杨士勋疏；

论语：魏何晏集解，宋邢昺疏；

孝经：唐玄宗注，宋邢昺疏；

尔雅：晋郭璞注，宋邢昺疏；

孟子：汉赵岐注，宋伪孙奭疏。

所谓“注”，本义是用水灌注，古书文义艰深难懂，如水道阻塞不通，须凿通灌注，故解说经文字句称注。《周礼·天官·冢宰》疏“注”云：“注者，于经之下，自立己意，使经义可申，故云注也”。两汉经学、古文家重训诂举大义，今文家重章句释微言。西汉今文经学立于学官，所以章句之学盛行。今文经师分析章节句读，逐字逐句逐章解说经义，故所解经称章句。东汉以后今文经学衰落，《十三经注疏》中只存东汉赵岐的孟子注为章句之学。两汉经解又有称笺、称训诂、称解等。唐宋时经解家对前人的注又加解说的新注，官修的称“正义”，私撰的称“疏”。这种注释体例先释经，后释注，例不破注。即选定某家之注而作疏，只能阐发、补充、解说而不能与注抵牾。清人作新疏，仍沿用“正义”和“疏”之名，往往打破疏不破注之例，扩大注释内容，详考名物制度，超过了旧疏。又，后人解经，汇集众说以成一家之言者称集解或集注、集释。集解所解各家之说，皆著其姓字，注文中称某曰。十三经的注与疏是汉魏六朝以及唐宋著名经学大师对各经所作的总结，是我们阅读和研究十三经的必备参考书。《十三经注疏》总计416卷，700余万言。

2. 皇清经解

一名《学海堂经解》，清阮元辑刊。道光初，两广总督阮元设立学海堂以课士，尽出所藏之书，选清代乾嘉经学名著付刊，计收书173种，1408卷，作者74家，道光九年（公元1829年）刻竣刊行。板藏学海堂之文澜阁。咸丰七年，毁于兵火者十之五六。两广总督劳崇光集资补刊，至咸丰十一年（公元1861年）始成，是为补刊本。其板今存。光绪年间上海鸿宝斋、点石斋又出石印本。

3. 续皇清经解

本名《皇清经解续编》。清王先谦辑刊。光绪十一年，江苏学政王先谦，搜采乾嘉以后之经学名著，并及乾嘉以前为阮刻《皇清经解》所遗者，付诸刊刻。计收书209部，1430卷，作者113家。光绪十四年（公元1888年）刻竣刊行。板藏江阴南菁书院，今存。光绪十五年（公元1889年），上海蜚英馆又出石印本。

二、史部典籍文献

梁启超在《中国历史研究法》中说："中国于各种学问中，惟史学为最发达；史学在世界各国中，惟中国为最发达。"这段话充分肯定了史学在中国传统文化中的地位。四部目录经、史、子、集，史籍部居第二位，就说明了这一问题。中国古代史学大家，一般都具有恢宏的历史视野，学兼天人，会通古今，并以高度自觉的精神肩负修史使命，视史学有补于人伦道德与政治借鉴，强调以古为镜，经世致用，实录史事，这些都是中国史学的优良传统。

中国古代史籍发展概况，从先秦到明清分四个时期来谈。

1. 先秦史籍

先秦时期，包括春秋、战国、秦，是史籍的产生阶段。由于这个时期史籍较少，附庸于经部，有的史籍被尊为经籍。流传下来的有《尚书》、《逸周书》、《春秋》、《左传》、《国语》、《周礼》、《仪礼》、《世本》、《竹书纪年》、《战国策》等。这些史籍的特点，多为资料汇编，或修订、解释历史文献。一般成于众手，作者多为史官或士大夫。成书既非一时一人，因此没有严格的体例。正由于此，它成为后世多种史体的源头，故刘知几总结唐以前史体流派有六家，先秦史籍占四家。六家为《尚书》家、《春秋》家、《左传》家、《国语》家、《史记》家、《汉书》家。① 比较有严格义例的是《春秋》家和《左传》家代表的编年体。中国古代史籍纪传、编年、记事本末三大体，最早产生的就是编年体。

先秦史籍内容庞杂，文字疏简，记事粗略，史实中杂有神话、传说、寓言，又多有后人的增饰，真伪并存。因此，使用先秦史籍，要参阅《考信录》、《古今伪书考》等辨伪书，自己也要严格审检。

2. 两汉魏晋南北朝史籍

这个时期是史学和史籍成熟、独立和发展时期，它不仅从经部的附庸地位走出，而且成为一个大部类，列于四部中的第二位。其一，结构恢宏的纪传体这一创新，体大思精，使得新的史学典籍容量大，并在更高的层次上，多角度、多方面地反映社会的发展和历史进程。人们对史学有了新的认识。最重要的史学著作是《史记》和《汉书》。司马迁著《史记》就有明确的目的，即“究天人之际，通古今之变，成一家之言”。《汉书》用纪传体载西汉首尾一朝史事，成为一代大典。《史记》、《汉书》的产生，标志着我国史学的成熟，历史学家已经能够在相当的广度与深度上描绘历史，揭示历史发展内在的动力，从而奠定了史学与史籍的独立地位。其二，汉魏六朝还有多种史体产生，以及史注的繁

① 《史通·六家》。

荣。从体裁上看，除纪传体正史外，有别史几十种，有人物传记219种。人物传记再分类，有《高士传》、《逸士传》、《列女传》、《高僧传》等。还有以地域为中心的《会稽先贤传》、《益都耆旧传》、《襄阳耆旧传》等。魏晋时期门阀制度最盛，因而形成了专门的“谱学”，专记某一氏族的来源、世代世系、户口迁徙等。这一时期的方志学也十分发达。三国时魏，产生了第一部类书《皇览》。从史注看，注家蜂起，有裴松之《三国志注》和郦道元《水经注》等名著。其三，史籍数量大发展。《隋书·经籍志》史部著录，类目有13，数量总计874部，16558卷。《汉书·艺文志》在六艺略和诸子略中附庸的先秦史籍，仅34部，1384篇。先秦时期近2000年，汉魏六朝时期仅800年，而史籍部数发展了26倍，篇卷数发展了12倍。其四，史籍质量有了显著的提高。这表现在四个方面。一是内容宏阔，如《史记》就是一部百科全书的通史，天文、地理、人事、物事，无所不包。二是体例创新，史例、史法纯熟。三是语言锤炼，如前四史，是公认的文史名著。四是史观进步，尤以《史记》突出，它不仅宣扬大一统精神，它还为货殖、游侠、起义人物、少数民族立传，具有人民性的成分。

3. 隋唐宋元史籍

这一时期是我国史籍发展的鼎盛时期，尤其是唐、宋两代，更是出现了博大气象，主要表现有三个方面。其一，史体创新，丰富多彩。唐代产生了第一部典志体政书，即杜佑《通典》，第一部历史编纂学理论著作，即刘知几《史通》。南宋产生了史籍三大体之一的纪事本末，即袁枢的《通鉴纪事本末》。古老的编年体，在宋代出现了《资治通鉴》通史体，走向高峰。此外，从编年体衍生的纲目体，从典志体衍生的会要体，也产生于唐宋。汉魏六朝产生的传记体、方志体、类书等史体，也走向兴盛。笔记小说是宋代史苑中一朵奇葩。由是可以说，中国史著的主要体裁，在唐宋均已创立，并且都有了相当的发展。其二，史籍空前繁荣。《宋史·艺文志》、卢文弨《补宋史·艺文志》、《补辽金元史·艺文志》，总计史籍为2526部，52313卷，减去《隋书·经籍志》所载史籍874部，16558卷，就是唐宋辽金元各代新增史籍总量，其数为1652部，35755卷。从唐朝建国至元灭，共经历750年（公元618—1368年），史籍就获得如此巨大的发展，标志了史学文化的昌盛。其三，史学受到社会的重视。从唐朝开始，政府设馆修史，唐太宗李世民亲自挂衔领修《晋书》，其他官修史书还有《梁书》、《陈书》、《北齐书》、《周书》、《南史》、《北史》以及《隋书》，被列为正史的二十四史中，有1/3撰成于唐代。官修史书的制度创立之后，一直延续到清代，每个朝代建国之初，都要开设国史馆撰修前朝史书。官修正史，一方面是统治者加强了对史学的控制；另一方面也表现了史学地位的提高。

4. 明清史籍

明清两个王朝，是中国封建社会的晚期，封建专制主义空前加强，不仅思想受到钳制，而且残酷的文字狱屡兴，使文化事业备受摧残。中国封建社会文化专制主义有一大特点，每当强化政治专制之时，在思想文化界，史学首先受到冲击。秦始皇焚书，“诸侯史记尤甚”。北魏崔浩修《魏书》，带来中国历史上第一次大规模的文字狱。清代庄廷鑨案、戴名世案，就是因私修明史而触犯清室。这种高压的文化专制政策，使得明清两代史学走向衰落。主要标志有二；一是很少有人写当代史，明代野史仅有《国榷》、《明季北略》、《明季南略》、《南疆逸史》等数种。二是史籍质量下降，很少有史学上的创新。《清史稿·艺文志》著录的49种正史，除官修《明史》一书外，其余48种多为对前二十一史的考证、补注、校释。明代所修《元史》，在正史中质量最差。清修《续三通》、《清四通》，均无法与《三通》相比。清修编年体《续资治通鉴》、《明通鉴》等书，只能算中品，唯《明史》较优，亦非上品。清代以黄宗羲和他的弟子万斯同、再传弟子全祖望为中心的“浙东史学派”在史学上有较大影响。黄宗羲编纂的《明儒学案》、《宋元学案》是我国第一部学术史专著，开拓了史学研究的新领域。章学诚是“浙东史学派”殿军，所著《文史通义》对封建史学做了总结性的评论，批判了儒家经典，提出了新的史学观点，是封建史学评论带头集大成性质的专著。《十七史商榷》、《廿二史劄记》、《二十二史考异》等史考，可称上乘，但与前代鸿篇巨制相较，不可同日而语。

明清专制造成思想界和史学界的沉闷，有志之士被驱赶到文献学领域，使这一领域的各门学科步入了高峰。清代史籍约2400余种，其地理、方志、补辑、考据、金石等书占有过半数。这种状况，说明了考据学支配着史学领域。明清时代，印刷术、造纸术更为发达，因此史籍数量大增。《明史·艺文志》著录史籍4653种，105973卷；《清史稿·艺文志》著录史籍2466种，169884卷。两代只有537年，而史籍总和达7119种，275857卷，超过以往任何一个时代。

5. 史部目录的内容

四分法史部的确立，即是史部目录的产生，它是史籍发展的产物。史部目录的职能，它是通过概括史籍源流和学术分类来揭示、宣传、推荐史籍，指导人们研究史学或阅读史籍，是史学工作者必备的工具书之一。

中国古代史籍的分类，依据史籍数量的增加、新史体的出现，伴随图书分类方法的演进而产生。先秦两汉史学处于童年和确立时期，史籍寥寥，在《七略》和《汉志》中都附属于“六艺略”的春秋类，是一个三级类目。《史记》产生奠定了史学的独立地位。两汉以后，史学蓬勃发展，史籍大增，新史体不断产生，史籍蔚为大国，地位不断提高，故在四分法形成过程中，史籍终于确立了独立地位，并部居第二。《四库全书》收录史籍2134种38204卷，编列为15类：正史、编年、纪事本末、别史、杂史、诏令奏议、传记、史钞、载记、时令、地理、职官、政书、目录、史评。

三、子部典籍文献

春秋战国时代，由于社会政治、经济和文化发生急剧变化，从而在学术思想领域形成百家争鸣的局面。许多思想家四方游说，著书立说，逐渐形成了不同的学术思想流派。后世将这些思想流派的代表人物称为“子”，其书称为“子书”，如《墨子》、《庄子》、《韩非子》、《公孙龙子》等。这就是子部书的起源，古典目录泛称诸子。

诸子书今谓之哲学类著作。但中国古典目录四部分类的子部典籍，远远超出诸子哲学论著，十分庞杂，宗教、科技、类书、杂著皆列于子部。大抵凡经、史、集无法容纳的书皆入子部，以致子书日益庞杂，成了综合类图书的总汇。《四库全书总目》分为14类：儒家、兵家、法家、农家、医家、天文历法、术数、艺术、谱录、杂家、类书、小说、释家、道家。《四库全书总目》著录的子部，大体反映了清中叶以前我国子书的全貌。

从文献的类别和历史价值来看，子部书首先要划分为社会科学与自然科学两大类。但就科技典籍来看，为数不多，分类杂乱，这正反映了中国封建社会统治者不重视科技，不仅使我国古代一些有价值的科技书失传，而且压抑了科技的发展。秦始皇焚书，医农卜筮等书不在焚书之列，但今天并没有传下先秦的科技书。秦始皇不焚科技书，并不等于他重视科技，而是他认为科技文献，对于他的统治没有什么威胁，对他来说，无关紧要。

明清以来产生的学术史著作，如《宋元学案》、《明儒学案》、《清学案小识》、《汉学师承记》、《宋学渊源记》等，按四部分类体制的思想内容无疑应入子部。这些书大都在《四库全书》之后写成，多未收入。《明儒学案》在《四库全书》中收入史部传记类，因学案均以人物为中心记叙，入传记也相宜，单独立类称为学案体也是可以的。此外，子部杂家和小说家类中的笔记，多为记事实录，无疑也应析出入于史部。《四库全书·子部》总收典籍2941部，包括类书、释、道及存目。哲学、社会科学、自然科学、应用科学、艺术、宗教等包罗其中，内容宏富，是各项专门史的资料渊薮。

四、集部典籍文献

《隋书·经籍志》集部分三类：楚辞、别集、总集；《四库全书总目》又增诗文评、词曲二类，共为五类。诗文评、词曲二类作品，在集部中数量不大。故此，集部典籍，只对楚辞、别集、总集三类叙其梗概。

1. 楚辞

楚辞实质是一部战国后期以屈原作品为主的楚国文学总集，包括屈原、宋玉、唐勒、景差等人的作品，以屈原作品最著名。他的《离骚》是千古传颂的名篇。该诗深刻地反映了七雄纷争的局面，记叙了楚国统治阶级内部尖锐激烈的斗争，表达了诗人忧国忧民的情怀。《天问》是屈原所写的一首哲理诗，记录了战国时代流行于楚国的许多神话传说，对宇宙结构提出了疑问和探索，保存了不少古代材料。屈原的其他诗歌描写了战国末楚地流行的风俗习尚。《楚辞》最早的注本是东汉王逸的《楚辞章句》17 卷。后世较好的注本是宋洪兴祖的《楚辞补注》17 卷和朱熹的《楚辞集注》8 卷。

2. 别集

别集是指一人的诗文集，起于汉魏。历代政治家、思想家、文学家都有自己的文集。这类文集举不胜举，时代愈后愈多，明清时代有四五千种。两汉别集，传世者不多。今存最早的别集是扬雄的《扬子云集》、蔡邕的《蔡中郎集》、孔融的《孔北海集》，皆系宋明人的辑本。魏晋间的别集则存《曹子建集》、《稽中散集》、《陶渊明集》、《鲍参军集》、《谢宣城集》等数种，亦后人辑录。近世以来，又有一些新的辑本，如《曹操集》、《诸葛亮集》、《阮步兵集》等。隋唐以降，文集大量出现，历代名家，大都有文集行世。唐宋时代有家喻户晓的唐宋八大家文集，唐二家：韩愈《韩昌黎全集》，柳宗元《柳河东集》；宋六家：欧阳修《欧阳文忠公集》，王安石《临川先生文集》，苏洵《嘉祐集》，苏轼《东坡全集》，苏辙《栾城集》，曾巩《曾巩集》。明清时代，顾炎武有《亭林诗文集》，黄宗羲有《黄黎川文集》，李颙有《二曲集》，王夫之有《船山遗书》，阮元有《揅经室集》，朱彝尊有《曝书亭集》，王士祯有《精华录》，俞樾有《春在堂全集》，钱大昕有《潜研堂文集》，全祖望有《鲒埼亭集》，近人章炳麟有《章氏丛书》，梁启超有《饮冰室合集》，王国维有《观堂集林》等等。上列明清时代及近人的文集主要是学术论集。

3. 总集

总集是汇录多人的诗文作品。现存总集以梁萧统的《文选》

为最早。萧统为昭明太子时在东宫时召集文人共同编定，所以又称《昭明文选》。入选诗文700余篇，共30卷，分为38类。该书是一部选集前人文学著作的总集选本，自先秦至齐梁，略古详今，多收南朝作品。所收诗文，由于文学性强，分类得体，阅读方便，成为历代文人学士必读书，甚而有"《文选》烂，秀才半"的谚语。《文选》畅行，注家蜂起，唐李善集其大成为《文选注》，析为60卷。唐时又有吕延济、刘良、张铣、吕向、李周翰等五臣注流行。后有人将五臣注与李善注合刻为六臣注，保存了丰富的文献资料。通行本有清胡克家刻本。

上古诗文总集有两个著名的辑本。《全上古三代秦汉三国六朝文》746卷，清严可均辑，收文起自上古，下至隋朝，分代编为15集，作者3497人，均附有小传。辑文注明出处。《全汉三国晋南北朝诗》54卷，近人丁福保辑，收西汉至隋800多年流传的诗歌，共11集，作者730余人，均附小传。

总集一代诗文有《全唐文》、《全唐诗》。《全唐文》1000卷，清董浩、曹振镛等编，收唐和五代文18488篇，作家3400余人，附有作者小传。《全唐诗》900卷，清彭定求等编，收唐和五代诗48900多首，作者2200余人。

4. 集部文献的史料价值

集部中的别集，以人相从，著述力求搜罗无遗，因此对研究某一历史人物，它是第一手的直接资料。这是别集的价值之一。别集文体庞杂，一般包括诗、文、尺牍、奏议等，其中文章内容有记赞、序跋、记叙、碑志、墓表、人物传记、记事、杂著等，包含着丰富的史料，历来为研究者所重视。对有些断代史与专题的研究来说，文集资料具有举足轻重的作用。如元人文集，在元代汉文典籍缺略的情况下，更弥足珍贵。陈垣的名著《元西域人华化考》，主要便是利用元人文集的材料写成的。这是别集的价值之二。有些别集的作者是渊博的学者，其文集中不乏纵论经史、考订文献的名作，可为历史研究取证。这是别集的价值之三。当然旧时文人所作有不少逢迎权贵、故弄风雅的作品，没有多少价值，要在使用者别择而已。

别集中的诗赋词曲也不乏反映社会现实的作品，从而具有史料价值。唐杜诗中的《三吏》、《三别》就是大家所熟知的名篇。又如元人耶律楚材的《湛然居士集》14卷，以诗为主。耶律楚材曾随成吉思汗西征，旅居西域几十年，他的西域诗也是我们研究中亚民族历史的重要史料。《湛然集》中提到窝阔台医官郑景贤的诗，几近全集1/10，可补《元史》之缺。再如清吴伟业的《梅村家藏稿》58卷，不少诗词，皆叙时事，足备掌故，其《圆圆曲》涉及明末清初的一些重大事件，尤为史家推重。总之，文学作品是现实的反映，前人以诗证史，以诗考史，创获颇多。这一史料宝藏，还有待于认真发掘。

历代总集保存了大量的珍贵历史资料，可用以补史、证史之助。例如，元代政书《经世大典》至明中叶亡佚，而《元文类》总集收有《经世大典序录》，就是一篇完整的内容提要，由此可以窥见《经世大典》的结构。还有许多总集可为辑佚的渊数。如宋代的《文苑英华》，保留了不少唐人完整的文集，李商隐的《樊南集》就是从中辑出的。还有的总集，可供临文备查，作工具书之用。如《全上古三代秦汉三国六朝文》、《汉魏六朝百三家集》、《全唐文》、《全唐诗》等，皆可备查。至于大批辑录地方文献的总集，为稽考和翻检地方文献提供了不少便利。

中国集部文献，卷帙浩博，内容丰富。历代文集，散失的很多，而存世的数量仍然惊人。唐以前大都散失，所存无几，唐以来历代文集存世的大约不下8000余种，《四库全书总目》收书3401种，这是中华民族一笔珍贵的文化遗产，蕴藏着极其丰富的社会历史文献资料。史学工作者应该重视并充分发掘利用这一史料宝库，以推进历史学的研究。

五、四部古籍的现成概况

我国浩如烟海的古籍文献，在历史上经过了积聚整理与散佚淘汰的过程，逐渐丰富起来的。古籍积聚分政府藏书和私人藏书两大类，散佚除自然淘汰以外，还有天灾人祸多种原因。我国古籍的聚与散，并非是简单的数量增减，还包含着复杂的收藏、整理与研究的过程，限于篇幅，兹从略。

中国现存古籍有多少？绝对数字极难统计。据专家估计，有的认为有七八万种，有的认为有150000种。七八万种的根据是：第一，《中国丛书综录》的子目著录有70000多条，去其重复，折半还有30000多种。第二，近人孙殿起《贩书偶记》收录《四库全书》以后单刻本图书10000种左右。《贩书偶记续篇》收书6000余种。加上《四库全书》收书10000余种以及《四库全书》未收的单刻本书亦有10000余种。[①] 估计为150000种左右的根据是：第一，收入《中国丛书综录》的子目是38800种。第二，未收入《中国丛书综录》的清以前的单刻本估计有10000多种。第三，未收入《中国丛书综录》的佛经汇刻及新式丛书，以及待补入的丛书其子目约有10000种。第四，孙殿起《贩书偶记》著录10000多种，其后在1959年新版序中又增补10000余种，合计20000余种。第五，《贩书偶记》未收入清人著作约1000余种。第六，《中国地方志总录》收入方志8500余种。第七现存古医书约有8000余种。第八，现存小说、唱本、地方戏曲、宝卷弹词、家谱等合计10000余种。第九，碑帖舆图约有10000余种。第十，少数民族语言图书及其他约10000种。此外，还有流落到国外的古籍文献。[②] 两者取其中，约有十一二万种，有价值的约七八万种。这些典籍是一笔巨大的历史文化遗产。它已经、正在和将在中国精神文明的建设中发挥巨大的作用。但历代积聚起来留传到20世纪的四部典籍，绝大多数是已不再复制的雕版文献，而这些雕版文献典籍，已成了只供收藏的珍贵文物。为了发挥四部典籍的作用，必须进行载体转换，复制成20世纪通行的印刷典籍文献，这就是现当代的古籍整理，本书专在第八章中详述。

① 方厚枢：《从目录学入手》，《光明日报》1963年3月6日。

② 杨殿珣：《谈谈古籍与古籍分类》，《北图通讯》1979年第1期。

第二节 类书、丛书

将一种或多种文献资料按一定的需要分门别类地结集编纂，以利检索和阅读，可总称为文献汇编。史部的诏令奏议与史钞，子部的类书，集部的别集、总集，以及经、史、子、集四部的汇刻丛书，都是传统的文献汇编。本节概述类书、丛书两目。

一、类书

中国类书是一种百科全书式的文献资料汇编工具书，它将群书解析，然后按天文、地理、人事、典制、生物、医药、衣食、住行、工艺、珍宝、宗教、方术、鬼神、灾异等，分门别类汇编，所以称为类书。类书不是学术著作，但保存了古代的部分文化遗产，由于分类详备，方便阅读，既具词典功能，又便普及，在文化发展史上有不可磨灭的功绩。在今天，类书仍有很大的用途，具体说有三个主要方面。第一，校勘古籍。第二，辑佚历史资料。学术界许多辑佚书就从类书中辑出。清修《四库全书》，就从《永乐大典》中辑出失传的古籍 385 种，4926 卷。第三，查典故。

1. 类书的产生和发展

随着科学文化的日益发展，文献典籍与日俱增，浩瀚的典籍需要分门别类加以整理，以便阅读和使用，这就是类书产生的原因。我国第一部类书是三国时期的《皇览》。《皇览》编辑的目的，就是在一编之中，包容百科知识，便于皇室子弟观览，因取名“皇览”。自《皇览》开类书之端，历代相沿，蓬勃发展。南北朝时开始兴起。唐代是类书的重要发展时期，表现有三：其一，数量多，有官修，有私撰。其二，价值高。《北堂书钞》引书 800 多种，皆三代、汉、魏至南朝之旧本，其书今已亡佚十之八九，为最珍贵之史料。《艺文类聚》引书 1400 多种，其书现存者不足1/10，历来为史家所重视。其三，影响大，为宋修《事文类聚》、清修《渊鉴类函》所仿效，对明修《永乐大典》，清修《古今图书集成》亦有借鉴。

宋代是类书的成熟时期，不仅数量和种类超过了唐代，而且卷帙浩繁，内容广博。宋代有四大类书，即《太平广记》、《太平御览》、《册府元龟》、《文苑英华》。除《太平广记》500卷外，其余三书均1000卷。《文苑英华》是类编的文章总集，不是严格意义的类书，《四库全书》收入集部是正确的。宋代的私撰类书，以王应麟《玉海》200卷最为著名，此书为应试科举而作。王氏还另撰《小学绀珠》10卷，供初学记诵知识之用。此外，章如愚《山堂考索》、祝穆《事文类原》、林駉《源流至论》、高承《事物纪源》等，亦颇可观。

明清两代是类书鼎盛时期，类书种类多，数量大，出现了万卷以上，规模宏大，贯通古今的巨著，即明修《永乐大典》和清修《古今图书集成》。这两部大书标志着中国古代类书已达巅峰。

类书是典型的中国传统文化百科全书，现在仍有编纂的生命力。当前，我们国家政治稳定，经济繁荣，文化发展，政府拨出巨资组织全国力量修撰《中华大典》，计划总字数达6亿字，可以说是类书修撰史上的盛况空前。这一工程启动于20世纪90年代初，已历十余年，至今还在进行中。

2. 历代重要类书书目列表如下（附通行本）：

书　名	卷　数	作　者	版　本
编　珠	4	隋杜公瞻	清光绪间排印本
北堂书钞	173	唐虞世南	《四库全书》本
艺文类聚	100	唐欧阳询	中华书局1963年排印本
初学记	30	唐徐　坚	中华书局1962年排印本
白氏六帖	30	唐白居易	1933年张芹伯影印本
稽　瑞	1	唐刘　赓	后知不足斋丛书本
兔园策府	30	唐杜嗣先	现存敦煌石室残卷
太平御览	1000	宋李　昉	中华书局1960年影印本
册府元龟	1000	宋王钦若	中华书局1960年影印本
锦绣万花谷	120	宋佚　名	明刊本
玉　海	200	宋王应麟	清康熙间刊本

续表

书　名	卷　数	作　者	版　本
小学绀珠	10	宋王应麟	清乾隆间刊本
山堂考索	212	宋章如愚	明正德间慎独斋刻本
永乐大典	22877	明解缙等	中华书局 1986 年影印 797 卷
天中记	60	明陈耀文	《四库全书》本
渊鉴类函	450	清张　英	中国书店 1985 年影印本
骈字类编	240	清吴士玉等	中国书店 1984 年影印本
佩文韵府	212	清张玉书等	中华书局 1960 年影印本
古今图书集成	10000	清陈梦雷	中华书局 1934 年排印本
格致镜源	100	清陈元龙	《四库全书》本

二、丛书

丛书就是汇刻书，把数种、数十种，乃至数百、数千种书编在一起，题以总名，即为丛书。

1. 丛书的产生和发展

丛书之名，始于唐代陆龟蒙的个人文集《笠泽丛书》，作者自谦，取义为“丛脞细碎之书”，故名“丛书”。我国第一部真正的丛书，是南齐陆澄的《地理书》。《隋志》注云：“陆澄合《山海经》以来 160 家，以为此书。”这是地理类的专科丛书。南宋宁宗嘉泰元年（公元 1201 年）俞鼎孙编《儒学警悟》，收书 7 种，40 卷，首创综合性丛书的体例。咸淳九年（公元 1273 年）左圭编《百川学海》，收书 100 种，177 卷，编者的宗旨是“由众说之流派，溯学海之渊源”，故名。此书奠定了综合性丛书的规模，对后世影响很大。然而上述二书均无丛书之名。名实兼备，始于明代程荣的《汉魏丛书》，收汉魏六朝诸家著作 38 种。

明清两代丛书很多，不乏上乘之作。如元末明初学者陶宗仪《说郛》，“捃摭繁富，巨细兼包”①，收汉魏至宋元笔记小说 600 余种，100 卷。清代私人汇编丛书之风盛行，名家辈出，各具特色。概括说，特色有三：（1）以名家精校著称，如毕沅《经训丛

① 余嘉锡：《四库全书总目提要辨正》卷一五。

书》，收书 23 种，162 卷，其校刊出自孙星衍之手。孙星衍《平津馆丛书》，收书 43 种，254 卷。孙氏乃一代学者，又请校雠名家顾广圻校订，故其书极为珍贵。（2）以善本著称，如黄丕烈《士礼居丛书》，收书 19 种，194 卷，以宋元旧椠为主，多为著名史学家钱大昕及顾广圻校订。卢见曾《雅雨堂丛书》，收书 11 种，128 卷，均为秘本，校订出自著名经学家惠栋之手。（3）以卷帙浩繁、收罗广泛著称，如鲍廷博《知不足斋丛书》，收书 220 种，30 集。伍崇曜《粤雅堂丛书》，收书 185 种，30 集。张海鹏所刻三种丛书《学津讨源》，收书 173 种，30 集；《借月山房丛书》，收书 135 种，283 卷；《墨海金壶》，收书 115 种，237 卷。不胜枚举。清代学者编刻丛书而以校勘名家者有 30 人之多。其中钱大昕、戴震、王念孙、孙星衍、顾广圻等成绩最大。他们选择善本，精心校勘，精工刻印，留下了大量的精校精刻善本书。值得大书一笔的是清官修丛书《四库全书》，可以说是一部集文献大成的丛书，共收图书 3461 种，79309 卷；存目书 6793 种，93551 卷，基本包括了除戏曲、小说、佛经、道经以外，乾隆以前中国古代的重要著作，也是我国历史上最大的一部丛书。中国清代以前的传统文化精品均汇于是编中。

2. 丛书的分类与功用

丛书按其收书内容，可分为综合性与专科类两个大类。按传统四部分类只收一个部类的丛书，称专科类丛书，如《十三经注疏》、《皇清经解》，就是经部丛书。《古今逸史》，为史部丛书。收书在两个部类以上，称综合性丛书。由于全书保存古籍，以供人们阅览和检索，功用可补类书摘抄文献之不足，更具实用。当然，二者相辅相成。具体说，丛书功用也有三个方面。其一，传播文化，其二，保存文献，其三，便利学者。例如，二十四史就是一套总括中华民族发展五千年文化的纪传体全史，对文史哲各科学者翻阅提供了极大的方便，又有利于保存和传播。又如一套《十三经注疏》，儒家原始经典汇于一编，便于保存、传播与阅读，显而易见。中国古代典籍文献，很大部分都是以汇刻的丛书形式保存下来的。

第三节 方志文献

方志是以行政区划为单位，记载该地区各方面情况的综合性著作，以地理沿革、道里、山川、州郡县人口户籍、贡赋物产、风俗民情、方言、古迹、人物为内容，可以看作是一个地区的百科全书。根据方志记载内容范围不同，以及编撰体例上的差别，其类别多种多样，主要的有：统志，是全国性区域志，记述全国疆域区分，规模宏伟，体例完整；通志，又称省志，是记述省区的志书；府志，又称郡志，范围比通志小；厅志，多见于清朝，主要是一些特殊地区的志；州志，历代所设州级别不同，隶属不同，管辖范围大小也不同，故虽名同，但需注意当时行政区的级别；县志，则是中国古代行政区最基层的单位，记载较为详明；还有镇志、卫所志、乡镇志，大都属于历代纂修的专志。近年来又出现了以行业为单位的专业志。

1. 方志的起源及历代方志

方志起源甚早，有人据《周礼·春官》“外史掌书外令，掌四方之志”谓周时就有方志，也有人认为《孟子》所谓“晋之《乘》，楚之《梼杌》，鲁之《春秋》其实一也”，是最古的方志。这其中可以肯定地说，《乘》、《梼杌》、《春秋》不是方志，而是国史，至于“四方之志”仍可视为国史。汉晋时人以《尚书·禹贡》为方志之祖，但其内容简单，尚不具备全国性总志的规模，但因方志与地理书二者本同一源，关系极为密切，故《禹贡》对于后世方志及史志都有深远的影响。

秦汉以后，随着中央集权的统一政治局面出现，方志的修撰有了明显的发展，《汉书·地理志》开创了全国性区域志的体例规模。秦汉方志留存至今的大约只有东汉袁康、吴平所撰的《越绝书》，此书专记今江浙部分地区的经济、习俗、地理沿革等内容。魏晋南北朝时期，产生了大量体例不同、内容不同的志书，根据《隋书·经籍志》所著录的书籍而论，以三国时吴人顾启期所撰《娄地记》为最早，此后有《洛阳记》、《吴郡记》、《华阳国志》、《畿服经》等数十种。此时的方志多以“记”、“志”名之。另有山水志、风俗志、人物志、寺观志、物产志等，如《游名山志》、《北荒风俗记》、《交州先贤传》、《洛阳伽蓝记》、《凉州异物志》。还有记述土地、户口、冢墓、宫观、建筑之类的专门性志书。由此可见，魏晋南北朝时期的方志以数量剧增，类别多样为发展的主要特点，为后世地方志的编修从体例上、资料上提供了条件。魏晋南北朝时期的方志留传至今的只有《华阳国志》，该书12卷，前4卷记录了古代巴蜀地区（益、梁、宁三州）的地理变迁，中5卷以编年形式记述了三国至两晋统一巴蜀的历史，后3卷记巴蜀人物，熔历史、地理、人文于一炉，确实标志着当时方志发展的水平，为隋唐时期全国性区域志的编修奠定了基础。

隋统一后，为了加强封建统治，隋开始了全国性区域志的编纂。据《隋书·经籍志》载，隋炀帝时“普诏天下诸郡，条其风俗、物产、地图，上于尚书。故隋代有《诸郡物产土俗记》131卷，《区宇图志》129卷，《诸州图经记》100卷，其余记注甚众。”这是我国官修全国性区域志的开始。至唐朝，贞观中，魏王李泰组织编写了《括地志》550卷，贾耽又撰写了《贞元十道录》，唐宰相李吉甫纂修了《元和郡县图志》40卷，以上三种目前留存下来的也只有《元和郡县图志》，该书40卷，以唐宪宗元和年间诸道所属47镇为篇，记述了诸镇所属州县的历史、地理沿革、户籍财赋、名胜山川等内容，原书每篇之首均有地图，共47幅，因而称之为“图志”，但至北宋时，地图已亡佚，书志部分也有缺失，一般就以《元和郡县志》称之，清人曾对书志缺失部分作过补辑功夫，此书是流传至今最早而又较完整的地方总志。

宋代方志的编纂特别发达，表现在除了继承隋唐方志的体例、内容外，又有新的发展，在数量和质量上有了新的提高。《宋史·艺文志》著录了宋代方志百余种，就全国性总志而言，有北宋乐史的《太平寰宇记》、王存的《元丰九域记》、欧阳忞的《舆地广记》，南宋有王象之的《舆地记胜》、祝穆的《方舆胜览》。其中《太平寰宇记》200 卷，承袭了《元和郡县志》的体例，新增了人物、风俗、艺文等内容，使方志超越了地理的范围，而扩大到人文历史方面，方志的体例愈加趋于完备。地理与人文的结合，是宋代方志发展的特点，其后州县志书大都承袭了它的体例。宋代方志留存至今的大约 30 余种，不仅有全国性总地志，而且有州府县军监甚至集镇的地方志，如范成大的《吴郡志》以及乾道、淳祐、咸淳三朝所撰《临安志》都是其中比较著名的。

元明清三代是我国方志发展的繁荣时期。元朝产生了以宏博见称的全国性区域志，即《大元一统志》1000 余卷，可惜此书已缺佚，仅有辑本。此后，明清两代继承发扬，先后修了《大明一统志》、《大清一统志》，尤其是《大清一统志》先后三次修订，最后一次是在嘉庆年间，故称《嘉庆重修一统志》。清乾嘉时期可以说是方志编修的鼎盛时期，在修志理论上有章学诚对千百年来编修地方志的经验进行了总结，创立了方志编纂学的理论体系。在编纂机构上，从中央到地方都设立了修志局，各行省、府县都在修志。据《四库全书》著录，完成的省志就有 16 种，府志及县志就不计其数了。参与修志人员大多水平较高，不少著名学者参与修志，从体例的完善到史料的鉴别都达到了较高的水平，保存了不少有价值的史料。同时，还有一些学者致力于古地志的辑佚，从丛书和类书中辑出了不少已失传的方志。

2. 当代方志的修纂

20 世纪 80 年代起，国家随着改革开放的步伐，大规模修志的工作提上议事日程。从中央到地方省市县各级政府设立了地方志办公室，拨下专款，组织专人修纂各地区省市县的方志。到世纪之末全国范围大体完成。新中国成立以来 1949—1999 年，总计修志近 4000 种。现在方志办编制为常设机构，推动地方文化的工作。平时收集资料，每 20 年进行一次续修。方志将成为记录历史，保存文化的重要阵地，在社会主义精神文明的建设中发挥着积极的作用。

总之，自宋元以来，我国地方志的编纂不但内容扩大，而且体例日臻完善。随着雕版印刷术的发明，方志的流传也较以前更为便捷。至目前，据《中国地方志综录》及《中国地方志联合目录》所录全国190个主要图书馆所藏的古代方志，约有8000余种，11万卷。2001年，胡述兆、金恩铭联合主编的《中国地方志总目提要》包括了今志，共收古今地方志11979种。方志数量巨大，内容丰富，可为我们提供正史以外涉及广泛内容的可靠研究资料，同时也为研究区域性问题提供了历史性依据，是我们学习研究中国古代历史必不可少的珍贵资料。

第四节　佛藏、道藏

宗教典籍佛藏、道藏是中国历史文献中的两个大部类，不仅典籍众多，而且内容丰富，是中国传统文化的重要组成部分。

一、佛　藏

“佛藏”即通称的“大藏经”，是佛教一切经典的总汇；说得再仔细一些，是佛教传入中国后，翻译的佛经和中国高僧著述的集成。

中国佛教分“汉地佛教”和“藏传佛教”（俗称“喇嘛教”）两大系统。前者产生了汉文大藏经，后者产生了藏文、蒙文等少数民族文字的大藏经。

1. 汉文大藏经

汉文大藏经佛教原典分“经”、“律”、“论”三种形式，合称三藏，又称“众经”、“一切经”、“藏经”。最早来中国翻译汉文佛经的是安息人安世高，时间是东汉末年，所译佛典35部41卷。历经南北朝至隋唐，逐渐由个人的小型翻译向有组织的大规模译场过渡，唐代建立了国家译场。译经在雕版印刷术发明之前，主要以写本流传。北齐高氏王朝时，出现了石刻佛经。始刻于隋大业年间而完成于明的石刻大藏经《房山云居寺石经》则是石刻佛经的瑰宝。新中国成立后，中国佛教协会对 9 个洞窟的石刻经版进行了调查、发掘和整理，经版在 8000 块以上，拓印石经 14274 条，计经 1000 余部，近 3500 卷。

现存雕版印刷佛经的最古刻本是出自敦煌莫高窟唐咸通九年（公元 868 年）王玠所刻《金刚经》残叶。

自公元 10 世纪的北宋王朝，中经辽、金、元、明直至清代，政府都曾进行木刻版大藏经的编辑和雕印，同时，民间也募资雕印私版大藏经。根据文献记载和实物资料，官私各版木刻汉文大藏经总计有 17 种，其中，（1）宋代 6 种：《开宝藏》、《崇宁藏》、《毗卢藏》、《圆觉藏》、《资福藏》、《碛砂藏》；（2）辽代 1 种：《契丹藏》；（3）金代 1 种：《赵城金藏》；（4）元代 2 种：《普宁藏》、《元官版藏经》；（5）明代 6 种：《洪武南藏》、《永乐南藏》、《永乐北藏》、《武林藏》、《嘉兴藏》、《万历藏》；（6）清代一种：《龙藏》（又称《清藏》）。此外，民国以来，又出版过二种铅印本藏经：《频伽藏》、《普惠藏》。

汉地佛教流传朝鲜、日本后，产生了《高丽藏》、《私教藏》、《卍续藏》、《大正藏》等版本的佛藏。而以日本编印的《大正编》在国际上较为流行。

近年来，在国务院古籍整理出版规划小组领导下，我国成立了《中华大藏经》编辑局，编辑出版《中华大藏经》。这部新编《中华大藏经》分正续两编，所收经籍达 4200 余种，23000 余卷，集历代汉文佛教典籍的大成，它将成为中国文化史上一块巍峨的丰碑。汉文《大藏经》的编排，是按大、小乘分列，然后依印度传统分类法分经、律、论三部，故称“三藏”，“藏”是梵文的意译，意为容纳收藏。“经”部收录佛祖释迦牟尼的讲话；“律”部记载僧众宗教生活的规章、戒律；“论”部是大德高僧的著述，用以诠释经文，发挥义理。中土高僧著述，主要是经文的注疏和阐发经义的论著，此外还有佛教史、高僧传。

2. 藏文大藏经

藏文佛经的翻译，始于佛教初传西藏的吐蕃王朝时期。公元 10 世纪，西藏佛教进入“后弘期”，形成藏传佛教，宁玛、噶当、萨迦、噶举等教派先后出现，竞相发展。它们各立学说，各呈所长，注释佛经，阐发义理；同时，历史、语言、文学、天文、历算、医药等方面的著述也越来越多，卷帙浩繁，丰富多姿。公元13世纪，中原印刷术传入西藏，促进了藏文文献的著述与流传，藏文文献迅速扩大。藏文《大藏经》的整理、结集和目录编制也提到议事日程上来了。

藏文《大藏经》的结集晚于汉文《大藏经》，大约在14世纪中叶。其基本内容虽然是经、律、论三部，但在编纂形式上，却有其独特之处。藏文《大藏经》分为《甘珠尔》和《丹珠尔》两大部。《甘珠尔》意为佛语部，即佛陀讲说的经典，包括显密经律；《丹珠尔》意为论部，是佛教徒对佛经的注疏论著，包括纪律的解说注疏、密宗仪规和五明杂著等。《甘珠尔》包括“三藏”中的经部和一部分律，《丹珠尔》则包括论部和一部分律。这是藏文《大藏经》系统和汉文《大藏经》系统在编次上的一大区别。其次，内容上亦有一些出入，收录的典籍不尽相同。元世祖忽必烈时期，汉、藏文《大藏经》曾进行过一次相互校勘，互相作了一些补充和修订。如汉文《大藏经》也译录了藏文《大藏经》中相当多的典籍，补入的有740余部。历元、明、清三代至民国时期，藏文大藏经有多种抄写和编印的不同版本，《甘珠尔》有17种以上，《丹珠尔》也不下10种。比较著名的纳塘版、北京版、德格版、拉萨版、卓尼版、理塘版等。收录典籍较全的德格版，《甘珠尔》1114部，《丹珠尔》3559部，共收4673部。现以德格版的类目为例，来了解藏文《大藏经》的编次和内容：《甘珠尔》：（1）律部；（2）般若；（3）华严；（4）宝积；（5）经部；（6）续部；（7）总目录。《丹珠尔》：（1）赞颂；（2）续部；（3）般若；（4）中观；（5）经疏；（6）唯识；（7）俱舍；（8）律部；（9）本生；（10）书翰；（11）因明（逻辑学）；（12）声明（语言文字）；（13）医方明（医药学）；（14）工巧明（星算、工艺学）；（15）修身部；（16）杂部；（17）阿底峡小部集；（18）总目录。

《甘珠尔》、《丹珠尔》的编纂，是藏族对中华民族悠久文化的巨大贡献。元、明、清三代，随着藏传佛教在蒙古地区和内地的传播，先后雕版了藏文《大藏经》译本的蒙古文《大藏经》和满文《大藏经》。蒙古文《大藏经》是在元代由西藏萨迦派大师法光主持翻译的，后在西藏雕版印行，明代又有所补译。满文《大藏经》是清代雍乾年间翻译刻印的。这几种佛藏同元大德年间刻印的西夏文大藏经都流传稀少，十分名贵。

3. 大藏经典籍的价值

包括汉文《大藏经》和藏文《大藏经》系统的中国佛藏，卷帙浩博，内容十分丰富。它是有关佛教以及东方文化的一部大丛书。在大藏经里面，保存着今印度已经失传的许多佛教典籍，也包括了中国学者对佛教原理所作的创造性的阐释，还有哲学、历史、文学、语言、科技等方面的丰富资料。因此，现存大藏经不但是研究佛学的重要典籍，也是研究古代东方文化的重要资料。

二、道　藏

“道藏”是道教经书的总汇，道教文献的大集成，同时也是祖国传统文化的一大宝库。

1. 古代道家典籍

道教形成于东汉顺帝时，是我国土生土长的一种宗教。由于道教崇奉先秦道家代表老子李耳为教主，以《道德经》为主要经典，所以托根于东周春秋时代道家。其实，老子本人并不宣传宗教，他的作为教祖是后人加上去的。道家又称说黄帝，把自己的学说、观点追溯到传说中的黄帝时代，秦汉间形成“黄老学派”，因之，道教亦尊崇黄帝。

2. 历代道藏

最早的道书是东汉时的《太平经》。随着道教的发展，道书日渐增多，至南北朝时梁代形成了道书分类编纂的基本纲领，为三洞四辅十二部。即分道家众经为洞真、洞玄、洞神三类。“洞”即通，意为三洞各有其统而玄义相通。“辅”即辅佐之意，即对洞的经义进行论述和补充。四辅为：太玄辅洞真，太平辅洞玄，太清辅洞神，另有正一通贯补充以上三洞三辅，合为“四辅”。

三洞四辅合称七部。十二部是《道经义枢》将每洞各分为十二部，即本文、神符、玉诀、灵图、谱录、戒律、威仪、方法、众术、记传、赞颂、章表。

道书正式编“藏”，始于唐玄宗李隆基。由唐迄明，编纂而通行全国的“道藏”计有：《开元道藏》、《大宋天宫宝藏》、《大金玄都宝藏》、《元玄都宝藏》、《正统道藏》、《万历续道藏》等。唐、宋、金、元历朝道藏，均已毁于兵火和佛道之争中，只有小量残卷存世。清代道教衰落，未有“道藏”编刊。今存完整道藏，只有明代的《正统道藏》和《万历续道藏》。前者成书于正统十年（公元 1445 年），收书 1400 余种，5000 余卷。后者成书于万历末年，补续道书及正统以后的道教文献，得书 50 余种，230 卷，亦以《千字文》为函目，凡 32 函。明藏刊刻完竣，颁令在全国名山宫观收藏。

1923—1926 年，涵芬楼据北京白云观所藏明正、续《道藏》影印 350 部，每部 1120 册。白云观藏本缺页 98，未曾觅补。台湾中华道教协会发起用涵芬楼本重印《道藏》，每部 60 册、附目录册，缺页未补，但增辑了明清以来的散佚道书 15 种插入。

1987 年，北京文物出版社、上海书店、天津古籍出版社三家出版社为满足学术界、宗教界研究工作的需要，协作重印原涵芬楼影印本。原北京白云观藏本缺页，经用上海白云观旧藏本补足。共计补缺 1700 余行，纠正错简 15 处，描补缺损字 500 余。还附印了明白云斋撰写的《道教目录详注》4 卷。应该说，这是目前较好的本子，总计 5485 卷。

3. 道藏文献的价值

由于道教对中国古代社会、思想、文化、艺术诸方面的重大影响，作为道教文献总汇的《道藏》，是我们研究古代思想史、科技史、文化史的珍贵文献。如中国古代四大发明的黑色火药，就其起因来讲，就是道士炼丹惨败的产物。道士们把这个配方记录在《道藏》中的《真元妙道要略》里，从而意外地给化学史留下了宝贵资料。此外，《道藏》所收大量教外文献，可利用作为校勘、辑佚和研究古代学术的资源。清代学者钱大昕在检阅《道藏》中发现关于中亚史地的重要著作《长春真人西游记》；毕沅校勘《墨子》，在《道藏》中找到宋本《墨子》；庄逵吉用《道藏》本勘校《淮南子》高诱注文，都取得很大成绩。

第五节 20世纪的当代文献

这里所用“当代”一词，包括当今，但不是专指当今，是特指某一时间段的整个过程。我们讨论20世纪的文献，“当代”二字就特指整个20世纪这一历史阶段。记录20世纪社会行进中的一切新生文献，总称“20世纪的当代文献”。印刷型的当代文献大类有图书、报纸、期刊、杂志、学报等，非印刷型的文献有影视、音像、广播、网站，以及机关档案等。这一切组成了浩浩荡荡的当代文献。不过当代文献的99%以上是供社会消费的文化商品，不产生文献工作。文献工作只产生于收藏流传的文献，以及结集作为历史文化积淀的原始资料文献两个方面。关于当代文献的出版与收藏，本书在第十章“文献的收藏与检索”中述及，这里只介绍当代原始资料文献。

原始资料，是指具有收藏流传价值的第一次文献。原始，即初始，指第一次，第一手的材料。资料，指具有参考价值，值得收藏流传的二次文献。结集与收藏原始资料是文献工作的重要内容之一。

当代文献绝大部分都是第一手材料，文献工作就是结集有传世价值的那一部分。因此，绝大部分原始资料是在社会行进中自然生存，如档案、报纸与期刊资料、人物传记、年鉴、手册、统计等。有些原始资料是社会调查，或为了给后人留下历史见证而刻意组织编写的，如调查报告、文史资料、回忆录、民歌采风，以及某些人物传记、人物专访等。此外，由博物馆或相关单位征集收藏的革命文物、名人手迹、纪实影片，或抢救国萃制作的音像等，也是原始资料。档案收藏，见前述第三章。这里略谈几种印刷型文献原始资料。

一、报刊资料与文摘

1. 报刊

报刊是报纸和期刊的合称，包括杂志、学报。由于最早出现的报纸与期刊比效接近，所以积久成习而合称报刊，杂志、学报是其延伸。报刊的共同特点是传播科学研究和社会信息最迅速的出版物和媒介。在短时期内，报纸与期刊是两种主要的情报源；在长时期内，报纸与期刊又是两种研究社会各个领域的重要文献资料。由于报刊资料内容庞杂，数量巨大，于是产生专题剪报与文摘这两种浓缩报刊资料的出版物。剪报与文摘本身就是结集报刊资料的一种文献工作。

（1）报刊的起源与发展。报纸和期刊的发展与近代科学技术与资本主义的发展是同步的，属于近现代新形式的历史文献。但报纸的起源却很早，而且中国是世界上最先有报纸的国家。中国的新闻事业有1200年以上的历史。我国古代的报纸大约产生于唐朝，最早的报纸是《开元杂报》。唐人孙可之《读开元杂报》一文引杂报五幅书的内容，均属宫廷动态新闻，每条新闻基本上具备了何时、何人、何事等新闻要素。而且，这些杂报又是“系日条事”，“当时条布于外者”，即是按时间顺序，陆续出版发行，公开传播的。唐代报纸还没有报名或报头，一般把唐代按时间顺序编写的综合性政事公报称之为“邸报”或“邸钞”。现存最古老的邸报是一张“敦煌邸报”，是唐僖宗光启三年（公元887年）归义军节度使派驻朝廷的进奏官张夷则发往沙州的一份手抄邸报，现存于英国不列颠图书馆。

宋代的朝报，就是由中央政府统一编印和发行新闻的报纸。这一时期还出现了在一定程度上反映着人民愿望和要求的民办小报，这种小报创始于北宋，盛行于南宋。明代末年开始出现了《京报》，所载内容均为朝廷政事动态，也刊登社会新闻。《京报》大约出了300年，直到辛亥革命后才完全停刊，它是我国古代报刊发展的最高形式，标志着我国古代报刊向近代报刊发展的趋向。

中国近代报刊首先是由外国人办起来的，第一个办汉文月刊的是英国传教士罗伯特·马礼逊，他与助手米怜在南洋的马六甲1815年8月8日创办《察世俗每月统纪传》，它有消息，有言论，面向华人广大民众。1872年4月30日《申报》在上海创刊，先后出版77年，直到1949年才停刊，成为出版时间最长的报纸。创办人是英国商人安纳斯脱·美查，1909年由中国人接办。1839年2月，清朝官员林则徐在广州创办了我国最早的带参考消息性质的报刊——《澳门新闻报》和《澳门月报》，成为中国最早的"译报"。

我国最早的资产阶级报纸是买办文人在香港创办的。1858年，伍廷芳等在香港创办的《中外新报》是中国人创办的第一张新式报纸。最早的刊物是1872年在广州出版的《羊城采新实录》。代表新兴的民族资产阶级利益的报纸有《申报》、《大公报》、《新闻报》等。19世纪最后十年发生中日甲午战争和戊戌变法运动，随着时势巨变，资产阶级报刊有了较快的发展，全国有数十种。代表改良派的报刊主要有王韬主编的《循环日报》、梁启超主办的《时务报》、《中外纪闻》，强学会主办的《强学报》、《清议报》、《新民丛报》等。《时务报》在宣传变法维新思想中，发挥了重要的影响。与维新派对立的资产阶级革命派主要报刊，有孙中山参加主办的《中国日报》、章太炎主办的《苏报》，以及同盟会机关报《民报》等。

辛亥革命时期，我国报刊有新的发展。据1912年统计，全国报纸达500家，销售达4200万份。"五四"新文化运动，报刊发挥了重要作用。影响较大的有《晨报》、《时事新报》、《京报》、《新青年》、《每周评论》、《国民》月刊、《新潮》月刊等。《新青年》1915年9月15日创办于上海，陈独秀主编，它首先吹响了"五四"新文化运动的号角。1918年12月22日，陈独秀又与李大钊一起创办了《每周评论》。还有湖南学生联合会的《湘江评论》和《天津学生联合会报》等进步刊物，都是当时宣传马克思主义的阵地。

“五四”运动以后，报刊大批涌现。以较有影响的有国民党中央机关报《中央日报》，民主党派和进步团体创办的《救亡日报》、《文汇报》等。刊物有商务印书馆出版的《东方杂志》、上海“国闻通讯社”创办的《国闻周报》，胡适等人创办的《努力周报》、《现代评论》、《独立评论》，邹韬奋主编的《生活周刊》、《大众生活》，以及“中国文化建设协会”创办的《文化建设》月刊等。

中国共产党在民主革命时期先后创办的主要报刊有：在第二次国内革命战争时期的中共中央机关报《红旗日报》、苏区临时中央政府机关报《红色中华》、1941—1947 年中共中央机关报《解放日报》、抗战期间中共在国统区创办的《新华日报》；杂志有《共产党》月刊、《向导》周报、《前锋》月刊、《中国工人》月刊、《红旗周报》、《解放周刊》等。

新中国成立以来，人民的报刊事业大发展，尤其改革开放以来，报刊更是迅猛发展，总计在万种以上。省级以上的日报就有 300 多种，各种期刊 7000 余种。

（2）学术报刊。目前国内现有各种期刊 4700 多种，它是学术交流的主要阵地，它反映最新的研究成果。研究近现代以来的史学及其他专门史，不仅要重视学术专著，而且必须重视学术刊物。现代学术刊物主要有三大系统。第一是各大学学报，它是综合性的学术刊物。第二是中国社会科学院和各省地方社会科学院所办的社会科学，这也是综合性的学术刊物。这两个系统的学术刊物，全国有上千家。第三是各专业学科的专刊，它发表的论文，一般有较高的水平。如中国史学会主办的《历史研究》是史学研究的一流刊物。1979 年中国社会科学院历史研究所又创办了《中国史研究》，发行国内外，也是一流刊物。其他专业刊物，如《文学遗产》、《民族研究》、《文物》、《文物与考古》、《哲学研究》、《经济学研究》、《政法研究》等都是各专业学科的一流刊物，这些刊物中也有史学方面的论文。此外中华书局的《文史》、北京图书馆的《文献》、上海古籍出版社的《中华文史论丛》、山东大学的《文史哲》、上海的《学术月刊》、吉林的《社会科学战线》、北京师范大学的《史学史研究》等都是很有影响的刊物。

新中国成立前比较专业性的刊物，主要有《历史语言研究所集刊》、《中国社会经济史集刊》、《中央大学文史哲季刊》、《禹贡》、《文史杂志》、《地学杂志》、《史料与史学》、《食货半月刊》、《史学集刊》、《史学年报》、《国学季刊》、《东方杂志》、《读书杂志》、《民族杂志》，以及高等院校学报等。

学术性较强的报纸，应首推以知识分子为主要读者对象的《光明日报》。该报创刊于 1949 年 6 月 16 日，由民盟等民主党派共同主办。该报每天对开四版，第一版为要闻，第二版为科教文综合版，第三版为学术专刊及文章，辟有“科学与技术”、“教育科学”、“文学”、“史学”、“哲学”、“经济与管理”、“科技咨询服务”、“法制”、“百家争鸣”等专刊和专栏，定期轮流刊载。第四版是以国外科技为主的综合新闻版。《光明日报》自 1978 年 5 月 1 日改版以来，贯彻以科学、教育的宣传为主，兼顾其他方面的办报方针，进一步形成自己的特色，深为广大知识界所欢迎。各种日报，各大城市的晚报，如《人民日报》海外版、《文汇报》、《北京晚报》等，时常有短小精炼的学术散文或学术综述的文章发表。

（3）现代报刊的特点。报纸是现代社会新闻的重要载体，它的特点是内容新，出版快，数量大，开本大，传递及时，阅读面广，现已成了人们每天必不可少的精神食粮。人们通过阅读近期报纸，可以了解国内外最近的社会动态和科学情报。查阅过期报纸，又可以研究某一时期的社会政治、社会经济以及思想文化等各方面的问题，为现实生活提供借鉴。期刊是交流最新学术科研成果的主要出版物，它和报纸具有许多相似的特点，即内容新，出版快，传递及时等特点。期刊还具有连续性，刊载的内容能历史地、系统地反映某一学科或某一研究对象的发展过程，起到辨章学术，考镜源流的作用。

报刊与图书相较，也有它的不足之处。报纸内容零散、不系统、理论论证不充分和数据不完全的缺点。期刊文章分散。因此使用报刊，要连续订阅，注意积累，特别是对专题要作系统收集，才能获得较为系统的重要资料。剪报资料就是将报纸上的重要文章，分专题辑编而成的一种辅助性文献类型。国外许多大型报社都兼营剪报资料。中国人民大学书报资料中心编辑发行的书报资料，按学科辑编报刊论文，具有重要的资料价值，在学术界很有影响。

2. 文摘

文摘属于二次文献，由于它是以报刊等原始文献为对象的主题内容的摘要，故与报刊合为一节来介绍。

报刊种类多，数量大，所载文献资料分散；同时学科领域中专业日益分化，要掌握较全面的资料也相应地困难。因此，文摘作为原始文献的主题介绍，它使读者能以较少的时间和精力，掌握有关文献的现状和基本内容，了解本学科、本专业的最新成就和动向，避免在学术研究和生产中进行重复劳动。文摘注明原文出处，可以根据需要索取或复制。

文摘报刊，综合性的有《文摘周报》、《新华月报》、《读者文摘》等，专业性的学术文摘有《大学学报文摘》、《中国史研究文摘》等。某大报文摘，也属综合性，如《光明日报文摘》、《解放日报文摘》等。文摘种类很多，分类标准也不一样。一般根据所摘内容压缩程度不同，可分为指示性文摘和报导性文摘两种。指示性文摘是一种供读者了解所摘原文的主题内容，以判断是否需要阅读文献。实际是一种简介，字数很少。报导性文摘是一种不需要阅读原始文献便可以知道原文的比较详细的摘要。这种文献不仅摘录了文献的主题范围，而且还包括原文的主要论据、结果、结论以及一些数据图表等，使读者能扼要地了解原文内容。

文摘的特点，主要有以下三个方面。（1）汇集性。文摘是在大量的一次文献的基础上，用科学的方法加工整理、编制而成的。它汇集了一个特定范围的文献，比较完整地反映了某情报部门、某学科、某专题的文献情况。（2）工具性。文摘所汇集的不仅是文献本身，而且是特定范围文献的线索，它是积累、报导和查找文献线索的工具之一。（3）系统性。文摘的基础是分散的一次文献，但具体的文摘总是有特定范围的；而且，文摘本身也具有系统性，一种好的文摘杂志，往往配有多种索引系统，保证读者可以从多种角度查找到所需要的文献。

二、调查报告

调查报告是对某一事物或者某一问题进行调查研究后所写出来的汇报材料。调查报告是通过典型事例的分析，总结出具有方向性和普遍意义的经验来推动工作。其作用，可以作为确定路线和方针政策的依据。可以广泛地交流人们在社会活动中的宝贵经验，可使广大人民群众更进一步理解党和政府的路线、方针、政策，可以回答重大的社会问题。因此，调查报告成为现代文献的一种重要形式。随着时间的推移，由调查报告形成的历史文献，无疑是很珍贵的原始资料，具有很高的史料价值。

调查报告的类型，依其内容和作用来分类，大体上有四种类型。（1）总结典型经验的调查报告。这是大量的常见的一种类型。（2）新生事物调查报告。这类调查报告比较完整，它要全面地报导一个新生事物产生的背景、发展过程，指出它的意义，揭示它的规律，满腔热情地给以支持，因此报导的内容很翔实。（3）社会问题调查报告。这类调查报告是反映政治、经济、文化等领域里的现实状况或历史状况的，是为解决现实问题的需要而进行的，因此现实意义重大，所形成的历史文献，史料价值最高。如《毛泽东选集》中的《湖南农民运动考察报告》就属此类。（4）揭露事件真相的调查报告。此外，还有专案调查报告等。

调查报告不同于新闻报道。两者都是原始的一次文献，但特点不同。新闻报道，只要求记叙事实真相，是记注体笔法，从史料角度看，价值最高。调查报告有两大特点，一是针对性强，二是用事实说话。从现实意义看，针对性越强，指导意义越大，调查报告的作用就越大。针对性强，就必须带有作者的观点、选择、组织材料等撰述特点。可以说调查报告是撰述性一次文献。当然针对性也必然是现实的反映，必须用典型的事实为依据才有说服力，所以它又是珍贵的原始资料。

三、现当代传记、回忆录

1. 现当代传记

传记是记载人物生平事迹的，因此也称人物传记。在我国，人物传记有悠久的传统，这里只讲现当代人物传记，古代传记主要载言行，现代人物传记广泛地记载人物的生活、社会活动，以及人物生活的时代背景，内容丰富活泼，带有很强的文学性，类型也多种多样。

传记通过对人物生动逼真的记述和描写，也从而生动逼真地展示了当时社会的政治经济、思想文化、风土人情等各方面的历史画卷，保存了极为丰富的史实。

现当代传记主要有自传、传记、评传、回忆录等。

自传 此体是传主自述的文章。自传有繁有简。短小的只有数百字或数十言，例如出版图书在扉页或封面勒口上的作者简介，一般均为作者用传体自述。长篇自传可达数十万言，如中国末代皇帝爱新觉罗·溥仪《我的前半生》即是。长篇自传可以包容当时当地大画面的时代背景，周围环境，人际关系等内容。至于自述传主的内容，往往是根据自己一生经历和工作性质来确定的。如革命家的自传，主要记述自己的革命经历；作家自传，主要记述自己的创作过程和经验。

传记 传主事迹由他人所写，篇幅小的称小传或事略，长篇的称传或传略。

评传 评传是带有研究性质的高层次的人物传记。评传要全面介绍和评论人物思想、生活和贡献，所写的对象大多是传主在其所处当代发挥过重要作用的并将在历史上留下重要影响的政治家、思想家、军事家、科学家、文学家、历史学家、艺术家等。

2. 回忆录

以追述人物生平事迹为主的回忆录，是现代人物传记的一种形式。也就是说，回忆录是传记的一种特殊形式，它既是传记，又不完全是传记，可以是一个生活片断，一个特殊事件，一段故事，也可以是全面记述的生平事迹。全面记述生平事迹的回忆录与自传就没有多大区别。

回忆录是追忆述评本人或他所熟悉的人物过去的生活经历和社会活动的文体，所以带有亲切感，这是它的特点。如鲁迅所写《藤野先生》对藤野的回忆，就再现了藤野先生亲切感人的形象，字里行间充满了鲁迅对这位老师的无限敬仰之情，也感染了读者，读后无不使人肃然起敬。回忆录总是抓住典型事例，突出表现人物的精神面貌，再现历史事实和人物形象，是重要的历史文献。

四、文史资料

文史资料是全国政协和地方委员会的文史资料研究委员会或文史工作组以及各地文史研究馆所征集、整理、编写、出版的中国近代史、现代史和地方史资料。由政协系统编写出版的文史资料和由地方文史研究所编写的在时间断限上有区别，其目的意义也不尽相同。政协系统所编写的文史资料上限起自戊戌变法，下限止于“文化大革命”之前。这些资料是当事人的亲身经历或亲闻亲见者的记述。它既弥补了历史文献的不足，为社会科学、历史研究、文艺创作等部门提供了重要的参考资料，为教育人民特别是青年一代提供了生动的教材。而且在继承和发展祖国文化遗产、建设社会主义精神文明等方面起着积极的作用。通过文史资料的征集和出版，还加强了人民政协和社会各界人士的联系，促进了爱国统一战线的巩固和发展。由各地文史研究馆所征集编写出版的文史资料，则是包揽古今、内容广泛、具有学术性、资料性和地方性的资料。它通过挖掘搜集、研究整理及“抢救活资料”（指记录整理当代贤者之言），等方式向读者介绍各地政治、经济、文化历史的各个方面，从而为编纂各地地方史志提供比较可靠的资料。

文史资料的编纂是周恩来同志 1959 年 4 月在全国政协专门会

议上倡导的。从此全国政协和地方委员会先后成立了文史资料委员会或文史工作组，并根据周恩来同志在1959年对60岁以上政协委员提出把从戊戌变法到新中国成立这段时期的亲身经历记录下来，传之后代，以供历史研究之参考的要求，从事征集、整理、编写近代史、现代史资料，出版《文史资料选辑》。这项工作因“文化大革命”被迫停顿了13年，1978年全国政协五届一次会议后，又陆续恢复。

根据五届政协以后委员中增加了一批老共产党员的特点，文史资料增添了革命史资料的新内容，20多年来，全国各级政协共征集到各类文史资料4亿多字，有160多个单位出版了文史资料选辑和其他专著。出版字数达1亿字左右，其中全国政协出版的有2600多万字，发行了760万册。出版物的种类有《文史资料选辑》、《革命史资料》、《文化史料》、《工商经济史料丛刊》、《纵横》、《文史集萃》、《辛亥革命回忆录》以及各种专题资料和专著。在党的十一届三中全会以后，文史资料的征集、整理、出版比以前有了很大的发展，一些地区在广征博采的基础上，开始转入了有计划、有重点的征集，题材也从过去以军事、政治为主体逐渐向文教、科技、工商经济等方面发展。征集的对象也随之扩大；过去地方政协主要是征集史料，现在各省、市、自治区（还有些州、盟、县）都出版了文史资料，并且互相协作，形成了全国性的文史资料工作网。出版物的发行范围也扩大了，由过去仅供历史研究部门和领导干部参考，扩大到了一般读者。有些省市的文史资料已在国内外公开发行。因此，文史资料已成为历史文献的一个重要组成部分，成了历史研究和普及历史知识的重要资料来源。

作为历史文献的一个部类，文史资料是属于史料性文献的范畴，它对历史研究和普及历史知识以及社会政治效应方面，都具有相当高的价值。

（1）可以补文献之不足，匡书刊之谬误；

（2）是研究历史、编写史书的重要参考资料；

（3）保存了即将失去的大量史料；

（4）普及近现代历史知识；

（5）具有特殊政治效应，它的出版可以广泛团结社会各界及海外爱国人士，激发他们的爱国热情，这对巩固和发展爱国统一战线和全民族大团结会起到特殊的作用。

五、年鉴、手册

年鉴是一种内容丰富、篇幅适中、时间性强，按年增删出版的工具书，是汇辑一年内的重要时事文献和统计资料，以备参考检阅的连续出版物。手册，取“人手一册”的意思，是汇集某一领域的基础知识、基本资料和经常需要查考的文献资料，供读者在手边随时翻检查阅事实的便视性工具书。

年鉴、手册这两种资料工具书从西方传入，是随着资本主义经济发展兴起的文化。年鉴取材于政府公报、文件、新闻、消息、报刊报导和资料、特约稿件等，它所反映的内容，具有总结性和统计的意义。手册是汇集经常需要查考的专科文献，具有年鉴和资料汇编的性质，如统计资料、政策法令、条约汇编等。因此，这两种工具书保存了大量的原始资料。

1. 年鉴

我国《宋史·艺文志》曾著录《年鉴》一卷（刘玄），原书早轶，无法知其内容。近代意义上的年鉴是从欧洲传入我国的。清同治三年（公元1864年）创刊的《海关中外贸易年刊》出至1948年；1913年上海神州编译杜编译出版了《世界年鉴》；20世纪30年代中期我国出版了一批综合性和地方性年鉴，但大多数没能坚持长期出版。新中国成立以来，我国出版了《世界知识年鉴》和《人民手册》等年鉴，数量不多，类型也少。1980年以来年鉴编纂出版发展速度很快，1980年出版年鉴有6种，到1986年则达到113种，类型可分为中国年鉴、世界年鉴、地方年鉴、专科年鉴。下面以《中国历史学年鉴》为例，介绍专科年鉴的特点和内容。

《中国历史学年鉴》由中国史学会《中国历史学年鉴》编辑

部编辑，1979年开始逐年出版。这是一本资料性工具书，主要反映本年度中国历史研究的基本状况和成果。全书栏目分两类，一类反映本年度中国历史研究情况和动态，另一类主要介绍史学机构，史学刊物，现代已故史学家以及专题介绍，从1982年起，该年鉴增加了世界史的内容。

《中国历史学年鉴》逐年综合报道和反映了我国历史学的研究状况和研究成果，以及史学界的重要学术活动，为历史学工作者和历史学的爱好者提供了一种比较全面的和带有工具书性质的参考资料，同时也为我们这个时代的我国历史学的发展进程留下了一个历史的记录。

年鉴所收集的材料，相当一部分是编辑部根据选题计划，组织庞大的作者和通讯员队伍，经过较全面的调查研究而撰写的，另一部分来源于当年政府公报，国家重要报刊的报导和统计部分的数据。因此，年鉴有较大的总结、统计意义和比较全面真实、系统地反映情况及连续参考作用。年鉴的特点是资料翔实、丰富，反映及时，连续出版。它“积万卷为一册，编一年为一刻”，是高度的信息密集性出版物。

2. 手册

我国体系完备的近代手册也从西方传入，但类似手册的工具书资料读物，早于欧美数百年就出现了。在敦煌石窟发现的公元九十世纪的与类书近似的《随身宝》以及十五六世纪的《万事不求人》等就是常识性知识汇编读物，实际上就是古代人使用的手册。元代阴时夫编的《居家必备》、清代石天基编的《万宝全书》也具有手册的性质。明张芹《备遗录》记录了当时兵部尚书齐泰：“尝被召问边将姓名，泰历数无遗；又欲改诸图籍，泰出袖中手册以进。”到了清代和民国年间，在某些行业的手工业者中间流传着一些手抄本的“业务手册”，如贩卖松江布的商人就编有《布经要览》，详细记载了松江布产地、品种、花色及鉴定方法。手册在欧美出现则到了19世纪，那些受教育较少的工人想迅速地找到与职业有关的工艺技术资料，也需要利用各种类型的手册。由此可见，手册自它产生那天起，就与人们的生产、生活密切相关。近现代以来，手册类工具书骤增，有些书名为“指南”、“便鉴”、“顾问”、“大全”、“概况”、“宝鉴”、“一鉴”、“要鉴”、“全书”、“小百科”等字样的实用资料参考书，虽然未标明手册二字，实际上也属于手册。手册具有主题明确、实用性强、内容集中精练，信息量大，查阅频率高，使用灵活等特点。

手册的种类除了一般工作手册外，主要可分两类，一类是综合性的。如《人民手册》，实际上也是年鉴性质的工具书。包括知识范围较广，篇幅也较多，可供大家作为参考检查或增长一般知识见闻之用。另一类是专门性手册，它的内容通常包括某一专业的基础知识以及一些基本的公式数据、规章和条例，如《中学历史教师手册》。有些参考资料书虽不标明手册，如统计资料、政策法令、条约汇编等实际上具有专门手册的性质，一并编入本类。

六、统计

统计一词的内涵有三个方面的内容：（1）统计资料；（2）统计工作；（3）统计学。对于文献学来说，能够用来研究社会政治、经济、文化各领域现象的，不是统计的本身，而是科学的统计结果，即统计资料。统计学与历史研究也有着十分密切的关系。

统计资料是反映社会政治现象、经济现象以及思想文化现象各种数据的总称。它表现为各种社会现象的规模、水平、速度和比例关系的数字资料，也表现为统计分析的形式对社会现象发展变化的原因和规律的数字分析资料。统计分析报告也是统计资料，它反映社会现象发展变化的原因和规律。

统计学对于历史科学的发展，起到积极的推动作用。这种作用表现在如下三个方面：（1）统计资料是研究历史科学的重要依据；（2）统计分析工作，它的实质就是社会经济研究工作，其中部分成果能够反映社会变化发展的规律，直接丰富了社会科学；（3）统计学可以为各项社会科学提供研究方法。

1. 统计工作的产生与发展

统计工作起源最早，可以说有组织的统计工作是与国家的形成同时产生的。《尚书·禹贡》依据传说，记载了夏朝对人口和土地的原始调查统计。商代的甲骨文献中就有了人口和土地的简单统计调查，商代的甲骨文献中就有“鹿五十又六”，“俘人十又六人”等统计数据。商、周两代已有全国范围的人口统计调查。以后的中国历史文献中，记载课税、赋役、垦田、产量、人口、征兵的统计资料日益增多。据杜佑《通典》记载，周庄王十三年（公元前 684 年）全国人口为 11814923 人。历代正史中的《食货志》以及《通典·食货典》、李吉甫《国计簿》，宋代的《会计录》，郑樵《通志·图谱略》，明代的《赋役全书》和“鱼鳞册”等，都是著名的统计资料。明洪武三年（公元 1370 年）颁行的户帖制度，是当时世界上最先进的“人口普查”制度。1909 年清政府颁发“调查户口章程”，进行了人口调查。调查结果，我国人口为 37422 万人。除人口之外，对土地、耕地也进行了统计调查。

随着社会生产力的发展和社会分工愈来愈细，在资本主义国家，统计工作有了很大的发展。统计学作为一门独立的科学，最早出现于 17 世纪的德意志。在我国，鸦片战争之前，长期处于封建社会，统计工作一直处于感性的认识阶段。鸦片战争以后，随着帝国主义经济、政治、文化的渗透和侵入，也传来了数理统计学和资产阶级的社会经济统计学。国民党统治时期，在政府主计部下设立了统计局，在有的政府部门和一些省、市也设立了统计处、室，并颁布过统计法。

中华人民共和国成立以后，中央人民政府政务院财政经济委员会计划局下设立统计处，管理全国统计工作，后又成立国家统计局，发布了一系列有关统计工作的法令条文。今天，除了综合性的统计外，人口统计、农业统计、工业统计、基本建设统计、运输邮电统计、物资统计、商业统计、财政金融统计、劳动工资统计、文教卫生统计、社会统计等分科统计也日臻完善，积累了大量的统计资料。这些统计资料既准确、及时、全面地反映了经济和社会发展情况，也为国家掌握国情国力、制定政策方针、指导经济和社会发展提供了依据，还是研究历史，总结经验教训的重要文献资料。

2. 统计资料的类型及其特点

各种社会现象通过科学统计调查后，形成了最初的调查资料。这些资料被审核后，经过汇总，最后形成了现代统计资料的两种主要类型——统计表和统计图。

（1）统计表。广义地说，凡是统计调查，统计整理，统计分析中所用的表，如调查表、汇总表以及公布资料所用的表式都是统计表。狭义地说，统计表是专指用以记载统计汇总结果和公布统计资料的表式。通常讲的统计表是狭义的概念，即将说明大量社会现象的统计资料，按照一定的顺序，排在一定的表格上，这种表格就叫做统计表。

按统计表的主词（用以说明所研究事物的总体，或总体的各组、各单位）是否分组和分组情况，可将统计表分为简单表、分组表和复合表三种。

其一，简单表：主词未经任何分组，只将总体各单位按顺序排列起来的统计表。

其二，分组表：主词是按某一标志进行分组的统计表。利用分组表可以揭示总体及各种情况。

其三，复合表：主词按两个或两个以上标志进行复合分组的表叫复合表。利用复合表可以对复杂的事物进行分析研究。

统计的全部工作都可以用统计表的形式来说明。统计表是统计资料的重要表现形式之一，它能把现象的数量方面简明扼要地显示出来，给人一种清晰、概括、一目了然的印象。特别是对那些庞杂的社会现象，彼此间有着密切的联系，如果把它排列在精心设计的统计表上，比起一大堆冗长的文字说明就要简洁明快得多。

（2）统计图。统计图是表现统计资料的又一种重要形式，它是用几何学的基本度量如点、线、面，或具体事物的形象来表现社会各种关系及其发展过程的。统计图常用来反映社会现象规模、结构、依存关系，反映现象的变化程度和发展趋势，检查和分析计划执行情况，表明现象在某一地区的分布状况。常用的统计图有：条形图、平面图、曲线图、象形图、统计地图等。现代统计资料，采用图表的表现形式，主要是用直观、紧凑、清晰的图和表，再配有文字说明，这就能够清楚地看出统计内容的特征以及统计数字之间的相互关系。有时为了全面地、系统地分析和说明某种现象中各种关系的相互关联，又必须将几种图表结合在一起运用。一张完整的统计表能系统地组织或合理地安排大量的有关数字资料。一张形象鲜明的统计图，即使缺乏统计知识的人也能一目了然，获得清晰的印象。

在日常的统计资料阅读和运用中，最易得到的是《统计年鉴》。《统计年鉴》以统计表、统计图、文字说明等形式，以年为单位，收集了全国一年中最主要的统计资料，这是一个国家一年中各种社会现象的数据记载，具有严密的科学性。

第六节　少数民族文字历史文献

本节包括介绍 16 种少数民族古文字文献、文学作品、历史典籍三个方面的内容。

一、少数民族古文字文献

近一个多世纪以来，学术界发现了在历史上曾经使用，而今废弃不用的民族古文字，留下大量珍贵的历史文献，是研究各民族的历史发展的重要资料。已发现的民族古文字约 20 种。1980 年秋由民族文化宫、国家民委文化司和中国民族古文字研究会在北京联合举办的“中国民族古文字展览”，展出了 16 种民族古文字历史文献。这些民族古文字是：佉卢文、焉耆·龟兹文、于阗文、突厥文、回鹘文、察合台文、西夏文、契丹文、女真文、东巴文、老彝文、老傣文、古藏文、古蒙文、八思巴文、满文。各民族的祖先的创造和贡献，生动地反映在这些古文字的遗物中。

1. 佉卢文

佉卢文是一种由音节字母组成的文字，由右向左横书。这种文字在古代曾使用于印度西北部、巴基斯坦、阿富汗、乌兹别克、塔吉克、土库曼等广大地区。2 世纪至 4 世纪流行于我国西域于阗、鄯善等地。用这种文字书写在木牍、木简、皮革、绢帛、纸张、桦树皮，以及钱币上的文书、佛经，遗存下来的有数千件。

2. 焉耆·龟兹文

旧称“吐火罗文”，20 世纪初发现于我国新疆库车、吐鲁番等地，流行于 7 世纪至 8 世纪。存世文献有文学作品、公文、字书、账册、医书、史书、题记，更多的是佛教文献。在这些文献中，用焉耆文写成的长达 27 幕的《弥勒会见记》剧本，被认为是我国现存最早的一个剧本，此外，还有佛本生故事和民间传说，《箴言诗集》等诗歌。

3. 于阗文

于阗文是我国 5 世纪至 11 世纪流行于于阗地区塞种居民使用的文字。于阗文是拼音文字。存世文献多为佛教文献。

4. 突厥文

突厥文是 7 世纪至 10 世纪突厥、回鹘、黠戛斯等族使用的拼音文字。由于突厥文外形与古代北欧日耳曼民族使用的卢尼文相似，故又称“突厥卢尼文”。又因这种文字的重要碑文多发现于蒙古鄂尔浑河和叶尼塞河流域，有人又称为“鄂尔浑·叶尼塞文”。此外，还有“兰突厥文”、“西伯利亚文”之称。存世的突厥文主要是碑铭和写本文书。重要的碑铭有《阙特勒碑》、《毗伽可汗碑》、《暾欲谷碑》、《葛勒可汗碑》、《保义可汗碑》等。较为重要的文书有《古卜书》及一些军事、经济文书。

5. 回鹘文

回鹘文是 8 世纪至 15 世纪我国回鹘、畏吾儿使用的一种音素文字。用它书写的文献，大量的是佛教、摩尼教、景教的宗教经典。非宗教性回鹘文文学作品是《福乐智惠》和《乌古斯汗的传说》。《福乐智惠》是一部闻名于世界的长篇叙事诗，作者尤素甫·哈斯·哈吉甫是11世纪维吾尔族的天才诗人和思想家。全诗共85章，1300多行，采用维吾尔族的古韵律双行体，融哲学、伦理、文学、语言于一书，结构独特别致。应该指出，这部回鹘文文学巨著在文化史上的地位早已超出了文学范畴，成为那个时代一部百科全书，形象艺术地再现了11世纪新疆的社会风情，保存了古代维吾尔人文学、语言、哲学、宗教等方面的珍贵史料。

6. 察合台文

察合台文，一般又叫老维吾尔文，是用阿拉伯字母拼写的音素文字，使用于以成吉思汗次子命名的察合台汗国（今新疆至阿姆河一带）及其后裔都哇汗时期，相当于13世纪至14世纪，并取代了回鹘文。察合台文后来演变为现代阿拉伯字母形式的维吾尔文、哈萨克文和柯乐克孜文，留下了大量的手抄、石刻和铅印文献。其中有大量文学、历史著作，其他资料也极丰富。

7. 西夏文

西夏文是11世纪我国党项羌建立的西夏王朝创制的文字约6000多个，使用和流传约500年，到15世纪末废止。存世的西夏文献按其种类可分为三类：第一是佛经，第二是记述西夏社会历史的世俗文献，以及西夏文音韵、幼学等书，第三是碑文、石刻、印牌、钱币、题记及器物文字。最著名的典籍是《蕃汉合时掌中珠》，这是一部用西夏文和汉文对照的字典，对识读西夏文具有重要意义。

8. 契丹文

契丹文是契丹族借用汉文创造的拼音文字，又分契丹大字和契丹小字，流行于10世纪至13世纪的辽朝和西辽。契丹文献大致可分为：碑石墓志、金银铜器铭文、钱币官印文字、洞窟寺塔题记等。著名的碑石墓志有《辽兴宗与仁懿皇后哀册》、《辽道宗与宣懿皇后哀册》、《辽太祖祖陵残碑》、《故太师铭百记》、《耶律延宁墓志》、《北大王墓志》、《许王墓志》、《萧孝忠墓志》、《大金皇帝都统经略郎君行记》等。

9. 女真文

女真文是女真族参照契丹文和汉文创造的一种文字，也有大字和小字之分，流行于女真人建立的金朝。金朝亡后，女真文在东北地区继续流传，到明中叶，才湮灭不传。女真文遗物有碑志刻石 9 种，官印 5 种，以及《女真译语》抄本、《女真字书》抄本残叶。

10. 东巴文

纳西族的东巴文，以及彝族的老彝文、傣族的老傣文是我国西南地区几种古民族文字，一直使用到今，已有七八百年到上千年的历史。东巴文是纳西族经师掌握的一种只用于记录和诵读宗教经文的文字，为象形文字，创于 11 世纪初，一般群众很少知晓。另为大众使用的音节文字哥巴文，创于东巴文之后，保留了许多东巴文的简化字，故取名“哥巴”，意思是以东巴文为师。所以纳西族有两种文字。东巴文留下的东巴教经典，卷帙极为浩繁。

11. 老彝文

老彝文又称“爨文”或“韪书”，用这种文字书写的《西南彝志》全书 37 万字，是当代发现的有关彝族历史、人文情况的一部巨著。

12. 老傣文

老傣文记录了傣族人流传的 500 多部长篇叙事诗，还记录了号称有 8400 卷的傣文贝叶经，也是小乘佛教经典中的珍品。

13. 古藏文

古藏文创于 6 世纪吐蕃王朝时期，到公元 9 世纪初，藏文文字改革，形成规范化的书面语，流传至今。所以藏文历史文献分古藏文与书面语藏文两部分。古藏文存世的文献主要有金石铭刻、竹木简牍和文书写卷等。

14. 古蒙文

古蒙文是公元 1204 年，成吉思汗征服乃蛮部，令俘获的畏兀儿人塔塔统阿以“畏兀儿字书国语”，开始用回鹘字母拼写蒙古语。这种文字称回鹘式蒙古文或畏兀儿体蒙古文。蒙古族的第一部历史文献《蒙古秘史》原文就是用回鹘式蒙古文书写的。回鹘式蒙古文文献大都散佚，流传下来的仅有一些碑刻和残卷。

15. 八思巴文

八思巴文是元朝建立后，忽必烈命其师乌斯藏萨斯迦（今西藏萨迦县）人八思巴创造的新蒙文，是一种拼音文字，初称蒙古新字，后改称蒙古字。元朝灭亡后被废弃。八思巴文留下大量译写的蒙古语和汉语历史文献，有元朝官方文件、图书和石刻等。

16. 满文

满文是清太祖努尔哈赤命人在蒙古文字母基础上创造的文字，在清朝称“清文”和“国书”，清亡后废弃。满文留下大量档案文献和翻译的汉文著作。

二、少数民族文学作品

我国各少数民族用文字记录或口头流传的许多优秀作品，大大丰富了中华民族文学作品的宝库，有的闻名于世界。这些文学作品都有鲜明的民族色彩和风格。著名的有藏族的《文成公主》、《格萨尔王传》，蒙古族的《江格尔传》、《云游僧的故事》、《嘎达梅林》，维吾尔族的《乌克斯传》、《福乐智慧》、《阿凡提的故事》、《不幸人的故事》，柯尔克孜族的《玛纳斯》、《色梅捷》、《猎人佐克拉申》，哈萨克族的《萨里哈海与萨曼》，白族的《创世纪》、《望夫云》、《蛇骨塔》，彝族的《勒俄特依》、《阿诗玛》、《梅葛》，傣族的《召树屯》、《葫芦信》，壮族的《布伯》，苗族的《仰阿萨》、《爬山涉水》、《古歌》，纳西族的《创世纪》、《游悲》，土家族的《张古老制天地》、《洪水登天》、《塔铁依》、《布索侬》，侗族的《起源歌》、《祖公上河》，黎族的《甘工鸟》，傈僳族的《逃婚调》，赫哲族的《依马坎》，仡佬族的《开荒辟草》，瑶族的《盘古》、《盘瓠传说》、《密洛陀》，佤族的《司岗里》，景颇族的《穆瑙斋瓦》，独龙族的《创世纪》，拉祜族的《牡伯密帕》，布朗族的《顾来亚》，达斡尔族的《蝴蝶花的荷包》，东乡族的《梅拉朵黑》、《白羽飞衣》，土族的《拉仁布与且门索》，保安族的《保安花儿》，裕固族的《黄黛成》、《萨娜玛可》，锡伯族的《离乡曲》，羌族的《开天辟地》、《羌戈大战》，满族纳兰性德的《侧帽集》、《饮水集》，等等。其中《格萨尔王传》、《江格尔传》、《玛纳斯》名扬世界，被誉为中国的三大史诗。

三、少数民族历史典籍

我国各少数民族在共同创造中华民族灿烂文化中留下了大量的历史典籍文献，是研究各少数民族历史的重要资料，具有重大的学术价值。限于篇幅，这里只能择要介绍如下。

1. 蒙古族历史典籍

蒙古族历史典籍十分丰富，如《白史》、《黄金史》、《卫拉特史》、《蒙古佛教史》、《卫拉特法典》、《阿拉坦汗传》等都是名作。最著名者是被誉为蒙文三大典籍的《蒙古秘史》、《蒙古黄金史纲》、《蒙古源流》。明清两代，某些著作的汉文译注本、满文译注本已流传海内，19 世纪中晚期，更远播国外，被译为多国文字。

2. 满族历史典籍

最要者有《满文老档》、《满洲源流考》、《八旗满洲氏族通谱》、《五体清文鉴》、《官便漫游记》等。

3. 藏族历史典籍

藏族是保持着本民族文化传统，具有丰富历史文献的一个兄弟民族。从远古以来，藏族的先民就生息、繁衍、劳动在青藏高原上，创造了绚丽多彩的藏族古代文明。有文字记载的历史，长达 1400 余年。

公元 6 世纪，藏族历史进入吐蕃王朝时期，创制了最早的藏文文字，通常称为古藏文。公元 9 世纪初，藏文文字改革，形成规范化的书面语。所以，藏文历史文献，应分古藏文历史文献和书面藏语历史文献两个部分。现在流存下来的古藏文历史文献大致有以下三类。

（1）*金石铭刻*。这一类主要指吐蕃王朝时期的古藏文铭刻。

当时，王朝为会盟、记功、祭祀、颁赏、封赠等需要，往往树碑铸钟，以镌刻文辞。流传下来的大体有桑耶寺碑、噶迥寺碑、楚浦寺碑、恩兰·达扎路恭记功碑、赤德松赞赞普墓碑、张宗大小碑、耶尔巴寺钟、昌珠寺钟、桑耶寺钟及长庆唐蕃会盟碑等十余种。其中最为著名的是立于唐穆宗长庆元年（公元821年）的唐蕃长庆会盟碑，碑石四面刻字，汉藏文对照，记录了唐王朝与吐蕃王朝的事迹。这些铭刻对吐蕃王朝史的研究价值，一直受到国内外学者的重视。

（2）竹木简牍。古藏文竹木简牍主要发现于新疆南部，约数百枚，大都是吐蕃王朝鼎盛时期在天山南路至河西走廊一带驻军屯戍的遗留物。从简牍内容看，吐蕃人在这些地区驻军旅，设驿站，置巡逻斥候，组织当地居民生产，并派驻官员管理军民事务，军事行政体制相当严密。简牍涉及面广，诸如当时的民族关系、田制、赋役、宗教、法律等，均有反映，对研究吐蕃王朝史和新疆地区史，都是不能忽视的历史资料。

（3）文书写卷。这一类指出自敦煌石室中的古藏文文书写卷，大都流散国外，法、英两国所藏即达5000件以上，国内仅有零星残卷。

敦煌古藏文书写卷不仅数量大，而且内容丰富，包括了历史、语言、文学、艺术、宗教、法律、科技、社会等各个方面。尤其引起国内外藏学界兴趣的是由帛P.252与S.103二个写本拼接起来的《敦煌本吐蕃历史文书》，这是一部系统的吐蕃王朝历史文献。这部文献分三个部分：第一部分为吐蕃纪年，包括纪年、纪年续编、纪年再编；第二部分为吐蕃世系，包括诸侯世系、赞普世系、论尚世系；第三部分吐蕃史传，是吐蕃王朝历代赞普的传记。与后世数量众多、卷帙浩博的典藏相比，它只是一卷残缺的文献抄本，但其内容之丰富、涉及面之广、文献价值之高，却是任何藏文典籍都无法比拟的。对西藏古代社会的研究，它提供了最直接的第一手宝贵资料。某些学者把它的发现视为藏学研究界的重大事件，甚至断言，如果没有这份古文书的问世，吐蕃王朝史将会成为千古之谜。敦煌古藏文写卷的学术地位与价值，由此可见一斑。

书面藏语的早期应用，多半是翻译佛经。14 世纪以后，藏族史学日趋活跃，藏族学者的历史著作大量涌现。比较有代表性的如《红史》、《布敦佛教史》、《王统世系明鉴》、《青史》、《贤者喜宴》、《巴协》、《新红史》、《颇罗鼐传》、《如意宝树中》等。书面藏语的历史文献卷帙浩繁，藏量丰富，至今尚未能全面清理。例如，在举世闻名的藏文大藏经中，就蕴藏着十分丰富的史料，实为一座未辟的宝藏。天文、医药、历算、艺术等方面的典籍，从不同的角度反映了藏族高度发达的古代文明，亟待认真发掘研究。

4. 维吾尔族历史典籍

维吾尔族历史典籍较著者有米尔咱·马黑麻·海答儿的《拉夫德史》、佚名作者的《喀什史》、毛拉·穆罕买德·阿不达勒哈里木的《伊斯兰文书》、穆罕买德·阿拉木的《喀什史》、哈吉·尤素甫的《史集》、阿舒尔·阿洪的《阿古柏》、马赫木德别克的《阿古析史》、毛拉哈吉的《布格拉汗传》、佚名作者的《和卓世系》等。其中《拉夫德史》最著名。此外，马赫穆德·噶什噶尔的《突厥语大辞典》也是一部维吾尔族的典籍珍品。

第五章　目录学

中国传统目录学，即古典目录学只是一门专科历史学，即“辨章学术，考镜源流”的书目学。现代目录学，应是一门综合图书学，也是文献学的基础学科，它是社会与文化发展的窗口和风雨表。现代目录学内容涉及所有学科和一切文献，现代目录工作也从以个人为中心，转向社会分工大合作。20 世纪是中国目录学从古典到现代的一个转型期，目录工作取得了长足的发展，目录学研究取得了丰硕的成果。但目录学理论的研究滞后于实践，至今还没有一个完善的定义。跨入 21 世纪，目录学的发展正方兴未艾，完善现代目录学的理论体系，还有一段很长的路要走，本书只是提出一个话题来研究，下面略述笔者的心得浅见，分六节来谈。

第一节　目录与目录学

“目录”之名为班固首创。《汉书·叙传》云：“爰著目录，略序洪列，述艺文志第十。”班固所说的“目录”，是“目”和“录”的合称。目是指图书的篇或书名；录是对目的说明和编次，也称序录、书录。把书名、篇名之目，与其内容提要之录编在一起，就是目录。图书目录，通称目录书，省称书目。

班固之前，目与录分别使用。目之义重在名，录之义重在目的编次，所以目的内涵比录小，目不能包录，而录可包目，所以刘向校书产生的第一部综合书叫“别录”，而杨仆校兵书所形成的专科书目叫“兵录”。班固将目录二字合称以后，也就不再区别。姚名达云：“遍辨其名之谓目，详定其次之谓录；有多数之名目且有一定之次序之谓目录。曰目曰录，皆非单独，义本相通，故成一体。”① 万事万物皆有名，一切物品的清册都可以叫目录，如商品目录，财产目录等。由于图书是人类知识的结晶，为了一代代相传，图书成为公私特殊的收藏品，编制图书目录和研究图书目录成为专门之学。

编制目录的过程，通称目录工作。古代的目录工作只限于图书编目，所以目录与书目没有区别，是同义语。但是现代目录工作大大拓展，只有图书目录才可称书目，即书目转化为图书目录的省称，而目录是一切文献目录的总称，义界大于书目。从理论上说，目录可包书目，而书目不能作为目录的代称。但实际上，两者混用，相沿成习惯，不必拘泥。

目录学，迄今未有统一的定义。目录学之名，始见于清王鸣盛《十七史商榷》。姚名达为之定义为：“目录学者，将群书部次甲乙，条别异同，推阐大义，疏通伦类，将以辨章学术，考镜源流，欲人即类求书，因书究学之专门学术也”②。姚氏之定义可用今语三句话转译：“研究图书分类，编纂图书目录，阐明其义理以便求书的专门之学，即目录学。”直言之，目录学就是目录工作的理论总结。目录工作是编目实践，目录学是编目工作的理论升华。两者有别而不能断然分割。编目工作，目录理论融贯其中，所以编目工作形成的目录本身也是目录学。在王鸣盛之前，没有目录学之名，但有目录学之实。而目录学之名的提出，表明目录工作理论总结上升了一个平台。现代目录学内涵和外延大大

---

① 姚名达：《中国目录学史·叙论篇》，上海书店 1984 年版，第 1 页。

② 姚名达：《中国目录学史》，上海书店 1984 年版，第 8 页。

扩展，又上升了一个平台。一切事物都是在不断发展变化的，目录学自然也不例外。固步自封的观点，言必刘向、班固，语必郑樵、章学诚是不可取的。姚氏的目录学定义只限于图书目录，实质仍是一个书目学，范围狭窄，已不适应现代目录工作。因此目录学的定义要给予全新界定。本书界定如次：

> 以一切文献为对象，研究文献分类，并总结其经验，编纂各类文献目录，阐释目录发展的历史和功用，探索管理目录的最佳途径的专门之学，叫目录学。

这是现代目录学的定义，突破了图书目录的樊篱，它既是对20世纪目录工作的总结，也是现代目录工作的范围。目录学是一个系统工程。具体说，它包括目录编制、目录原理研究、目录学史研究、目录检索与目录管理五个方面。目录编制，即目录工作是目录的基础和核心。现代社会，目录编制由图书馆、出版社、报刊社、学术单位等社会各界专业人员进行程式化的工作来完成。专家之作，大体不出目录原理与目录学史两个方面，即专注于对已成书目的研究，而极少编制书目。旧时代个人藏书多，所以书目编制多出自目录学家之手。时代变迁，现代图书馆的日常编目工作，相当于旧时代国家组织的大规模图书整理。所以目录学系统工程转化为社会分工，这是时代的进步。若按章学诚的目录学理论，认为编目工作的“部次甲乙”，只是“掌故令史”之职责，不是目录学，而只有“辨章学术，考镜源流”的理论总结才是目录学，把两者割裂开来，是片面的，殊不可取。我们认为目录工作与目录理论两者有别，但不能分割，共同构成完整的目录学。无他，目录学不只是木阁架上的书本学问，而更是服务于社会的情报信息与学术系统工程。

第二节　中国古典书目分类法的演变

中国书目首先有一书的目录，而后有群书的目录。当图书萌兴之时，古人即兴发表他的思想见解，并不是先立篇目后写文章。那时由于图书以简策为载体，多是单篇流传，所以有无篇目，关系不大。后来图书增多，没有书名、篇名，无法分类整序，也就产生了书名和篇名。孔子整理六经，第一次给图书分类整序，产生了目录。《七略》说："《尚书》有青丝编目录"，就是一书之目录。清卢文弨说："《易》之'序为卦传'，非即六十四卦之目录欤?"① 此为《易》一书的目录，它编次汇总了六十四卦的卦名。《诗经》的"小序"，《吕氏春秋》的"序意"，《淮南子》的"要略"，事实上就是各书的目录。西汉司马迁作《史记》，书末为《太史公自序》，分为两大部分。第一部分自述家世、学问、仕途、思想及编纂旨趣、编纂经过等内容，实即全书之大序；第二部分为《史记》130 篇之序目，是为小序。每一条小序概述一篇的内容和要旨，然后列出篇名，即有录有目。《太史公自序》就是《史记》一书的完整目录，它把一书目录推向顶峰，并为群书目录的产生奠定了基础，近似群书目录的分类。与司马迁同时代稍后的杨仆，奉汉武帝之诏整理兵书，成群书专科书目《兵录》一书。"史记序录"和"兵录"的产生，直接启迪了刘向、刘歆创制群书目录，在目录学史上具有重要意义。

西汉末成帝河平三年（公元前 26 年），刘向主持大规模的图书校勘，整理国家藏书，每校完一书，在书末写一篇"录"，说明校书的经过和所用的本子以及内容提要。全部图书校完，"别集众录"成为一部专书叫《别录》，这是我国最早的一部群书目录。20 年后，公元前 6 年，刘向之子刘歆，把《别录》进行删削，并按图书性质和学派分类编次，写成简明的书目叫《七略》，而后班固又"删其要以备篇籍"，改写成《汉书·艺文志》，创造了史志目录。

孔子整理六经，创制书目，标志目录学的产生。刘向、刘歆大规模整理群籍，创制群书目录，又经班固创立史志目录，标志目录学的创立走向成熟。自两汉以后，群书目录的编纂工作，历

① 《钟山札记》卷四。

代相沿不断，成为我国图书整序文献工作中一项有悠久历史传统的工作。

魏晋南北朝时期是目录学第一个大发展时期，不仅目录书数量大增，而且完成了目录分部从《七略》的六分法向《隋书·经籍志》的四部分类法的过渡。《七略》首为辑略，是提要总汇，以下分六类，即六艺略、诸子略、诗赋略、兵书略、术数略、方技略。四部分类为经、史、子、集。《七略》时期，史书不多，附于六艺略中的春秋类。用四部分类与《七略》作比较，六艺略可分析为经部、史部，诸子略、兵书略、术数略、方技略则并入子部，诗赋略转为集部。两种分类法的演进过程表列如下：

1. 七分法目录的分部——《七略》、《汉书·艺文志》

<table>
<tr><td rowspan="7">刘歆《七略》</td><td rowspan="7">班固《汉书·艺文志》</td><td>辑　略</td><td>总序</td></tr>
<tr><td>六艺略</td><td>易、书、诗、礼、乐、春秋，附：论语、孝经、小学</td></tr>
<tr><td>诸子略</td><td>儒、道、阴阳、法、名、墨、纵横、杂、农、小说</td></tr>
<tr><td>诗赋略</td><td>赋一、赋二、赋三、杂赋、歌诗</td></tr>
<tr><td>兵书略</td><td>权谋、形势、阴阳、技巧</td></tr>
<tr><td>术数略</td><td>天文、历谱、五行、蓍龟、杂占、刑法</td></tr>
<tr><td>方技略</td><td>医经、经方、房中、神仙</td></tr>
</table>

2. 四分法目录的分部——《中经新簿》、《四部书目》、《隋书·经籍志》

<table>
<tr><td rowspan="2">荀勖</td><td rowspan="2">中经新簿</td><td>甲　部</td><td>乙　部</td><td>丙　部</td><td>丁　部</td></tr>
<tr><td>六　艺
小　学</td><td>古诸子家
近世子家
兵书兵家
术　　数</td><td>史　记
旧　事
皇览簿
杂　事</td><td>诗　赋
图　赞
汲冢书</td></tr>
<tr><td rowspan="2">李充</td><td rowspan="2">四部书目</td><td>甲　部</td><td>乙　部</td><td>丙　部</td><td>丁　部</td></tr>
<tr><td>五　经</td><td>史　记</td><td>诸　子</td><td>诗　赋</td></tr>
<tr><td>魏征</td><td>隋书·经籍志</td><td>经</td><td>史</td><td>子</td><td>集</td></tr>
</table>

《七略》、《汉志》是学术史目录，分部细密而系统，6略，38种，纲举目张，条理清晰，但是随着文化的发展，图书增多，显然七分法的纲目不能包举全部图书，到魏晋时期产生了以图书性质为部类的四分法。发展过程如次。三国时魏秘书郎郑默以甲乙丙丁四部类次图书，称《中经》。晋荀勖改编《中经》沿用其法，称《中经新簿》，从此确立了四分法。郑、荀四部，史籍在丙部。至东晋李充作《四部书目》，移丙部史籍于乙部，乙部子集改在丙部，从而定下了经、史、子、集四部顺序。但名称仍是甲乙丙丁四部。《隋书·经籍志》正式用经、史、子、集的名称，后世相沿成为通名。四部目录的优点在于，每部之下，可分许多门类，包容更大数量的书目全面地反映社会文化学术的成果，适应了学科分类越来越细，越来越深入的趋势。

刘歆、荀勖、李充的书，早已亡佚。现存的古代目录，《汉书·艺文志》是七分法的代表，《隋书·经籍志》是四分法的代表。从目录的发展史来看，两汉是七分法时期，魏晋南北朝是七分法和四分法互相争竞时期，隋唐以后四分法完全取代了七分法，索引式的图书馆目录成为书目的主流。

传统的七分法、四分法目录，就是古典目录。四分法目录确立以后，目录学继续向前发展。宋代目录工作显著的成绩有两项：一是产生了郑樵的《通志·校雠略》，开展了目录学理论工作的研究；二是产生了尤袤的《遂初堂书目》，这是一部新体制书目，即版本书目。古典目录学至清达于顶峰，体系分类完备的《四库全书总目》是其标志。此外，在中国目录学发展史上，还有九分、十二分、十八分、三十三分等分类方法的理论探讨，但未在实践中施行，兹不赘述。

四分法的分部，所谓经部，专指儒家的经典和解释这些经典的儒家著作；史部，编次各类历史书；子部，编次诸子百家即哲学类图书；集部，编次文学类图书。古代自然科学不发达，归附于子部。每一部下面又分若干小类。清代官修的《四库全书总目提要》分类细密，堪称四分法目录的典范之作。

《四库全书总目提要》是古典目录学的高峰，在目录学史上是一部划时代的里程碑学术工程，直到20世纪上半叶，学术界对它的研究仍是一个主要课题，著名目录学家胡玉缙、余嘉锡等以毕生精力对它作《补正》和《辨正》。对于中国古籍的分类，《四库全书总目提要》是一部永久的中国目录学经典著作。

《四库全书总目提要》的分类细目表列如下：

《四库全书总目提要》的分类

	1	2	3	4						5	6	7	8	9	10		
经部	易类	书类	诗类	礼类						春秋类	孝经类	五经总义类	四书类	乐类	小学类		
				周礼	仪礼	礼记	三礼总义	通礼	杂礼						训诂	字书	韵书

	1	2	3	4	5	6		7					8	9	10	11		
史部	正史类	编年类	纪事本末类	别史类	杂史类	诏令奏议类		传记类					史钞类	载记类	时令类	地理类		
						诏令	奏议	圣贤	名人	总录	杂录	别录				总志	都会	郡县

	11							12		13						14		15
史部	地理类							职官类		政书类						目录类		史评类
	河渠	边防	山川	古迹	杂记	游记	外纪	官制	官箴	通制	典礼	邦计	军政	法令	考工	经籍	金石	

	1	2	3	4	5	6		7								8			
子部	儒家类	兵家类	法家类	农家类	医家类	天文历法类		术数类								艺术类			
						推步	算书	数学	占候	相宅	相墓	占卜	命书	相书	阴阳五行	书画	琴谱	篆刻	杂技

	9				10						11	12			13	14
子部	谱录类				杂家类						类书类	小说家类			释家类	道家类
	器用	食谱	草木虫鱼	杂物	杂学	杂考	杂说	杂品	杂纂	杂编		杂事	异闻	琐语		

	1	2	3	4	5				
集部	楚辞类	别集类	总集类	诗文评类	词曲类				①《文献通考》所立“诗集”一类，此入“别集类”。②《文献通考》又立“诏令奏议”一类，因事关国政，此入史部。
					词集	词选	词话	南北曲	

第三节 20 世纪目录工作的扩展

20 世纪文献制作进入工业化生产，图籍大增。社会各界，个人读书治学，要求迅速获取研究资料，交流学术信息，积累文献成果，这一切推动目录工作迅猛发展。在 20 世纪二三十年代和 80 年代目录学两度掀起热潮，生动地反映了目录学在现代社会成为时代风雨表的特点。20 世纪下半叶，新中国成立，政治稳定，经济繁荣，文化高涨，目录工作成为信息产业的一个重要部分，取得的成绩最大。总体上成绩可以概括为以下几个方面。

第一，目录工作作为文献工作的一部分，逐渐列入国家文化教育、科学研究的总体发展计划。1956 年国务院科委颁布《全国图书协调方案》，组织全国性和地区性协作，开始编制国家书目、联合书目与专科书目的工作。1978 年，中国文献工作标准化技术委员会成立，正式参加国际标准化组织（ISO）、国际文献联合会（FII），并着手制定文献著录与检索等中国国家标准。计有：

GB 3792.1—83 文献著录总则

GB 3792.2—85 普通图书著录规则

GB 3792.3—85 连续出版著录规则

GB 3792.4—85 非书资料著录规则

GB 3792.5—85 档案著录规则

GB 3792.6—85 地图著录规则

GB 3792.7—87 古籍著录规则

GB 1245·1—90 图书在版编目数据

GB 5795—86 国家标准书号

GB 9999—88 国家标准刊号

GB 3469—83 文献类型与文献载体代码表

这些有关文献工作标准的颁布与推广，以及《中国图书馆分类法》、《汉语主题词表》的编制与推广应用，直接推动了新中国书目系统的建立与书目编制技术的研究，大大提高了我国文献工作水平与目录质量，为文献资源的管理、交流和共享，以及文献工作的计算机管理，奠定了基础。从理论上说，文献工作标准的制定与推广，不仅是我国目录工作和目录研究的重要成果之一，而且也是逐步与世界书目接轨的重大举措。

第二，编制及时反映新出图书期刊的大型国家书目。古代官家藏书属于回溯性书目，20 世纪 30 年代产生及时传递情报信息的新书目，有《全国新书目》、《期刊总目录》。单位编纂的书目有现代书局《图书总目》(1933 年)、生活书店《全国出版物目录汇编》(1933 年)、开明书店《全国出版物总目录》(1935 年)等。1937 年郑慧英编纂了《中国杂志总目提要》，收录 1915—1936 年杂志约 2000 种。另外，中华图书馆协会也在《图书馆学季刊》、《中华图书馆协会会报》上发表了很多当时新生的期刊目录。新中国成立，大型国家书目得到长足发展和完善。1950 年，由中央人民政府出版总署图书馆编印《每周新书目》，1953 年，改名《每月新书目》，1955 年定名《全国新书目》，1956 年起更名为《全国总书目》，及时报道全国新书出版与重印文史书籍的情报。《全国总书目》1949 年至 1955 年由新华书店总店编辑，1956 年改由版本图书馆编辑，按年连续出版，1966 年中断，1971 年恢复。20 世纪 80 年代，又出版了《中国国家书目》、《民国时期总书目》，产生了巨大影响。

第三，编制系统的联合书目。我国书目工作合作化始于 20 世纪三四十年代。1929 年至 1949 年间，北平图书馆协会主持编制了 8 种联合书目，只保存下来了 4 种，全是北平一地的地区性联合书目。新中国成立以后，由国家组织有计划有步骤地逐步完成有系统的专题联合书目。其中有《中国丛书综录》、《中国近现代丛书目录》、《中国古籍善本书目》、《中国地名志联合目录》、《全国中文期刊联合目录》(1833—1949 年)、《中国古农书联合目录》等。按文种、地区、行业系统编制的联合目录有《全国西文期刊联合目录》、《全国俄文期刊联合目录》、《全国日文期刊联合目录》等。还有大量新书新刊预订联合目录、馆藏联合目录。我国联合目录已初具系统化。

第四，学者个人著述的专题书目。此类书目，举不胜举，差不多重要典籍的研究和重大事件、重大课题的研究都有专题书目，例如《整理书目五种》，姜亮夫编，1961年中华书局出版；《红楼梦书录》，一粟编，1958年上海古典文学出版社出版；《史记研究资料索引和论文专著提要》，杨燕起、俞樟华编，1988年兰州大学出版社出版；等等。史料汇编书目，如《中国佛教史籍概论》，陈垣著，1962年中华书局出版；《太平天国资料目录》，张秀民、王会庵编，1959年上海人民出版社出版；《中国近代史资料目录》，华东师大历史系铅印本；等等。不可胜数，兹仅举数种以示例。

第五，图书馆目录体系。图书馆是现代社会最重要的藏书机构，也是服务机构。发展极为快速，编制目录最完备，也最多，形成书目服务体系。1912年京师图书馆，即今日中国国家图书馆之前身，建成开放，是我国第一个现代图书馆。这一服务公众的新兴事业，即使在战乱年代也发展很快。1918年有通俗图书馆286个，巡回文库259个。1925年全国有图书馆502个，到1936年发展到5956个。现在全国各类图书馆数以万计。图书馆进书量大，要求及时服务于公众，因而图书馆编目，不仅成为现代社会整个目录工作的主要部分，也是编制书本式目录和书目服务的主要阵地。每一个图书馆都有簿籍馆藏目录，同时编制服务书目，有卡片式的书名目录、分类目录、著者目录。现代计算机管理也首先在图书馆运用。

此外，由于书目数量激增，20世纪产生了书目之书目的新品种。这类书目不多，但很实用。

第四节　图书分类法的变革

图书的分类既是图书馆整序的本质，也是目录学原理的基础，在目录学中居于举足轻重的地位。决定图书分类的基础是图书的数量和品种。图书的数量和品种，与时推移，如同江河之归大海，日益增多和壮大，因此图书的分类是应时而进，永远处于变革之中。中国古典书目的分类自定格为四分法后，千年徘徊，到20世纪这一局面被打破，现在由中图法取代了四分法，完成了一次图书分类法的大变革，下分两个细目来谈。

一、西方目录学的传入及其影响

中国目录学的起源和发展要比西方早得多，在中世纪以前一直处于领先地位。西方近代工业和科学的发展，推动图书馆和博物馆的兴起，也促进了目录工作和目录学的发展。19世纪末至20世纪初，是西方目录学发展最活跃的阶段。1895年国际目录学会在布鲁塞尔成立，标志目录学在国际范围内展开讨论和情报交流。1908年《英美编目条例》出版，标志目录工作标准化提上议事日程。特别是图书馆以报导新书为主的编目法逐渐形成，较为先进的十进分类法得到广泛应用。这一切，表明西方目录学在近现代走在时代的前列。

十进分类法是美国杜威在1876年提出的。该分类法以阿拉伯数字作为类目的标记，把图书分为十部，部下分为十类，每类下又分为十目。十部为：（1）总类；（2）哲学；（3）宗教；（4）社会科学；（5）言语学；（6）自然科学；（7）应用技术；（8）美术；（9）文学；（10）历史。以0代“总类”，以1代“哲学”，顺推至9代“历史”。单位代目，十位代类，百位代部，即000为总类，100哲学，200宗教，300社会科学，800文学，900历史。类目总数达到1000。目之下加小数分为十分，分之下百分为十组，即小数后两位号码用以代表各项小科目，总数达到十万科目，可以满足图书品种的不断增加，并能适应图书馆每日进新书以便分类插架，充分显示图书分类的系统性与科学性。因为分类号码登记于书皮，按数字顺序排列于厨架。如某一类新书增加太多，只需将下列各号码之书往后推移，即可插入。由于目录及书皮之号码永久固定，只要查询某号即为某类某目，检之即得。又号码次序与学科的毗邻关系相连，既便于记忆，也便于寻找。如500为“自然科学”，510为“数学”，511为“算术”，512为“代数”，513为“几何”，等等，各部依此类推。在各种分类法中，十进制最有灵活性。[①] 杜威的十进分类法在1895年得到布鲁塞尔国际目录学会的公认。1905年该会发表了五种补助符号，完善了十进分类法。

20世纪初，西方目录学和十进分类法传入中国，打破了中国千年徘徊的四部分类法，产生了很大的影响。1909年至1910年，孙毓修在《教育杂志》上连载“图书馆”一文，介绍了西方的目录工作和杜威的十进分类法。1922年，朱家治在《新教育》杂志发表《欧美各国目录学举要》，推荐介绍了美、英、德、法等国各种书目38种。1926年，杜定友撰写了《西洋图书馆目录史略》。1944年，张遵俭撰写《中西目录学要论》一书，开启中西目录学的比较研究。

《书目十类法补编》（见《清华学报》第二卷一期）、杜定友《图书分类法》，王文山《南开大学中文书籍目录分类法》（1926年）、皮高品《中国图书十进分类法》（1934年）等。姚名达在《中国目录学史》一书中列举了十五家，分为五个流派，第一派为保存杜威十部中大多数类目而增减变动若干类目；第二派为仿杜威十进分类之意而变更部类次序及名称；第三派为仿杜威三位数字作分类号码之意而另创部类不用十分法；第四派为遵守杜威成法而稍微增减子目；第五派为不改杜威成法而增加几种符号和号码以包容中国之书。由于中西学术的差异，杜威法不完全符合中国学术，但它的先进性毋庸置疑，故能在中国学术界引起巨大反响，并彻底打破了中国四分法千年徘徊的沉寂，催化了中国古典目录四分法的终结和现代目录学的建立，这是无可否认的。

二、《中图法》取代四分法的历程

中国20世纪目录学是从古典到现代的一个转型期。大体上

① 姚名达：《中国目录学史》，上海书店1984年版，第149—151页。

说，以四分法图书目录的终结和以《中图法》图书馆目录取代四分法为标志，意味着古典目录的终结和现代目录的诞生。这是一个逐渐演变过程，不能划一个绝对年代临界点，只能大体上说，20 世纪上下半叶为其分界。因为上半叶图书馆仍多沿用四分法，下半叶完全为《中图法》系统所代替。

开启冲击四分法目录的代表人物是 19 世纪末维新巨子康有为和梁启超。他们身体力行，首先引进西法改造中国目录学应视为维新思想的一个组成部分。因此，康梁成为中国目录新学的先驱是理所当然的。

康有为（1858—1927），原名祖诒，字广厦，号长素，又号更生，广东南海人。清末维新运动领袖。康有为为了推进维新改良运动，自觉地以目录为武器，对开创我国现代目录学，做出了卓越的贡献。他的维新思想代表作就是《新学伪经考》和《日本书目志》。

《新学伪经考》是一部辨伪目录学论著。该书 14 卷，初刊于 1891 年。康氏从“辨章学术，考镜源流”出发，以考证学术为手段，对古籍进行辨伪，总结西汉今古文之争。康氏认为古文经学是帮助王莽夺取政权建立新朝的伪学，当称“新学”。康有为说，古文经出自刘歆伪造，故称“伪经”。康有为的辨伪多有穿凿，但他的目的是用辨伪手段来反对“恪守祖训”的顽固派，批判古文经学“述而不作”的旧说，肯定今文经学的革新精神，在发起戊戌变法时产生过重要影响。

《日本书目志》是继《新学伪经考》的姊妹篇。该书 15 卷，是一部介绍日本图籍的书目。全书分为十五门，计有：（1）生理；（2）理学；（3）宗教；（4）图史；（5）政治；（6）法律；（7）农业；（8）工业；（9）商业；（10）教育；（11）文学；（12）文字语言；（13）美术；（14）小说；（15）兵书。门下再分小类子目，由数目至数十目不等，如生理门，下分生理学、生理学通俗等 36 子目。该书许多类目的分与属不甚恰当，例如“小说”不附于“文学”，“交通”附属于“商业”，“社会”、“经济”、“家政”等附属于“政治”，均可商榷。尤其是把“物理”、“理化”、“天文”、“历”、“气象”、“地质”、“矿山”、“地震”、“博物”、“生物”、“人类”、“动物”、“植物”、“哲学”、“论理”、“心理”、“伦理”等学均属“理学门”，有些不伦不类。但该书一反传统四部分类法，首创新分类体系，传播新思想，却是难能可贵的。该书的著录项目也有新意，在收书之下，多注明文种、出处、册数、译者，以及定价，非常实用。

梁启超（1873—1929），字卓如，号任公，又号饮冰室主人，广东新会人。政治活动家、国学大师，晚年淡出政治，讲学于清华大学、南开大学等高等院校，专心致力于史学、文学、哲学、佛学，以及目录学的研究，著作等身，有百余部论著，收入《饮冰室合集》者 1400 余万字。

梁启超的目录学论著有近 20 种，《西书提要》、《西学书目表》、《国学入门书要目及其读法》、《最低限度之必读书目》、《要籍解题及其读法》、《佛经目录在中国目录学之位置》等都是名著。其中《西学书目表》是体现新学新思想的代表作。该表 4 卷，札记 1 卷，后附有《通商以前西人译著各书》，计收书 400 种，分学、政、教（宗教）3 类。但宗教虚设，未有著录，而不能归属之书，另立杂类。故全书实为 3 卷。上卷为西学类（略当自然科学）13 目：算学、重学、电学、化学、声学、光学、汽学、天学、地学、全体学、动植物学、医学、图学。中卷为西学政类（略当社会科学）10 目：史志、官制、学制、法制、农政、矿政、工政、商政、兵政、船政。下卷为西学杂类（略当综合性图书）5 目：游记、报章、格致、西人议论之书、无可归类之书。梁氏的分类，亦颇多商榷处。如把“农”、“矿”、“工”、“商”等实业并入政类，就属不当。但梁氏大方向主张按学科分类编制目录，富有时代气息，为图书目录打破四分法，确立新分类法开辟了道路。自此例一开，仿行者继踵，有徐维则《东西学书录》、顾燮光《译书经眼录》、沈兆纬《新学书目提要》等。

“五四”运动以后，新文化高涨，西方十进分类法传入中国，一石击起千层浪，在 20 世纪二三十年代形成目录学的热潮。但由于中西学术的差异，中国目录的革新不能照搬西学。所以图书馆目录仍多沿用四分法。参考西法，改进中法，适应中国学术，保持中国特色，在新旧学的转型中，具有承先启后的目录学论著，毫无疑问应推30年代产生的《国学图书馆总目》一书。

《国学图书馆总目》为时任江苏省立国学图书馆馆长，现代著名目录学家柳诒徵主持编撰的。柳诒徵（1880—1956），字翼谋，号劬堂，江苏镇江人。生平著述宏富，有124种。主要目录学论著有《国学图书馆现存目》、《中国版本概况》、《检书小识》、《劬堂读书录》、《劬堂题跋》、《国学图书馆概况》、《国学图书馆小史》等。最具代表的鸿篇巨制是1933—1935年主编的《国学图书馆总目》，该书56卷，30巨册。襄助者有范希曾、缪凤林、王逸樵、周悫等人。但每一册书成，裁夺取舍皆出柳氏亲自校订，精心研究，如同司马光撰《资治通鉴》。

《国学图书馆总目》有四大成绩。其一，收录典籍之多，为当时之冠。正编收录图书37002种，59228部，118922册，478838卷。续编收书24926册。规模超出《四库全书总目提要》达5倍之多，且汇录善本、普通本、丛书于一编，为全国藏书目录之首。其二，分类别于往古。该书在四分法的基础上增加了志类以收方志、丛部以收丛书、图部以收地图及各种图册，变四分法为七分法。其三，子目详备。该书部分缕析，类目85，属目832，比《四库全书总目提要》的类属大为扩充，用以容纳自然科学和社会科学新旧图书。柳氏还提出了革新史籍分类的思想。其四，著录规范，项目周全。既著录书名、撰者、籍贯、版本、著作方式和稽核项，又采用互见著录，裁篇别出，使学者可窥其脉络。综观该书体制，基本格局仍是四分法，但有创新，在目录史上，可与《四库全书总目提要》并列，是继《四库全书总目提要》之后集四分法大成的一部古典书目终结之作。

新中国成立以后，图书目录分类进行了有组织的改革与创新，先后编制出《中国人民大学图书馆图书分类法》、《中国科学院图书馆图书分类法》、《中国图书馆图书分类法》等，全国各大学图书馆都不尽相同，但基本上大同小异，编目和分类的原则、指导思想是一致的。（1）以马列主义为指导，使经典著作与党和政府的决议、文件得到突出的反映。(2) 分类体系和顺序要具有科学性，使图书内容得到充分反映。(3) 图书的分类和著录要极大地方便读者查阅。

1980 年书目文献出版社出版了《中国图书馆图书分类法》修订本，兼包新旧书和中外书，应当视为现代图书馆科学分类法的标准本。本书简称中图法，1973 年出版以来就为我国相当多的图书馆和情报单位所采用。《全国报刊资料索引》就是根据中图法为蓝本分类的。

中图法将中国图书分为五大部类，二十个基本大类：

〔1〕A、马克思主义、列宁主义、毛泽东思想

〔2〕B、哲学

〔3〕C、社会科学总论

D、政治、法律

E、军事

F、经济

G、文化、科学、教育、体育

H、语言、文字

I、文学

J、艺术

K、历史、地理

〔4〕N、自然科学总论

O、数理科学和化学

P、天文学、地球科学

Q、生物科学

R、医药、卫生

S、农业科学

T、工业技术

U、交通运输

V、航空、航天

X、环境科学

〔5〕Z、综合性图书

20 个基本大类的序列是按五大部类的系统编列的。

第一部类：马克思主义、列宁主义、毛泽东思想（包括 A 类）

第二部类：哲学（包括 B 类）

第三部类：社会科学（包括 C、D、E、F、G、H、I、J、K 等九大类）

第四部类：自然科学（包括 N、O、P、Q、R、S、T、U、V、X 等十大类）

第五部类：综合图书（包括 Z 类）

马克思主义是理论基础，是一切科学的指导思想，所以列为第一部类，而人类社会的一切知识可概括为总结生产斗争知识的自然科学和总结人类社会发展史知识的社会科学两大类，哲学是这两类科学的结晶。组成马克思主义理论的三大来源——哲学、政治经济学和科学社会主义，属于哲学、社会科学的范畴，因此，哲学居第二部类，社会科学居第三部类，自然科学居第四部类，还有一些内容庞杂、归类无所适从，根据图书的特点统名之为“综合性图书”居第五部类。因此，根据《中图法》分类著录的现代图书馆目录，可以叫做五分法书目。五分法既反映了马列主义立场观点的原则性，又反映了图书内容的科学性，因此是比较符合中国特色的科学的图书分类法。

基本大类下再分小类，小类之下又分小目。例如 K 类“历史、地理”分 12 个小类，历史占 11 个小类：

0　史学理论

1　世界史

2　中国史

3　亚洲史

4　非洲史

5　欧洲史

6　大洋洲史

7　美洲史

81　传记

85　考古学

89　风俗习惯

K2　小类下又分八个子目：

20　通史

21　原始社会（约60万年前—4000多年前）

22　奴隶社会（约公元前21世纪—公元前475年）

23　封建社会（公元前475—公元1840年）

25　半殖民地、半封建社会（1840—1949年）

27　中华人民共和国：社会主义革命和社会主义建设时期（1949年—　）

28　民族史志

29　地方史志

这样的分目极细密而有条理，最大限度地反映了图书的内容，构成一个多层次的完整体系，便于图书的分类编目插架和检索。

但是，应该明确，K历史类所包括的还不是历史学科的所有门类。例如，要了解中国哲学史的书目，就还需要查找B2小类中国哲学；要了解中国佛教史的书目，就需要查找B 94子目佛教；要了解中国军事史，就需要查找E 29子目军事史；要了解中国天文学史书目，就需要查找P1天文学；等等，依此类推。

中国古典目录产生于春秋末年，兴起于西汉盛世，至清而达于鼎盛。近代图书目录学兴起，古典目录学成为历史研究的学科。现代图书飞速发展，中图法的确立，标志现代图书目录学体系建立。中国目录学完成新旧体系转换，历经差不多整个20世纪一百年。

第五节　目录学的功能

图书目录通过对图书的分类登录和评述内容提要来揭示图书的性质，宣传图书，指导阅读，这就是人们常说的：“目录为治学之门径。”但是，随着社会进步、科学文化事业的发展，目录的内容、记录的对象发生了巨大的变化。现代社会的报纸期刊目录、图书馆和情报部门的工作目录、通报目录、交换目录，以及出版部门、书店、发行商编印的大量商业目录、其他资料目录，这些大大超过图书目录，每日每时不停地生产。现代社会，目录体系是情报信息产业的一个组成部分，它对社会公众的生活、工作都息息相关，目录学的功能大大扩展，而目录学的治学功能，从来都是只对极少数人起作用的基本功能，在整个目录学的功能中现已退居为次要地位。

目录学的功能，应当是目录学理论研究的一个重点。不同的目录，产生不同的功能。对目录学功能的研究，实质是对目录多样化体制的研究。这一方面，理论大大滞后于实践。例如商业目录就未进入目录学理论研究者的视线。而最活跃的，可以说是第一层次的图书目录就是商业目录。古代由国家组织的大规模整理图书，而后形成国家书目的工作方式已成历史。现代图书以商品形式服务于社会，出版社出版，书店与发行商发行，图书馆采购收藏，公众到图书馆借阅，这样一个知识传播流水线，目录就是其中的传输纽带。按这样一个视角来考察目录的功能，可解析为以下几个方面。

第一，情报信息功能。目录期刊、特种资料、交换目录、通报目录等，及时向大众传播情报信息。其中商业目录，往往要给图书做广告包装，对图书内容和主题词的提炼与发挥，是一门学问。商业目录的广告包装已经对出版产生了极大的反馈作用。现在出版图书，除少量学术著作外，都要求有双效价值，即社会价值、经济价值。图书勒口、扉页或封底大都有作者介绍、图书内容提要，这些其实就是商业目录广告的一部分。所以目录学不研究商业目录是滞后于实践，滞后于社会发展的。

第二，图书整序功能，指导收藏。我国历史上的第一部目录书《别录》是西汉刘向先整理图书而后产生的。这叫理论产生于实践。理论形成以后，反过来指导实践，实践又丰富理论，理论才有发展。这是一切学科的发展规律。现代图书馆是国家和单位收藏图书的机构，图书馆采购、编目、分类上架、开放借阅，一整套系统的目录工作程序，毫无疑义是在已有的目录学框架指导下进行的，这就是目录学的图书整序功能。

第三，检索功能。公众大众使用图书，最迫切的寻求不是治学门径，而是获取资料信息，因此检索是第一需要，这就是检索类书目最畅销的根本原因。“索引”目录应运而生。

第四，治学功能。目录的治学功能主要不是为初学者服务，而是为专家学者的治学提供指南，尽管这一功能是为少数人服务，但它是目录学功能的最高层次。

上述目录学的情报功能、整序功能、检索功能、治学功能，构成现代目录学的四大功能。这四大功能不是平行的，而是一种上升层次。整序功能是基础，因为没有图书收藏，什么也谈不上。古代国家集中整理图书，直接目的就是盘点收藏。整序的基础工作就是部属甲乙，即目录学的本质是簿计之学，这就是杜威十进分类法得以普及的根本原因。

“辨章学术，考镜源流”是中国古典目录学的一大优点。目录学发展到了清代，受到学术界的高度重视，视为治学之门径。清王鸣盛在《十七史商榷》中说：“目录之学，学中第一紧要事，必从此问途，才能得其门而入。”张之洞在《輶轩语·语学第二》中说：“泛滥无归，终身无得，得门而入，事半功倍。……此事宜有师承，然师岂易得，书即师也。今为诸君指一良师，将《四库全书总目提要》读一过，即略知学术门径矣。”

王鸣盛、张之洞的理论观点没有错，指导治学门径是目录学的功能之一，但不能过分夸大，应当放在一个适当的位置。刘向《别录》，有目有录，适应当时的环境，但不能作为永范。目录学发展到现代，解题目录只是书目的一个分支。那种认为没有解题的书目不是目录学的观点，恰恰是只见树木不见森林的保守而迂腐的观点，已无讨论价值。

目录学的治学功能，在专家学者手中运用最熟，可以说这一功能主要是为这一部分人服务的。特别是研究国学，整理古籍，目录学具有重要作用，可以具体为五个方面：（1）利用书目簿录群籍，了解图书基本情况，查找所需图书；（2）利用书目的分部类别和提要，分辨图书学术源流；（3）利用各朝代书目著录的变化考证伪书，余嘉锡在《目录学发微》中具体条列了运用书目辨伪有六条标准；（4）利用书目提供阅读或整理古籍较好的版本；（5）利用书目熟悉史部群籍，有利于校勘。在校勘中使用他校法，如不熟悉古籍便无法进行。熟悉古籍，就要认真阅读几部有代表性的书目，如《书目答问》、《四库全书总目提要》等。

总之，目录是传递信息、检索资料、读书治学的重要工具之一，对初学者，是入门的钥匙；对研究者，又是深入的指南。对文献工作者来说，懂得目录学是从事古籍整理的基础知识，是具有学术功底的表现。

第六节　20世纪的目录学家及其成就

目录学是20世纪的一门显学，名家辈出，目录学名著纷呈，除前文已述及的康有为、梁启超、柳诒徵外，再列14家，分两类书目按作者卒年顺序排列，以资参考，足见20世纪目录学之盛。

1. 胡玉缙（1858—1940），字绥之。一生致力于目录学。著有《四库全书总目提要补正》60卷、《四库未收书目提要补正》2卷、《四库未收书目提要续编》24卷、《许庼经籍题跋》20卷。代表作《四库全书总目提要补正》更是呕心沥血、瘁力一生，影响很大。该书类目完全承袭《四库全书总目提要》，有利于逐类补正。据统计，经部补正图书366种，史部749种，子部532种，集部741种，总计2388种。补正内容主要有三项：一是考证资料，内容涉及作者生平、编纂体例、版本、校勘等；二是辑录他人对该书的辨讹、纠谬，以及考证；三是以按语形式旁征博引，发表自己的心得与创见，多有精辟之语。胡氏汇聚清儒对《国库全书总目提要》所做匡谬、补缺的成果于一编，加之博采群籍资料，以及个人的创见，大大丰富了《四库全书总目提要》的内容。

2. 李敏修（1866—1943），名时灿，字敏修。祖籍山西凤台，明初迁居河南汲县。仕宦清廷，长期任职河南地方官，入民国出任过河南教育司司长，《河南教育月刊》社社长，当过北洋政府的参议员和众议员。平生著述繁富。目录学著作有《中州艺文录》、《中州文征续编》、《中州文献征辑处现存书目》一、二、三期。民国三年（1914 年），清史馆成立，李敏修为名誉协修和中州文献征辑处处长，经过多年努力，征辑得大量地方文献，为李氏撰修河南地方文献书目提供了条件。《中州艺文录》42 卷，目录 1 卷，该书分类不依经、史、子、集四部，而按河南行政区划编次，首以府排，再按县列，县之下以作者标目收罗个人书目。全书计收河南 14 个府州，103 县，1893 位作家的书目。每一作家之后，先立一小传，小传之后列书目，每一书目有提要，再辑录他人的评价。这种按地方政区分类，以人收书目，对传、录、辑相结合的提要别开生面。一编在手，有清一代中州文献囊括无遗，以书类人便于浏览作者的全部作品，有利于对地方文化发展的研究。

3. 丁福保（1874—1950），字仲祜，自号畴隐居士，江苏无锡人。近代藏书家、文学家、医学家。著述医学书多种，汇为《丁氏医学丛书》。编撰《说文诂林》、《文选类诂》、《佛学大辞典》等。目录学著作有《算学书目提要》、《丁氏医学丛书提要》、《历代医学书目提要》、《医书提要》、《四部总录医药编》等。流传最广者是《四部总录医药编》，1955 年商务印书馆出版线装本。该书收书丰富，分类详审，收录题跋繁富，附录称善，备有索引，极便检索。该书规模体制，实属空前。龙伯贤在序中评价说："本书是学习中医的入门指导书，也是研究中医的基本工具书。""凡是学习和研究中医学及中医学史的同志们，必能从这一部书获得帮助。"

4. 余嘉锡（1883—1951），字季豫，湖南常德人。近代著名目录学家。主要目录论著有《目录学发微》、《四库全书总目提要辨正》、《书册制度沿革考》等。《四库全书总目提要辨正》，是余氏从17岁开始读《四库全书总目提要》积50余年之所得，始成是书，辨正总目500余种。《目录学发微》是余氏于20世纪30年代在大学讲授目录学的讲义，是一部较为系统的目录学理论专著。该书引用大量古籍资料，对目录学的意义、功用、源流，以及历代目录类例的沿革和体制，诸如篇目、叙录、小序、版本、序跋等，阐述详备而简洁。书后附有《古今书目分类异同表》，对研究或使用古典书目，很有参考价值。

5. 孙殿起（1894—1958），字耀卿，河北冀县人。孙氏是在北京琉璃厂专事贩书的商人，以他的国学功底和敏锐的鉴别能力，利用数十年贩卖旧书手经目阅之便，逐一记录经手的书册，计有数万条之多。最后筛选编成《贩书偶记》、《贩书偶记续编》、《清代禁书知见录》、《清代禁书知见录外编》四书，成为享誉社会的目录版本学家。《贩书偶记》20卷，著录图书10000多种，按传统的四部分类，计4部59类83门，门下还有小目。书名下尽量注明作者时代、姓名、籍贯、刻版情况，或间有图书内容，简明而实用。该书的价值在于所收图书基本上是《四库全书总目》未收的书目，或间收有相同的书，卷数、版本必有不同，因此它成了一部补充《四库全书总目》的目录专著。分类承旧法而更精细，还有所创新。《清代禁书知见录》及《清代禁书知见录外编》，计收录清代禁书1400多种，可考察清代禁书的情况，亦很有价值。两书开创按书名首字笔画多少为序的编目方法极为罕见，是孙氏的首创。

6. 阿英（1900—1977），原名钱杏邨，曾用名谦吾，笔名多个，安徽芜湖人。现代作家、文学史家。生平著述甚富，涉及文艺创作、文艺评论、文学研究、文学史，以及小说、剧本、散文、目录等创作一百四五十种。其中目录著作32种，代表作有《中英鸦片战争书录》、《中法战争书录》、《国难小说丛话》、《晚清戏曲录》、《中国新文学大系》、《晚清文学期刊述略》、《辛亥革命书征》、《淞沪抗战戏曲剧目》、《华中根据地戏剧书录》等。这些书目有的只是簿记甲乙的图书馆式书目，仅有书名、作者、卷数，有的有内容概要，有的有详细提要，或版本变化以及评论，大约是以掌握的客观资料详略而形成的体式。阿英是一个革命者，因此，所编书目多关注国难史籍和革命图书以及现实报刊。阿英是文学家，他发挥个人之长，继承《七略》写大小序例的优良传统，在所编目录中，综括目录旨趣，或写“小引”、或撰“编例”，或编“例言”，文采横生，言简意深，为常人所难及。

7. 王重民（1903—1979），字有三，原名鉴，自号书斋为冷庐，河北高阳县人。北京大学图书馆学系教授。现代著名目录学和版本学家。王氏研究领域宽广，在历史学、科技史、古典文学、敦煌学、方志学、古文献学、目录学、版本学等多方面均有建树。他对目录学的贡献主要有以下四个方面：第一，传授目录学理论。王重民长期在北京大学图书馆学系任教授，从1950年到1975年期间，先后开出《中国工具书使用法》、《普通目录学》、《历代书籍目录学》、《中国目录学史》、《中国书史》等课程。并编辑有《中国目录史料》、《近代目录史料》，与朱天俊合编《参考资料与参考工具》等教学参考书。第二，搜集整理文化遗产。1934年，王重民被派往德、法、英、美等国考察和搜集流失国外的古典文献，他不辞劳苦，搜集的古典文献有：敦煌遗书、太平天国史料、古刻、旧钞的罕见传本，以及明清间西洋传教士的华文著述。编撰成书的有：敦煌遗书《伯希和劫经录》、《巴黎敦煌卷叙录》一、二辑；太平天国史料《伯林访书记》、《记普鲁士国立图书馆所藏太平天国文献》、《记巴黎国家图书馆所藏太平天国文献》；善本书目（美国）国会图书馆藏《中国善本书录》；传教士著作《罗马访书记》、《明清之间天主教士译述书目》（未完稿）等。第三，编制书目索引。计有：《清代学者关于禹贡之论文目录》、《清代学者地理论文目录》、《本草经眼录》、《清代文集编目分类索引》、《太平天国官书十种》、《石刻题跋索引》正、续编、《国朝先正事略索引》等数十种。第四，撰写善本书目提要。王重民从1939年到1949年间，积十年之功，撰写善本书提要5000余篇。这些提要，经整理去其重，取名《中国善本书目提要》，1983年在上海古籍出版社出版，包括补遗得4300余种。该书将在本书第六章“版本学”中详述。此外，商务印书馆 1984 年还出版了王重民的遗著《中国目录史论丛》。

8. 谢国桢（1901—1982），字刚生，号罗墅湾人，河南安阳人。现代明清史家和目录学家。目录学方面的主要论著有：《晚明史籍考》、《清开国史料考》、《清初史料四种》、《北京图书馆善本丛书第一集》、《清初农民起义资料辑录》、《明清笔记丛谈》、《两汉碑刻砖瓦拓本集录》、《江浙访书记》、《黑龙江通志稿艺文志》、《河南通志稿艺文志》等。其中著名的力作是《明清史籍考》。该书分类，并按时代先后为序，次以事实内容性质分类，类下分目。在类目之前撰有序跋、题识、凡例。对作者生平、图书内容等以按语出之，言简意赅。对收入之书，尽量著明版本，宋元旧椠，还记明行数，以及藏书家等内容，以便寻检。谢氏书目的这一体式或是继承多种传统目录的优点综合运用的结果，为目录学界所称道。

9. 胡述兆、金恩铭联合主编《中国地方志总目提要》。该书分旧志提要、新志提要两个部分。台北汉美图书有限公司 1996 年出版旧志提要，上中下三册，600 余万字，2001 年出版新志提要 300 余万字。旧志，指中国古代、近代方志，迄于 1948 年；新志，指 1949—1999 年新修的县志。1987 年，台湾大学胡述兆教授与吉林省图书馆金恩铭研究员联合发起，并邀集海峡两岸 200 多位学者共襄盛举，随即启动，历时八年完成旧志提要，又历时五年完成新志部分。两部方志提要前后相承，珠联璧合，共收古今方志 11979 种，著录编修人 47667 人，总字数近 1000 万字，洋洋大观。这是当代学者集体创修，继《四库全书总目提要》之后最系统最全面规模最大的一部提要书目，也是地方志由目录性总结发展到考评性总结的飞跃。该书对 1949 年以前历代中国府州县乡志存佚、收藏、版本、作者、内容、价值等做了系统的总结；同时对新中国成立 50 年以及台湾地区新修的新志做了系统的考评。上下贯通，也可以说是一部方志目录通史，是中华民族当代文化建设值得骄傲的一件大事。

以上十位目录学家主要成就是编书目。

10. 姚名达（1905—1942），字达人，号显微，江西兴国人。

梁启超高足，近代著名目录学家。姚名达是一位爱国知识分子。当日寇进犯江西时，他毅然投笔参战，组成“师生战地服务团”，自任团长奔赴前线。1942 年 7 月 7 日与敌遭遇，不幸牺牲，时年仅 37 岁。姚氏天资聪颖，虽然一生短暂，而著述颇多。属于目录学的主要有《目录学》、《中国目录学史》、《中国目录学年表》，皆为名作。其中以《中国目录学史》最为上乘，广有影响，至今仍是治目录学者的必读参考书。该书体例不按一般编年体横断叠垒述史，而是分为叙论、溯源、分类、体质、校雠、史志、宗教、目录、专科目录、特种目录、结论等专题，从不同角度直述古今，概述了中国目录学史的发展，源流清晰，一览无余。《目录学》分为原理、历史、方法 3 编 20 章，内容包括目录史、分类和篇目。《中国目录学年表》，所记更为源远流长，上起公元前 213 年，下止 1936 年，收录公私图书馆目录，详述其编纂原委。姚氏的三部著作，各有侧重而多有联系，可视为姊妹篇。综合三书所反映的目录学思想，大要可概括为五个方面：（1）目录学“在古代，则与校雠学形成二位一体”；（2）中国目录重分类，赞同“即类求书，因书究学”，而“同类之书，所以须时代排列者，正欲考镜源流”，但又批评其短，以学术分类不能反映图书本质，因之主张编制主题目录和插架目录，寻书依主题目录，插架依分类排列，二者不相混；（3）盛赞中国目录有解题的优良传统；（4）由于图书“百科竞出，群书充栋”，提倡专科目录；（5）普及目录，希望统一分类和标题篇目，使治书之业，寻书之法，易做易学，使目录成为人人知道的通俗常识。姚氏的目录学主张，有许多在实践中得到了运用。

11. 汪辟疆（1887—1966），名国垣，字辟疆，江西彭泽人。现代目录学家、校勘学家。一生从事教育，主讲目录学。所著《目录学研究》，1934 年初版，1955 年商务印书馆重印。这是一部很有影响的目录学论著。该书有六个部分：（1）目录与目录学；（2）唐以前之目录；（3）论唐宋元明四朝目录学的发展；（4）探究《七略》与四部之异同；（5）论丛书源流类别及索引编制法；（6）汉魏六朝目录考略。全书系统地论述了中国目录学的产生、发展、变化，对目录学的重要问题都有详细的阐述，引证资料丰富，行文畅达，是研究古籍和目录学史的重要参考书。

12. 刘纪泽（1897—1957），字平山，江苏盐城人。教授，目录学家。他的《目录学概论》完成于1931年，比姚名达、汪辟疆都早，享誉一时。该书结构分为三个部分。第一部分自序，高度概括了目录学的产生、发展以及功用。第二部分是全书的主干内容，阐述目录学的起源、定义、体例、派别、功用，以及在史学上的地位。第三部分附录，附录一列举了目录学参考书目，附录二是古今书目分部异同表。刘氏的目录学理论，认为目录起于校雠，它是史志的分支和流派。他分目录类别为目录学家目录、史家目录、藏书家目录、读书家目录四类。他给目录学的定义是："目录学者，综合群籍，类居部次，取便检寻，是其粗也。辨别源流，详究义例，使载籍之存亡可稽，学术之盛衰可考，是其精也。至于记撰人，标卷第，别真伪，拾漏遗，雕版刻，是其末而已矣。"刘氏把治学放在首，部分甲乙放在第二位，恰好颠倒了目录学的本质与真正功能，是其一家之言，代表了传统目录学家的主流思想。

13. 杜定友（1896—1967），广东南海人，著名的图书馆学和目录学专家。一生著述宏富，有80余种，论文400余篇。内容涉及图书馆学概论、图书分类学、目录学、图书编目法、检字法、参考流通、图书馆建筑，以及文献学等。他的目录代表作有《校雠新义》、《东西南沙群岛资料目录》、《鸦片战争以来史料目录》。《校雠新义》十卷，1930年初版。全书分十个问题：类例第一；四库第二；经部第三；史部第四；子部第五；集部第六；编次第七；书目第八；藏书第九；校雠第十。每一题下设若干小题，条理井然。

14. 来新夏（1923—），浙江萧山人。现代图书馆学者和目录学家。主要目录学著作有《近三百年人物年谱知见录》、《古典目录学浅说》，其他论著有《方志学概论》、《北洋军阀史稿》等，以及关于图书馆学的论文多篇。《近三百年人物年谱知见录》六卷，一至五卷是作者经眼所见800余种清人年谱，最后一卷是见于他书或传闻自他人的年谱 140 余种。附录谱名、谱主索引。综览全书，内容丰富翔实，引证的资料可靠，观点明晰，品评中肯，是研究清史的一部重要参考书。《古典目录学浅说》，篇幅不大，却是来氏的一部力作。该书体例自成一家，全书分四大部分：(1) 目录学概况；(2) 古典目录学著作和目录学家；(3) 古典目录的相关学科；(4) 古典目录学的研究趋势。第二部分是全书的精华。第三部分相关学科关于"版本学概况"一节，对版本有关问题的探讨，多有创见，特别是总结版本鉴定的五点意见，浅近而精彩。

以上五位目录学家，主要成就是目录学理论。

此外，罗振玉、王国维、胡适、陈垣、陈乃乾、郑振铎、范希曾、郑鹤声、张舜徽等学者对目录学都作出了贡献。郑振铎收藏戏曲等通俗文学作品，编制《弹词目录》、《宝卷目录》、《鼓词目录》；郑鹤声首创《史部目录》，填补了学术空白，限于篇幅，不一一介绍。

第六章　版本学、校勘学

第一节　版本学

一、版本与版本学

“版本”一词，古今含义不同。说到版本，就要弄清何为“版”，何为‘本’，连用为何含义。

书之称版，称本，始于先秦，西汉已成通名，其间已有漫长的历史发展。古人称书为版，为本，与其书写工具和载体密切相关。版，指竹木简牍，书版也。版的本义，就是写字的木板，一般一尺见方，又称方版。写了字的木板就称牍。版牍就是木板书。竹制书写材料称“简”，竹简可拼连可随意延展，比木板更灵活，其后木板也改制成简，于是竹木简牍成了通称。竹木简书卷收成束，称卷。书写很长的书用缣帛代替，收卷成束，里面要安一木轴，以利收卷保存，古人称为卷轴。这木轴就是“本”。《说文》：“木下曰本”。本的原意是树根。所以卷轴书称本，也可称根。至今人们称书的下边叫书根，乃是卷轴称本的遗意。不加木轴的缣帛书折叠收藏，也称为本。汉代，本已成为书的通称。刘向校书，谓校雠曰："一人持本，一人读书。"所持之本，包括简牍和缣帛书。本为书的通名之义，李善注《文选·魏都赋》引《风俗通》释其义说："杀青治竹所书，改治已定，略无讹字，上素之时，即就竹简缮写，以其为书之原本，改名之曰'本'。其后竹简既废，'本'的名称保留在纸质书中，于是'本'之名，遂由竹移之于纸，而一切书皆可称'本'。"

据上所考，版与本，在汉以前各有所指。版，指简牍书的载体。本，指缣帛书的载体书根。版与本也分别代指简牍书和缣帛书。到了西汉，本为一切简牍、缣帛，后来成为纸写之书的通称，表示抄写完整的书，到了南北朝，书之称本已很普通，而且已经有了后世版本的概念。颜之推《颜氏家训·书证篇》就列举了不少本子，有江南本、俗本、河北本、江南旧本、江南书本等。此外，当有写本、碑本（又称石本，即今之拓本）之名。唐代发明雕版印刷术后，这时便称刻字的木板为版，所印的书为本。经过五代到宋，雕版印刷术有了很大的发展，印刷了大量的书籍，于是"版本"两字连用，专称雕版印刷的书籍。沈括《梦溪笔谈》卷十八说："板印书籍，唐人当未盛行之，自冯瀛王始印五径，已后典籍，皆为版本。"宋代米芾《海岳题跋》、叶梦得《石林燕语》、陆游《老学庵笔记》、朱熹《上蔡语录跋》诸书都提到"版本"。《宋史·邢昺传》、《崔颐正传》也使用了"版本"一词。据此，北宋初，版本已作为雕版书的名称，以与手抄写本和金石拓本书籍相区别。这便是"版本"一词的原始意义。

版本的概念，愈到后代愈扩大。清人叶德辉解释版本说："雕版谓之版，藏本谓之本。藏本者，官私所藏，未雕之善本也。"他把版本扩大到一切书写的著作，不只是印刷物，举凡稿本、抄本、写本、拓本等，都包括在内了。今天，版本一词的含义更为广泛，包括古今所有用不同的方法，在不同的地点、不同的时间所形成的各种不同的书本，总称为图书的各种版本。而宋代人所称的版本，今天则称之为刻本或刊本。

专门研究各种版本的刊印质量、格式、版本之间的关系、源流、鉴别，并追溯书籍传播的历史的学问叫版本学。具体说：版本学研究的对象是图书的各种载体形态及其所负载的文字行款；研究的范围包括古今中外一切类型的图书；研究内容可分为版本学理论、版本学史、版本状态和版本鉴定四个方面的内容。这就是 20 世纪的版本学。

二、古书版本的源流与分类

古今任何一种图书，当拥有几种、几十种，甚至几百种版本时，不仅载体或外观形式不同，而且文字内容必然发生差异。由于复本的制作与流传背景不同，差异也不同。版本学以版本为研究对象，就是要探求一书各本之间的差异和流传情况，从而评判一书版本的真伪优劣和价值大小，找出供学习或研究的善本书。由于我国古籍源远流长，版本问题复杂，所以目前我国版本学论述的焦点仍集中并局限在古书的版本上，以致 1989 年巴蜀书社出版的戴南海《版本学概论》还说："版本学研究的对象是包括一切形成在内的各种古籍图书。"尽管这个定义值得研究，但是它道出了目前版本学研究对象的现状，仍以古书的版本源流和版本现象为主要内容。现代图书纳入版本学的视野，在实践中还有一个过程。

中国古代印书没有统一的机构来规划，所以版本很复杂。本书第二章第二节"雕版印刷文献"已略述了宋元明清各代的雕版书历程，这里从版本学角度再归纳如次。按刊刻主体来分，一般地说，可以概括为三大系统：（1）官刻本；（2）坊刻本；（3）私刻本。官刻本、坊刻本，可省称官本、坊本。经官府雕版印行的书，是官刻本。其中，凡属各朝国子监刻印的书，称为监本；明代有南、北两京国子监，因而有南监本和北监本的区别。明代司礼监设立经厂，专掌宫廷内刻印，所刻书称为经厂本。元代中央书局称兴文署。清康熙年间，在武英殿设修书处主持修书、校勘、刻印，凡乾隆十二年以前所刻的书，均写刻精工，校勘精详，纸张优良，墨色亦佳，这就是殿本。地方官刻本，宋代各州公使库、明代地方藩王，以及宋元明清各代书院，皆有刻本。同治年间，创立金陵书局，接着，江西、浙江、福建和两广、两湖相继成立书局，这些书局刻印之书，称为局本。

私刻本，又称家刻本或塾本。明清两代，私刻尤为发达。最著名的如明常熟汲古阁主人毛晋，40余年校刻群籍，刻书600余种，人称毛刻或汲古阁本。

坊刻本指书商书坊的刻本，后人多因地而名。

上述古书版本源流，可列简表如下：

- 中国古书的版本源流
  - 〔一〕官本
    - 中央系统
      - 五代、宋、明监本〔明有南北监本〕
      - 元兴文署本
      - 明内廷经厂本
      - 清
        - 武英殿本
        - 武英殿聚珍本
    - 地方系统
      - 宋公使库本
      - 清局本
      - 宋元明清书院本
  - 〔二〕坊本〔略〕
  - 〔三〕私刻本
    - 宋岳氏相台家塾本、廖氏世綵堂本等
    - 明清之际汲古阁本
    - 清代精刊本

以上版本源流，是以刻书单位来分的，还可以刻书地名分为浙本、蜀本、闽本；以书的装订分为卷子本、梵夹本、旋风装本、蝴蝶装本、包背装本、线装本；以刻书的质量分为单刻本、写刻本、百衲本；等等，这里不再详述。

中国历史最基本的典籍纪传史，旧称“正史”，历代展转翻刻的版本极多，从北宋起历经宋、元、明、清汇刻成二十四史丛书，其源流大体如下表。

宋、元、明、清时代纪传体史的版本

<table>
<tr><th>时代</th><th colspan="3">版　　本</th><th>书　　名</th></tr>
<tr><td rowspan="5">宋</td><td rowspan="4">监本</td><td colspan="2">太宗淳化五年〔公元 994 年〕</td><td>史记、两汉书</td></tr>
<tr><td colspan="2">真宗咸平三年〔公元 1000 年〕</td><td>三国志、晋书、两唐书</td></tr>
<tr><td rowspan="2">仁宗</td><td>天圣二年〔公元 1024 年〕</td><td>南北史、隋书</td></tr>
<tr><td>嘉祐六年〔公元 1061 年〕</td><td>梁书、陈书</td></tr>
<tr><td colspan="3">浙、蜀、闽等坊本</td><td>十七史</td></tr>
<tr><td>元</td><td colspan="3">官　私　汇　刻　本</td><td>十七史</td></tr>
<tr><td rowspan="2">明</td><td colspan="3">南北监本、经厂本</td><td>廿一史</td></tr>
<tr><td colspan="3">汲古阁本</td><td>十七史</td></tr>
<tr><td rowspan="10">清</td><td rowspan="2">殿本</td><td rowspan="2">高宗乾隆</td><td>四年〔公元 1739 年〕</td><td>廿一史〔其后刻成廿四史〕</td></tr>
<tr><td>三十八年〔公元 1773 年〕</td><td>聚珍版廿四史</td></tr>
<tr><td rowspan="8">五局合刻廿四史本</td><td colspan="2">江宁局　翻汲古阁本</td><td>史记、两汉书、三国志、晋书、南北史、宋、齐、梁、陈、魏、北齐、北周诸史</td></tr>
<tr><td colspan="2">扬州局　翻汲古阁本</td><td>隋书</td></tr>
<tr><td colspan="2">　　　　翻汲古阁本</td><td>新唐书</td></tr>
<tr><td colspan="2">杭州局　翻殿本</td><td>宋史</td></tr>
<tr><td colspan="2">　　　　翻江都惧盈斋本</td><td>旧唐书</td></tr>
<tr><td colspan="2">苏州局　翻道光补印殿本</td><td>辽、金、元诸史</td></tr>
<tr><td colspan="2">武昌局　翻汲古阁本</td><td>新五代史</td></tr>
<tr><td colspan="2">　　　　翻殿本</td><td>旧五代史、明史</td></tr>
</table>

我国典籍丰富，传世的版本种类繁多，有优有劣，读书必须善择版本。好的版本书称“善本”。善本书不仅是指版印精美，更主要的是指内容无讹误。通行的善本书称读本。研究版本源流，就是提供善本书和读本。

古书的版本，特别是宋元版本流传下来的很少，多收藏在中国国家图书馆，其次是上海图书馆、南京图书馆、北京大学图书馆，总计近千种。一般图书馆难以看到。但我们可以从《四部丛刊本》、《二十四史百衲本》中看到古代版本的影印本。

20 世纪古籍出版的重要版本，是商务印书馆和中华书局出版的系列古籍丛书。新中国成立前著名的有《四部丛刊》、《四部备要》、《丛书集成》、《诸子集成》、《百衲本二十四史》等。新中国成立后有点校本《二十四史》、《资治通鉴》等。

以上各时代各种类型的古籍版本是建立版本学的物质基础。

三、20 世纪的版本学

前人没有版本学的概念，历代以来的版本学者，都是目录学或校雠学名家，且大多都是士大夫或官僚阶层的饱学之士，他们以刻书藏书为爱好，所以版本工作附属于目录学或校雠学。版本学的研究，主要是版本鉴别欣赏和收藏。版本知识附于目录学中，或藏书题跋中。他们极少将版本学知识和经验上升为理论并做系统归纳。作为独立学科的版本学，只能形成于新时代新学者手中。由于 20 世纪图书事业的发展和学科分类日益细密和深化，版本学才发展成为一门独立的分支学科。这是一个漫长的过程，大体上以新中国成立为分界，20 世纪上半叶民国时期是版本学建立的一个过渡期，20 世纪后半叶是版本学蓬勃发展走向成熟的时期。

1. 民国时期版本学的初创

民国时期涌现出了一批造诣高深的版本学大家，以张元济、傅增湘、郑振铎、王重民等为杰出代表。张元济是近代出版家。他主持商务印书馆的工作，对实用古籍和善本书进行了卓有成效的整理、抢救与出版。影印的《四部丛刊》，迄今为止仍是搜集藏书量最大的一部古籍善本丛书，借用国内外 52 家公私藏书，用力之勤，可以概见。在影印过程中对于版本问题的探讨，丰富了版本学的研究内容。傅增湘（1872—1950），近代著名目录学家。他编撰的《藏园群书题记》、《藏园群书经眼录》、《双鉴楼善本书目》等，是当时最有影响的善本书目。郑振铎（1898—1958）对通俗文学作品版本的收藏、王重民对专书版本《老子考》的研究，以及胡适对《水浒传》、《三国志》、《红楼梦》、《水经注》版本的研究，开拓了版本学的新路子，扩大了版本学的功能，产生了很大的影响。

对版本知识进行系统的理论归纳，把版本的理论建构提上议事日程，应推叶德辉的《书林清话》和钱基博的《版本通义》。

《书林清话》10 卷，1919 年刻印，补编《书林余话》2 卷，

1928年刻印。1959年中华书局将两书合编出版，书后附有李洣的《书林清话校补》。作者叶德辉（1884—1927），字焕彬，号直山，又号郋园，湖南长沙人，校雠学家，广有著述，勤于刻书。叶氏此作以书册装订制度的变化、雕版印刷的发明、发展为线索，全面介绍了由宋至清各个朝代刻本的情况和专门知识，诸如历代钞、印书籍的规格、材料、风格、工价、优劣，以及各类型版本的缘起、源流和各代抄、印、收藏图书的掌故都做了细致而具体的描述，是了解版本的入门书。虽然该书既无版本学之名，又是旧式的笔谈形式，但却是版本知识系统的理论总结，因而在版本学发展史上具有划时代的意义，可以说叶氏启动了现代版本学的建构。

《版本通义》，钱基博著，1933年上海商务印书馆出版，1957年古籍出版社重印。这是第一部以版本为名的专著，全书分为四个部分。“原始第一”，叙述宋代以前的版本；“历史第二”，介绍宋至清各代的版本，以宋版为主；“读书第三”，分经、史、子、集、类书等五类分别对古典名著的版本作个案评价，说明“书以何本为善”；“余记第四”，杂谈版本源流，列举版本学名著，以示读者治版本学之门径。尽管钱氏认为版本学是目录学的分支，它不能完全脱离目录学而独立，但钱氏此作，开启了从理论和实践两个方面对版本学进行理论架构的探索，对版本学的独立发展奠定了基础。

2. 新中国成立以来版本学的蓬勃发展

新中国成立以后，时代巨变，私人藏书式微，大量古书流入图书馆，现代学科分类细密，在这一背景下，版本学为个人学者所垄断的状况自然消失。伴随图书馆的古籍目录整理和当代古籍出版整理，新一代版本学人才应运而生，新型的版本学论著相继出现，历代积累起来的版本学知识得到充分的总结和传播。不过这一局面是直到20世纪80年代以后才形成的。

20世纪五六十年代，版本学的建构仍处于摸索和蓄势待发的状态，它是否是一门独立的学科，还没有定论。这一时期出版的版本学论著数量不多，代表性的著作有陈国庆的《古籍版本浅说》、毛春翔的《古书版本常谈》，专书的版本研究有贺次君的《史记书录》等。陈氏、毛氏两家之作都是小册子。毛春翔仍认为“版本学是目录学的一部分”。由于版本学和目录产生同源，都是西汉刘向大规模整理图书奠定的基础。而且两者研究和编纂的对象都是图书。簿录群籍，先要聚众本校勘写定，而版本源流存佚又是目录书的重要内容。目录包容版本是说得通的。但学术的发展，日益精密，各有侧重，分为两种学科是学术发展的必然。就拿毛氏之作来说，已经是一部新型的版本学论著。该书对“什么叫版本”、“什么叫做善本”、“我们为什么要研究版本”、“如何鉴别版本”等一系列重要版本学课题做了深入浅出的介绍。是书还按时代顺序介绍了自唐以来，历五代、宋、辽、金、元、明、清各个时代的刻本及巾箱本、活字本、套印本乃至各种写本、佛、道版本等知识。像这样集中而系统地讲版本知识，毫无疑义是一部专门的版本学论著，在当时有较大的影响。1977 年上海人民出版社重印了新版。

1978 年，十一届三中全会给科学带来了春天，也给版本学研究注入了重大的活力。当年启动了《中国古籍善本书目》的编制工作，加快了版本学研究的步伐。1978 年在南京召开的《中国古籍善本书总目》编辑工作会议上，提出了要加强版本学研究、培养版本学人才的意见，并结合总目的编辑工作，在北京举办了短期培训班。为了加强对版本学研究的指导，中国图书馆学会筹备成立了版本学研究委员会，1988 年 11 月底在宁波召开了正式成立的委员会的首次工作会议。这标志着国家鼓励和支持版本学的研究。80 年代版本学研究日渐升温。十余年间，发表的专题论文数百篇，更随着一系列学术论著的出版，作为独立学科的版本学得到了世人的普遍承认。

20 世纪 80 年代以来的版本学研究，向纵横两个方向展开。纵向研究是对版本在不同历史时期发展演变情况及其异同鉴别的研究，触角伸到了各个历史时期和版本学的各个方面：或研究某一版本学家，或评析某一版本学著作或者流派，或综述某个断代版本风格和特征。横向研究，是指研究版本学同中国文化科学各个有关层面的关系。如版本学与目录学、校勘学的关系，版本学与辨伪学、辑佚学的关系等。这些研究产生了大批论文论著的成果。单是版本学理论的专著就有戴南海《版本学概论》（巴蜀书社 1989 年出版）、施廷镛《中国古籍版本概要》、严佐之《古籍版本学概论》（华东师范大学出版社 1989 年出版）、李致忠《古书版本学概论》（书目文献出版社 1990 年出版）、曹之《中国古籍版本学》（武汉大学出版社 1992 年出版）、姚伯岳《版本学》（北京大学出版社 1993 年出版）等。这些版本学论著，大都还以古籍版本为限界，只有姚伯岳的《版本学》，囊括古今版本，建立了真正的现代版本学理论模式，可以说是后来居上。该书研究范围的广度和论说的深度都走在最前沿。

四、20 世纪的版本书目举要

版本文献工作始于汉，兴于宋而盛于清，附属于目录学，在学术发展史上起过重要的推动作用。版本研究在 20 世纪发展成为独立的文献学分支学科。今天我们研究版本学，对读书治学，对整理古籍仍然有着重要的意义。功用主要有三个方面：其一，版本学提供版本的真伪、优劣、全与缺的信息，是顺利地读书治学的重要条件之一。其二，版本学提供版本源流、图书制成情况和发展演变过程信息，从而是探求文化发展状况的一种途径。其三，版本学既然是关于图书版本的科学，因此，版本鉴定在版本学中占有重要地位。读书治学必须懂一点版本学的知识。20 世纪版本学论著，除文中提到的以外，再择要介绍如次：

1.《中国版刻图录》

北京图书馆编，文物出版社 1961 年出版。全国善本书最集中的地方是中国国家图书馆，该馆将这些善本经过挑选，再加上其他图书馆的少数善本书，每书挑出几页编印而成。计有宋本二册，金元本、明本、清本、活字本、版画各一册，又目录一册，各书目之后均附详细说明。此书对了解古本的字体和版式很有好处。

2. 《古籍版本鉴定丛谈》

魏隐儒、王金雨编著，1984 年印刷工业出版社出版。全书共分 10 章，从古籍版本史略、分类、术语、用纸、印刷和鉴定方法诸方面，对古籍版本鉴定作了详细论述，对版本学、目录学等相关内容及版本鉴定中应注意的问题作了简要介绍。本书是作者从事古籍整理工作 30 年经验的系统总结，内容丰富，通俗易懂，不仅可以普及古籍版本的知识，而且可以作为古籍整理专业人员的工作手册。

3. 《中国雕版源流考》

孙毓修著，商务印书馆《万有文库》本。本书阐述了我国雕版印书的源流，历代官刻本、私刻本、坊刻本、巾箱本、朱墨本以及纸张、墨色、装订情况，并谈及刻印书籍的工价等等。

4. 《北京图书馆善本书目》

北京图书馆编，中华书局 1959 年出版，线装，8 册。这部书目主要收录 1949 年至 1959 年入藏的善本，兼收 1937 年至 1948 年间陆续入藏的善本共 11348 种，注明刻书时代、刻书者姓氏；抄本有资料可据的注明抄写年代；刻本有批校和题识的也特别加以注明；最后附该馆索书号，以便到馆借阅检索。

5. 《上海图书馆善本书目四卷》

上海图书馆编，1957 年出版，线装，1 册。本书收录 1956 年 9 月以前入藏的善本书 1470 种，以明刻本居多，也有宋元旧椠、清代精刻本及旧抄本。按经、史、子、集、丛五部所属类目排列，每书之下注明撰写人、版本；宋元旧椠则注明版式行款。

6. 《北京大学图书馆善本书目》

北京大学图书馆 1958 年编印。此目收录馆藏清代以前的精刻本、旧活字本、旧抄本、批校本、稿本、稀见本、保留本 7800 余种，兼收朝鲜、日本的旧刻本、旧活字本、抄本。每书著录书名卷数、注者时代姓名，刻本记其时代、地域或刻者，抄本稿本记其时代或人名或室名。按经、史、子、集、丛五部所属类目编排，其中史部按内容时代，集部按著者时代编排。后附该馆索书号，便于在本馆索书。

7. 《中国善本书目提要》

王重民编著，上海古籍出版社 1983 年出版。全书共收录作者所经眼的古籍善本书书目 4300 余种（包括补遗 100 余种在内），该书是作者用毕生精力撰写的版本目录学名著，对学术界的贡献极大。由于善本书在旧时代或秘藏于私家，或封禁于深宫，个人极难搜寻，所以各种目录著录者总计不过数百种，网罗最富的《四库全书总目提要》所录善本亦不过 2000 种。而王重民以一人之力，遍阅海内外公私所藏善本，竟达 4000 余种之多，用力之勤，可以想见。王氏发愿查阅 10000 种明代以前所刻书，惜遭“文革”浩劫，未能毕其功。王氏死后，遗稿经夫人刘脩业整理，经生前友人杨殿珣、傅振伦审阅后定名《中国善本书目提要》出版，以告慰王氏在天之灵。书中著录的古书主要收藏于北京图书馆、北京大学图书馆及美国国会图书馆。除著录各书的书名、卷、册数、板框尺寸、格式行款、牌记、序外，还撰写了内容丰富的提要，考校版本源流，介绍作者情况及各书研究价值等。书后附有书名、撰校刊刻人名、刻工人名、刻书铺号等四种索引，以便读者用以检索书目和人名。本书是目录版本学方面一部规模较大、学术价值较高的专著，不但可供读者查检古书书目之用，而且还可以起阅读指导之效用。

8. 《钱遵王读书敏求记校正》

清钱曾撰，管廷芬辑，章钰补辑，1926 年长沙章氏刊本。钱曾字遵王，号也是翁，江苏常熟人，家中藏书丰富，辟有“述古堂”、“也是园”等专室收藏。钱曾在长期实践中，总结出一套鉴定版本的经验，提出较为科学的考查版本的方法，即从版式、行款、字体、刀工、纸张、墨色等各方面来确定版刻的时间、地点和主持者，又从祖本、子本、原版、翻刻、修补版等确定版本的价值。他把这些经验都写进《读书敏求记》里。《读书敏求记》4 卷，收书 601 种，都是较珍贵版本的题记，各记其版本价值、授受源流、刻工异同。其后管廷芬、章钰二人广征博引，一一校正了书中错讹之处，并将各家对此书的评语、批注一同编进来，题名《钱遵王读书敏求记校正》4 卷，成为此书最完整的版本。1958年上海古典文学出版社出版的《虞山钱遵王藏书目录汇编》10卷，是瞿风起将《读书敏求记》与钱曾的《也是园书目》、《述古堂书目》合编而成，虽然可以看出钱氏藏书的全貌，便于查检使用，但用作考订版本，还是以管、章校正本为好。

9.《史记书录》

贺次君著。商务印书馆1958年10月出版，16万字。《史记》流传两千多年，抄本、刻本众多，文字错脱伪衍，增改窜乱，情况复杂。整理和研究《史记》都必须“广集众本，详细比勘”，才能“澄波导源，恢复真相”。本书正是为此目的“专为目录和校勘”提供参考，因此作者审慎地以“亲见为限”（作者《自序》），所以有极高的权威性。今传世的《史记》刻本，北宋本已罕见，南宋本约20种，元本约10种，明本约百种，清刊及近代排印本为数更多。唐以前写本只遗留残卷。本书著录由元朝至民国时期的《史记》各种版本64种，计六朝抄本2种，唐抄本9种，北宋刻本和翻刻本3种，南宋刻本13种，元刻本3种，明刻本27种，清刊本5种，民国时期2种。作者著录以宋元明刻本为主，数量虽然只占存世之半，但已是汇集《史记》版本最多的论著，而且有价值的主要刻本包罗无遗，足资校勘参考。作者考证详密，稍嫌细碎，突出的特点是在介绍各本基本面目的基础上，进行了相互比较，并尽可能追溯它们的源流，因此是一本有很高学术价值而实用的版本学论著。

10.《史记版本研究》

张玉春著。北京大学古文献学1999年博士论文，商务印书馆2001年出版，全书27万字。这是一部专书个案的版本研究，首次构筑了《史记》版本系统的框架。该书以历代史志及公私书目为线索，以现存写本、刻本为依据，全面考察并校核了各本的异文，由此展开对《史记》版本系统的清理。唐以前的写本在魏晋南北朝时已产生了众多异本，但经过三家注本的整理，到宋代刻本，继承了写本的整理，论证了写本与刻本之间无不同系统的区别。同时重点论述了宋元明时期版本的承传，梳理了《史记》

版本的源流，纠正了版本学界对《史记》版本的一些错误论断。作者还考察了流传到日本的《史记》孤本。该书不仅是《史记》版本研究迄今最全面且深入的最高成果，也是单书个案研究的一个范例。惜其明代部分较为薄弱，且至明而止，未能统贯清代以至于今，留待作者或接力者异日以毕其功。

11.《元刻史记彭寅翁本研究》

张兴吉著。北京大学古文献学 2003 年博士论文，凤凰出版社 2006 年出版，全书 22 万字。该书全面考察了彭本系统的版本状态；以及各本之间的关系；总结了彭本刊刻的历史背景，以及前人研究的成果与得失，包括日藏彭本中日本学者的批注；考辨了彭本对三家注删节的内容、性质和原因，进而揭示在《史记》刊行中三家注变化的规律；评价了彭本在《史记》版本中的地位和影响。该书的成就提供了对一书某一特定版本个案研究的样式，是版本学最深入细致研究的现代模式，可以说是开拓了版本研究的新领域。书后附录的《史记》版本存世目录，以及收藏单位和数量，为学人提供了一个索查《史记》版本的工具，很有价值。

上列各书，前三种 1—3 为版本学入门书。接着列举的四种善本书目是查考古籍版本最基本的工具书。此外，《中国古籍善本总目》，北京图书馆编，该书将全国各图书馆所藏善本反映在一编之中，最便查考。后三种 9—11 是关于《史记》一书版本的研究，是从不同角度对一书版本个案的深入研究，特别是后二种表现了现代版本学在计算机帮助下作计量分析新方法展现的成就。其中第 8 种《读书敏求记》是钱遵王所藏善本书的题记。这类藏书家和校雠家所写题跋清人较多。著名的有黄丕烈的《荛圃藏书题识》、顾广圻《思适斋书跋》、缪荃孙《艺风藏书记》等。题跋的内容主要是有关于成书过程、学术价值、版本流传和优劣等方面的记载和考订，往往有较为深刻的丰富的版本目录学知识，对于研究版本是很重要的参考资料。一般的题跋原来大都分散在各书之中，后人将它们收集起来编成专集，作为工具书使用。

第二节　校勘学

一、校勘与校勘学

校勘，亦称校雠，或雠校，是广聚众本，并以善本或古书为底本，校正、勘误古书字句错误的方法。清人王鸣盛说："欲读书必先精校书，校之未精而遽读，恐读亦多误矣。"① 近人陈垣也说："校勘为读史先务，日读误书而不知，未为善学也。"②

校勘二字是一个合成词组。校，是考核查对的意思。《汉书·食货志》："京师之钱累百巨万，贯朽而不可校。"考核查对文字也称"校"。唐骆宾王《帝京篇》："校文天禄阁。"勘，与校字同义，《说文》："勘，校也。"指复核审定。《玉篇》："勘，覆定也。"校勘二字组成合成词，在运用中有广狭二义。狭义的校勘，指同一部书，用不同版本以及他书引用的有关资料，互相核对，考其文字异同，以订正错误。广义的校勘，古称校雠学，包括目录、版本，乃至辨伪、辑佚。校勘二字合成一词始于魏晋之后，取代校雠成为通语。校雠二字的使用早于校勘。

西汉刘向大规模校理图书，使用了校雠之名。刘向说："校雠：一人读书，核其上下，得谬误，为校；一人持本，一人读书，若冤家相对，为雠。"③ 可见古人校勘书籍，基本上有两种形式：校与雠。一人独立进行谓之"校"，二人合作进行谓之"雠"。校雠，又写作雠校。《文选》左思《魏都赋》："雠校篆籀。"可见雠校一词始于西晋。校勘，至梁代《沈休文集》始见，最晚出而始用至今。校勘二字至清以前多用广义，近现代多用狭义。现代报刊、图书出版，勘正文字错误称为"校对"，与狭义

---

① 《十七史商榷》作者王鸣盛自序中语。

② 《通鉴胡注表微·校勘篇》。

③ 《太平御览》卷六一八引刘向《别录》。又见《文选》左思《魏都赋》李善注引刘向《别录》。

的校勘义近，但不完全等同。校勘用于整理古籍，含有校雠之义，而校对则无，所以“校勘学”、“校勘记”成为特定意义的名词，不可转换为“校对学”、“校对记”。因此，尽管古书中有时使用的“校雠”、“校勘”，指的就是校对工作，但“校勘”与“校对”是不能混用或互相取代的。

以校勘工作为研究对象，叙述校勘工作的发展历史，总结校勘的方法、原则、内容，以及古籍校勘的实践经验，评价它的社会价值，对古籍整理的校勘工作提供系统的科学的理论指导，这就是校勘学。在校勘学发展史上，南宋郑樵和清人章学诚作出了卓越的贡献。郑氏有《校雠略》，章氏有《校雠通义》的理论著述。清代校勘学成为一代显学，名家辈出。所以梁启超在《清代学术概论》中说：“古书传习愈希者，其传钞踵刻，伪谬愈甚，驯至不可读，而其书以废。清儒则博徵善本以校雠之，校勘遂成一专门学。”

二、校勘的原则与内容

校勘的原则，即目的有三项：一曰存真，二曰校异，三曰订讹。存真又分二种，一为求古本之真，二为求事实之真。求古本之真，多为藏书家所为。他们得到了一个善本，就要把它跟通行本对校，把文字异同，以及书的行款、版式、字画差异、纸质，甚至旧本上的圈点，收藏图章等都要一一记录下来。求事实之真，就是“断其立说之是非”，即对原著的史实错误订误。校异，只是罗列众本异同，校者不作是非判断。订讹，是最上乘的校勘，要明其致讹原因，用正本或理校订正讹误。王念孙的《读书杂志》、俞樾的《诸子平议》、孙诒让的《札迻》就是订讹的校勘专著。

讹误内容主要有以下几个方面：（1）误字，（2）脱字，（3）衍文，（4）叠字，（5）重文，（6）缺字，（7）偏旁，（8）错简，（9）混淆，即旁记字混入正文，或正文与注文混杂，（10）妄删妄改等。

三、校勘的方法

陈垣总结的校法四例，即校勘常用的四种方法。

1. 对校法

对校法就是以同书之祖本与别本对校，遇不同处，则注于其旁。刘向《别录》所谓“一人持本，一人读书，若冤家相对”者，即是此法。这是最基本的，也是最常用的方法，清人谓之“死校”是也。优点是还祖本以本来面目，缺点是比较死板，其主旨是只校异同，不校是非，只要与祖本相异，即照祖本改正。

对校法的底本选择，最佳者为祖本。祖本即是原稿的写定本，后来各本都是从它直接或间接传抄刊刻出来的。原稿不存，其次是初刻本。这就是校勘珍贵宋元旧刊的原则。底本确定后，再考查所用对校本与祖本的渊源递嬗关系，校记异同作区别对待。与祖本同源之对校本主要作参考，与祖本不同源之本的异同为校记重点，这样才能使校记简洁。

2. 本校法

本校法就是以本书前后行文互校互证，以抉择其异同，校正讹误。此法适于孤本自校。但如古籍不出于一手或史源不同，则不能本校。先秦古籍大多非一时一人之所作，则不能本书前后自校。《史记》先秦部分多用旧文，西汉部分多用档案，且又为父子相承之作，就不能用本校法统一异同。前人用本校法取得显著成绩的是北宋吴缜的《新唐书纠谬》和清汪辉祖的《元史本证》。其所纠谬可视为史学研究，但不能据此去改动原书。因校勘是恢复祖本原貌，而不是替原作者改错。

3. 他校法

他校法就是以他书校本书。凡本书内容有采自前人者，可以前人之书校之，有为后人所引用者，可以后人之书校之，其史料有为同时之书所并载者，可以同时之书校之。此法用力十分辛劳，范围较广，非有较深阅历者，难以运用。在他校中尤需注意，古人引书不严谨，常有删节和改动，又类书、古注皆经过转手，摘引亦多不严谨，除非大误或有版本根据，一般不宜以他书校改本书，可以备列异同写入校勘记以供参考。

4. 理校法

理校法就是在无祖本或他本可据，或数本互异，无所适从之时，以道理定是非的校勘法。这种方法最难，也最容易出错误。陈垣说："最高妙者此法，最危险者亦此法。"

校勘之事，看似雕虫小技，仿佛人人可为，实则确非易事，它要求从事校勘之人，应具有全面的文化史知识和深厚的文献学功底，才能做好。

四、校勘成果的处理

清代学者有两种截然不同的处理意见：一是径改错字。这要求校勘者具有广博的学识和严谨的治学态度。因为妄加改削，贻害无穷，或以不误为误，破坏原貌。故对此主张附和者不多。一是慎改多注。清阮元在《揅经室》三集卷二中说："刻书者，最患以臆见改古书。今重刻宋版，凡有明知宋版之误字，亦不使轻改，但加圈于误字之旁。而别据校勘记，择其说附载于每卷之末。俾后之学者，不疑于古籍不可据，慎之至也。"这种办法较审慎又便利可行，得到许多校勘者的赞同。

无论采用哪种办法，都要写好"校勘记"，这是处理校勘成果的重要方式，大体说来有如下几种。

1. 附加法

此法又可分二式。一是于定本后面附载校勘记。即经过校勘之后，将确认之本立为定本，于其后附录经过整理的校勘记，说明异同与去取的理由。近年重印的阮元汇刻的《十三经注疏》、郭沫若的《盐铁论读本》以及中华书局校点的《二十四史》等就属于这种类型。一是校注混合附载于章节或段落之后。就是把文字的校勘与音义的注释混合编次，以注文形式，分列于段落或章节之后，此法简便易行，便于查阅，故采用者甚多。

2. 夹注法

夹注法就是把文字校勘与字义混合编次，用小字夹注于正文中。这是古注形式新用，灵活多变，颇便阅读。近年中华书局出版杨伯峻编著的《春秋左传注》等是为适例。

3. 单独成书

单独成书就是指校勘所得，写成读书札记，久积成册，刊布于世，便成此类。这种方法具有很大的综合性，所记可不限于校勘，可以是一部书，也可以是一类书或多种书，颇益于学术考辨。王念孙的《读书杂志》、赵翼的《廿二史劄记》等便属此类。

正确运用上述形式，便于校勘成果的积累、保存和利用，有利于历史文献的整理与研究。

五、校勘的源流

校勘的源流，是校勘学史的中心内容。校勘成就，指各时代校勘实践的成果。这些是校勘学的研究对象和基础。

校勘的源头可以追溯到春秋时期。《国语·鲁语》载鲁大夫闵马父对景伯说："昔正考父校商之名颂十二篇于周师。以《那》为首。"正考父是孔子的七世祖，周末时宋大夫。孔子整理六经，将《诗》、《书》去其重，写成定本，必然经过校勘。西汉刘向大规模整理古籍，编制目录，把搜求版本、校勘文字作为一道重要的工序，并给"校雠"二字下定义，提到理论高度产生了校勘学。校勘学有广狭二义。广义的校勘学，前人称为校雠学，它包括了版本、校勘、目录、考证、辨伪、辑佚等内容，今谓之文献学。故广义校勘界定不明，今已不用，成为历史名词。现代所谓校勘学，即狭义校勘学，指专门研究古籍整理的文字比勘的科学方法和理论的学问。校勘学始于汉，成于宋，大盛于清。

西汉刘向、刘歆校理群籍，奠定了校勘学，完成了《别录》一书，作出了重大贡献。刘氏父子的成果确定了校勘的规范，明确了古籍整理的程序和校勘的位置：（1）兼备众本，（2）审理篇目，（3）校勘文字，（4）确立书名，（5）厘定部居，（6）录成专书。此后，校勘之业久盛不衰。东汉郑玄博通五经，并遍注群经，网罗众家，删繁裁芜，刊改漏失，使后之学者略知所归。西晋荀勖，依刘向成例校订典籍，也作出了成绩。

将完整的校勘成果流传到今天的，是唐代陆德明的《经典释文》。该书是陆氏给《周易》、《尚书》（伪古文）、《毛诗》、《周礼》、《仪礼》、《礼记》、《春秋》三传、《孝经》、《论语》、《老子》、《庄子》、《尔雅》等14种经典所作的释文，共30卷，另有序录一卷，介绍这些经典的传授。陆氏博采汉魏各家注释以及古代青铜铭文给这些经典作音义和训诂，并对各家传本的文字异同作校勘。

到了宋代，校勘学独立门户，中央专设校书机构，由校书郎校理图书，并制定了校勘条例。据《南宋馆阁录》载："诸字有误者，以雌黄涂讫，别书。或多字以雌黄圈之，少者于字侧添入；或字侧不容注者，即用朱圈，仍于本行上下空纸上标写；倒置，于两字间书乙字；诸点语断处，以侧为正；其有人名、地名、物名等合细分者，即于中间细点。"宋代校勘名家有刘涣、刘恕、刘羲仲、宋祁、沈括、赵明诚、郑樵等。郑樵贡献卓著，他在文献研究领域独树一帜，所写《通志·校雠略》，把校勘的理论建设推向前进。宋代留下的校勘学专著如张淳《仪礼识误》3卷、方崧卿《韩集举正》10卷，以及彭叔夏《文苑英华辨正》10卷、《相台书塾刊正九经三传沿革例》1卷等，都是校勘学佳作。《刊正九经三传沿革例》，是南宋校刻家岳珂重刻廖莹中世彩堂本九经三传时增修廖氏总例而成，可以说是集聚了廖、岳两大校刻家的成绩。该书分书本、字画、注文、音释、句读、脱简、考异七个题目，分别讲述其校勘去取的原则，考核极为精密。岳珂制定了一整套校勘程序：（1）广征异本，（2）精审字画，（3）订正注疏，（4）详明音释，（5）点定句读，（6）查明脱落，（7）考定异同。岳氏所刻九经三传严格按此程序校勘，也称善本。

清代校勘学达于鼎盛，名家辈出。《书目答问》附录清代学问家，列校勘名家者就有31人，有：何焯、惠栋、卢见曾、全祖望、沈炳震、沈廷芳、谢墉、姚范、卢文弨、钱大昕、钱东垣、彭元瑞、李文藻、周永年、戴震、王念孙、张敦仁、丁杰、赵怀玉、鲍廷博、黄丕烈、孙星衍、秦恩复、阮元、顾广圻、袁廷梼、吴骞、陈鳣、钱泰吉、曾钊、汪远孙。这些校勘大家，具有广博的知识和求实的学风，经过他们校勘的书可称善本。最负盛名者为卢文弨、顾广圻、戴震、惠栋、王念孙、段玉裁、阮元、孙诒让等人。如卢文弨刊刻的《抱经堂丛书》、孙星衍的《平津馆丛书》、阮元的《十三经注疏》都有较高的文献价值，备受世人推崇。

清代校勘大家，各有家法。叶德辉在《藏书十约·校勘》中说："今试其法，曰死校，曰活校。死校者，据此本以校彼本，一行几字，钩乙如其书。一点一画，照录而不改，虽有误字，必存原本。顾千里广圻、黄荛圃丕烈所刻之书是也。活校者，以群书所引，改其误字，补其阙文，又或错举他刻，择善而从，别为丛书，版归一式。卢抱经文弨、孙渊如星衍所刻之书是也。斯二者非国朝校勘家刻书之秘传，实两汉经师解经之家法。郑康成注《周礼》，取故书杜子春诸本，录其字而不改其文，此死校也；刘向校录中书，多所更定，许慎撰《五经异义》，自为折衷，此活校也。"还应当特别强调的是明代《永乐大典》，清代的《四库全书》的编纂，都是校勘典籍的巨大成果的重要体现。

清人的校勘成果写成专书的名著有阮元的《十三经注疏校勘记》和卢文弨的《群书拾补》。但清人校勘成果主要的流传形式不是写成专著，而是通过以下两种途径：一是写成校勘记，随刻本流传，也称校记、考异或考证，如清殿本《十三经》、《廿四史》、《九通》就都附有考证。二是把校勘所得写在研治经史诸子的学术著作中。著名的王念孙的《读书杂志》80 卷，王引之的《经义述闻》32 卷，钱大昕的《二十二史考异》100 卷，王鸣盛的《十七史商榷》，俞樾的《群经平议》、《诸子评议》各 35 卷等。

六、20 世纪的校勘学成就

近现代的校勘学成就，比之清代又有新的发展。鲁迅、郭沫若、闻一多、马叙伦、杨树达、罗振玉、张元济、陈垣等，在校勘学上，各自作出了卓越的贡献。陈垣的成就，无论在实践工作上，还是理论建树上都是一位大家，成绩最著。

鲁迅的《稽康集校》，既是辑佚名著，也是校勘名作。鲁迅详查《稽康集》在梁、隋、唐、宋、明的卷数异同和版本优劣，而后采用明代著名学者吴宽的丛书堂钞本与黄省曾刻本互相补正，作为底本。对校资料广泛采取古注、类书、总集等一切有用的资料比勘，并一一写出其引用资料的书名、篇名、刻本，表现了鲁迅校勘的严肃态度。鲁迅的校勘原则是："排摈旧校，力存原文。"对于不得已而从改本的，必注明"字从旧校，以著可疑"。而义得两通，改旧校从刻本者，则曰"各本作某，以存其真"。

郭沫若对古书的校勘成就，集中表现在《管子集校》中。《管子》是先秦诸子最早的书，所以多古字、古言，讹夺错简也多。其中关于理财的篇章，多专门术语，世称难读。郭沫若广泛搜集宋以来各种刻本、钞本、校本达 17 种，诸家著作 42 种，汇集编次，整理成洋洋百余万言的《管子集校》，至今仍是权威著作。郭氏运用他擅长的甲骨文、金文知识于校勘中，颇多创获，令人信服。

闻一多（1889—1946），湖北浠水人，诗人，著名学者、民主主义战士。他在所著《古典新义》中有《庄子内篇校释》和《楚辞校补》两种校勘成果。闻氏在《庄子内篇校释》中立下四种校例：误文改正者；例文乙转者；脱文补足者，皆加于字旁；衍文删去者，在空格内加〇来识别。这样处理使校文突出。闻氏在《楚辞集释》的"凡例"中提出了他的校勘原则："今本误，可据别本以提正之者。今本似误而不误，当举证说明者。今本用借字，别本用正字，可据别本以发明今本之义者。各本皆误，而以文义、语法、韵律诸端推之，可暂改正以待实证者。今本之误，已经诸家揭出，而论证未详，尚可补充证例者。"闻一多的校勘实践丰富了校勘学理论。他以文义、语法、韵律诸端以理校法推定的讹误，若无版本实证，也不武断妄改，而是"暂改正"待实证，表现谨严的校勘学风。

马叙伦的校勘成就有《老子校诂》、《庄子义证》。马叙伦（1884—1970），字夷初，浙江杭县人，著名文字学家、民主主义战士。马氏精通文字、音韵、训诂之学，著有《说文六书疏证》。他运用文字、音韵、训诂之学理校古籍，所得结论精确，有的已为新出的地下资料所证实。例如《老子》二十一章："自古及今，其名不去，以阅众甫。"马氏以音韵理校，认为"今"字与"去"字、"甫"字不协韵，指出各本"自古及今"皆误，应为"自今及古"，使古、去、甫三字协韵。现在马王堆汉墓出土帛书《老子》正作"自今及古"。《庄子》谈哲理，不易理解，其文辞华美，多假借字。马氏《庄子义证》运用以音求义之法，校出了许多假借字，"破其假借字而读以本字"，解决了前人的许多误释，校正了许多讹误。马氏的校勘实践，开拓了科学理校的门径。

杨树达的校勘成果集中在《淮南子证闻》和《汉书管窥》中。杨树达（1885—1956），字遇夫，湖南长沙人，近现代国学大师。杨氏精通文字、音韵、训诂及语法，对甲骨、金文之学亦造诣很深。著有《积微居小学述林》、《积微居小学金石论丛》、《盐铁论要释》，以及《淮南子证闻》、《汉书管窥》等文献学论著。杨氏的贡献是把古汉语语法引入校勘，纠正了清儒的若干失误。他在《淮南子证闻》的《后序》中评议汉、宋、清代学者治学方法的得失指出：

> 训诂之学，明义诂为首要矣，而尤贵乎审辞气。大抵汉代儒生精于义诂，而疏于审辞气，赵宋学者善于审辞气而疏于义诂。王氏（指王念孙）生当汉宋之后，挈取两者之所长以成其术业，此其所以为豪杰之士而绝特秀出于前古也。今日文法修辞之学大明，志学之士，又不当以王氏之兼审辞气为已足，而以之自囿也。

杨氏用语法充实训诂，在他的另一语言学名著《词诠》中也取得了很好的成绩，使许多古奥的虚字用法与释义变得简明顺畅。这生动地说明，时代进步、学术发展，后学超过前贤是必然的规律。做到这一步，必须有创造。杨树达将近代文法修辞引入明义诂、审辞气的传统学术中，故能超过清代校勘大家王念孙，实属不易。

罗振玉对校勘学理论的贡献集中在《雪堂校刊群书叙录》中。罗氏作为中国甲骨学、敦煌学的开山，金石、简牍学专家，明清档案史料的保存者，一生搜集、保护、研究、编录甲骨文献、敦煌文献、金石文存等，遗留自撰学术论著130余种，整理校刊印布的各类文物资料600余种，写了许多题跋序录，结集起来而成的《雪堂校刊群书叙录》，是一部珍贵的校勘学论著，留下了罗氏一生校勘的实践经验。他在《窸斋集古录序》中指出金石刻辞就是古籍，是校勘家校订古籍最可信的材料。罗氏说：

> 金石文字者，古载籍之权舆也。古者大事勒之鼎彝，故彝器文字，三古之载籍也。唐以前无雕板，而周秦西汉有金石刻，故周秦两汉之石刻，雕版以前之载籍也。载籍愈远，传世愈罕，故古彝器之视版尤重焉。吾人据以补《诗》《书》之所遗佚，订许、郑清儒之讹误，岂非至可快之一哉！

这是罗氏身体力行的经验之谈。例如他用甲骨文字在《殷虚书契考释》卷上，考释出殷代成汤名“大乙”，纠正了《尚书》、《荀子》、《史记》等书作“天乙”之误。他的《殷商贞卜文字考》纠正了日本人林泰辅对甲骨文的谬误，以及许书《说文解字》的许多违失。

张元济的校勘学论著有《校史随笔》、《涉园序跋集录》等。张氏一生不遗余力刊布古典图书，搜访善本，“求之坊肆，丐之藏家，近走南京远驰域外”①，每得一种珍本秘籍，辄亲自校勘，影印存之。他积数十年的岁月，校订全史，影印《百衲本二十四史》，写出《校勘记》100余册，择其精要者164则以成《校史随笔》，多有独到之见。例如《南史·江祏传》：“祏等既诛，帝恣

① 《影印百衲本二十四史序》。

意游览，单骑奔驰，谓左右曰：‘祏常禁吾骑马，小子若在，吾岂能得此。’因问祏亲余谁，答曰：‘江祥今犹在也。’乃于马上作敕，赐祥死。”“今犹在也”，各本皆同，独元刊本作“今犹在冶”。张氏《校史随笔》说：

> 本史《梁武帝纪》：“东昏闻郢城没，乃为城守计，简二尚方二冶囚徒以配军。”《始安王遥光传》：“遥光欲以讨刘暄为名，夜遣数百人破东冶出办囚，尚方取仗。”《晋安王子懋传》：“子懋既被害，其故人董僧慧为王玄邈所执……乃配东冶。”《文学卞彬传》：“诸葛勖为国子生，坐事系东冶，作《东冶徒赋》。”综上文所言，是“冶”者，实为当时絷系囚徒之所。江祏既诛，其弟祥必以亲属系狱。左右答明帝问，谓“今犹在冶”者，犹言今尚在狱中也。若仅言其人犹在，则必先事追捕，又安能即于马上作敕赐死乎？诸本作“在也”，实误。

此例也是一种理校法，举出本史多处同样事例，归纳推理，确定其讹误，无可争议。元刊本的孤证可反证作为推理的实证，正如陈垣先生“校勘四例”所说，理校为最高妙之法，而最危险者亦此法。如果没有读书破万卷，并烂熟于胸的功力是做不好理校的。就以张氏落实的这一例，所费精力可以想见。

陈垣（1880—1971），字援庵，广东新会人，现代著名国学大师。其学重史源，讲类例，在宗教史和文献学的多个方面，包括目录学、年代学、史讳学、校勘学等都有杰出的贡献。著有《二十史朔闰表》、《中西回史日历》、《史讳举例》、《通鉴胡注表微》、《校勘学释例》等。《校勘学释例》原名《元典章校补释例》，是陈氏在治元史过程中，用五种本子与清末沈家本刻本《元典章》对校，纠正沈刻本衍倒讹脱及妄改之处达12000余条。为了归纳古籍校刊的科学方法，陈氏从中挑出1/10有代表性的内容1000余条分为50类例，以《元典章校补释例》出版，因“仅为纠弹沈刻而作”，故再版时更名《校勘学释例》。著名的

“校法四例”，即对校、本校、他校、理校，就是在这本论著中提出的。

清代校勘学大兴，名家辈出，但他们校勘古籍还停留在孤立的事例中就事论事，而未能进行系统的理论总结。20 世纪，甲骨、金石、简牍、敦煌遗书等新材料的使用，语言学、语法学的引入，当代古籍整理标点符号的应用等都是前人所无，因此 20 世纪校勘学无论校勘实践和理论总结都超过了前人。张元济主持的古籍整理与中华书局点校的古籍，超过了清人的精刊本，成为新时代的古籍读本。

现代校勘，又有汇校法。1981 年以来，红楼梦研究所红学家冯其庸等人，在胡适的《红楼梦》版本研究的基础上，汇集了目前已知所有《红楼梦》早期抄本 12 种，以庚辰本为底本。每行一页，横排首列庚辰本正文，以下依次列出己卯、梦稿、甲戌、蒙府、戚序、戚宁、郑藏、舒序、甲辰、程甲和列宁格勒藏本的相应部分，文同则留白，文异则录出，并用各种符号表示增、删、改，不用写繁琐的校勘记，集各本异同于一编，读者可一目十行浏览无余，了解各本的承传关系。这种方法称汇校法，最适宜于电脑操作，快速排比，既是版本的创新，也是校勘的创新。此法为积淀学术，供版本研究用，不是通行读本。

此外，戴南海《校勘学概论》，陕西人民出版社 1986 年出版，王云海等《校勘学述略》，河南大学出版社 1988 年出版，均用现代学科理念系统总结校勘学的基础知识和古今人的校勘成就，是普及型的学术论著，可供入门参考。

第七章　考据学、辨伪学、辑佚学

中国传统的史学实证方法，自汉代以来不断地发展演变，至清代乾嘉年间逐渐成熟，形成了系统的理论与方法，这就是考据学。广义的考据学与广义的校雠学，均无严格的界说，几乎没有区别地在混用，大体包括目录、版本、校勘、辨伪、训诂、辑佚等多方面的内容，这是不科学的。狭义的考据学，专指考订史料的方法，一般称为考证。考据、辨伪、辑佚，均属于历史文献实证方法的分支学科，本书合为一章来谈。

第一节　考据学

考据，亦称考证，是在广集史料的基础上，证明史料真伪，辨明是非，以求为历史研究提供真实可靠史料的研究方法。在整理历史文献的过程中，考据是整理与鉴别史料的重要方法。

一、考据的原因、范围与内容

孔子整理《六经》，就已包括了文献学的考据工作。清代学者十分强调考据，是因为厌恶宋明理学的空疏，主张学习汉代学者以实事求是的态度阐明典籍的古义。为此，他们又称考据为朴学、汉学，以区别于宋学。我们今天从事考据工作，是因为历史文献中错误极多——从自然的因素上来看，简策的缺脱、缣纸的破损，均给历史文献带来了出现错误的机会。从人为的因素上来说，传抄者的疏忽不慎、刻本印刷时的不暇细校，尤其是古书作者，因其才智与精力的有限，既不可能周知天地万物之理，又不可能在采摭材料与编写史书的过程中没有疏漏与错误，这更带来了产生谬误的可能。清代学者齐召南在校完大批古书后不无慨叹地总结道："古人撰述既博，不无失检。纪、表、志、传，或彼此乖违；郡国、官名，或后先错出。"① 就连伟大的史学家司马迁所编纂的《史记》中，亦是"甚多疏略，或有抵牾"②，更何况于一般之人呢！这些由于古人的疏忽与局限而造成的错误，尚可理解与原谅，至于某些人由于主观上的某种意图，而在修史过程中有意回避甚至回护某一问题，以至于不惜歪曲历史真相，隐恶扬善，故意造成记载中的错误，那是万万不可宽宥的。史料的真实可靠、史事的正确无误，是治史的重要前提。郭沫若同志曾经指出："无论做任何研究工作，材料的鉴别是必要的基础阶段。材料不够，固然大成问题；而材料缺乏，顶多得不出结论而已，而材料不正确，便会得出错误的结论。这样的结论比没有更要有害。"③ 所以针对历史文献中存在的诸多问题与错误，必须以考据的方法来一一加以鉴别辨正，它不仅是研究历史的重要方法，更是整理历史文献的首要工作。

考据的范围与内容主要有二：一是考订古书；二是考证史事。此外，文字校勘与注释，其中也有考订内容。所谓考订古书，主要是指考证古书的作者、年代、卷次以及文字的异同；至于古书的真伪，将由辨伪学去专门进行。古人在这方面做了大量

① 《宝纶堂文钞·进呈前汉书考证后序》。

② 《汉书·司马迁传》班固评语。

③ 《十批判书·古代研究的自我批判》，《郭沫若全集》历史编第二卷，人民出版社 1984 年版，第 3—4 页。

的工作，比如清朝学者王鸣盛在大量的史料中考证出《楚汉春秋》一书的作者与卷册[①]；清朝学者赵翼通过众多的典籍考证出新旧《唐书》中若干的文字互异，载于《陔余丛考》中。所谓考证史事，主要指考证史事的是非、有无，以及时间的先后等。例如赵翼在《陔余丛考》一书中，考证了左右袒是否始于周勃一事。赵翼以诸多史实证实了《史记》中记载的周勃入北军，令为吕氏者右袒，为刘氏者左袒，并非由汉初周勃首创，它本为古制，实早于周勃之先。

二、考据的方法

考据方法有多种手段，由个人的学识与客观资料相结合，在解决实际问题中总结，多种多样。这里着重介绍 20 世纪 30 年代陈垣先生在《通鉴胡注表微·考证篇》总结的方法，因为它带有普遍性。陈氏按照考据中证据形式的不同分其为三种：理证、书证、物证。不论哪种方法，都要具有确实与丰富的材料。所谓考据，就是拿出证据，这与论述有本质的区别。

1. 理证

有些史料，从道理上讲值得怀疑，但是又无确凿的证据，只得根据逻辑推理来判断其正误，这便是理证。运用理证时，必须多讲道理，最好还能摆一些事实，这样才能使自己的论点站得住脚。比如《资治通鉴》中记载了这样一条史事：晋孝武帝太元七年，“是岁，秦大熟，上田亩收七十石，下者三十石。蝗不出幽州之境，不食麻豆，上田亩收百石，下者五十石”。南宋学者胡三省为之作注时，以理证的方法指出了这条史料的虚妄：第一，“物反常为妖。蝗之为灾尚矣，蝗生而不食五谷，妖之大者也。”胡三省指出蝗虫不吃粮食是一个极为反常的现象，他不敢相信有这样的事情，他称其为“妖”。第二，“自古以来，未有亩收百石、七十石之理；而亩收五十石、三十石，亦未之闻也。”他凭

① 《十七史商榷》卷一《史记所本》条。

借事实说话，认为这如此之高的亩产数字是绝对不可能出现的。胡三省最终总结道："使其诚有之，又岂非反常之大者乎！使其无之，则州县相与诬饰以罔上，亦不祥之者也。秦亡宜矣！"这就是以常理来证实史实的虚假，以逻辑推断出史事记载错误的一个例子。

理证是一种难度较大的考据方法，要想掌握好它，除了必须具备一定的基本功外，还要有卓越的识别与判断能力，正如陈垣先生所说："考证贵能疑，疑而后能致其思，思而后能得其理。"① 否则，不是发现不了问题，就是会犯主观武断的错误。因此，动用理证方法时必须要小心谨慎。

2. 书证

是指利用诏书、上书等各类档案资料以及各种书籍为依据，考证史料正误的一种考据方法。《资治通鉴》中有这样一条记载：汉成帝绥和二年，"议郎耿育上书冤讼陈汤曰：'甘延寿、（陈）汤，为圣汉扬钩深致远之威，雪国家累年之耻，讨绝域不羁之君，系万里难制之虏，岂有比哉！先帝嘉之，仍下明诏，宣著其功，改年垂历，传之无穷。'"此条引自《汉书·陈汤传》，当年颜师古为之作注时，指出了"改年"即指汉元帝更改年号为"竟宁"，但是其更改的原因却又"不以此事，盖当其年，上书者附著耳。"到底孰是孰非？为了得出正确的结论，胡三省查找到汉元帝的诏书，上面明白记载："匈奴郅支单于背叛礼义，既伏其辜，呼韩邪单于修朝保塞，边垂长无兵革之事，其改元为竟宁。"他以此作为证据，断定出："则改年亦以此呈，非附著也。"这就是援引诏书为证的一个例子。

除档案资料外，利用本书或他书亦能考证出史料中的正误。比如针对同一史事，《后汉书》言："曹操自领冀州牧"、"曹操自为丞相"……而《三国志》却言："天子以公领冀州牧"、"以公为丞相"……在这相互矛盾的记载中，既可考证史料的真伪是非，又可清晰地见到作者修史时的主观动机。

① 陈垣：《通鉴胡注表微·考证篇》。

随着时代的发展，人们对手中所掌握的书证材料越来越感到不满足，总希望能得到更多、更早的第一手资料。比如先秦时代的竹简、帛书，哪怕是雕版以前的手写卷子本，由于它们更加接近于真实，而越来越得到人们的重视。《太平御览》卷五六〇引了这样一段记载："汉明帝时，公卿大夫诸儒八十余人，论五经得失。符节令宋元上言，'秦昭王与吕不韦好书，皆以书葬。王，至尊；不韦，久贵。冢皆黄肠题凑，处地高燥，未坏。臣愿发昭王，不韦冢，视未烧诗书。'"① 此建议虽然于当时未能得到实行，却也足以看到古人对地下书籍的重视了。清人王先谦利用敦煌出土的唐写卷子本《食货志》，考订出今本《汉书》中的诸多错误；今人高敏所著《云梦秦简初探》，亦是利用出土秦简考订出《史记》等史书中记载的错误。地下史料的价值，越来越受到人们的青睐，成为书证中日渐重视的依据了。

3. 物证

是指以出土的龟甲、金石以及其他考古器物为依据，考证史料正误的一种考据方法。刻在甲骨上的卜辞、青铜器上的文字，以及石碑上的碑铭等，与竹帛、写卷，以及雕版书籍相比，更能耐久不损，流传久远，成为考据工作中不可多得的证据。用甲骨考证史事的工作，属王国维成就最大。他于《殷卜辞中所见先公先王考》及《续考》两篇论文中，考订出《楚辞·天问》中"该秉季德，厥父是臧"以及"恒秉季德，焉得夫朴牛"二句中的"该"是王亥，"恒"是王恒；考订出卜辞中之"季"是王亥之父冥；论定了"田"或"亩"为上甲微，"夒"即帝喾；他还系统地考证出殷商的先公先王名号，大体理出了一个可信的世系。王国维以甲骨卜辞为依据考订史料正误的贡献是极大的，不但证明了《世本》、《史记》所记载的商朝历史并非虚构，而且纠正了司马迁所排列的殷商先公先王位次中的错误。

以金石刻辞证史更是一个较为广泛的用法。宋代金石学家赵明诚说过："诗书以后，君臣事迹，悉载于史。……若夫岁月、

① 《皇览·冢墓记》。

地理、官爵、世次，以金石刻考之，其抵牾十常三四。盖史牒出于后人之手，不能无失；而刻辞当时所立，可信不疑。”① 这便是它宝贵的价值。以金石刻辞证史有这样的一个例子：《资治通鉴》后梁均王贞明四年记载有两个人的职官名称：一是“吴内外马步都军使、昌化节度使、同平章事徐知训”；一是“威武节度使，抚州李德诚”。五代十国之时，昌化、威武之地是否设置节度使，胡三省作注时对之疑而不决。在几度反复之后，他找到了金石刻辞：“今台州有鲁洵作杜雄墓碑，云‘唐僖宗光启三年，升台州为德化军’。后来他又发现：“嘉定中黄岩县永宁江有泅于水者，拾一铜印，其文曰：‘台州德化军行营朱记。’”可见台州曾设有德化军，更何况宋太祖乾德元年，钱昱曾以德化军节度使、本路安抚使的身份，兼知台州，他从而得出结论：“台州小郡，犹置节度，其他州郡从可知矣。”当然吴之昌化、威武亦不在话外了。胡三省终于以新出土的金石考证出这一五代时的职官问题。

物证的起源很早，南北朝时颜之推便首创出用金石文字考订文献的方法，在考证所依据的资料方面开拓出这样一个重要的领域。其后，随着考古事业越来越得到人们的重视，而且今后它亦必定成为最为重要的依据资料之一。

上述三种考据方法在实际的工作中，每每是相互参合而使用的。这样既可使证据更加充分，又可使说理更为透彻。

三、20 世纪考据学的发展与曲折

20 世纪二三十年代，由于“五四”运动带来了新思想，马克思主义和西方思想的传入，大量新史料古文献的发现，这一时期新思潮涌起，学术高涨非常活跃。以王国维、胡适、顾颉刚三人为代表，开拓了近代史学与考据学、辨伪学的新方法，推动了新史学的诞生，也带动了考据和辨伪学的前进。

新方法分别是：王国维的二重证据法，胡适的大胆假设，小

① 《金石录·序》。

心求证方法，顾颉刚的层累式考证方法。分述如次。

1. 二重证据法

王国维利用甲骨、金文考解《尚书》、《诗经》、《左传》、《史记》和殷商历史，运用简牍考辨汉代历史和西北地理，利用敦煌遗书考辨唐史，利用金文、铭刻研究民族史，都获得了很大的成绩。

王国维本来是非常熟悉并善于运用乾嘉考证方法治史的。但是，由于他的史学创造才能，顺理成章地将新发现的"地下史料"去印证固有的"纸上材料"，发明了治史的二重证据法方法，从而发展了重视实物证据的科学历史观念。他在《古史新证》一书中对这种方法的内容做过如下简明介绍："吾辈生于今日，幸于纸上之材料外更得地下之新材料。由此种新材料，我辈固得据以补正纸上之材料，亦得证明古书之某部分全为实录，即百家不雅驯之言亦不无表示一面之事实。此二重证据法惟在今日始得为之。虽古书之未得证明者，不能加以否定，而其已得证明者，不能不加以肯定，可断言也。"[①] 所谓"纸上之材料"，王国维兹从时代之先后，列举以下十种：《尚书》、《诗经》、《易经》、《五帝德》及《帝系姓》、《春秋》、《左氏传》与《国语》、《世本》及《竹书纪年》、《战国策》及《周秦诸子》、《史记》。所谓"地下之材料"仅列出二种：甲骨、金文。中国传统史学考证史料之方法，本来主要是利用固有的纸上文献材料去证明另外的纸上文献材料。而王国维根据新发现的"地下之材料"去证明固有的纸上文献材料，这不但开阔了历史的思路与眼界，开拓了利用史料的空间领域，更重要的是突破了乾嘉考证方法，使二重证据法更带有近代"实证"的色彩，在认识论上也是符合唯物主义原则的。

杨宽在《中国上古史导论·自序》中从史学方法角度评价说："自王国维创二重证据之说，以地下之史料参证纸上之史料，学者无不据之以为金科玉律。"20 世纪 70 年代又新出土了大量简牍文献，从而掀起了 80 年代辨伪热潮，再次显示了二重证据法

① 《古史新证》第一章"总论"。

的生命力。当然，二重证据法实质上还是形式逻辑的证明方法，还不能揭示历史运动的本质和规律，必须在唯物史观的指导下，才能发展成为科学的形态。

2. 大胆假设，小心求证方法

胡适（1891—1962），字适之，安徽绩溪人。早年留学美国，归国后长期担任北京大学教授、校长。晚年来往于美国和中国台湾之间。现代著名学者和思想家。他对文学、哲学、历史均有研究，提倡“大胆假设，小心求证”的治学方法，在史学界和辨伪工作中产生过广泛的影响。

胡适写了很多关于治学方法的文章，都是围绕“大胆假设，小心求证”展开的。胡适说：“要大胆地提出假设，但这种假设还得想法子证明。所以小心的求证，要想法子证实假设，或者否定假设，比大胆的假设还更重要。”[①] 胡适认为这是一种尊重事实，尊重证据的方法。他用这个方法研究中国历史、文学、宗教、哲学等，大胆地提出过很多假设。对这一方法，新中国成立初期曾经进行过猛烈的批判，被抛进了历史的垃圾堆。现在应冷静地重新思考。胡适当年提出“大胆假设，小心求证”的思想背景和前提是：怀疑、批判、创新。他一贯提倡独立思考，不守陈规，主张对封建性的东西敢于怀疑，敢于批判。他还说：“宁可疑而过，不可信而过”[②]，正面思考“大胆假设”对于解放思想，鼓励思考，勇于提出问题，均有积极意义。至于“小心求证”，那主要是乾嘉考据方法，从思维逻辑上看，当然是归纳和演绎方法的综合运用了。胡适的方法论，可以说是中国传统考据方法和近代西方科学实验方法和逻辑方法的结合，是引进西方现代科学方法的历史尝试，具有科学性质在内。这比清代的朴学方法，应该说是一个历史的进步，对于传播科学方法、逻辑方法，起过历史的积极作用。假设和证明方法，在现代史学研究中，仍是一个行之有效的科学方法。当然，也应指出，胡适的方法论受他唯心

① 葛懋春：《胡适哲学思想资料选》上，华东师范大学出版社 1981 年出版。

② 转引自《古史辨》第 1 册顾颉刚《答书》所录胡适评语，上海古籍出版社 1982 年版，第 12 页。

史观的指导，没有达到应有的高度。我们主张在唯物主义史观指导下，提倡科学的假设，不提倡“大胆的假设”，把假设证明方法发展为科学的形态。

3. 层累式考证方法

顾颉刚（1892—1980），江苏苏州人，1920 年毕业于北京大学哲学门，一生从事中国古代史的研究，是 20 世纪 20 年代至 30 年代“疑古派”史学的主要代表人物。在古史研究中，在推翻封建神话传说史学体系方面，做出了卓越的贡献。在历史地理和边疆地理研究方面取得了新的进展。对民俗学也有相当的研究。

20 世纪 20 年代至 30 年代，在中国史学界曾经存在着“信古”、“疑古”、“释古”三派史学思潮。“信古”派相信一切传说都是真实可信的，不敢怀疑。顾颉刚等青年史学家，既接受了西方进化论思想的影响，又继承了中国自宋以来所固有的疑古传统，大胆地怀疑古史的神话传说。1923 年顾颉刚在胡适主编的《读书杂志》第九至十期上发表与钱玄同讨论关于古史的信函《与钱玄同先生论古史书》，顾氏提出了“层累式地造成中国古史”的观点，省称“层累说”，认为时代愈后，传说的古史期愈长；时代愈后，传说中的古史中心人物材料愈多，形象越高大，这样做成的古史，显然有很大的虚假成分，是后人作伪，必须考辨其真伪。此说一出，惊世骇俗，反响极大。胡适、钱玄同、傅斯年、周予同、罗根泽等著名学者纷纷支持，掀起了疑古思潮，挑起了大论战，支持者被称为疑古派。这场论战持续到 40 年代初，积累了 350 篇论文，325 万字，以《古史辨》书名结集出版，共七册。第一册出版于 1926 年，第七册出版于 1941 年，在中国现代史学研究领域，产生了广泛的影响。1981 年上海古籍出版社重印。

疑古派史学的另一著名学者童书业（曾与吕思勉共同主编《古史辨》第 7 册）以“中国古史发展的分化演变说”补充和发展了顾颉刚的“层累说”。他解释说：“所谓层累地造成的古史观，乃是一种逐渐造伪的古史观。我们知道，古史传说固然一大部分不可信，但是有意造作古史的人究竟不多，那么古史传说怎样会‘层累’起来的呢？我认为这得用‘分化演变’说去补充它。因为古史传说越分化越多，愈演变愈繁，这繁的、多的、哪里去安插呢？于是就‘层累’起来了。”“所以有了分化说，层累说则是分化说的果。”① 杨宽在《中国上古史导论》中把古史传说中的人物也都指出他在神话中的原形，虽然有许多地方还有待修正，大部分的体系可算是确立了。

“层累说”解释古史的方法，虽然是考证古代史料，揭穿伪史的重要方法，它极其重视史料的“层累式”的堆积和进化，但是它不能揭示历史运动的社会本质和规律，不能从社会关系的发展上去把握历史的运动，因而没有具备现代科学方法论的历史形态。尽管如此，它的历史价值及积极作用还是应该被肯定的。疑古派史学对于冲破被神话传说统治的传统史学观念，解放思想，探索新路的开拓意义是不可否认的。郭沫若在当时就评价说：“顾颉刚的‘层累地造成的古史’，的确是个卓见。……他所提出的夏禹问题，在前曾哄传一时，我当时耳食之余，不免还加以讥笑，到现在自己研究一番过来，觉得他的见识委实有先见之明。”②

新中国成立以来的20世纪下半叶，我国学术界在对待考据这项工作的认识与态度上曾经出现过两种偏向：一种是轻视考据，重视理论。它产生于50年代对胡适实用主义史学方法的批判之后，一些人对乾嘉考据学产生了片面认识，不加分析地将考证方法一律斥责为形而上学的唯心史观，给予完全的否定。另一种是片面强调考据，而轻视理论。它产生于“文化大革命”之后，由于某些人片面、消极地总结了过去的经验教训，对理论失去了信心，认为只有考证，才最为可靠，最有永恒的学术价值，从而提出了“回到乾嘉去”的口号。20世纪80年代后，连篇累牍的论文讨论都是乾嘉考据学。这两种倾向都是片面的。考证方

① 《古史辨》第7册（上），童书业“自序”，上海古籍出版社1982年版，第6页。

② 郭沫若：《评古史辨》，载《古史辨》第7册（下），上海古籍出版社1982年版，第368页。

法与唯物史观并不矛盾，它们是辩证统一的关系。唯物史观主张言必有据，实事求是，而考证方法的实质正符合它的基本原则，因此唯物史观从不排斥考证。相反，它一再强调与提倡历史研究必须透过考证去揭示历史的内在本质与规律；另一方面，考证在其实际的运用过程中，也只有以唯物史观为指导，才能排除主观性、盲目性，使研究走上科学的轨道。

继王国维之后，运用二重证据考证方法整理文献获得成就的学者，当以陈直为代表。他利用考古材料与文献相结合证明《史记》、《汉书》的史料价值，在他的晚年推出了《史记新证》与《汉书新证》，是当代古籍整理的重要成果之一。陈直的成就给人留下了深刻的启示。

第二节　辨伪学

辨伪是指对有真伪问题的事和物进行鉴别辨认，以区别真伪的一种考证方法。有广狭二义。广义的辨伪，涵盖一切事和物；狭义的辨伪，专指对典籍文献真伪的鉴别考察。传统的辨伪工作附属于目录、校勘。明清时代的辨伪工作已初具理论体系，到 20 世纪 20 年代发展成为与目录、版本、校勘等学科平行而又相辅相成的文献学分支学科，即辨伪学。辨伪学以辨伪工作和辨伪成果为研究对象，包括对辨伪理论、辨伪方法、辨伪历史的研究。

一、伪书的种类和原因

凡作者姓名或著作年代不可靠的古代文献，都是伪书。被窜乱的典籍，为部分伪。中国古代典籍有很多伪书。明人胡应麟在《四部正讹》中作了统计："余读秦汉诸古书，核其伪几十七焉。"这 7/10 的比例虽然不甚精确，却也足以说明古书作伪的严重性。中国的伪书不仅数量众多，而且出现甚早。清人龚自珍在《家塾策问二》中言："伪书不独后世有之也，战国时人，依托三皇五帝矣，或依托周初矣。"这些伪书的大批出现，混淆了史料的真实性，模糊了文献的真正价值。清末张之洞在《輶轩语》中说得好："一分真伪，而古书去其半。"

胡应麟《四部正讹》按伪书形成的不同原因和形式分了21类。梁启超在《古书真伪及其年代》一书中，按其伪托的程度及方式归纳出十种情况，其中有五种最为主要，为读书和辨伪者所必须掌握：

（1）全部伪。此类书于子部最多，经部次之。例如《鬼谷子》、《关尹子》、《孔子家语》等，完全是他人的凭空编造。

（2）部分伪。此类书数量最多，几乎每部古书都有可疑之处。例如《庄子》、《左传》、《史记》等，均存有后人窜入之嫌。

（3）本无其书而作伪。有些书于历代史志、书目中均无著录，只因某书中提及其人其事，于是便有人借机附会而作伪。例如《亢仓子》、《子华子》等皆是。

（4）曾有其书因佚而作伪。此类书数量亦不少，例如《列子》在《汉书·艺文志》中曾有著录，但后来亡佚，魏晋间人张湛便辑佚若干古书材料，趁机作伪而成书。

（5）内容不尽伪，而书名、人名皆伪。此类书亦不在少数，例如《管子》、《商君书》等，均为先秦古书，但又非管仲、商鞅本人所著，而系时人采掇其言行，杂之以有关史料而成书，因此书名与作者皆不符。

伪书的数量与种类如此繁多，造成这一现象的原因又是什么呢？这要从造伪者的主观动机来分析。古人作伪，可分有意与无意两种。有意者，情况又有多种。一是为托古。在封建社会里，按照一般人的心理特点，多尊古而贱近、厚古而薄今，因此道术之士，一旦忧虑己作不能取重于当时，便引古人以为重。例如《易》托名伏羲，《本草》托名神农，《礼》托名周公等，便是此意。二是为邀赏。历代战乱之后，统治者为恢复文化，常常悬赏以求书，重金之下，免不了有些投机取巧者借机行欺以牟利。比如汉朝张霸伪造《古文尚书》，隋朝刘炫伪造《连山》、《归藏》

等，就属此类。三是为争胜。在学术论争中，名齐才等之人多嫉恨与仇视对方，当独恃口舌不能胜人时，便有人或造作伪书，或窜改古书，以此来拉古人之大旗作自己的虎皮，于气势上压倒对方。比如魏晋间王肃为在学术上取胜于经学大师郑玄，便伪作《孔子家语》等书，以证明己说与孔子后人相合，从而立于不败之地。四是为炫名。一些无真才实学之徒，为了能扬名天下，亦通过伪造古书，达到露才扬己的目的。比如明代藏书家丰坊，为显示自己藏书之丰，伪造出《子贡易传》、《子夏诗传》、《晋史乘》、《楚梼杌》等书，但因其诗学功底不厚，终被众人所戳穿。五是为诬善。在统治阶级内部的派系斗争中，以及个人之间的战斗中，封建士大夫你争我斗，势同水火，为了毁谤对方，他们往往不惜以伪造书籍为武器，达到不可告人的目的。例如唐代牛、李党争时，李德裕门人撰写出一部《周秦行纪》，却题为牛僧孺所撰，以此来诬对方。六是掠人之美。见他人才华胜于自己，便不惜采取剽窃行为，据为己著。此如王鸿绪的《明史稿》，便是抄袭万斯同的著作。以上六种均属作者有意作伪。非有意作伪的情况又可包括如下几种：该书因作者不详而被误题或妄题，例如《孝经》；该书因分辨不清后人的注释，而将其一概混入正文，例如《庄子》；该书因后人续写部分不详而与原作相混淆，例如《史记》；该书因后人编辑之误，而被掺入他人作品，例如《李太白集》。有意作伪，动机很恶劣，非辨别不可；无意作伪，虽无歹意，但客观上混淆了是非，亦同样需要严格考订。为此，辨伪工作异常地艰巨而复杂。

二、辨伪的目的、意义及历史发展

伪书伪文给读书治学带来了极大危害。故清人姚际恒把辨伪工作看成是“读书第一义也”[①]。梁启超也曾提出：“中国旧学，十有九是书本上学问，而中国伪书又极多，所以辨伪书为整理旧

---

① 《古今伪书考序》。

学里头很重要的一件事。”[1] 辨伪是历史文献整理过程中的一项不可缺少的工作。

考辨伪书的目的，一是恢复古书的原貌，使读者不受赝品的蒙蔽；二是考辨清楚伪书面目，恢复它的原有价值。也就是说辨伪工作的目的是为了能够正确地使用史料，所以一旦当某些伪书辨清了年代和作者后，同样可以降低时代而重新为我们所使用。张舜徽先生明确提出：“学者如遇伪书而能降低其时代，平心静气以察其得失利弊，虽晚出赝品犹有可观，又不容一概鄙弃。”[2] 比如《孝经》一书，郑玄说它是孔子所作，而实际为孔门七十弟子后学所记，当我们辨明了时代与作者后，仍可将其作为研究儒家孝道的重要史料；再如《尔雅》，魏晋人张揖论定是周公所作，它实际上是汉以前人纂辑故训名物而分类编成的一部书，当我们辨明了时代与作者后，仍可将之作为重要工具书来使用。

中国古代伪书的出现可以追溯到春秋战国百家学术形成的时代，而疑古辨伪的工作也萌芽于此时。经两汉、魏晋南北朝时期的发展，到唐宋疑古辨伪的风气大盛，明清时代更是拓宽了考辨的范围，在辨伪方法上有许多创新。在清代，辨伪与考据结合，取得了一些重大的成果，产生了胡渭、崔述、姚际恒、阎若璩、刘逢禄、龚自珍、魏源、廖平等一批考据辨伪学者。姚际恒的《古今伪书考》辨及经、史、子三类书籍 91 种。阎若琚的《古文尚书疏证》洋洋 30 万言，举证 100 余条，确证东晋梅颐所献《古文尚书》为伪，带来了一场思想解放的震动，产生了极大的影响。

三、辨伪的方法

辨伪方法是辨伪学的核心，20 世纪辨伪学的理论概括，主要是对前人辨伪经验的总结与升华。因此，这里概述的辨伪方法是

---

① 梁启超：《中国近三百年学术史》，复旦大学出版社 1985 年版。

② 张舜徽：《广校雠略》，华中师范大学出版社 2004 年版，第 81 页。

对古今学者总结的辨伪方法的综述，不限于20世纪这一时间段。

最早对辨伪方法作出系统总结的是明人胡应麟，他在《四部正讹》中提出了八种方法："核之《七略》，以观其源；核之群《志》，以观其绪；核之并世之言，以观其称；核之异世之言，以观其述；核之文，以观其体；核之事，以观其时；核之撰者，以观其托；核之传者，以观其人。"这是胡应麟对前人及他自己辨伪经验的总结，概括得非常精要。梁启超在胡应麟的基础上，又作了进一步的发挥与补充，他在《中国历史研究法》中提出了辨伪的12条公例，将其归纳总结，主要有如下6种方法：

（1）利用目录学知识辨伪。即从公私书目的著录上进行检查，以其是否一致作为辨伪的依据。古书流传均有绪，其有名之作，或于各史《经籍志》中有著录，或于他书记载中有渊源。如若突然发现一书，且向来无人经见，其中定有蹊跷，必当注意。例如，先秦之书不见于《汉书·艺文志》，汉人之书不见于《隋书·经籍志》，唐以前书不见于《崇文总目》，便十之有九而靠不住。拿《三坟》、《晋史乘》、《楚梼杌》等书来说，在《汉志》、《隋志》中均未著录，后人亦未有征引，隋时突然出现，该书的真伪便大值得怀疑。除了查对书名外，从今本和旧志所记载的卷数、篇数的不一致上，亦可判定其真伪或可疑。这中间包括两种情况，一是数量减少，二是数量增多。前者尚可解释为部分亡佚，而后者却难以作解释了。比如《文子》一书，《汉志》记载有9篇，而唐代马总所编《意林》上却说有13篇，这前后不一的数字，令人难以不生怀疑。

（2）利用逻辑常识辨伪。也就是说从本书所载的事迹、制度以及所引之书上进行检查，以其是否违反逻辑规律作为辨伪的依据。按逻辑常规，书中所载事实与人名，只能后人叙述或者征引前人，而绝不会前人叙述或者征引后人，一旦出现前后颠倒的现象，作伪便毫无疑问。比如《商君书》，旧说为商鞅所著，然而该书中竟记载有商鞅死后70余年方发生的长平之战，根本不可能为商鞅所得见，因此可以断定该书作者绝非商鞅，或者至少有一部分为后人所窜乱。再比如被题为大禹、伯益所著的《山海经》中，亦出现有秦汉之后的郡县名称，如长沙、成都之类，可见其作者绝不会是虞舜之时的人。以逻辑规律辨别伪书，其方法很多，于人物的称谓上亦可抓住一定的破绽。比如说人死后始称谥，一旦书中称谥者出于作者之后，便可判定该书绝非作者自著。例如在《管子》一书中，对于齐国国君小白只有“齐桓公”之称，而无“齐君”、“齐侯”之名，这便显然不是卒于齐桓公之前的管仲所著了。

（3）利用文体、语言常识辨伪。时代不同，文体与语言亦各自有别。根据这一规律，亦可辨别出伪造之书。比如在《黄帝素问》一书中，竟然长篇大段地讲述医理，这一写法，不独三代以前绝无此例，即便春秋时期亦无此体，由此可以判定该书应该成于汉，最早亦不会超过战国末年。再比如《尚书》28篇，皆佶屈聱牙，费解难懂，然而后出之《古文尚书》，却文从字顺，通俗易解，不仅三代以前所无，亦非汉朝以前所有，其文体全属晋人之法，造伪之作明确无疑。

（4）利用学术史知识辨伪。一个时代有一个时代的思想特点，其发展渊源十分清晰，根据这一规律，对古书作者的学术观点进行检查，如若超越了当时的社会，该书的真伪便可得以判决。例如在《管子》中，出现有“兼爱”、“寝兵”之说，这一思想为墨家核心，非墨翟、宋钘之后不会有此，而管、墨二人相距100余年，分别为春秋初年及春秋末年之人，由此可知，《管子》一书绝非管仲亲自所著。利用学术史知识还可以从传授家法上辨别古书。例如汉朝时期诸儒的家法极严，各家互不相混，传授《诗经》的四家亦相差甚异。然而在《鲁诗》的传授者申培的著述《诗说》之中，竟有9/10是抄袭于《毛诗》，这完全可以断定，今本《诗说》必属伪造。

（5）从伪书所依据的材料上辨伪。造伪者托名撰书时，势不能字字凭空创造，更何况既依托他人，必多采录其人之说以求取信，这便是伪书所凭借的依据。然而作伪者在拾录之时，为掩盖其马脚，总是东拼西凑，割裂缀合，却又难以“灭尽针线迹”；结果是聪明反被聪明误，留下了暴露破绽的机会。因此只要对其所凭借的材料加以仔细审查，一一找出其出处，破绽便自然露出，伪书亦不攻自破了。比如《毛诗序》中抄袭了《乐记》和《论语》中的话，却又支离断续，前后不通，其伪装一下便可揭穿。《古文尚书》中把荀子所引《道德经》中的“人心之危，道心之微”与《论语》中的“允执其中”拼凑起来，结果意思不相连属，漏洞自然露出。

（6）利用反证的方法辨伪。这是指有些古书虽佚，但尚存一二佚文或佚说于他书之中，只要将其引来和今本作比较，一旦发现有不同之处，便可反证出今本的不真。例如在《晋书》中束皙、王接、挚虞等人的传里，提到了《竹书纪年》一书曾记载有启杀伯益、太甲杀伊尹、文丁杀季历等史事，然而今本的《竹书纪年》中却丝毫没有记载，这便可以反证出今本绝非晋太康二年所发现的汲冢之书。再比如崔鸿所著的《十六国春秋》，其体例结构于《魏书》及《史通》中均有所记载，然而明代所出本的体例，却与它们的记载不相符合，这亦反证出明代本的可疑之处。

胡适在《中国哲学史大纲》中，提出五条审定史料的方法，也适用于辨别伪书。胡适说：

> 凡审定真伪，须要有证据，方能使人心服。这种证据大概可分五种：
>
> 1. 史事。书中的史事，是否与作书的人的时代相符，如不相符，即可证明一书或那一篇是假的。
>
> 2. 文字。一时代有一时代的文字，不致乱用，作伪书的人多不懂这个道理，故往往露出作伪的形迹来。
>
> 3. 文体。一个时代有一个时代的文体，一个人也有一个人的文体。后人尽管仿古，古人决不会信今。
>
> 4. 思想。凡能著书立说成一家言的人，他的思想学说总有一个系统可寻，决不致有大相矛盾冲突之处。故看一部书里的学说是否能联络贯中，也可帮助证明那书是否真的。大凡思想进化，有一定的次序。一个时代有一个时代的问题，

即有那一个时代的思想。大凡一种重要的新学说发生以后，决不会完全没有影响。

5. 旁证。还有一个证据是从别处寻出的，故名为旁证。

曹聚仁《国故学大纲》总括梁启超、胡适两家之说列成一简表，便于把握：

- 辨伪方法
  - 大事
    - 从著录传授上检查
    - 从文字体裁上检查
    - 从事迹制度上检查
  - 时代
    - 从时代背景上检查
    - 从进化历程上检查
  - 思想
    - 从作者根本主张上检查
    - 从思想渊源上检查
    - 从思想影响上检查
  - 旁证：从他书征引上检查

前人总结的方法，指出了辨伪的途径，在实践运用中只可供参考。要想获得成功，还要靠自己学识的积累和智慧的发挥。近现代的考古发现，对辨伪工作提出了挑战。如姚际恒考辨《孙子兵法》为伪书，1972年山东临沂银雀山汉墓出土了《孙子兵法》和《孙膑兵法》。又如先秦《文子》一书也被梁启超、章太炎等国学大师定为伪书，是晋人张湛抄自《淮南子》，而1973年河北定县汉墓出土竹简《文子》，经唐兰整理研究，确系先秦古书，是《淮南子》抄《文子》，而不是《文子》抄《淮南子》。由于《文子》文章不像先秦古人的口气而被误判。辨伪切忌孤证不立，要极为慎重。人的认识是不断发展的，学术研究也在不断前进，所以我们今天的工作一定要紧跟时代的步伐，随时修正过时的观念，随时提出崭新的见解，使辨伪工作在科学的实事求是的道路上取得更加优异的成绩。

四、20世纪辨伪学的发展与理论建构

20世纪辨伪最活跃的时期是二三十年代，具体说有三大成绩：第一，梁启超完成了辨伪学的理论建构；第二，王国维、胡适、顾颉刚等人建立了近代考据新方法直接用于辨伪，开拓了辨伪学的空间；第三，“古史辨”的崛起，致使怀疑、考解古书古史真伪在学术界蔚然成风，获得了丰硕的辨伪成果。20世纪30年代末至70年代中的40年，是辨伪学的停滞时期，80年代后再度繁荣。20世纪辨伪学的发展，略述如次。

1. 梁启超完成辨伪学的理论建构

辨伪学作为一门学科，兴起于宋，奠定于明，繁荣于清，而理论的条理，至梁启超而臻于完善。宋人司马光、欧阳修、苏轼、王安石、郑樵、程大昌、朱熹、叶适、洪迈、高似孙、晁公武、黄震等人，运用群书对比、目录学寻根等方法，辨析古书真伪，积累了许多经验。明人胡应麟《四部正讹》是第一部辨伪专著，系统地对明以前的辨伪成绩做了总结，奠定了辨伪学的基础。梁启超在《古书真伪及其年代》中给予了很高的评价。梁氏说：“专著一书去辨别一切伪书，有原理、有方法的，胡应麟著《四部正讹》是第一次。”

清人的辨伪成果很多，但对辨伪的理论阐释没有建树。辨伪学的理论建构完成于20世纪20年代末。其主要的标志是：“在辨伪理论上，由过去传统的、较为零散的归纳总结逐渐形成科学的、系统的、较为完整的理论体系；在辨伪方法上，由过去主要是乾嘉考据辨伪方法，逐渐加入了现代科学方法，包括考古学、社会学、逻辑学、计算机等等；在学科体系上，由过去附庸于其他学科之中而逐渐构建成一门独立的学科。”[①] 奠基人是梁启超，代表论著有三部均发表于20世纪20年代，1921年撰写了《中国历史研究法》、1924年发表《中国近三百年学术史》、1927年完

① 刘重来：《中国二十世纪文献辨伪学述略》，《历史研究》1999年第6期。

成《古书真伪及其年代》。这些论著不仅构建了新史学理论，也构建了辨伪学理论，是梁氏在清华大学的演讲课题，以此培养了一代学人，发表后产生了极好的社会效应，影响很大。

在《中国历史研究法》一书中，梁氏提出了辨伪书的12条标准，考证真书有6种方法，辨证伪事有7条标准。这些标准是梁氏归纳了前人的成果，如胡应麟的《四部正讹》，也融入了自己的创新。

《古书真伪及其年代》是梁氏著的一部辨伪专书。全书分为两个部分。第一部分总论，分别对辨伪的意义、伪书的产生、辨伪历史、辨伪方法、伪书的价值5个方面做了系统的理论总结。在总论中，梁氏专设“辨伪书”一节，对伪书种类、作伪原因、辨伪方法等内容做了精辟的阐述。梁氏分伪书为10类，如前文所述，提出了辨伪六法：“从著录传授上”、“从本书所载事迹，制度或所引书上”、“从文体及文句上”、“从思想渊源上”、“从作伪家所凭借的原料上”、“从原书佚文佚说的反证上”，用以检查古书真伪，析理精密，例证生动。第二部分为分论，具体考辨了两汉以前的14部经书，如《易》、《尚书》等的真伪，为总论提供实证的范例。

梁氏构建的辨伪学理论具有系统性、科学性、开创性的特点。系统性，是指全面而系统地总结了古今的辨伪工作的历史，评述历代辨伪学者的成就与功绩，阐释了辨伪的意义、方法，以及伪书的总类，其论述贯穿古今，阶段分明，脉络清晰。科学性，表现在有着鲜明的时代特点，在乾嘉考据的基础上注入了近代的学术思想，融贯中西，论证方法有着严密的逻辑性。开创性，指梁氏在辨伪理论和辨伪方法上所拓宽的新内容。梁氏建构的辨伪学，至今还闪耀着思想的光芒。

2. 20世纪二三十年代的辨伪成果

这一时期的辨伪成果，除王国维、胡适、顾颉刚等人的成绩外，钱玄同、傅斯年、周予同、罗根泽等一大批当时的名流学者参与疑古辨伪的学术讨论，盛况空前，前文已述及，《古史辨》收入的论文就有350篇，300余万字。此外，值得称述的辨伪学专著有两大成果。一是 30 年代初黄云眉撰写的《古今伪书考补证》，以及顾实、姚名达等人对该书的考辨补证。1923 年初版，1959 年、1964 年、1980 年三度再版。二是 30 年代末，张心澂的《伪书通考》问世。这是一部集大成的辨伪论著，它采用前人的辨伪成果，以书名为纲，分为 10 大类，汇集诸儒辨伪资料列于书名之下，引文注明出处，最后加按语条贯，考证内容丰富，检索便利。全书考辨伪书 1059 种，50 年代再版，又增加 45 种，共 1114 种，是迄今收罗最多、最完备的一部辨伪综合性工具书。

3. 20 世纪中期是辨伪学的停滞时期

20 世纪中期指 20 世纪 30 年代末至 70 年代中的 40 年，由于抗日战争和新中国成立后早期的政治原因，50 年代批判胡适，六七十年代"文化大革命"，这些因素波及辨伪学产生了一个断层时期。这期间也有零星辨伪工作，五六十年代曾发生过《李秀成自述》与《兰亭序》两起真伪考辨的学术论战，报刊发表的论文近百篇，1955 年罗尔纲还出版了《太平天国史料辨伪集》。这两场本是学术辨伪之争，却因政治因素的干扰，论辩者难以畅所欲言，无法实话实说，论战无果而终，不少的人还受到了批判。《李秀成自述》的论争还带到了 80 年代。1963 年，曾国藩的曾孙曾约农在台湾将《李秀成自述》原稿全部影印公布，证明《李秀成自述》原稿为李秀成亲笔铁定，不容置疑。至于忠王忠不忠，是何等动机撰写，不属于辨伪学的讨论范围，可置而不论。

4. 20 世纪 80 年代后辨伪学的再度繁荣

王国维说："古来新学问，大都由于新发现。"20 世纪 70 年代几次重大考古文献的出土，成为推动 80 年代辨伪学发展的一个契机，80 年代学报、杂志、报刊发表的学术论文近百篇。改革开放带来了科学文化的春天，文献学研究成为一门热学，在数十种文献学的论著中都列有辨伪学专章或专节，与目录、版本、校勘等平行并列，这标志着学术界将辨伪学归类于文献学，定位为一门独立的分支学科的地位取得了共识。第一个给辨伪学定位的学者是张舜徽。他在 1982 年中州书画社出版的《中国文献学》一书中列出专章讨论辨伪问题，正式将辨伪学纳入了文献学体系，后继文献学论著，依其成例，没有争议。

70年代新出土古文献，以实际例证给辨伪学的一些方法与理论提出了挑战，推动了辨伪学理论的深入。1971年，安徽阜阳西汉汝阳侯夏侯灶墓出土了《晏子春秋》残简；1972年，山东临沂银雀山汉墓出土了《孙子兵法》、《孙膑兵法》、《六韬》、《管子》、《尉缭子》、《晏子春秋》、《墨子》等残简；1972年，长沙马王堆汉墓出土了大批帛书，有《老子》、《战国纵横家书》、《易经》以及阴阳、天文、五行、杂占等10多种12万余字；1973年，河北定县汉墓出土了《晏子春秋》、《论语》、《儒家者言》、《哀公问五义》、《文子》、《太公》等8种残简；1975年，湖北云梦睡虎地出土了《编年纪》、《日书》等10种秦简；1978年，青海大通县孙家寨汉墓出土了与《孙子》有关的竹简文献。这些简牍的发现再度震惊学术界，直接冲击辨伪学的一些考辨结论。例如《文子》、《尉缭子》、《鹖冠子》、《晏子春秋》、《六韬》、《孙子兵法》，再也不能说是伪书了。新发现促使学术界对前人辨伪理论和辨伪成果做出重新审视考辨与修正，这是学术进步的表现。它将推动辨伪学理论进一步深化，方法更加多样，范围更加宽广，成果更加增多。

第三节　辑佚学

一、辑佚与辑佚学

辑佚是一项很重要的文献工作，也是从事古代文史研究的基本功之一，许多文史大家都十分关注辑佚工作。辑是指搜集、编辑，佚是指散佚。简单地说，辑佚就是将已经亡佚，但仍然有零星片断资料散存于其他典籍中的古书搜辑起来，重新加以编排，以求最大限度地恢复原貌的工作。本无其书，而关于某人、某事的材料散见于同时之人所著其他书籍中，后人将其收聚整理，编辑为新的一书，也属辑佚。此外，还有补遗，是辑佚范围的扩大，应属辑佚学的范畴。

辑佚学作为一门独立学科的理论建构，直到20世纪80年代中才提上议事日程。前人及近代学者对辑佚学理论有零散和泛化的论说，缺乏系统的研究。1986年徐德明在东北师大古籍所创办的《古籍整理研究学刊》第2期发表《辑佚学应成为一门独立学科》的首篇论文，尽管该文篇幅短小，未对辑佚学作出理性论述，但提出这一学科命题也是有意义的。当时一些文献学论著，也设立了辑佚学专章或专节，表明学术界将建立辑佚学的理论提上议事日程。1987年东北师大古籍所在全国率先在古文献硕士研究生范围开出了"中国古籍辑佚学"的课程，迄今已有多界学生受课。辑佚学专修课的开设，推动了这一学科的理性研究。1998年东北师范大学出版社推出东北师大古籍所曹书杰的《中国古籍辑佚学论稿》，全书11章，约35万字，内容详赡，可以说完成了辑佚学的理论建构，标志着东北师大古籍所处在辑佚学理论研究的前沿地位。

辑佚学理论研究，华中师大文献所也做出了突出的贡献。1989年武汉工业大学出版社出版《古籍整理研究》8种，其中收有华中师大文献所王玉德编撰的《辑佚学稿》，凡12章，约7万言。虽然篇幅不大，但辑佚学理论建构的体系框架已具雏形。

曹书杰、王玉德两人的辑佚学专著，详略不同，而体式接近，均以古今人的辑佚工作与总成果为对象，考察了历史文献的聚散存佚与辑佚学的起源、辑佚的方法原则、前人辑佚的得失，以及如何整理辑佚成果与辑佚研究新局面，内容丰富，资料充实，提供了现代辑佚学理论体系的样式。

二、前人辑佚的成就与方法

辑佚工作在我国有着悠久的历史。晋代学者梅赜就曾辑佚过《古文尚书》，不过他辑的是真伪参半。到了宋代，辑佚已很有成绩，《说郛》中的《相鹤经》，就是宋人陈景元从马总的《意林》、李善的《文选注》以及鲍照的《舞鹤赋》等书中辑佚而出的。宋人王应麟更是一位辑佚高手，他所辑的《郑氏周易注》、《郑氏尚书注》、《三家诗考》等都有很高的价值，在现代仍然流传。明代的许多士人也都注意辑佚工作，孙瑴的《古微书》，专门辑录纬书佚文；张溥的《汉魏百三名家集》，专门蒐辑诗文。但这一时期的辑佚工作面不广，体例、方法亦欠完备。直到清代，辑佚工作方才进入鼎盛时期。乾嘉年间，由于受到编修《四库全书》的影响，辑佚工作大为发展，学者在校核《永乐大典》的过程之中，辑出了不少古书，仅著录和存目于《四库全书》中的古佚书即达 388 种之多。这是惊人的成果，它整理和保存了极为可贵的文献资料。清人最重经部书的辑佚，《四库全书》收入《永乐大典》辑佚书经部书约占总数之半，计 175 种。从《尚书》、《诗经》、《春秋三传》到《论语》、《孝经》、《尔雅》的注释都有辑本，他们尤其推崇郑玄的注疏，竞相辑佚其遗著。史部书辑出有李焘的《续资治通鉴长编》、李心传的《建炎以来系年要录》、《宋会要辑稿》、薛居正的《旧五代史》、郝经的《续后汉书》，以及班固、刘珍等人的《东观汉纪》等。在子部书籍中，《申子》、《尸子》、《燕丹子》等都有辑佚本。文集的辑佚，当首推严可均的《全上古三代秦汉三国六朝文》最有价值，共辑佚经、史、子各种类别资料 3497 家，按朝代编纂，并于各家之后附有作者小传，颇便参考。另外，清代后期有名的辑佚书还有黄奭的《汉学堂丛书》，辑经书 85 种，纬书 56 种，子史书 74 种；王谟的《汉魏遗书钞》，包括 400 余种书；马国翰的《玉函山房辑佚书》，辑经、史、子佚书共 580 余种。王仁俊《玉函山房辑佚书续编》及《补编》共辑佚经、史、子佚书 408 种。

前人的辑佚方法，梁启超在《中国近三百年学术史》中作了具体的阐述，今人张舜徽亦于《中国文献学》中提出了自己的看法。如果再加上前人的诸多经验，我们可以将辑佚的主要方法归纳为如下 7 种：（1）以唐宋间类书为总资料，以辑群书。（2）以汉人所著的子、史书以及各类经注为资料，以辑周秦古书。（3）以唐人义疏等著作为资料，以辑汉魏经师遗说。（4）以六朝及唐人的史、集注为资料，以辑历代亡佚之文。（5）以诸史书、古文选集以及金石刻文等为资料，以辑历代遗文。（6）以《经典释文》、《一切经音义》等古代字书为大宗，以辑前人的文字、训诂、音韵之书。（7）以各地方志为资料，以辑历代地方文献。

以上7个方面是清人辑佚古书的主要方法，它同时亦是清人辑佚古书的资料来源。它包括的范围非常广泛，有类书、子书、史书、文集以及义疏、注释等诸多内容，总之一句话，一切征引过佚书章节语句的材料均可加以利用。

三、20世纪的辑佚成果

辑佚，看似平淡，不过是抄辑史料，实际上并非一般人所能制作。因为辑佚是从诸多古籍文献中爬梳淘金，复原已佚之书，本身是复杂的古籍整理工作，它要求辑佚者不仅要有渊博的学识，而且要有文献学的基本功力，所以辑佚大都出于专家学者之手。在20世纪对辑佚工作作出较大贡献的学者，如王国维、鲁迅、赵万里、郭绍虞、唐圭璋、王重民、胡道静等人都是学术大家。本节重点评述他们的成果。

1. 王国维的辑佚成就

《海宁王忠悫公遗书》收王国维的辑佚书六种：《古本竹书纪年辑校》一卷、《今本竹书纪年疏证》一卷、《重辑仓颉篇》一卷、《唐韵佚文》一卷、《南唐主词补遗》一卷、《后村别调补遗》一卷。

王国维，近代国学大师，他的学术活动，本书第三章已有介绍。王氏的辑佚，在他的学术成就中属小儿科。但王氏渊博的学识，对《纪年》的辑佚与疏证，达到了一个高水平。清末民初，关于《今本竹书纪年》的辑佚多达十余种，其中朱右曾辑佚的《汲纪年存真》二卷，考证翔实，在诸本之上。1917年，王氏在朱本之上再加补充、订正，以及疏证，共得佚文428条，并逐条指明今本《纪年》的资料来源，半数为《竹书纪年》佚文，半数来自《尚书》、《左传》、《孟子》、《山海经》、《史记》、《逸周书》

等典籍的注文，驳正了清人的伪书之说。王氏的疏证开拓了辑佚新思路。

关于古本《竹书纪年》，20 世纪 50 年代又有范祥雍的《古本竹书纪年辑校订补》。今人方诗铭、王修龄又综合朱右曾、王国维、范祥雍三家之长，并采集甲骨金文及出土文物为证，对佚文内容颇多辨正，成《古本竹书纪年辑证》[①] 是最完善的《纪年》辑校整理本。

2. 鲁迅的辑佚工作

鲁迅（1881—1936），本名周树人，字豫才，浙江绍兴人。中国近现代有世界影响的文学家和思想家。鲁迅雅爱古籍，他的治学就是从古籍整理开始的，一生爱好不辍。收入《鲁迅全集》的辑佚成果有四项。其一，《会稽郡故书杂集》8 种 10 卷，1901 年至 1914 年完成。这是一部辑佚乡邦地方文献的古佚丛书。其二，《古小说钩沉》36 种 36 卷。该书辑古佚小说，上起周代《青史子》，下讫唐代杜宝的《水饰》，凡得佚文 267 则，超过清人成就，也为鲁迅撰写《中国小说史略》打下基础。其三，辑佚绍兴古代作家三种史籍，为：吴·谢承《后汉书》6 卷、晋·谢沈《后汉书》1 卷、晋·虞预《晋书》1 卷。其四，《稽康集》辑校。该书是鲁迅用力最勤的一部文集整理，历时 12 年（1913—1924）完成。是书校勘精准，融入了考证与搜佚的成果，鲁迅撰《稽康集逸文考》做总结。作者也很自信，说："中散遗文，世间已无更善于此者矣。"[②]

3. 赵万里、唐圭璋、张国淦、郭绍虞的辑佚工作

赵万里（1905—1980），字斐云，浙江海宁人。大学教授，北京图书馆馆长。我国近现代著名的版本目录学家，从事古籍文献研究长达 50 年。作有《汉魏南北朝墓志集释》、《中国版刻图录》（主编）等。赵氏辑佚有《校辑宋金元人词》73 卷，《元一统志》、《析津志》等。唐圭璋（1901—1994），江苏南京人。南京

---

① 上海古籍出版社 1981 年出版。

② 《鲁迅全集》第十卷，人民出版社 1982 年版，第 18 页。

师范大学教授。当代著名词学研究专家。一生词学著作近 20 种，影响最大的是《全宋词》、《全金元词》两部断代词作总集，兼存辑佚词。张国淦（1876—1959），湖北蒲圻人。中科院历史研究所第三所研究员。辑佚有《中国古方志考》。郭绍虞（1893—1984），复旦大学教授，当代著名古典文学批评史家。辑佚有《宋诗话辑佚》、《宋诗话考》。张、郭二氏，著述甚丰，辑佚是其小者。

词集汇刻始于明毛晋《宋六十名家词》，至清末有王鹏运的《漱玉词》、吴昌绶的《白云小稿》，以及刘毓盘的《唐五代宋元金名家词集六十种辑》，始为学术界注目。赵万里《校辑宋金元人词》73 卷，1931 年前“中央”研究院历史语言研究所出版。是书比刘氏所辑更为广泛，在宋金元词总集编辑史上有巨大意义。唐圭璋的《全宋词》、《全金元词》是接力之作。《全宋词》300 卷，辑编于民国二十年至二十六年，民国二十九年（1940 年）由长沙商务印书馆出版线装书，汇辑两宋词人 1000 余家，词 20000 首。这是自明代以来收辑宋词最多的总集。赵氏所辑，全部汇入。1965 年中华书局出版了修订本《全宋词》6 册，增补词人 240 余家，词作 400 余首、删去误收者，重新改写词作家小传。全书共收两宋词人 1330 余家，词作 19900 余首，残篇 530 首。《全金元词》由中华书局 1959 年出版。

4. 王重民、胡道静的辑佚工作

王重民对辑佚的贡献主要有《越缦堂文集》12 卷、《孙渊如外集》5 卷、《补全唐诗》、《敦煌唐人诗集残卷》、《补全唐诗拾遗》等。胡道静（1913—2003），上海市人。上海人民出版社编审，华东师范大学兼职教授。当代著名中国科技史家、古典文献学家。胡氏自 1931 年出《校雠学》以来，从事学术工作 70 年，著述多种，代表作有《梦溪笔谈校正》、《中国古代的类书》、《农书与农史论集》、《沈括研究论集》等。胡氏辑佚多种，有《熙宁字说钩沉》、《宋人笔记钩沉》《沈存中选著钩沉》等手稿。胡氏辑佚多灾多难，手稿一毁于“一·二八”日军侵沪之役，再毁于“文革”动乱。晚年重新辑佚，已出版的有《种艺必用校录》、

《梦溪忘怀录钩沉》、《沈括诗词辑存》等。[①]《沈括诗词辑存》前后历经60年，毁而重辑，从《永乐大典》残本中钩出，得沈括《长兴集》未载之韵作含残句凡58首。

5. 今人周天游的辑佚工作

周天游，1944年生，浙江诸暨人。西北大学教授，师从陈直先生攻读秦汉史，著有《秦汉史研究概要》、《后汉记校注》等。[②]周氏辑佚已出书有《八家后汉书辑注》、《〈七家后汉书〉校注》、《汉官六种》、《史略校笺》等。[③]正在进行的有国家古籍整理八五计划重点项目《汉魏六朝佚史钞》。

《〈七家后汉书〉校注》，以汪文台的辑本为底本进行整理增补。作者又新增晋人张莹《后汉南记》一种成《八家后汉书辑注》，凡25卷。作者用多种七家《后汉书》辑本互相比勘，方法科学，校勘精确，注释翔实，是一部力作。作者采用的辑佚方法和程式，既存前人辑佚之法，又颇多创见。书后附有人名索引，甚便使用。《八家后汉书辑校》无疑是自清以来多家辑本中最好的一种。

历经百年，个人辑佚之书可称道的还有许多。如王叔武的《云南古佚书钞》、张鹏一的《关陇丛书》、《魏略辑本》、《汉律类纂》、《隋书经籍总补》、金毓黻的《大元一统志辑本》、逯钦立的《先秦汉魏晋南北朝诗》、徐宗元的《帝王世纪辑存》、万国鼎的《氾胜之书辑释》、赵景深的《元人杂剧钩沉》、王古鲁的《明代徽调戏曲散曲辑佚》、傅璇琮的《范成大佚文的辑集与系年》、朱祖延的《北魏佚书考》、贺次君的《括地志辑校》、高文的《汉碑集释》等。辑佚书保存了丰富的原始资料，虽残篇断简，但对历史研究有很高的学术价值。

---

① 《种艺必用校录》，农业出版社1986年版；《梦溪忘怀录钩沉》，《杭州大学学报》1981年第1期；《沈括诗词辑存》，上海书店1985年版。

② 《秦汉史研究概要》，天津古籍出版社1990年版；《后汉记校注》，天津古籍出版社1987年版。

③ 《八家后汉书辑注》，上海古籍出版社1986年版；《〈七家后汉书〉校注》，河北人民出版社1987年版；《汉官六种》，中华书局1990年版；《史略校笺》，书目文献出版社1987年版。

由于辑佚需要安定的社会环境和社会的通力合作，以及一定的经济条件，因此个人的辑佚大多不成体系，只是零星的学术工作。20 世纪的风云突变，影响辑佚工作时断时续，真正得到长足发展，并制定规划有步骤地进行则是 20 世纪 80 年代改革开放以来近 20 年的事。1983 年，国家教育部成立了“全国高等院校古籍整理工作委员会”，简称“古委会”。由古委会协调制定的古籍整理规划，实质就是国家组织的大规模辑佚丛书，具体内容，详见本书第八章第二节古籍的“结集整理”。

四、补遗

所谓补遗，是指前人论著体裁不备，或史事有遗缺，后人为之补作或补充，是为补遗。补遗之作，从所补内容来看，有补缺与补作之分。补缺，指原有其文，而补其缺漏，如宋王禹偁《五代史阙文》，补充薛居正《旧五代史》漏略之处，凡 17 事。补作，指原书体例不全，后之学者予以补作，如补正史表志之作是其代表。从现存历史文献来看，补作是补遗的主要内容，一般通称为补缺。20 世纪学术界编辑出版的补缺之作，最可称道者是《二十五史补编》。该书共收录了宋代、清代和近代学者的续补考订表志之作达 245 种之多，这是前人补遗工作的最大成就。

纪传史表志难作，二十五史中有表有志的只有九部，其余各史表、志多有残缺或无。残缺表、志的各史，很难使人们系统地、综合地了解一朝一代典章制度的沿革，更是一大缺憾。于是从宋代兴起了为正史撰表、志之作，对已有表、志的正史也加以续补考订。1936 年开明书店继二十五史之后排印了历代学者所补表、志之作，荟萃为一套丛书，题为《二十五史补编》，共收录了宋代、清代和近代学者的续补考订正史表、志的著作 245 种。宋人著作 4 种，清人著作 194 种，成绩最大，近人著作 47 种。内容可分为三类：一类是补作，如钱文子《补汉兵制》；另一类是校正，如王元启《史记月表正讹》；第三类是修订，如梁玉绳《汉书古今人表考》。

《二十五史补编》是一套很有价值的丛书，它是续补考订正史之作，因此有很高的史料价值。是书的编纂本身有两大特点，即“全”与“便”。“全”指收录宏富而系统，“便”指其编次便于翻检。《二十五史补编》收录的著作以表、志为限，凡增补、注释、考订、校勘之作，“不问往哲遗籍，时贤近著，见知所及，靡不甄采”①。《二十五史补编》中有60多种稿本和写本，世所罕闻，靠《二十五史补编》的网罗，得以传世。《二十五史补编》所收资料系统齐全。如经籍源流的资料，共收录历代学者续补考订正史艺文志的著述32种，遍及17部正史。这些著作与正史中八种艺文志加起来，就基本上构成了一部系统、完整的中国古代图书总目录，为研究我国古代典籍存亡及学术源流提供了重要依据。《二十五史补编》的编次，是诸史前后为序，先表后志，以类相从。同类著作，以作者生卒年代为次。一人之作限于一史的同类作品，如万斯同的《历代史表》，则将其各部分析出来，分别编于相关的各史之下，以省读者翻检之劳。几百种史表史志经过这样科学的编次，汇成一部丛书，读者翻检，极为方便。

《二十五史补编》所收著作都是后人根据有关史料修撰的，因此所述史实难免有误。使用《二十五史补编》，需要与有关典籍验证。1955年中华书局据开明书店版重印，凡六巨册，为最通行之本。

① 《二十五史补编·凡例》。

第八章　20世纪的古籍整理

古书重印，如果只在原有工艺上复制，例如翻刻雕版书，那只能叫重印，或叫翻刻，而不是整理。所谓整理，就是要进行文献加工，注入时代内容，反映时代特点。20世纪重印的古书，除少量是复制之外，绝大多数进行了重新结集、点校、注释、考辨等工作，总称古籍整理。本章略述20世纪古籍整理的发展概况，总结它的整理方法和成就，分四节来谈。

第一节　古籍整理的方法

传统的文献校雠工作，目录、版本、校勘、考据、辨伪、辑佚仍然是古籍整理的基础工作和基本方法。由于20世纪的科技进步与文化发展，使传统的校雠工作产生了新的形态，这就是时代特点。20世纪的科技进步带来了文献制作的新方法和新载体，历经铅活字排版、电脑激光排版到电子文献等一系列技术革新。20世纪的文化发展，“五四”以后白话文推广，中西文化交流，带来了新的语言思维方式，例如语法、修辞、标点、翻译等新内容施于语言与行文之中，产生了语言的新思维。传统校雠工作与新技术、新思维、新语言相结合，从而产生了新的文献工作形态，这就是古籍整理的任务，也可称做古籍整理的内容和体制。古籍整理的目的和任务，就是完成古书重印的载体转换与语言思维转换的双重任务。具体的工作与形式，主要有六个方面：一是断句整理；二是点校整理；三是今注今译；四是结集整理；五是资料汇编；六是编制古籍书目索引。古籍整理的今注今译是传统注疏学的新发展，本书列专章来谈，详见第九章。古籍书目与索引，分别在本书第五章目录学与第十章文献检索中论说。其他四项在本章各立专节来谈。结集整理与资料汇编两项，属于编纂方法，与传统校雠工作紧密结合的是断句整理与点校整理，这两项是本节讨论的专题，合称“古籍整理的方法”，因为反过来说，传统校雠工作，在古籍整理中，主要表现为断句整理与点校整理两种新形式。

一、断句整理

断句整理是 20 世纪上半叶重出古籍最主要的形式。说话有快慢节奏和语气停顿，表现在文章中就是句读。古人行文没有句读标识，读书破句由师承或家学口耳相传。由于句读口耳相传，所以不重视书面的表现形式，只用简单的圈号“。”或点号“、”隔断文字，以表示一个句子的语气停顿或结束。古人称作“句读(dòu)”，或句逗、句投、句度，把标点工作称作“章句”。到南宋末出现了“标点”一词。《宋史·何基传》载何基“凡所读书，无不加标点，义显意明，有不待论说而自见者”。但是，尽管我国古有标点工作，并有专门的章句之学，标点符号的出现也比欧洲早 1000 多年，春秋战国时已出现（欧洲在十一世纪出现标点），却未能得到规范和统一推广，所以现存古籍，没有标点，对明晰句意和阅读带来很大不便。“五四”运动以后，白话文推广，古今的语言隔阂更显差距拉大，时间越久的古代典籍，语言变化越大，阅读的困难也就越多。“五四”以后新出的古籍，无论活字排版，还是石印、影印，一般都做了断句整理。

断句整理就是把古人口耳承传的圈点断句，施之于重印古籍的行文中，看似简单，其实很难，它是古代章句之学的重心，师承家学的日常教与读，就是读书破句。练习断句是阅读古书的基本功。《礼记·学记》记载："古之教者，家有塾，党有略，术有序，国有学。比年入学，中年考校。一年视离经辨志。……"孔颖达疏："离经，谓离析经理使章句断绝也。"

做好断句，不仅要掌握古汉语的基础知识，还要具有丰富的古代文化常识和专业知识。一些学者不只是年轻时从名师受读，就是成名之后亦勤于此事。汉末著名学者高诱在其所著《淮南子叙》中说："自诱之少，从故侍中同县卢君[①]，受其句读。"北宋文坛领袖欧阳修曾赋诗说："篇章异句读，解诂及笺传。"[②] 断句的正确与否，可以看出一个人的学识水平，唐李济翁说："学识何如观点书。"是很有道理的。不懂句读则被视为不学无术。唐代王定保《摭言》说："书字未识偏旁，高谈稷契；读书未知句度，下视服郑：此时之大病所当忌者。"注释家更是把断句视为注解古书的头等工作，必先断句而后注疏，如《史记》三家注、《汉书》颜注、《资治通鉴》胡注、《十三经注疏》等都对句读下过很大工夫，有的并参考先贤和时人的意见才下决断的。

断句何以如此受到重视呢？这是因为它关系到对原著内容的理解是否正确。断句不当有时甚至成为笑谈，古代有名的笑话"夔一足"，就是断句不当而引起的。《吕氏春秋·察传》记载："鲁哀公问于孔子曰：'乐正夔一足，信乎？'孔子曰：'若夔者，一而足矣，故曰夔一，足，非一足也。'"点校古籍，常常因一句一逗的误用，而导致重大的史实歧义。例如中华书局点校本《汉书·食货志》中有这样一段标点："又加月为更卒，已复为正，一岁屯戍，一岁力役，三十倍于古……"照此标点理解，汉代就有四种徭役：更卒、正（卒）、屯戍、力役。考西汉，只有前三种徭役，并无"力役"；而此句中的"力役"，乃前三种徭役的总

---

① 卢君，指东汉末名儒卢植。

② 《居士集·读书》。

称。正确的标点应是：

> 又加月为更卒，已，复为正一岁，屯戍一岁：力役三十倍于古……

原点校之误，是没有弄懂典制，并非单纯使用符号之误。标点古书需要渊博的知识和一丝不苟的工作态度，不是一件容易的事。这，正如鲁迅先生所说："标点古文，不但使应试的学生为难，也往往害得有名的学者出丑。"[①] 也就是说，古书断句，非博学鸿儒做不好这一工作。中华书局、商务印书馆、三联书店、开明书店，在 20 世纪三四十年代，出版了大批古籍，都是聘请当时的专家学者做断句整理。

20 世纪上半叶，新出古籍的基本类型就是断句整理，它为 20 世纪下半叶的新式点校积累了丰富的断句经验，可以说是新式点校的前奏。

新式点校、今注今译，都要投入很大的力量，往往供不应求。急需应用的古籍，大部头的古籍，以及需要保存古籍旧式版本者，采用断句影印的方法可大批出版。例如《十三经注疏》、《十通》、《史记会注考证》，大型的类书、丛书，如《册府元龟》、《古今图书集成》、《四库全书》等，均用此种办法出版。影印《永乐大典》残本，此为存旧，不做任何加工，照原式影印。一般供专业工作应用的古籍，均作断句影印。

二、新式点校

点校，亦称校点，是指利用科学合理的方法进行校勘，并采用新式标点符号进行标点。若只对古籍进行标点而未作校勘，称新式标点，而不能称点校。点校是 20 世纪下半叶整理古籍最基本的形式。

① 《鲁迅全集》第六卷：《且介亭杂文二集·"题未定"草》，人民文学出版社 2005 年版，第 362 页。

现代标点方法是“五四”新文化运动以后从欧洲传入，又经我国语言学者改造逐渐形成的体系。新中国成立后，国家出版总署在1951年9月公布了《标点符号使用法》，在全国统一使用。1956年4月，通俗读物出版社出版了适用于横行书写的标点使用法。自此以后，古籍整理也统一使用新式标点。

标点分标号与点号：标号表示引用、注释、省略、强调，以及表示人名、地名、书名等的符号，包括引号（「」『』‘’“”）、着重号（·）、括号（）、破折号（——）、省略号（……）、书名号（~~~~《》〈〉）、专名号（——）等7种；点号表示句子的语气和停顿，包括句号（。）、逗号（，）、顿号（、）、分号（；）、冒号（：）、问号（？）、叹号（！），也是7种。14种标点符号，引进西方的有10种，我国学者自创的有4种，即顿号、着重号、书名号、专名号。目前专名号多已弃用。破折号、省略号，标点古书一般都不用。至于各种标点符号的使用范围和规则，已经普及，兹从略。

如何点校古书，着重有三项内容：校勘，标点，分段与技术处理。分述于次。

1. 校勘

点校古书的校勘与纯粹的校勘重点有所不同。其一，点校通常以互校法为主，即以一种好的本子作底本，再拿其他版本与底本互校。不主一本，择善而从。例如中华书局点校本《汉书》，以清王先谦《汉书补注》本作底本，与北宋景祐本、明毛晋汲古阁本、清乾隆武英殿本和同治金陵书局本4种版本互校。《后汉书》以南宋绍兴本为底本，以汲古阁本和武英殿本为校本。凡底本有误，而其他本子可资证明者，则把底本原字用圆括号括起置于上方，把改正的字用方括号括起放在下方，并出校记，说明依据，凡异文在两可之间，难于断定孰是孰非者，不作改动，只出校记指出某本作某。其二，除比较各本异同以外，还须参考前人的校勘成果。凡前人说法在版本上找不到根据的，不要轻易信从；即使有版本根据而可信者，亦不改动底本，只写入校记即可。例如，《汉书·天文志》的“中宫”、“西宫”、

“北宫”，清王念孙和钱大昕都说“宫”当为“官”。点校者查不出版本的证据，故仍存其旧文，未改。其三，尚须采用他校法，凡本书内容有采自前人或为别人采用者，则以其人之书校之。例如，金陵书局本《史记·陈丞相世家》，“平为人长美色”。中华书局点校本据《汉书》和《太平御览》引文作“长大美色”，而加一“大”字，标点为“平为人长〔大〕美色。”又如《汉书·高帝纪上》，“雍地定八十余县”，各本都作“雍州”。王先谦说“州”字误，当为“地”。《资治通鉴》此句正作“雍地”，而本书《地理志》中亦无“雍州”，点校者遂据王说而校改为“雍（州）〔地〕定，八十余县”。点校所写的校勘记比较简单，只写明诸版本字句的异同，而不作进一步的考证；凡属点校者校改或增减的字句，都应在校勘记中说明自己的依据。除了字句的点校之外，比较完备的做法是还应将该书的佚文辑录进来，附上原书作者的有关资料，原书的序、跋，以及点校参考书目等。一般的校勘记是附在篇末的，但也有特殊的处理方法。如王国维的《水经注校》，将校勘文字分别写在每页对应的天地头或字里行间，虽然也有体例可依，但例外情况不少。这种作法当系草稿性质，不可作为定式。现在通行的点校体例，当以中华书局所出各书为准。

2. 标点

标点古书，就是运用标点符号把原文的结构、停顿和语气清楚而准确地表达出来。标点后的古书在内容上要符合作者原意，在语言上要符合古代汉语的实际，即语法修辞要符合古文的语法规则，篇章结构要符合古人作文的习惯。要做到这一点，标点者必须具有多方面的知识和较高的文化修养，例如：对古代的宗教、军事、经济、舆服、典章制度、民俗、文学、民族、地理、科技等有较丰富的知识；对古代汉语的词汇、语法、虚字、音韵等有较深的造诣和了解；对现代通用的标点符号能纯熟地运用；对所要标点的古籍要能读懂读通，理解正确。在此基础上，又抱着严肃认真、一丝不苟的态度，才可能搞好标点。顾颉刚先生曾指出，对于古书“随便一标点，不但对不起原作者，并对不住自己”①。具体进行标点时，必须做到以下各点：

（1）要认真辨析字义。标点古书，首先要读懂古书，读古书则要从辨析字义开始。特别要认真分析字的多音、多义和多形，以及词类活用等现象，否则容易标点错误。例如：

孔子晚而喜《易》、《序》、《彖》、《系》、《象》、《说卦》、《文言》。（《史记·孔子世家》，见《中华活叶文选》第四册）

这句话记述了两件事：一是孔子喜《易》，一是孔子为《易》作传，即《十翼》。序是动词，同叙。标点者认为序是《序卦》，故加书名号。此说见《史记正义》：“序，《易序卦》也。”这样就成了孔子既喜《易》，又喜《易传》，不符合原著意思。中华书局标点本不采此说，而标点为：

孔子晚而喜《易》，序《彖》、《系》、《象》、《说卦》、《文言》。

（2）要正确理解原文。一点不懂古书，当然无从标点古书。问题往往出在似懂非懂之间。有些标点，单从文字上看，并无破绽；但核以史实，析以作者思想体系，就发现了错误。例如：

（陈涉）攻大泽乡，收而攻蕲。蕲下，乃令符离人葛婴将兵徇蕲以东，攻铚、酂、苦、柘、谯皆下之。（《史记选·陈涉世家》，人民文学出版社）

子罕言利与命与仁。（《论语·子罕》，见《论语译注》，中华书局1980年版）

---

①《自述整理中国历史意见书》，《古史辨》第一册上编，上海古籍出版社1982年版，第35页。

第一句在“以东”之后用逗号，似婴所徇之地即蕲以东之铚等五地。按地志，此五地在蕲之西。原文意思是：陈涉攻下蕲后，分兵两路，一路是命葛婴攻蕲以东；另一路则为陈涉亲自攻蕲以西之铚等五地。中华书局标点本在“以东”后用句号，就对了。

第二句为通常标法。“利”、“命”、“仁”是联合词组作动词“言”的宾语，意思是孔子很少谈到功利、命运和仁德。单从文字或语法上看，都讲得通，但不符合孔子的思想体系。孔子学说乃以“仁”为核心，考之以《论语》，孔子讲“仁”（用为道德标准）105次，讲“命”（用作命运之义）10次，讲“利”（用作利益之义）6次，何以能说罕言仁？金王若虚、清史绳祖都认为应读作“子罕言利，与命，与仁。”把“与”作为动词“赞许”之意，不是没有道理的。以上两例说明标点古书，还须具备文史知识。

（3）要注意文理通顺。标点者有时并非不明字义，而是未能贯通上下文意，致使句子文理不通。例如：

> 是时楚亡在泽中，梁曰：“桓楚亡，人莫知其处，独籍知之耳。”（《史记·项羽本纪》，中华书局标点本）

这是一般标法。“人莫知其处”断为一句，“独”字就没有着落了。试想，大家都不知道桓楚去处，项籍如何知之？于文理讲不通。王伯祥《史记选》在“人”后断句，就通顺了。

> 是时桓楚亡在泽中。梁曰：“桓楚亡人，莫知其处，独籍知之耳。”

（4）要注意语法规则。标点必须按语法规则行事，否则往往出错。例如：

> 鲁世世相传，以岁时奉祠孔子冢；而诸儒亦讲礼、乡饮、大射于孔子冢。（《史记·孔子世家》，见《中华活叶文选》）

前一分句中，“传”是动词谓语，“以岁时奉祠孔子冢”是宾语，动宾之间不宜分开。否则容易误解为两件事：鲁国世代传国继位，鲁国按岁时祭祀孔子冢。中华书局标点本省去这一逗号是正确的。

（5）要掌握标点符号的用法。误用标点，会产生歧义或造成句子结构的混乱。标点符号用法很多，最重要的是掌握句号、逗号的用法，在点断古书中不至于出错误。

3. 分段与技术处理

古书中有的已分了篇章，篇幅不太长的，当然不分也可。但有的篇幅过大，即使原已有篇章，也应考虑按照文意需要再作适当的划段，以符合当代的阅读习惯和突出文意。分段应把整篇文字仔细阅读后再分，切勿边读边分，以免割裂文意，造成混乱。还应该把分段的情况在点校说明或凡例中作一交代，以免读者误以为原书就是这样分段的。

中华书局点校的《资治通鉴》、《二十四史》等一系列新版古籍在分段上都下了很大的工夫，也积累了丰富的经验。以点校本《史记》为例，其分段有两大特点。第一，分段精善。一般是每事一段。但为了避免琐碎，凡事情简易、文字短小者，数事合为一段。反之，一个大事件，文字很长，则按事件发展的波澜分成若干段。如《项羽本纪》的“鸿门宴”一节就分为四段。分段精善，使史实内容条理清晰，线索分明。第二，技术处理合理。为了使段落之间眉目清楚，根据段与段之间的不同联系做了不同的技术处理。凡大段之间空一行。二人以上合传，关系密切的叙完一人事迹接续一人事迹时空一行；关系不密切，人物之间空二行；附传人物为一组，之间不空行。正文中的大段引文如《秦始皇本纪》和《陈涉世家》所引《过秦论》，以及后人增补的文字如《张丞相列传》、《郦生陆贾列传》所附增窜文字均另起一行，低二格以示标志。年表部分，在书眉上标注了西历纪年，又在《十二诸侯年表》、《六国年表》、《汉兴以来诸侯王年表》的双页码的左边加上国名标尺，阅读和考证都十分方便。点校者对于已断定的增删文字也作了有标志的技术处理。删去的字用圆括号小号字排，增添的字用方括号标排，以避免武断。在《史记》正文中，将张文虎特别喜欢保存的古字都改成今体字，改回避讳的缺笔字，版刻异体字改作现在的通行字。对“三家注”，则用小号字分条排列于各段正文之后，标注号码对应。《史记》经过这样整理以后，具有很高的学术价值，具备了新的时代风貌，有利于统一《史记》学习和研究者的“语言”，不仅给广大读者提供了精善的读本，也给专门研究者提供了完善的引证本。这一成果，也为我国古籍整理做出了有典范意义的重要贡献。

此外，新式点校，书前的“出版说明”，或“点校说明”，以及书序题跋，也是文献整理工作的有机组成部分。“点校说明”交代底本选择、校勘方式等内容，极为重要。例如点校本《史记》在“出版说明”中交代，点校本采用了清同治年间金陵书局刊行的“史记集解索隐正义合刻本”为底本，这就保证了迄今为止《史记》校勘的最佳质量。因为金陵书局本经晚清著名校勘学家张文虎与唐仁寿校订。张、唐二人根据钱泰吉的校本，又博采宋元明清诸善本汇校汇考，又采择梁玉绳《史记志疑》、王念孙《读书杂志》、钱大昕《史记考异》等书成果，详为校刊，考其异同，精审采择，世称善本。点校本在此基础上参考凌稚隆的《史记评林》、吴见思的《史记论文》、张裕钊校刊的归方评点本和吴汝纶点勘本等的句读，对《史记》原文和“三家注”作了全新的断句、标点和分段整理，是最便于阅读的读本。

中华书局所出点校本古籍，均有“出版说明”交代版本选择，说明会校情况，是一种学术规范的表现。

第二节　结集整理

新版古籍的结集分两项来说。其一，选本；其二，全集。

一、选本

整理选本有两方面的工作。一是点校或注译前代古籍选本，如

《文选注译》、《古文观止注译》、《唐诗三百首新注》等。二是编辑新选本，这是当代整理选本的主要工作。新中国成立以来出版了许多古籍选本，不乏名著，如王伯祥《史记选》、马茂元《楚辞选注》、余冠英《诗经选译》等。这些选本，注释通俗易懂，条目亦较前人为多，甚便初学。但是，这些选本或作为高校教材，或作为普及读物，其选材不能不受到一定的限制，有的范围不够广泛，有的内容不够精深。现代需要在普及基础上加以提高的选本，具体来说：

(1) 内容上。需要用历史唯物主义观点编辑足以反映我国古代文献整体面貌的鸿篇巨制和代表一个时代特点的断代文选，以便读者了解文史发展的纵剖面和横断面。选目宁失之于宽，勿失之于严，多从文献价值上着眼。

(2) 体例上。除鸿篇巨制以外，尚需微观精品。如按史体分类编为：编年史文选、纪传史文选、纪事本末史文选、笔记文选、游记文选、史论文选，诸子文选等。上海古籍出版社在普及古典名著方面，成绩卓著。在 20 世纪 50 年代至 70 年代，历时 30 余年，陆续出版了《中国古籍文学作品选读》与《中国古典文学基本知识》两套丛书各 80 种，不少品种累计印数达几十万册，甚至 100 万册，在社会上影响深远。进入 21 世纪，上海古籍出版社不失时机又推出《新世纪古代历史经典读本》、《新世纪古代文学经典读本》等系列普及读物，按学科，成系列，打品牌，独具特色。

(3) 注释上。现代通行的新注，通俗扼要，但过于简略。简而不明，反不如繁而得当。新注应注意吸收前人研究成果，除标点、注音、释义以外，题解、讲评、考异、补遗等亦不可少，尚可附录作者小传。这样既可增加读者的文史知识，又能促进“选学”研究的深入发展。

关于一人作品或一部著作的选集，新中国成立以来亦出版不少。精品多出自中华书局。前者如《韩愈文选》、《柳宗元诗文选注》、《欧阳修文选》等，后者如《史记选》、《汉书选》、《后汉书选》、《三国志选》、《资治通鉴选》等，对普及古典文学和历史文献起了积极作用。但这些选集缺点亦如选本：选目过少、过狭，不足以代表其人其书，注释也嫌简略。这些都有待进一步补充、完善。更为重要的是，迄今为止，大量的重要的史家及其著作未有选集。以编年史为例，荀悦《汉纪》、袁宏《后汉纪》、李焘《续资治通鉴长编》、徐梦莘《三朝北盟会编》、李心传《建炎以来系年要录》、谈迁《国榷》、夏燮《明通鉴》等，而纪传体二十四史，除前四史有注释和选本外，其余二十史古今皆无选本和注本。所有这些，亟待解决。至于编纂方法，与上述文选基本相同。唯须注意所选的作品应能代表和反映作者一生的学术成就和思想观点，以便读者从中得见作者本来面目和了解其学术发展概况，从而得知批判继承之所在。

二、全集

全集有两类。一是以时代为本位的全集，如《全唐诗》、《全唐文》、《全宋词》、《全宋文》等，古典目录称这类全集为总集。二是以个人为本位的全集，如《韩愈集》、《柳河东集》等，古典目录称为别集。整理全集，既利于文献的保存，也便于研究者获取全部有关资料，20 世纪 80 年代以来，在古委会的协调下正在大规模地开展。

古委会是国家教育部直属的事业机构，负责全国各大学的古籍整理研究与人才培养，包括制定重点，古籍整理研究项目的规划、审批与资助。古委会规划在"七五"、"九五"、"十五"的十五年间，由北京大学、北京师范大学、复旦大学等全国重点大学古籍整理研究所分别承担将完成的总集诗文项目有：《全唐五代诗》、《全宋诗》、《全明诗》、《两汉全书》、《全宋文》、《全元文》、《全明文》、《清文海》、《全元戏曲》等大规模辑佚性总集。《全宋诗》、《全宋文》、《清文海》已完成。这一系列古籍整理工程的完成，使中国古代的诗文总集不仅得到很好的整理与收藏，而且很方便地服务于全社会，对于弘扬传统文化，增强民族凝聚力都将发挥重要的作用。

新中国成立以来整理出版的个人全集主要类型有如下几个

方面：

（1）本有其书，重新点校。例如柳宗元的著作，留传至今的有《新刊增广百家详注唐柳先生文集》、世彩堂本《柳河东先生集》等宋刻本6种，以及元、明、清诸刻本5种。中华书局1979年出版《柳宗元集》，即以增广百家注本为底本，与其他各本互校，标点而成。又如中华书局1981年出版《二程集》，是以清同治涂同瀛刻《二程全书》为底本，校以明万历余必达刻本和清康熙吕留良刻本，加以标点而成。

（2）原为钞本，重新整理。例如中华书局1962年出版的《陈确集》，系据清嘉庆三年陈敬璋编定《陈乾初先生遗集》的手钞本，补入一些散见材料，校勘排印而成。

（3）虽有全集，材料不全，重新编辑。如王国维去世后，曾先后辑有《海宁王忠悫公遗书》、《海宁王静安先生遗书》，但均未囊括尽王氏全部学术成果，有些重要著作尚为稿本，故中华书局重新组织编辑《王国维全集》，分类出版。

（4）原有全集，尚未整理。此类数量最多，不胜枚举。重要的如：明刊本《欧阳文忠公全集》（欧阳修）、明刊本《王文成公全书》（王守仁）、清刊本《亭林遗书》（顾炎武）、清刊本《瓯北全集》（赵翼）、清刊本《潜研堂全集》（钱大昕）、清刊本《春在堂全书》等。

第三节 资料汇编

为适应现代社会科学发展的需要或研究，把某一方面或某一专题的资料按一定的方法进行编纂，以供阅读或翻检的资料性参考书，称为资料汇编。资料汇编很广泛，古代文献资料汇编，是古籍整理结集的一种新形式。

一、资料汇编的类型

按不同标准有多种分类。

1. 按汇编的内容，分为两种类型

（1）综合性资料汇编。其内容为多学科或多专题的资料。例如吴晗辑《朝鲜李朝实录中的中国史料》，包括中朝两国的政治、经济、军事、文化、外交等多方面的资料。中国史学会编《中国近代资料丛刊》，包括《鸦片战争》、《第二次鸦片战争》、《太平天国》、《捻军》、《回民起义》、《中法战争》、《中日战争》、《戊戌变法》、《义和团》、《辛亥革命》10 个专题资料。

（2）专题性资料汇编。专题资料汇编有大有小，大到一个学科，小至一书、一人、一事。前者如中华书局编《历代天文律历等志汇编》是正史中天文律历著述的汇编，反映了我国古代天文学的成就。后者如马蹄疾《水浒资料研究》，汇辑本书的各种版本、序言，明清人的评论、考证以及作者的生平资料等。又如中国社会科学院近代史研究所编《太平军北伐资料选编》，是就太平天国军队北伐的路线、各次战役的经过以及清军的阻击和地方官绅的防堵等资料的汇编。

2. 按编排体例，分为两种类型

（1）编年体资料汇编。专题资料汇编宜于采用编年体，这是因为专题资料的内容单一，按时间顺序排列史料，不仅可以做到文省事丰，也便于前后贯通，显现事物发展的脉络，所以它是录存史料的最基本的形式。例如《筹办夷务始末》汇集了道光至咸丰年间外交事务的谕旨、奏折，各国的照会、书信等，从而展现了帝国主义对中国的侵略和清政府的腐败无能的演变发展过程。

（2）分类式资料汇编。大型综合性资料汇编具有百科全书性质，宜于分门别类编排史料，以便阅读和翻检。例如《中国通史参考资料》以社会发展阶段为线索，按朝代分列政治、经济、民族、阶级、军事、文化等门类，门类之下再分子目。例如春秋时期社会经济门类之下分为四个子目：一是铁与牛耕；二是手工业、商业；三是土地争夺；四是赋税的变化。专科性资料汇编只录一类内容，也可按人名、书名分别编次。例如《中国经济思想史资料选辑》（先秦部分）分为：《尚书》、《周易》、《左传》、《国语》、《周礼》、孔子、《孙子》、范蠡、《墨子》、李悝、白圭、《孙膑兵法》12 项。

3. 按地域划分，分为两种类型

（1）全国性资料汇编。如中国人民政治协商会议全国委员会文史资料研究委员会编《文史资料选辑》，收集从清末到新中国成立各个时期的历史资料。所选资料是作者亲身经历和见闻的第一手真实资料。

（2）地方性资料汇编。如四川省政协和重庆市政协文史资料研究委员会编《四川文史资料选辑》和《重庆文史资料》，收集从清末到新中国成立时期的地方历史资料，以上两类文史资料的内容有七个方面：①历史事件；②政治派系和反动组织；③各民主党派；④军事学校和军阀派系；⑤历史人物；⑥外交；⑦其他（经济、文化、华侨问题等）。资料编排不以年代为序，亦不区分类目，重要专题可出专辑，如《重庆文史资料》第二十一辑为《重庆谈判纪实》补遗专辑。

二、编纂资料汇编的工作步骤

（1）材料的汇辑。有两种方式：其一，辑录。即原始材料的全文照录，便于研究者使用。例如《历代天文律历等志汇编》是各正史中天文志、律历志的合编。其二，选录。根据编纂的目的要求，选录其所需要的材料，但应尽量保持选文的完整性，篇幅不长者选录全文，篇幅过长者适当节选。例如《中国哲学史教学资料选辑》中《庄子》选文，《逍遥游》、《齐物论》两篇录全文，《天下》一篇为节录。选录便于初学阅读和查考。

（2）校点。对于版本的要求，编制资料汇编和校勘古籍不一样。前者一般采用通行本或最新版本，对其中的文字错误径直改正即可；后者则需以宋元古本或明清善本为底本，参校以其他版本，对其中文字的脱夺衍讹不直接删补，而是用适当符号标出，写出校勘记加以说明，以存其真。至于标点，二者相同，都是使用新式标点符号，分段标出。

（3）注释。以解释词义为主，个别难懂句子或段落可作串讲。注释应简明扼要，语言要通俗易懂。注文不作繁琐考证，引用前人成果，一般不注出处。

（4）翻译。有的汇编对原文进行了翻译，一般应以直译为主，字句落实，文从字顺即可。

（5）索引。为了便于读者翻阅内容或查检资料，大型资料汇编可附以书后索引。从检索资料角度看，一般以编制条目索引为宜，亦可编人名、地名索引。

（6）附录。汇编的原始资料随文注明出处。为行文简洁，其书目版本及出版年月可于书后作附录处理。此外，书中术语亦可集中解释，作为附录。

（7）序言。全书编完，须作序言，说明编纂目的、对象、用途、体例等。

三、资料汇编要目及其规划

资料汇编的编纂与运用有很强的针对性，大多出于各学科专家之手，资料汇编课题很多，举不胜举，仅以历史学资料汇编表列要目如次：

表一　历史学资料汇编要目

书　　名	编　　者	出版单位及时间
中国通史参考资料	翦伯赞、郑天挺	中华书局 1962 年起陆续出版古代部分，1985 年出版近代部分
秦汉农民战争史料汇编	安作璋	中华书局 1982 年 2 月出版
魏晋南北朝农民战争史料汇编	张泽咸、朱大渭	中华书局 1982 年 6 月出版
隋末农民战争史料汇编	王永兴	中华书局 1980 年 8 月出版
唐五代农民战争史料汇编	张泽咸	中华书局 1979 年 11 月出版
宋代三次农民起义史料汇编	苏金源、李春圃	中华书局 1963 年出版
元代农民战争史料汇编	杨讷、陈高华	中华书局 1985 年 12 月出版
明代农民起义史料汇编	谢国桢	福建人民出版社 1981 年出版

续表

书　　名	编　　者	出版单位及时间
清代农民战争史料选编	中国人民大学历史系、中国第一历史档案馆	中国人民大学出版社 1980 年起陆续出版
太平军北伐资料选编	中国社科院近代史研究所	齐鲁书社 1984 年 8 月出版
太平天国资料汇编	太平天国历史博物馆	中华书局 1980 年 9 月出版
朝鲜李朝实录中的中国史料	吴晗	中华书局 1980 年 3 月出版
筹办夷务始末		中华书局道光朝 6 册 1964 年出版，咸丰朝 8 册 1979 年出版
郑和下西洋资料汇编	郑鹤声、郑一钧	齐鲁书社 1980 年 10 月出版
中国近代史资料丛刊	中国史学会	从 1952 年起陆续出版，共 10 种
中国近代史资料	中国社会科学院近代史研究所	中华书局自 1954 年起陆续出版
中国近代史资料选编	北京师大历史系中国近代史组	中华书局 1977 年 10 月出版
中国现代史资料选辑	彭　明	人民出版社 1987 年 6 月出版
明清史资料	郑天挺	天津人民出版社 1979 年出版
清史资料	中国社科院历史所清史研究室	中华书局 1980 年起陆续出版
英国蓝皮书有关义和团	胡　滨 译	中华书局 1980 年 5 月出版
中华民国史事纪要		江苏人民画报社南京办事处胶印
辛亥革命史料选辑	丘权政、杜春和	湖南人民出版社 1981 年 9 月出版
文史资料选辑	全国政协文史资料研究委员会	文史资料出版社自 1980 年起陆续出版
革命史资料	全国政协文史资料研究委员会	文史资料出版社自 1980 年起陆续出版
中国现代史资料丛刊		人民出版社自 1953 年起陆续出版 6 种

上列要目集中在农民战争史以及近代历史大事两个主题。原本并无规划，出多了也就成了系列。古委会成立后制定了“九

五”、“十五”古籍整理资料汇编规划，并落实单位及主持人。表列如次：

表二　古委会规划“九五”、“十五”的资料汇编项目

书　名	编　者	学术单位
十六国史料长编笺证	张鹤全	吉林大学古籍所
元代文史资料丛刊	曾贻芬等	北京师范大学古籍所
中国历代登科总录	龚贤明	杭州大学古籍所
历代方志中诗文评著作目录辑考	张伯伟	南京大学中文系
新编明清年谱丛刊		复旦大学古籍所
全编澳门汉文历史资料	汤开建	暨南大学古籍所
敦煌文献全集	张涌泉等	杭州大学古籍所

第四节　古籍整理的发展与成绩

20 世纪历经百年，由于时代沧桑，古籍整理时断时续，经历了三个发展阶段。一是新中国成立前的古籍整理，二是新中国成立后五六十年代的古籍整理，三是 20 世纪 80 年代后的古籍整理。

一、新中国成立前的古籍整理

新中国成立前的古籍整理是近代古籍整理，起于“五四”新文化运动，从 1919 年到 1949 年，凡 30 年。

近代古籍整理是古籍出版从传统校雠工作向当代古籍整理过渡的一个时期，整理目的着重载体转换，使传世古籍服务于当代社会。其特点，整理形式主要为断句整理，出版方式由出版社组织。从 1919 年到 1949 年的 30 年间，商务印书馆、中华书局、开明书店等出版社出版了许多有价值的古籍。商务印书馆影印《四库珍本》、《四部丛刊》及其续编、三编，《百衲本二十四史》，排印了《万有文库》和《丛书集成》；中华书局刊印《四部备要》，

影印《古今图书集成》；开明书店出版《十三经》、《二十五史》及其《二十史补编》都是一些大部头的书。这期间还出版了一批著名学者注释整理的古籍，具有代表性的有范文澜《文心雕龙讲疏》，王国维、胡适对《水经注》的研究整理，丁福保《说文解字诂林》，汪原放校点《红楼梦》等旧小说，鲁迅《嵇康集》的校勘，闻一多的《楚辞校补》，许维遹《吕氏春秋集释》和《管子校释》，顾颉刚整理和校点《崔东壁遗书》，陈垣《元典章校补释例》、《通鉴胡注表微》等。中国近代出版事业，大规模地编印古籍始于商务印书馆。而这一事业是与张元济的名字紧紧地联系在一起的。这里着重介绍张元济对古籍出版事业的贡献。

张元济（1866—1959），号菊生，浙江海盐人。祖上累世藏书、刻书，以《海盐张氏涉园》著称于世。家学家风的影响，使张元济一生执著于古籍整理出版事业，尤其对古籍善本有着特殊的感情。张元济光绪十八年进士，历官至总理衙门章京。他积极参与戊戌变法运动，在北京创办通艺学堂。戊戌变法失败后，他被革职归家，从此积极从事文化出版事业，1903 年入商务印书馆任编译所所长、经理、监理、董事长。从此，张元济为搜集和校勘历史文献，奋斗了半个世纪，作出了突出的贡献。

张元济十分重视图书的搜集，他任职商务印书馆后，利用多种渠道收购了北京盛氏、江阴缪氏等十几位著名藏书家的全部或部分藏书，其中包括许多宋元刊本和珍贵典籍，建东方图书馆收藏。到 1932 年“一·二八”事变前，经国内外陆续搜购，该馆藏书达 50 多万册。

对搜集的珍本秘籍，张元济进行精审的校勘。傅增湘为其《校史随笔》作序，称：“尝闻摹印初稿，翻经手勘，三四未已。偶以数卷见投，观之朱墨烂然，盈阑溢幅，密若点绳，萦如赤练；点画纤细，钩勒不遗。”其校勘之细，令人慨叹。

张元济以宏伟的魄力，将大批经过校勘整理的珍本秘籍予以编印出版。从 1916 年影印《涵芬楼秘籍》开始，他连续主持辑印了《四部丛刊》、《续古逸丛书》、《道藏》、《续道藏》、《道藏举要》、《学津讨原》，影印《宛委别藏》、《百衲本二十四史》、《元明善本丛书》、《四库全书珍本初编》等大部头的丛书，以及《太平御览》、《册府元龟》等类书。

1921年他推荐王云五任编译所所长兼东方图书馆馆长以后，又帮助王云五创编《万有文库》一二集、《国学基本丛书》、《大学丛书》、《中国文化史丛书》；特别是《丛书集成初编》、《二编》，给治学提供了很大的方便。

张元济所刊诸书多宋元明善本，使昔日难见之古本，备之于学者案头。影印《百衲本二十四史》，最为学界所称道。为求宋元旧刊，张元济“求之坊肆，匄之藏家，近走两京，远驰域外。每有所觏，辄影存之。后有善者，前即舍去。积年累月，均得有较胜之书”[①]。其中艰辛，非外人可以想象。例如《新唐书》的配补，先是从嘉业堂刘氏得南宋建安刊本，版印极精，却缺40卷，求之数年，毫无所得。1928年张元济东渡日本，在静嘉堂文库看到皕宋楼陆氏旧藏宋小字体，虽有残缺，但考虑到和故宫及国内几个藏书家所藏的行款相近，估计能配成全书。然借影回国后，故宫藏本已不知去向，只好从北平图书馆借残宋本补之。仍不全，又从书肆得商邱宋氏所藏之本，凡陆本所无及模糊不清之处均可搀补。可是还缺《表》2卷，最后用嘉业堂刘本缩印补足，历经坎坷，此书终于成为完善的旧刻正史丛书，版本价值极高。

为存版本原貌，张元济亲自进行了精审的校勘。对各书版本的时代、源流、卷第的排列编次，篇页的缺损，文字的倒衍讹脱等，写成详细校勘记附录于书末。在影印过程中，张元济还亲自进行描润，数校以后才付印。为此，他写了《记百衲本二十四史影印描润始末》，详记其事。

《百衲本二十四史》的出版，对史书善本书的保存和流传有重要意义，它的出现，把二十四史的整理推向了一个新的阶段，为以后中华书局点校本二十四史奠定了基础。

① 《影印百衲本二十四史序》。

二、新中国成立后五六十年代的古籍整理

新中国成立后，党和政府十分重视整理和利用古代文化遗产为建设社会主义的新文化和精神文明服务。1950 年 5 月 24 日，政务院制定了关于古迹、珍贵文物、图书及稀有文物保护办法，还颁布了《古代文化遗址及墓葬之调查发掘办法》。1958 年 2 月，国务院科学规划委员会成立了以齐燕铭为首的古籍整理出版规划小组，并制定了古籍整理的规划。在这个规划的指导下，各级科研单位，大专院校，各学科的专家学者对古籍整理付出了辛勤的劳动，出版了系列的古籍整理成果。1959 年北京大学中文系成立了古典文献专业，招收了第一届专业大学生，进行人才培养。

新中国成立后古籍整理的特点，整理形式为新式点校，结集出版产生众多普及型的今注今译选本，古籍整理纳入国家计划，人才培养提上议事日程，这些标志着古籍整理进入了当代，普及与提高相结合，称当代古籍整理。1966 年，“文化大革命”爆发，古籍整理一度中断，所以以五六十年代的古籍整理作为一个阶段来谈。

五六十年代的古籍整理经历了新生与繁荣两个发展阶段。从 1949 年 10 月到 1957 年底是第一阶段。当时，广大的知识分子面临着改造自我以适应新时代要求的任务，国家也忙于抓经济恢复和三大改造。这一时期的古籍整理、研究和出版工作处于新生的零散和稳步发展的状态。8 年中，共出版文史哲古籍，包括今人的有关研究专著和古籍工具书为 495 种。其中比较重要的，有影印的《十三经注疏》、《明经世文编》、《宋会要辑稿》等。点校的有《资治通鉴》，整理出版的《二十五史补编》、《诸子集成》、各种《会要》、笔记、文集，以及杨树达、许维遹、范祥雍、王伯祥、郭沫若、陈垣等人的古籍整理和研究专著等。

从 1958 年成立古籍整理出版规划小组到 1966 年，是古籍整理研究的繁荣时期。为了有计划、有选择、有系统地整理出版我国古籍，制订了古籍整理的十年规划，计划包括重要古籍 1450

种，其中大部分项目在 1966 年“文化大革命”发生前已经完成或落实。据统计，这 8 年间，共出版古籍 680 种，而且质量也有很大提高。比如在历史书籍方面，组织专家分头进行二十四史的整理工作，到 1966 年为止，出版了前四史，影印了《永乐大典》、《全上古三代秦汉三国六朝文》、《唐大诏令集》、唐宋六大类书等卷帙很大的古籍，整理出版了几种史料笔记丛刊、资料丛书，以及岑仲勉、陈登原、周祖谟、王利器、杨伯峻等的古籍整理研究专著。

1966 年到 1976 年的“文化大革命”，给古籍整理和文献研究造成了严重的挫折。其间，绝大多数的知识分子为运动所苦，根本没有条件从事学术工作。“文化大革命”头 5 年，全国没有出版一部古籍。在周恩来同志的直接干预下，1971 年恢复了二十四史的点校工作，以后 5 年总共出版古籍 73 种。其中，除点校的二十四史 19 种以外，主要是配合“评法批儒”运动，出版了商鞅、晁错、王充、王安石、李贽、王夫之等“所谓的法家著作”，以及个别新出土竹简及帛书。

三、20 世纪 80 年代后的古籍整理

20 世纪 80 年代后，当代古籍整理走向成熟和兴旺发展的历史时期。管理机构完善，人才培养提速，古籍出版大规模展开，今注今译的形式迅猛发展，古籍整理不仅完成载体转换，而且进行语言思维转换，出现了白话史记、白话通鉴等新形式。与此同时，古籍整理进入了电子文献、网络文献的现代化手段。理论的建构，古籍整理已经发展成为一门新的文献学分支学科，即古籍整理学。高校教材称“古籍整理概论”。

粉碎“四人帮”以后，古籍整理和文献研究工作逐渐恢复。在 1977 年至 1981 年的 5 年中，就整理了许多古籍，出版 361 种。到 1978 年春，不仅出齐二十四史和《清史稿》，而且还出版了从《左传纪事本末》到《明史纪事本末》的系列纪事本末史书，以及许多新校新注的典籍。其中，最突出的是郭沫若主编的 13 巨

册《甲骨文合集》，上海师大和华东师大点校的《续资治通鉴长编》，湖南岳麓书社的《走向世界丛书》和中华书局的诸史《人名索引》等。1981 年陈云同志指示以后，古籍整理与出版迅猛发展。1982 年至 1986 年，五年出版古籍约 3500 种，其发展速度是上一个 5 年的 10 倍。中华书局重印的古籍大型丛书有《古逸丛书》，《中外交通史籍重刊》，唐、宋、元、明、清、近代各代史料笔记丛刊，《宋人著录金文丛刊》，《殷周金文集成》，《中华大藏经》，《古小说丛刊》等。上海古籍出版社出版的系列古籍有《宋元笔记丛书》、《明清笔记丛书》、《清人别集丛刊》、《中国古典小说研究资料丛书》、《古戏曲丛书》、《瓜蒂庵藏明清掌故丛刊》等。各省文史专业出版社和地方出版社也有计划地出版古籍，如江苏广陵古籍出版社出版了《铜琴铁剑楼藏书目录》、《士礼居藏书题跋记》、《玉海》、《峭帆楼丛书》；三秦出版社出版了《史记注译》、《史记全本新注》、《两汉书新注》；浙江古籍出版社出版了《中国历代笔记小说选译丛书》。地方综合出版社也有计划地出版古籍整理，如陕西人民出版社出版了《三国志注译》、《资治通鉴新注》；山西人民出版社出版了《三晋古籍丛书》；福建人民出版社出版了《八闽文献丛书》；湖北人民出版社出版了《楚辞研究集成》；广东人民出版社出版了《广东地方文献丛书》；甘肃人民出版社出版了《陇右丛书》；贵州人民出版社出版系列通用古籍注译等。总之，80 年代后，古籍出版的数量和质量都是前所未有的。古籍整理和文献研究走上了兴旺的新阶段。

古籍整理的兴旺发展，是党和国家重视带来了春天。1981 年 5 月至 7 月间，中央领导陈云同志曾两次对古籍出版工作提出了重要意见。中共中央于 9 月发出了《关于整理我国古籍的指示》，即 1981（37）号文件，指出整理出版古籍是“一项十分重要的关系到子孙后代的工作”，并说，这项工作“得搞上百年”。随后，国务院并重新组建了以李一氓同志为首的国务院古籍整理出版规划小组。1982 年 3 月，在北京召开了“古籍整理出版规划会议”，讨论和规划了 1982 年至 1990 年的古籍整理出版规划，提出整理、影印、重印古籍 2000 余种的大型出版规划。其中有《全唐文》、

《全宋文》、《全辽文》、《二十四史研究资料丛刊》，新编《诸子集成》，重印《丛书集成》、《道藏》、《佛藏》、《清实录》等大型丛书。国家每年拨出专款资助古籍的整理和出版工作。现在，全国有 18 家以出版古籍为主的专业出版社，每年出版古籍近千种。在全国高等院校成立的古籍整理研究机构有研究所、研究室七八十家之多，在高校古委会的协调与支持下，加速加快人才培养和古籍整理。古委会协调各高校并将共同完成的“十五”规划的古籍整理项目有十一个大类：一，中国古文献学研究；二，中国典籍与文化研究丛书；三，断代诗文总汇；四，基本典籍文库；五，语言文字文献与出土文献整理与研究；六，资料汇编；七，传统文化素质教育丛书；八，地方文献整理研究；九，海外汉学研究；十，古籍整理手段现代化；十一，流失海外重要古籍复制文库。此规划标志着有组织、有计划大规模进行古籍整理发展到了一个新阶段。例如断代诗文总汇，包括了唐宋元明清各代的诗文总集；语言文字文献与出土文献整理与研究，包括了商周铜器铭文汇释、历代金石文字辨异、古音汇释、中古文献词语汇释、古白话词语汇释等。我们可以预计，到了 21 世纪中期，我国现代的古籍整理事业和历史文献检索将有更加辉煌的建树。

第九章　古籍的今注今译

今注今译是当代古籍整理最普遍的一种形式。古籍选本，几乎无一例外地要进行注译整理。20 世纪 80 年代以来，全国古籍专业出版社和其他大出版社，每年出版的古籍今注今译有数百种。大部头的十三经、二十四史、资治通鉴、文选等都有了今注或今译，或注译并行。一些常用古籍，如《诗经》、《左传》、《史记》、《论语》、《孟子》等有多种注本或注译本。驰名的普及选本，如《古文观止》有上百种版本，呈现家家出版社竞相出版的局面。上海古籍出版社从 20 世纪 60 年代起陆续出版的《中国古典文学作品选读》、《中国古典文学基本知识》两套丛书是颇受大众欢迎的古典文史注译读本。中华书局出版的《中华活页文选》，历经半个世纪长盛不衰。这说明古籍的今注今译，大受社会欢迎，它是弘扬传统文化，普及古典名著最有效的一种途径。

第一节　古代的注疏

今注是古注的继承和发展。欲明今注，必先说古注。

一、古注的起源和功能

历史文献的注释、注解有多种名称和体制，注疏是对历代典籍文献注释的统称，也省称为古注。凡“五四”以前用文言文注解的古籍，都是古注。中国古籍的注释起源很早。三代学校产生[①]，老师解读典籍，或口头，或书面，即是注释。春秋战国之际，学术由官府下移民间，讲学之风大盛，注释发展。对字义、词语的解释称为“训”、“诂”，对篇章义理的阐发或史实补充称“传”或“说”。名称不同，体制有别，功能有异，分说于次。

体制，即体例、样式，指注释的内容和方法。“训诂”与“传说”是两种不同的注释样式。

1. 训诂

何为训诂？训诂亦称“训故”、“诂训”、“故训”。《说文·言部》：“训，说教也。”“诂，训故言也。”孔颖达《毛诗诂训正义》疏“诂训”云：“诂者，古也，古今异言，通之使人知也。训者，道也，道物之形貌以告人也。”据此，“诂”，就是用今语释古语，包括用通语释方言；“训”是用较多的文字疏通一字之义，进行形象的描绘和说明。也就是说“训诂”两字，是由两个动词合成的联合词组。以今语言之，“训诂”就是要完成语言转换。而语言有古今之异、方域之分、难易雅俗之别。训诂就是要解决古今、地域、难易的语言差别，具体内容如孔颖达所释，就是以今语释古语，以通语释方言，以解说释难语。记录语言的汉字有形、音、义三要素，所以训诂内容有三项，决定了训诂的方法亦有三种，即形训、音（声）训、义训。清人把小学分为文字之属、音韵之属、训诂之属，这就是通常说的文字学、音韵学、训诂学。这是古代语言学的三大分支学科，也是文献学的分支学科。

阅读古书有多重难关，语言文字、名物训诂、典章制度、天

① 三代地方学校，“夏曰校，殷曰序，周曰庠”，见《孟子》卷五《滕文公上》。

文地理、人物掌故等。其中语言文字为第一障碍，而且年代愈久，障碍愈大。一代又一代的注释，扫除语言文字障碍是最主要和最基本的内容，所以训诂在古注中起举足轻重的作用。

2. 传、说

刘知几《史通·补注》释“传”云：“盖传者，转也，转授于无穷。”《说文》释“说”云：“说，释也。”也就是说，对篇章义理的阐释、引申、发挥称为“传”、“说”。

《汉志》云：“昔仲尼没而微言绝，七十子丧而大义乖。故《春秋》分为五，《诗》分为四，《易》有数家之传。”两汉经学有古今文之分，文字形体不同，经文解说各异，且同为一家，师说有别。如《春秋》经文有一子氏，《公羊传》以为隐公之母，《谷梁传》说是隐公之妻。诸如此类，须辨别清楚，以明其真，于是传注之学兴起。古代没有专门的学术研究机构，也没有学术报刊等交流阵地。古代的学术承传与学术研究靠的是师承和家学的口授承传，形诸文字就是“传”、“说”，成为注疏的内容。长篇的解说，又独立汇集，就相当于现代的学术著作，例如《礼记》就是一部学术论集。也可以说古注的最高形式是学术论著。

总之，传、说的目的，在于使读者排除阅读古书的障碍，明了原文的意义，承传学术，并进行学术研究。我们的祖先早已发现并明确指出了这一点。《后汉书·杨伦传》：“扶风杜林传《古文尚书》遂显于世。”于此可知，如果某些古书未经古人注释的话，也许就湮没不传或成为不为人所了解的古董废物了。

二、古注的发展和体例

文献典籍的注释，内容广泛，包括词语解释，考订文字、句、段、篇、章的串解，补充史实资料，阐发义理，探微索隐等，一切疑难的解释疏通，皆是注释的范围，涉及百科知识。对传统注疏，主要内容可概括为以下十三个方面：校文字，析句读，释音义，训字词，述语法，明章句，释典制，订史实，推义理，注出处，解职官，注地理，注人物。经、史、子、集不同的典籍，以及不同学科的注释家，注释的内容和形式不一样。例如经学与子书的注疏，着重阐释义理，史书的注释要重视历史事实的补充，诗文的注释注重艺术赏析，考据家重视考证，语言学家重视音韵训诂。因此古书的注释，详略不同，形式多样，随着历史进程，发展的轨迹和体制，简述如次。

前文已述，注疏学产生于先秦，称训、诂、传、说。两汉注经，注疏学形成，有注、解、释、笺、音义、章句、解诂、解谊等名称。主要体制为传、注、笺、章句。

传与注都是解说文献，使读者明白。汉注是对先秦经、传的解说，它合传、说、训、诂等内容为一体。如汉毛亨对《诗经》的训诂范围不限于字、词，也包括句、段、篇、章，故题为《毛诗诂训传》。《周礼·天官· 冢宰》疏“注”云：“注者于经之下，自立己意，使经义可申，故云注也。”如郑玄有《三礼注》。

注，又名为“解”。有两称：一曰解谊，如胡虔有《春秋左氏解谊》；二曰解诂，如何休有《春秋公羊传解诂》。解诂又称“解故”，如郑玄在《周礼注序》中称贾逵的《周礼注》为《周礼解诂》；《后汉书·贾逵传》作《周礼解故》。汉注又有“章句”，《汉书·艺文志》载《尚书》有《欧阳章句》和大、小《夏侯章句》，《春秋》有《公羊章句》、《谷梁章句》，均已不存。今传有东汉赵岐《孟子章句》存于《十三经注疏》中。所谓章句，就是分析音节句读，逐字逐句逐章解说经义。汉人的注疏称“笺”。《说文》云：“笺，表识书也”，本义指插入简策中表识疑难的补充文字，引申为注疏。东汉郑玄遍注群经，唯独《诗》注称“笺”。因郑笺是对《毛诗诂训传》的发微、订误、补充，并兼下己意，即郑注是对《毛传》的新疏，而自谦称为笺。

两汉儒学独尊，经注最发达，产生一大批传经注疏的大师，如毛亨、孔安国、贾逵、马融、郑玄、服虔、高诱、王逸、赵岐、何休、应劭等人。随着形势的发展，他们所注之书，亦突破了儒家经典的范围。其作注的重点，则放在训诂文字和加注读音方面。由于他们的时代距先秦较近，他们对古书的字句所作的解释，今天看来仍有很高的参考价值。

魏晋之际兴起专门注音释义的新注称“音义”。汉注中的音释，用“读若”、“读如”标注直音，用“读为”、“读曰”标注本字以破通假。隋唐以后用反切法注音，写作某某翻，或某某反。宋人“音义”也称“音疏”或“疏音”。这时又产生集注、集释、集解的注解体例。有两种：一是通释经传。如杜预《春秋经传集解》；一种是汇集众说以成一家之言，所采各家之说，皆著其姓字，注文中称某曰，如《论语》有魏何晏集解，《谷梁传》有晋范宁集解。南北朝兴起一种讲义式的解经之书，开启唐代作“正义”和“疏”的先河，称“义疏”。会通古书义理，加以阐发；或博采群书，补充旧注，探究原委。其特点是引入魏晋玄学名理注经。皇侃《论语义疏》是这一注解体式的代表作。

经过几百年的语言发展变化，到了唐代，汉、魏人所注之书，又使人觉得茫然不易理解了。因此，出现了一种新的注书方法，即不仅解释正文，还给注解作注解。这种注解，官修者称“正义”，私撰者称“疏”。此体，先释经，后释注，例为疏不破注。即选定某家之注而作疏，只能阐发、补充、解说，不能与注抵牾。清人作新疏。仍沿用“正义”和“疏”之名，但往往打破疏不破注之例，扩大注释内容，详考名物制度，超过旧疏。唐宋之疏，久为封建国家颁为功令，故《十三经注疏》，“注”为汉魏人旧注，而“正义”和“疏”，全为唐宋人新注。

具有系统方法的注疏学的产生和发展，起于经部之书，故历代经注最发达。《十三经注疏》和清正续《皇清经解》就是集历代两千年来经注之大成。史、子、集三部类之注，是在经学注疏的影响下先后产生的。东汉人就对《史记》作注，至刘宋有裴骃《集解》，至唐前四史都有了注解，《史记》有三家注。子部如《庄子》，有西晋郭象注，唐成玄英疏，称《南华真经疏》。集部，《楚辞》至汉已有王逸注。唐李善的《文选注》，广搜所用典故的出处，博引古籍作注，成为诗文注释的最高典范。清仇兆鳌的《杜诗详注》就是这一体式的又一名著。

条列汉魏六朝史注内容和体例，主要有如下十个方面：（1）注明字音；（2）训诂释义；（3）校勘文字；（4）注释地理；（5）考释名物、典故；（6）博引群籍，增补事实；（7）考辨史料，纠谬正误；（8）条列异文，存疑备考；（9）引文引书，标举出处；（10）评论史事，褒贬人物。如此丰富内容的史注，体例堪称完备。

在史注中值得一提的是刘宋裴松之《三国志注》、梁刘孝标《世说新语注》、北魏郦道元《水经注》，都是汇集大量史料作注，补充史实，而对正文则很少疏解。这种注，史料价值与正文并驾齐驱，是史注的典范。北魏杨衒之《洛阳伽蓝记》仿照这一体式撰书，自作正文，自作注文，正注文是不同史实的记述，互相补充，称为“合本子注”。

注疏体例，汉唐已大备。唐宋以后的注疏基本是沿袭，清疏只是更加细密，基本没有创新。但清人的注疏对传统注疏做了系统的总结，留下了许多精校精刻的汇注本，对弘扬古学作出了不可磨灭的贡献。

第二节　古籍的今注

一、古籍今注的特点

独立使用“今注”一词，语意含混。它含有两义，一为“今人所注古籍”，二为“用今语注释古籍”。两者大相径庭。但今注的外延包含两者，结合语境，两义混用而能各明其所指，不会模糊。本书讨论的时间范围是20世纪的100年，所以“今注”一词必然含有两义，而重点讨论的是“用今语注释古籍”。为了避免含混，特创用“白文今注”一词作为“今注”的补充。白文，就是白话文的省说。“白文今注”，即用现代汉语白话文注释古书。“白话史记”，即“白话文史记”，用现代汉语翻译的《史记》。

“五四”运动以后，推广白话文，人们不再学习文言，古今的语言隔阂增大，再加上汉字简化，更增加了阅读古书的难度。古书的注释，包括清人的注释，在今天已成难懂的古文，所以当代古籍整理的今注今译，就是要转换语言思维方式，即转换文言文为白话文。换句话说，用现代汉语注释古籍是今注的第一个特点。典范的今注本古籍，必须是使用现代汉语。今人仍用传统方法注释的古籍，可称为新注，不是今注。如杨伯峻的《春秋左传注》，使用文言就是新注，不是今注。而杨伯峻的《论语译注》、《孟子译注》，使用现代汉语，就是今注。当然用现代汉语注释的今注，也是新注。这里，新注与今注又发生了语义交叉。可见，“白文今注”这一特定词语的创用是十分必要的。

用现代汉语白话文注释古书，在释义时难度增大，特别是今译难度更大。任何高明的信达雅都无法全面转译原文的语境，此其短处。但用现代汉语的拼音法注音，极为简明、科学，什么读为、读曰、读若、读如、之言、之为言等术语可省。又，现代语言学的语法学与修辞学等引入今注，使释义更为准确，此其长处。

今注的第二个特点，是注释内容减负，或者说注释重点转移，语言转换和学科基础知识是今注的主要内容。排比资料、引证甲说乙云，阐释义理等均为辅助内容。因为现代社会，学术发达，对古书内容的阐释，义理的开发与引申，乃至名物制度的考释，已成为众多学术单位和学者个人的日常研究工作，成果表现为论文论著发表，没有必要融入注释中来发表。今注采纳研究成果，只需清晰明确地引用其结论，无须复述过程。此外，现代工具书发达，学者案头必备。例如地图、地名辞典、地名索引等就是常备工具书。所以古籍中的地理注释，只需直接注明古今的地名对照，明其方位所在即可，无须繁琐引证地志，注其沿革。总之，今注是宜简不宜繁，紧紧扣释原文，帮助读者读懂古书即可。

总上两点：完成语言转换，注释减负，是今注的特色。用四个字概括，就是“白文简注”。如前举杨伯峻的《论语译注》、《孟子译注》，中华书局的《中华活页文选》，上海古籍出版社的《古典文学作品选读》，以及胡云翼的《宋词选》，等等，都是“白文简注”，是古籍今注的正宗和范本。

此外，注释方法要宏观与微观相结合。注者对所注古书的背景、作者、流传、研究、内容等做简明的介绍或导读，写入序言或整理说明，或在注释中点睛，指导读者，这就要求注释者对所注书要有一番研究。没有做研究，不应轻言注书。

注书本身也是一种学术研究，体现时代思想要与时代理念融合。古人注书以儒家哲学为理念。今人注书，应以马克思主义和唯物主义作指导，运用古今人的研究成果，引入现代的新方法和新的语言学成就，推陈出新，建立起现代的注释学，以期承传学术，古为今用，为建设社会主义文明服务。这是古籍今注的最高目的，20 世纪，方兴未艾。

二、古籍今注体式

为适应现代社会多层次读者的需要，应根据所注古书本身的难易和读者的文化水平而决定其体式。所谓体式，包括注释的行文体例、内容繁简、知识深浅，以及文体用白话文还是文言文等。对于中级以下的普通读物，应选取趣味性知识性较强的读物作简明准确的白话注释，最后并作串讲，以使读者爱读易懂。对于具有中等以上文化水平的专业工作者，要选取那些比较艰深的有价值的古籍，注释应重在新知新见和学术异同上，一般易懂的字句就不一一注释了，文体可用白话文或浅近的文言文，尤其对于旧注的注释或补注，仍用文言文，以求文体的协调，字句简练。至于注释内容的繁简，则视需要而定，当简则简，当繁则繁，总之以言当意尽为准。具体说，新注体式，可分为文言新注与白文今注两个大类，各有三种类型。

1. 文言新注

所谓文言新注，就是用传统方法给古籍作注，使用文言，但已注入了新的语法内容，是现代浅近文言，也可以是文白夹杂，即半文半白。20 世纪上半叶的古籍新注，也可以说是清人注疏的延续。今后仍有一些项目需要用传统方法注释，用以总结前人的学术成果。

文言新注有三种类型：集注、补注、新注。

集注 汇集前人旧注作新注，即新的"集注"、"集解"、"集释"、"集成"，或"汇注"。

如许维遹《吕氏春秋集解》、陈奇猷《韩非子集释》、王利器《颜氏家训集释》、卢弼《三国志集解》等。凡古书历代已有多家注本，清人没有来得及做的，今人可以补作。例如《史记》，自唐三家注以来，历1000余年，已有众多新注本，20世纪30年代有日人陇川资言的《史记会注考证》，而中国人未做，应予补课。今人作集注，一定要有丰富的资料才能做好。民国初吴士鉴编撰《晋书斠注》，由于研究成果少，旧注不多，凭借不足，影响不大。

补注 即给旧注作补注。如清王先谦《汉书补注》、孔广森《大戴礼记补注》等。

新注 汇集前人研究成果自己作注，这种新注比较多。如范文澜的《文心雕龙注》、杨树达《论语疏证》、《汉书管窥》、杨伯峻《春秋左传注》、何建章《战国策注释》、缪文远《战国策新校注》等。

2. 白文今注

白文今注，就是用典范的当代语体文对古籍作注，这是当代古籍整理正宗的典范类型。

白文今注也有三种类型：今注、今译、今注今译。

用白话文作注称今注，不作翻译。用白话文翻译称今译，也叫语译，不作注释。用白话文既作注又翻译称今注今译，或者称注译。全集本的新注如《史记》三种类型都有。新注本如张大可《史记全本新注》，今译本有杨燕起《白话史记》，今注今译本有王利器主编《史记注释》、吴树平等《全注全译史记》等。许多通用的古籍，现在都有全国多家出版社出版的多种今注或今注今译本。选本的今注、今译、今注今译的品种，不胜枚举。经、史、子、集各部书的选本，新中国成立以来出版最多。

用语体文今注今译，是"五四"以后，为了普及优秀的文化遗产而发展起来的新形式。新中国成立以来的五十年，今注今译得到了长足的发展。近年来的新注，在注文中也往往采用注与译相结合的形式，或先串释句子、词组而后注词语，或先注而后串，视注者风格而定。一般不作旁征博引或繁琐考证。用一句话来概括它的特点，就是“白文简注”。这是古籍今注时代风格的象征，也是今后古籍今注的方向。

三、白文今注体例的内容

1. 新注体例形式

大规模的白文今注是在20世纪80年代中期启动的，历时不长，理论的总结还未展开，还处于一个摸索和百花齐放的时期。各书体例不一，也不必强求划一。这里仅仅是概括地介绍新注体例的一般形式，以期抛砖引玉，提供讨论。计有序言、校注说明、凡例、引用书目、题解、段意、注释、简析、附录等。

(1) 序言。一般是对原书及其作者进行简介、评价，或学术释例，以及整理经过，得到谁的帮助，吸取谁的成果，均要一一交代清楚。整理经过也可单独成篇，置于书后，称为“后记”。

(2) 校注说明。有的放在卷首，有的置于书后。说明校注的版本、形式以及技术处理等。

(3) 凡例。略等于校注说明，交代注释的体例、依据的版本等。

(4) 引用书目。开列引用的前人和时人的书目，对于集注本，此项至为重要，以便读者了解征引或集解的是哪几家。

(5) 题解。主要是解释篇题，提示篇旨。

(6) 段意。是对文章结构内容的高度概括，具有点题，剖析内容，归纳论点的作用。

(7) 注释。内容很多，大体包括难字的音义、人名、地名、职官、典制、典故等的注释和章句的串讲。注文用白话，通俗易懂，不作繁琐考证。有的注家把校记也并入注文之中。

(8) 简析。有的叫做短评，分析文章的思想内容、艺术特点，评论价值和意义等。

（9）附录。有的注本为了帮助读者了解原书及其作者，书后附录有关资料，如《四库总目》、私家书目对该书的提要，正史中作者的传记等。

2. 今注形式

现行注本的注释一般有三种形式：（1）篇后注。注释用数字分别标在正文中需要注释之处，然后把注释条文按顺序总录在全篇之后。（2）段后注。在每段（自然段或结构段）之后，汇总该段注文。（3）页下注。在每页正文之下，出注文。优点是便于正文、注文在同一页相对照，以省隔页翻检之劳。

四、做好白文今注的条件

一般说，有以下几点要求：

（1）学有专攻和多闻博识是搞好注释的先决条件。对要注释的古籍，必须下硬工夫读懂读通，并且要博览群书，吸收多方面的知识。一般说来，注者对某书、某作者有深入的研究，对该书作者、内容、时代背景、学术影响都有深切的了解，才能具备注书的条件。

（2）要选好注释的对象。中国古籍浩如烟海，不是任何一部书都有注释的价值，必须选取那些有益于社会而且需要注释的古书来注释。要想选准，就必须学好目录学，注意旧注和新注的情况和信息。已有好的旧注或新注，自己又没有多少新见解新材料超过的，就不要另起炉灶重复去注。自己没有能力去注的，也不要去硬注，以免粗制滥造，或劳而无功。

（3）批判继承前人的成果。即对于原有旧注，既不一概抹杀，也不一味迷信，要进行科学鉴别和分析，保留正确的，摒弃错误的。有些古书没有旧注，可以广泛搜集前人的读书札记和今人的学术论文，广泛吸取学术界的成果。

（4）态度要认真严肃。对注释中所遇到的难点要尽力寻找答案和解决办法，不可随便绕开困难走。因为注释就是为了给读者解决阅读和使用古书的困难，增加他们的知识。但同时，也要实事求是，“知之为知之，不知为不知。”不要不懂装懂，胡乱训释。应该信以传信，疑以传疑，或径付阙如，以俟日后补充。例如，顾颉刚与王国维商榷《尚书·顾命》中“须材”二字的训释，意见不一致，王国维最后说：“事诚不可解，自当以阙疑为是。弟意读古书于不可通者，阙疑自是一法，与释古文字无异。”[①] 训诂名物，应重视实际知识，切忌空谈义理，别走汉儒今文派注释五经的老路。

第三节　古籍的今译

今注只释疑难，不可能把古籍原文逐字、逐句加以注释，即使做到了逐字、逐句注释，由于注释割裂原文，也不便于阅读，这就限制了读者的层面。今译逐字、逐句将古籍译成人人皆懂的白话文，是最能普及深入大众的古籍整理形式。但今译要做到信、达、雅，难度大，又不可能做到十分精确，所以今译离不开今注。更准确地说，今译是今注的一种补充形式。随着文化发展的需要，以及今译质量的提高，这一古籍整理形式日益重要和普及，这是可以预料的。

一、今译的起源和发展

“译”字出现甚早。《礼记·王制》篇有：“五方之民言语不通，嗜欲不同，达其意，通其欲，东方曰寄，南方曰象，西方曰狄鞮，北方曰译。”为使言语不通的各族之间能互相交流来往，出现了最早的翻译人员“象胥”。《周礼·大行人》：“属象胥，谕言语。”郑注：“象胥，译官也。”这里所说的主要是不同民族之间语言的翻译沟通，而将汉文古籍译为当时通行语言的文字记载，当以西汉司马迁为最早。司马迁著的《史记》中的一些《本

① 《王国维致顾颉刚的三封信》之三，《文献》第18辑。

纪》，如《五帝本纪》、《殷本纪》和《周本纪》中的不少内容，实际上是把先秦古籍如《尚书》等的一些篇章翻译增改而成的，这留下了十分明显的痕迹。例如《五帝本纪》，将《尚书·尧典》中的“寅宾出日”译成“敬道日出”，将“寅饯纳日”译为“敬道日入”，这样显然要好懂得多。现代的古籍今译，当起于清末或民国初年。当时某些书商曾出版过《四书》、《古文观止》等白话译本，但其目的重在牟利，所以质量低劣，到了20年代，一些卓有成就的学者和作家做出了比较重要的成绩，鲁迅的《故事新编》中，不少是把古文翻译改编成现代文字的作品。顾颉刚在《古史辨》第二册上发表了他的《尚书》今译的最初几篇：《盘庚》上中篇和《金縢》。其后，一些学者也在著作中将引用的古书文字译成白话文。新中国成立以来，古籍今译愈来愈多，也有很多佳品。如任继愈《老子新译》，余冠英《诗经选译》，杨伯峻《论语译注》、《孟子译注》，沈玉成《左传译文》，袁珂《山海经校译》等。

今译尽管起源很早，但两千多年来并未受到学术界的重视。宋人王观国对司马迁引用古文献做了词句翻译的做法还提出了批评。近代中西文化交流，中、外文的翻译带动了古籍今译的兴起。但直到20世纪80年代，古籍今译的成绩，还处于少数作家进行探索性的尝试阶段。有目的有计划地把古籍今译作为正式的古籍整理样式，即一种古籍整理体例，是20世纪80年代以来的事。所以古籍今译应视为当代古籍整理的一种新体例，新形式。

二、今译的标准

今译的标准，指质量要求，概括地说，就是用合乎规范的现代汉语准确而完备地表达原作的内容，并保持原作的风格特点。怎样才算达到这个标准？可借用近代翻译大家严复关于外文译成汉语的质量要求三字诀来说明，即“信、达、雅”。所谓“信”就是忠实，是指正确地表达原作的思想内容；“达”是指通顺，使用正确通畅的规范化现代汉语语言文字；“雅”是美学要求，是“信”和“达”的高度统一，是熟练地运用译文语言充分表达原作的风格、神韵。“信、达、雅”应是一个统一的整体，三者不得分割。当然，三者之中的核心，是“信”，离开了信，什么也谈不上。试举一例以明之。

《左传》隐公元年传，“郑伯克段于鄢”这是一篇名文，选入《古文观止》有多家译本。试以许啸天《古文观止注译》、周大璞等《古文观止注译》、沈玉成《左传译文》三家译文对照，略评几个句子，以见今译之不易。三家分别以周译、沈译、许译代之。

【原文】初，郑武公娶于申，曰武姜，生庄公及共叔段。庄公寤生，惊姜氏，故曰寤生，遂恶之。

【周译】当初，郑武公在申国娶的夫人，称为武姜，生下了庄公和共叔段。生庄公时难产，使姜氏受了惊，因此取名为寤生，从此就嫌恶他。

【沈译】起初，郑武公在申国娶妻，名叫武姜，生了庄公和共叔段。庄公是脚先头后出生的，这使姜氏感到惊恐，所以取名寤生，并因此讨厌他。

【许译】从前郑国的武公，到申国去讨了一个老婆，名叫武姜。生下一个庄公，和一个共叔段。庄公生下地来，也是他母亲熟睡的时候，吓了姜氏一跳，所以取名叫寤生。因此，心里便厌恶他。

用“信达雅”的标准来衡量三家的译文，周译最佳，沈译次之，两家基本正确，许译不规范，逐句分说于次。

（1）“初”：追叙前事的副词，今语就是从头说起的意思。三家译文不误，周译为“当初”，感情色彩最恰。

（2）“郑武公娶于申”：此句“于”字是介词，表处所，是“在”的意思。许译为“到”，误。沈、周译是。

（3）“曰武姜”：武，是武公之谥，姜为姓。武姜，乃追书的称谓，非姜氏原名。故沈译、许译均为“名叫武姜”，不确。周译“称为武姜”，即此处的“曰”字译为“称为”，是。

（4）“生庄公及共叔段”：沈译“生了庄公和共叔段”，最佳。“生了”，表示完成了，指武姜只生了这两兄弟。周译“生下了庄公和共叔段”，多了一个“下”字，表示这两兄弟为武姜所生，而不是武姜只生了这两兄弟，语意稍差，许译“生下一个庄公，和一个共叔段”，添加数量词“一个”，赘语，读起来也别扭。

（5）“庄公寤生，惊姜氏”：关键词“寤”，有两解。寤，通牾，释为逆。胎儿脚先出为逆生，逆生易难产，此为沈译之根据，用注释法译“寤生”为“脚先头后出生”。寤，寐也。睡着了。杜预注：“寤寐而庄公已生，故惊而恶之。”许译的根据在此。但此解此译实误。宋人林尧叟《左传注》难杜预曰：“杜氏谓寤寐而庄公已生，非也。如此当喜，何得变惊而恶之。《史记》云：‘寤生，生之难’，是也。此当为难生。故武姜困而后寤，武姜困寤而惊。”司马迁和林尧叟释之最确，女人产子，顺生亦有难产，而逆生手足立正姿势而出，未必难产。用通假字释“寤”，解释为逆生，太呆板。“寤寐”，不是睡着了，而是难产昏过去了，休克了。林释为“难生，故武姜困而后寤，因寤而惊”，最确。又许译“惊姜氏”为“吓了姜氏一跳”，数量词“一跳”，赘语。周译“生庄公时难产”，词义正确，但转换了主语，感情色彩走了样。此句三家译文均有缺陷。

（6）“曰寤生”：沈译“取名寤生”最精炼。周、许两家多了一个“叫”字，可省。注意“曰武姜”与“曰寤生”，同一个“曰”字，前者应译为“称为”“叫做”，后一个“曰”字应译为“取名”，这些细微差别，意在言外。

（7）“遂恶之”：遂，副词，于是，就此。周译“从此就嫌恶他”，最确。沈译“因此讨厌他”，亦是用注释法今译，但减杀了原味。许译“心里便厌恶他”，增字“心里”，此是讲述，不是翻译。此外，这一句，主语转换，古人行文省略了“姜氏”二字应当补出。但三家译文均未补出，有损原味，值得商榷。

“郑伯克段于鄢”，是大家熟悉的一篇名文，且是中等难度的古文，就有如此多的问题，可见今译不易。把大意复述出来，似乎人人都会，用“信达雅”来衡量，即便是学问高手也有些为难。要译好古文，不仅逐字逐句推敲，而且要熟习背景、掌故，还要正确利用前人的旧注。翻译一段或一篇古文，可以精雕细磨，若翻译一本书，又是大部头的书，任何人都无法做到精雕细磨，所以古书今译，问题多多。台湾61位教授合译《史记》，粗略研究，误译有上千处之多，是完全可以理解的。

今译的好坏，可以用一直觉方法判断。古汉语单音词为主，现代汉语双音词为主。直译为主才能做到“信”，因此中等难度的古文，约70%的古文相当于双倍今语转译。所以译文是原文的1.8倍以下，比较精练；超过两倍，较为枝蔓；超得越多，废话越多，就不是翻译了。以本段引文为例，原文31字，许译70字，为2.25倍；周译50字，沈译52字，均在1.7倍以下。因此周、沈两家基本正确而精练。经过以上的讨论，更准确的译文，只需用48字。如下：

当初，郑武公在申国娶的夫人，称为武姜，生了庄公和共叔段。庄公生时难产，惊吓了姜氏，所以取名寤生，姜氏于是嫌恶他。

三、今译的方式

翻译的方式，在中国翻译史上，一直存在着直译和意译两派，今天在古籍今译上，同样会遇到这样的问题。

所谓直译，即逐字逐句地翻译。正如晋释道安（314—385）对汉译梵文佛经所提出的要求：“案本而传，不令有损言游字，时改倒句，余尽实录。”意谓翻译时要按照原本翻译，不得对原文的任何字句有所增减，除了有时可以改变原文倒装语序外，其余一律不得改动。直译字字落实，有利于理解原文，但较为生硬难读。

所谓意译，就是对原文只翻译出它的大概意思，而不求精确地表达原文每字每句的含义。意译流畅贯通，但往往失之准确。

直译和意译各有优缺点，但由于直译容易保持原文用词造句的特点，字字句句都有着落，能够准确地表达出原文的思想内容和语言风格；而意译灵活性过大，易漏略原文中的一些关键性字句或增添原文所没有的意思和内容，造成失真，所以一般都主张直译，只有当直译不能充分表达原文的意思，或者无法显示前后各句之间的逻辑关系，导致不好懂，不通顺时，才可以适当结合意译或增加一些有利于解决这些问题的词语或句子。例如：

【原文】曾子曰："胁肩谄笑，病于夏畦。"（《孟子·滕文公下》）

【译文一】曾子说："缩起两肩，讨好的笑，病在夏天的菜畦里。"

【译文二】曾子说："缩起两肩，表现出讨好的笑脸，这比夏天在田地里干活还难受。"

很明显，译文一是直译，虽然字字都译出来了，但读后不知所云。译文二采用直译与意译相结合的办法，增加一些必要的词语，才准确地表达了原文的本意，又符合上下文的逻辑关系。

直译是基本功训练，初译者尤应过此关。这样可以保证原文今译的准确，"信"是第一位的。但切忌机械地直译。以直译为主，意译为辅，才能在"信"的基础上把"达"和"雅"统一起来，杨伯峻的《论语译注》、《孟子评注》堪称典范之作。试举一例证：

【原文】子语鲁大师乐，曰："乐其可知也：始作翕如也；纵之纯如也，皦如也，绎如也，以成。"（《论语·八佾》）

【译文】孔子把演奏音乐的道理告给鲁国的太师，说道："音乐，那是可以晓得的：开始演奏，翕翕地热烈；继续下去，纯纯地和谐，皦皦地清晰，绎绎地不绝，这样，然后完成。"（杨伯峻《论语译注》）

以上译文作到了字字落实，句句对应，而且句式与原文相同，准确地表现了原文的内容。由于四个“如”字，不是机械地译为“样子”，而是切合意境，分别用了“热烈”、“和谐”、“清晰”、“不绝”来对译，使得全文畅达、清雅，这是高明的译法。诗的翻译要求更高，还要注意保持它的艺术风格。如：

【原文】	【译文】
九月筑场圃，	九月垫好打谷场，
十月纳禾稼。	十月谷上仓。
黍稷重穋，	早谷晚谷黄米高粱，
禾麻菽麦。	芝麻豆麦满满装。
嗟我农夫！	咱们这些泥腿郎！
我稼既同，	地里庄稼才收起，
上入执宫功。	城里差事又要当。
昼尔于茅，	白天割得茅草多，
宵尔索绹。	夜里打得草索长。
亟其乘屋，	赶紧盖好房，
其始播百谷。	种田撒种又要忙。
（《诗经·七月》）	（余冠英《诗经选译》）

在这里，译文和原文的词句都是互相对应的，译文也是诗的形式，并每句押韵。但有些词并没有机械地直译，而是适当地加了一些动词、形容词或名词。这种以直译为主，意译为辅的方法，可以更好地表达原文风貌。但意译一定不要走失原意，添枝加叶则更需慎重。

20世纪50年代初，余冠英出版了他的《诗经选译》，这是一本颇有影响的诗译范本。

余氏给自己的今译提出了以下原则：

第一，原作如果是格律诗，译文也要是格律诗。

第二，原作如果是歌谣，译文要尽可能保存歌谣体的风格。

第三，逐句扣紧原诗的意思，但须少用直译，避免硬译、死译。

第四，译文要读得上口，听得顺耳。

第五，词汇和句法要有口语的根据。

1922年，郭沫若出版了他的《卷耳集》，共选译了《诗经国风》中的诗40首。他说：

> 我译述的方法，不是纯粹逐字逐句的直译。我译得非常自由，我也不相信译诗定要限于直译。太戈儿把他自己的诗从本加儿语译成英文，在他《园丁集》的短序上说过："这些评品不必是字字直译——原文有时有被省略处，有时有被义释处。"他这种译法，我觉得是译诗的正宗。[1]

郭氏主张诗歌要意译为主。试对照余氏、郭氏两家译诗效果。

《周南·卷耳》第一段原诗：

采采卷耳，不盈顷筐。

嗟我怀人，寘彼周行。

【郭译】

一片碧绿的平原，

原中有卷耳蔓草开着白色的花。

有位青年妇人左边肘上挂着一只浅浅的提篮，

她时时弓下背去摘取卷耳，

又时时昂起头来凝视着远方的山丘。

【余译】

东采西采采卷耳，

卷耳不满斜口筐。

一心想我出门人，

---

① 《卷耳集》序。文中"本加儿"，现通译为"孟加拉"，太戈儿，通译作泰戈尔。

搁下筐儿大路旁。

显然，余氏的译诗非常忠于原文，译文以通行的白话诗，把古诗的意境表达了出来。郭译只是掠取了古诗的大意，另铸新辞，不是译诗，而是借题发挥的一种创作。

总之，诗的今译要多一些夸张和描绘，但仍然是直译为主，意译为辅，才能译出高水平的今译诗。

四、今译的基本原则

今译碰到的问题是十分复杂的，下面介绍的是最基本的原则。

（1）翻译者应具备的条件。译者必须具有较高的古文和现代汉语修养，文笔要过得去；有比较丰富的学识和与所译古书相适应的专门知识；懂得翻译的一般原则和方法、技巧；有一丝不苟、严肃认真和高度负责的翻译态度。

（2）翻译要体现不同文体的风格。历代文体的划分，因标准不同而出现过 37 种、13 种的分类。今天，多以语言形式的不同作为分类根据，大致分为三大类。第一，散文；第二，韵文；第三，骈文。其中，骈文独树一帜，韵文包括诗词歌赋、箴铭颂赞、戏曲等。散文又可分为六类：一是史传文，它又分为三种体裁：编年体、纪传体、纪事本末体；二是说理文，包括哲学论文、政治论文、史论、文论、寓言等；三是杂记文：如游记、山川地理记、风物记、记事、记物、笔记等；四是应用文：包括奏议、诏令、碑志、哀祭、序跋、书信及箴铭、颂赞等；五是科技文；六是小说、故事等。

以上这些文体各具特点，风格各不相同，要求的修辞手段、表现形式也就不同，译文必须充分地把它们的表达方式、思想内容、感情色彩等尽量再现出来，使读者既增加了知识、陶冶了情操，又得到美的享受，这才是最好的译文。

（3）注意时代特点和民族色彩。翻译古文时，切忌把古代的事物、观念，以及地理、职官、民俗等现代化，也不可用今天的思想观点和习俗、称谓随便比附古代，以免歪曲原意，背离时代真实。在遇到古代特有的事物名称以及地名、官名等时，应该尽量照录原称，宁可加注说明，也不要任意改用现代的名称。如不可把“大司马”译成“国防部长”、“大都”译成“北京”等。至于民族语中的特殊词语和称谓，如“猛安谋克”，是无法用现代汉语来译的，只能保持原状，另加注解。还有名物、典故等，也必须加注配合今译才能准确表达。例如《史记·孝景本纪赞》：太史公曰：“汉兴，孝文施大德，天下怀安。”其中“怀安”一词典出《论语·公冶长》孔子之言，“老者安之，朋友信之，少者怀之”，不加注释，译文是无法准确达意的。

（4）紧扣字词，正确判断词义。翻译古文要求紧扣字词，做到字字落实。译文是否正确，字词的翻译是关键。判断词义，要注意以下几个问题：

其一，注意古今差别较大的词义。有的词古今都使用，意义差别却很大，不可用今义去译古词。如：

（苏秦）黑貂之裘蔽，黄金百斤尽，资用乏绝，去秦而归。（《战国策·秦策·苏秦以连横说秦》）——“去”，离开。

果行，国人皆劝。（《国语·越语上·越王句践灭吴》）——“劝”，鼓励。

其二，注意古今字和通假字的用法。古今字是指在时间上先后产生的形体不同，而意义相同的字。翻译时古字要译成今字的意义。如：

学而时习之，不亦说乎？（《论语·学而》）——“说”（yuè），同悦。

贡之不入，寡君之罪也，敢不共给？（《左传·僖公四年》《召陵之盟》）——“共”（gōng），同供。

通假字，也就是古音通假。两个字因古音相同或相近，常常借甲为乙。如：

（苏秦）形容枯槁，面目黧黑，状有归色。（《苏秦以连横说秦》）——“归”（kuì），通愧。

何曰：“诸将易得，至如信，国士亡双，必欲争天下，非信无可与事者。”（《容斋随笔·萧房知人》）——“亡”（wú），通无。

其三，注意一词多义的现象。以《高士传·弦高》一文中的“为”字为例：

郑穆公时，高见郑为秦、晋所逼，乃隐不仕，为商人。于是乃矫郑伯之命，以十牛犒师，且使人告郑为备。为国而无信，是败俗也。赏一人而败国俗，智者不为也。

以上各句的“为”字，可以分别译为“被”、“当”、“做”、“作”等意思。

（5）对特殊句式的处理。对古代汉语的特殊句式要作适当处理，以适合现代汉语语法。着重谈两个方面：

其一，判断句的系词。古代汉语判断句中主谓语之间通常不用系词“是”，译成现代汉语则不可少。如：

魏其侯窦婴者，孝文后从兄子也。（《史记·魏其武安侯列传》）

武王，圣人也；孟子之言，圣人之言也。（《明夷待访录·原君》）

其二，倒装词序。主语、动词谓语、宾语，这是古今汉语词序的基本格式。但古代汉语在一定条件下谓语、宾语也可以前置，定语也可以后置，翻译时要调整词序。如：

毅宗之语公主，亦曰“若何为生我家！”痛哉斯言！（《原君》）——“痛哉”，谓语前置。

每自比管仲、乐毅，时人莫之许也。（《三国志·诸葛亮传》）——“之”，宾语前置。

齐侯曰：“岂不谷是为？先君之好是继。”（《左传·召陵之盟》）——“不谷”，介词宾语前置。

婴乃言袁盎、栾布诸名将贤士在家者进之。（《史记·魏其武安侯列传》）——“在家”，定语后置。

（6）词类活用。对于古汉语的词类活用，翻译时要作灵活处理，以符合现代汉语习惯。例如：

武王乃手大白以麾诸侯。（《逸周书·克殷解》）——“手”，名词用为动词，可译为“手里拿着”。

四方之士来者，必庙礼之。（《国语·越语上》）——“庙”，名词用作状语，可译为“在庙堂上”。

夫礼，辨贵贱，序亲疏，裁群物，制庶事。（《通鉴·周威烈王二十三年》）——“贵贱”、“亲疏”，形容词用作名词，译为“贵者、贱者”、“亲者、疏者”。

潼关大军虽盛，而后无继。（《通鉴纪事本末·安史之乱》）——“继”，动词用作名词，可译为“后续部队”。

甘其食、美其服、安其居、乐其俗。（《老子》第八十章）——“甘”、“美”、“安”、“乐”，形容词意动用法。“甘其食”，可译为“认为自己的食品甘美”。余类推。

（7）省略句要注意补充词语。古代汉语语言简练，句子成分多有省略，直译出来往往内容衔接不上，需要把省略的词语补译出来。例如：

于是选齐国中女子好者八十人，〔　　〕皆衣文衣而舞《康乐》。（《孔子世家》）——承前省略主语“女子”。

夏人殡于东阶，周人〔　　〕于西阶，殷人〔　　〕〔　　〕

两柱间。（同上）——第二句承前省略谓语“殡”，第三句谓语“殡”、介词“于”一起省略了。

天子于是以式终长者，故尊显〔　　〕以风百姓。（《史记·平准书》）——承前省略宾语“式”（卜式）。

古代汉语往往有省笔，有的省略了中心词，有的省略了修饰成分。这种省笔，是从意义上说的；从语法上讲，句子结构却是完整的。如：

君侯资性喜善疾恶，方今善人誉君侯，故至丞相；然君侯且疾恶，恶人众，亦且毁君侯。（《史记·魏其武安侯列传》）——以定语代替了中心词，译时要添上“人”字。

民不可与虑始，而可与乐成。（《商君书·更法》）——中心词之前省去了定语，应译为“事情的开端”、“事情成功”。

五、今译的误区

今译有四大误区。略说如次。

（1）不加选择，导致滥译。须知今译的目的主要是普及古代名著，使一般读者比较容易而正确地读懂中国古籍，从中吸取有益的文化知识；同时，给有志深入研究某些中国古代问题的人提供容易利用的材料；还可以为那些自学古文者提供阶梯，帮助他们比较迅速地提高阅读古书的能力和比较全面地掌握原文的思想内容和写作特点。因此，高难度、高水平的今译也可为研究者提供参考。所以有些大部头的或专门的古籍也有人从事今译。但总的说来，今译需要慎重选择。一般说来，太专门的只供少数专家学者研究的古籍不作今译；比较冷僻的、价值不高的古籍不作今译；已有较好今译的不作重译；语言浅近的古籍不作今译。例如《聊斋志异》可作今译，而三言二拍、四大古典小说名著《三国演义》、《水浒传》、《西游记》、《红楼梦》不宜今译。由于今译费时费工，一般说难度也较大，所以值得投入今译的古籍，应是历史上的名著，文化遗产中的代表性的精品。为了搞好今译工作，国务院古籍整理出版规划小组编制的《古籍整理出版规划》列有今译书目。现已完成的有《尚书译注》、《诗经译注》、《战国策译注》、《四史译注》、《老子译注》、《庄子译注》、《孙子译注》、《楚辞译注》等。

（2）割裂直译与意译的统一，导致硬译与漫译两个极端。直译为主，意译为辅，是今译的最基本原则和方法，是实现“信达雅”高质量的重要途径。把握不好，不是硬译，便是借题发挥，姑名之曰漫译，即散漫无归，走了两个极端。前文例举“病于夏畦”与郭沫若译《卷耳》，就是这两个极端的典型。

（3）诂与训不分，以串讲代译，是不规范的今译。翻译是不同语言的对转，以今语释古语，前人称为诂，如果把释单词的诂扩大为篇章的诂就是今译。今译是打破时空，古今人的对话。用众多词语解释一个词语，古人称为训，用今语言之叫串讲、串译，多用于注释中，若直接用于今译，便成赘语，使语文不规范，前文所举《左传》“郑伯克段于鄢”的“许译”是其例证。

串讲代今译，在诗歌的翻译中最为普遍。例如《楚辞·九章·橘颂》①：

【原诗】后皇嘉树，橘徕服兮。
受命不迁，生南国兮。
深固难徙，更一志兮。
绿叶素荣，纷其可喜兮。

【译诗一】

就在那皇天之下后土的上面，有一种美丽的树木生长着啊，那树上载负着一种能够服习于我们的祖国的水土的橘果。啊，你，橘果啊，秉受这坚定的意志，繁生在美丽的南

① 转引自吴其宽、吴瑞华：《古文今译技巧》，上海人民出版社1996年版。

方国土啊，你，根深蒂固和不容易转变的素质，正表现出你的意志的不可消失啊。翠绿的叶子和那洁白的花朵，夺目的一片，渲染了天上和人间的区别啊。

【译诗二】

后土皇天生下了美丽的树，(2+2+3+3+1)
橘树生来适应南方的水土。(2+2+2+3+2)
禀受自然的命令不能移植，(2+3+2+2+2)
你只生长在南方的国度。(2+3+3+2)
根深蒂固啊难以迁徙，(2+3+2+2)
更因为你有专一的意志。(3+2+3+2)
绿色的叶片雪白的花朵，(3+2+3+2)
枝叶纷繁啊那真可喜。(2+3+2+2)

译诗一，是串释的散文，诗歌韵味全无，规律的节奏破坏，读起来味同嚼蜡，是失败的今译。译诗二，虽然没能做到每句的字数、音节停顿划一，但每行诗句大体都为四次或五次停顿（诗句后面的阿拉伯数字，表示一顿的字数），抑扬有致，读起来铿锵悦耳，富有节奏感。全诗今译，字字落实，做到了忠实地表达了原诗的思想内容，包括流畅的押韵和原诗的风格情趣，可吟可诵，达到“等值翻译”的要求。

通过对照，说明诗歌的翻译，仍可做到等值，余冠英的《诗经选译》做出了规范。

（4）不当译而译，画蛇添足，破坏了原作神韵。古今时代语言的差异，古代典章、器物、习俗、礼仪的术语消失，原有诗文的节奏、韵律、气脉、风味，在白话中无法复现，这些地方不要硬译，要保留原文，加注释解说。例如《古文观止》中《邹阳狱中上梁王书》中引了一句古代谚语，说：

语曰：“有白头如新，倾盖如故。”

1936年宋晶如《广注语译古文观止》做了如下译语：

古语道："有人结交朋友，等到头发白了，还像新认识时候的交情一般深；有人坐着车子，在路上遇到了人，并车对语，不顾车盖的下倾，好像是多年的故旧一般。"

仅仅两句俗语，译文洋洋一大段，原文韵味丧失殆尽，是不可取的。像职官、名物称谓、地理名称、干支纪年等，原则上不译，可加注文串释补充。不当译的字句不译，古已有传统。请看司马迁引用《尚书·尧典》，写入《史记·五帝本纪》，做出了很好的示例。

【原文】	【译文】
克明俊德，	能明驯德，
以亲九族。	以亲九族。
九族既睦，	九族既睦，
平章百姓。	便章百姓。
百姓昭明，	百姓昭明，
协和万邦。	合和万国。

六个句子，司马迁只译了三个句子，而所译三句中，也只是更换了个别词语。这样，司马迁的译文，保存了原文的句式、节奏，只更换个别词语，便把古文今语化了，这是高明的译法。清人吴见思说："尧、舜二纪，纯用《尚书》、《孟子》，略改字面，便是太史公之文，不是《尚书》、《孟子》之文。且既经删改，而运用插和，绝无痕迹，岂非神手！"[①] 此外，在理论上，古代翻译大家，已有一些总结。如唐代玄奘法师翻译佛经，就提出了"五种不翻：一、秘密，故不翻，陀罗尼是；二、多含，故不翻，如薄伽，梵含六义；三、此无，故不翻，如阎浮树（中夏实无此木）；四、顺古，故不翻，如阿耨菩提，实可翻之，但摩腾已来存梵音，故；五、生

① 吴见思：《史记论文·五帝本纪》。

善，故不翻，如般若尊重、智慧轻浅，令人生敬，是故不翻”[①]。玄奘谈的是佛经翻译，理论的启示，可供今译借鉴。

总之，今译古书不是一件容易的事。可以说，译文是否能真正再现原作，是检验译者是否真正读懂古书的试金石。对初学者来说，今译古文是学习古代汉语，提高古文阅读能力的重要手段。我们在学习中，要经常进行翻译古文的训练，逐步掌握翻译古文的技能。此外，多阅读今译范文，可以提高修养。如本节前文指出的，余冠英《诗经选译》，任继愈《老子新译》，杨伯峻《论语译注》、《孟子译注》，沈玉成《左传译文》，袁珂《山海经校译》等，都是值得参考的今译范文。

① 宋释法云:《婆伽婆》,《翻译名义集》卷一。

第十章　文献的收藏与检索

随着科学文化的发展，当今人类已进入瞬息万变的信息时代，文献数量急剧增加。据统计，20 世纪 80 年代初，世界每年已有期刊约 62000 多种，中国有期刊 4700 多种。有人作了这样的假定计算，如果一位化学家日读 10 小时，光是浏览一年内发表的化学文章和论著，也得 200 年。历史文献更是浩如烟海，不知选择，阅读就无从下手。文献检索就是为适应日新月异的知识爆炸而发展起来的新学科。文献检索的方法，就是打开知识宝库的钥匙，是每一个从事科学文化工作者的必备基本功。

文献检索，古已有之。但文献检索作为一门有系统理论和方法的学科是近代兴起的。文献检索的英文是 document retrieval，意思是文献的查找；也就是说，根据科研或咨询问题的需要，利用检索工具把与问题有关的文献线索和资料查找出来。文献检索是在图书馆学、目录学和文献学的基础上发展起来的，是情报科学的一个重要分支，也是文献学的一个组成部分。目前国内已出版了系列的文献检索专著，主要有如下几种：《社会科学文献检索基础》[①]、《社

① 魏克智等：《社会科学文献检索基础》，吉林图书馆学会 1986 年版。

会科学文献检索》[1]、《社会科学文献检索与利用》[2]、《史地文献检索与利用》[3]。

第一节　现代的图书馆藏书

一、现代文献工作的主流形态

现代科学文化的发展和社会对图书文献的庞大需求，产生了现代图书的出版与收藏，即出版社编辑图书与图书馆收藏图书两个方面的文献工作，就是现代文献工作的主流形态。

现代图书由出版社实施出版。出版社最繁剧的工作，就是编辑图书。一部书稿要变成图书，要经过录入、校对、审核、版式设计、制版、印刷、装订等过程。其中录入、制版、印刷、装订等过程是载体制作，由工人按程序完成，不属于文献工作。但图书制作中的组稿、编稿、校对、审核、版式设计等一系列工作，由出版社众多编辑来完成，统称编校，实质就是文献制作过程中的"结集"文献工作。出版社编辑，就是现代文献制作的文献工作者。由图书编校产生的编辑学，是 20 世纪新诞生的文献分支学科。

图书收藏由专门的学术机构图书馆采购实施，并对社会公众开放利用。收藏与利用图书是图书馆的职能。20 世纪末，我国每年的图书发行量达五六亿册之多，这仅仅是出版社和新华书店主渠道的图书物流量，书商经营的二渠道图书物流量还要大过主渠道，两项相加在 10 亿册以上。如此大量的图书，按服务对象和用途，可分为三大类。第一类，供学生用的教材和教辅读物，占图书出版总量的 70%以上。第二类，供大众欣赏的诗歌、小说、戏曲、画册等各种文学艺术作品，以及各种社会科学通俗读物、

① 赵国璋等：《社会科学文献检索》，北京大学出版社 1987 年版。
② 来新夏等：《社会科学文献检索与利用》，南开大学出版社 1987 年版。
③ 金恩晖主编：《史地文献检索与利用》，吉林文史出版社 1987 年版。

消遣读物和科普读物，约占图书出版总量的20%。第三类，积淀人类知识的哲学、社会科学、自然科学的各门类学科著作与学术论著，供社会上层人士和知识分子群体消费，所占图书出版总量的比例不足10%。图书馆采购收藏的，主要是第三类的学科著作与学术著作图书。第一类教材图书，只有少量学术论著型大学教材，以及第二类消费图书中的精品创作，才有可能被收藏。因此，被收藏的图书还不到图书出版总量的1%。但这1%的绝对数量却十分惊人，每年有上千万册图书和上万个品种进入图书馆收藏。图书馆采购、分类、编目、上架、借阅检索等一系列工作，我们简称图书馆业务，其实质就是收藏与利用图书的文献工作。图书馆工作者就是现代图书收藏的文献工作者。由图书馆业务产生的图书馆学和文献检索学，也是20世纪新诞生的文献分支学科。20世纪目录学的革新，就是由图书馆目录突破的。

由上所述，出版社编辑图书与图书馆收藏图书，如前文所说，这就是现代文献工作的主流形态。

二、图书馆事业的兴起与梁启超的贡献

现代社会的知识承传，图书收藏是最重要的途径。我国浩如烟海的古籍文献，是依靠一代又一代的公私收藏积聚起来的。如何传递前人积累的古籍文献，以及当代文献，适应社会的发展与需要，近代在西方首先兴起了图书馆事业。中国的图书馆藏书机制，在20世纪初萌芽于清廷，二三十年代获得迅猛发展，当代已普及于全社会。

古代的公私之藏，有一大缺陷，即学术掌握在少数人手里，藏书楼与世隔绝，这和近代社会的发展是不相适应的。清末，鼓吹改革藏书机制，希望藏书能为教育救国充当学术工具的思想涌动，是维新改革思想的一个组成部分。维新领袖康有为、梁启超率先打破了千年一贯的四分法，提出了新的图书分类法，吹响了图书收藏整理的革新号角。与此同时，由于西方文化和技术的传入，大批西方学术与技术的著作被介绍了进来。1909年，清政府

颁布了《京师及各省图书馆通行章程》，对中央、省、州、县的藏书地址、藏书规格及藏书建筑都做出了明确的规定，为现代图书馆的建设提供了管理的法律根据。1912 年京师图书馆建成并对外开放，这一事件标志藏书楼完成了它的历史使命，新生的公共图书馆正式诞生。1920 年，武昌文华大学设立了图书科，这标志着以研究图书馆学的新学科正式建立，并走进了高等新式学堂。

“五四”运动带来了图书馆界的革新运动，称“新图书馆运动”，各地纷纷建立了许多新的图书馆。1918 年全国有通俗图书馆 286 个，巡回文库 259 个，1925 年全国有图书馆 502 个，到 1936 年发展到 5956 个。这些图书馆，进书量大，并向公众开放，服务于全社会，这是旧式藏书楼不可同日而语的。现代图书馆的建立，是图书收藏史上的一大变革。

在中国图书馆事业兴起过程中，国学大师梁启超做出了卓越的贡献。梁氏一生雅爱图书，他的饮冰室藏书 3470 种，41819 万册。梁氏逝世后，按他的遗嘱，这些藏书捐给了北京图书馆，并编有《梁氏饮冰室藏书目录》。这个故事表现了梁氏对中国图书事业的支持和关心。梁氏生前，在他的晚年，不仅致力于图书文献学的研究，写下一批有价值的论文、论著，而且身体力行创办图书馆，出任图书馆长，为推动中国的图书事业奉献辛劳。

1916 年，为了纪念蔡锷为中国革命事业献身的精神，梁启超创立了一个题名“松社”的新型图书馆。1920 年，梁氏旅欧返国带回 10000 册西洋图书，以此为基础建立了图书俱乐部。1923 年 11 月 4 日，梁启超合并松社和图书俱乐部，又调拨了北洋政府所购《观海堂》藏书，正式建立了“松坡图书馆”，并自任馆长。1925 年，梁氏以他的声望促成了一个全国性的图书馆馆员组织——中华图书馆协会成立，这是中国图书馆事业史上的一件大事。1925 年，梁启超又被聘为北京图书馆馆长。

1926 年春，中华教育文化基金会又决定办一所北京图书馆，梁氏又兼任该馆馆长。这样梁氏一身而兼任三个图书馆馆长之职，足见梁氏对发展中国图书馆事业的热情。作为一个学者的梁启超，他不是一个事务性的馆长，而是创建图书馆事业的探索者。他大声疾呼，建立中国式的图书馆学，又提出创办图书馆专门学校，培养人才。这些卓识远见都得到了实行。

梁氏认为，中国 20 世纪二三十年代，图书馆事业还处于起步和过渡时期，在有限的财力情况下，首先办好研究性的综合图书馆，大力收集中外名著古籍，一是为少数的研究型读者服务，二是收藏高精尖而有价值的图书，这是符合当时国情的。接下来是选拔优秀的图书馆管理人才和业务能手，增强图书馆的运行机制。在业务上，梁氏认为最重要的是抓好图书分类和编目两个方面，并认为这也是建立中国图书馆学最基础的理论核心，梁氏以此发表一系列的理论文章来阐述。梁氏认为，分类和编目，看起来容易，真正做起来十分困难。例如分类，既要科学，又要尽量囊括中外图书，办到这两点就非常不易。特别是中国图书种类繁多，杜威的“十进法”就不能照搬，应有所创新。梁启超说：

> 就编目论，表面上看，象是分类问题解决之后，编目是迎刃而解。其他如书名人名的便检目录，只要采用外国方法，更没有什么问题。其实不然，分类虽定，到底哪部书归哪类，试举十部书，大概总有四五部要发生问题。非用极麻烦工夫将部分内容审查清楚之后，不能归类。而且越审查越感觉其所跨之类甚多，任归何类，皆有偏枯不适之处。章实斋对于这问题的救济，提出两个极重要而极繁难的原则。一曰“互见”，二曰“裁篇别出”。①
>
> 我以为中国若要编成一部科学的便利的图书目录，非从这方面下功夫不可。②

梁氏的这段话非常中肯。他指明了中国目录学的发展方向是在发扬中国传统的过程中创新。因为中国的文字、书籍种类以及编庋方法，“皆不能悉与他国从同。如何而能应用公共之原则，

---

① 梁启超：《饮冰室合集·文集》，第 42 页。

② 同上书，第 46 页。

斟酌损益，求美求便，成一‘中国图书馆学’之系统，使全体图书馆之价值因缘而增重，此国人所以努力者又一也”①。梁氏的言论和思想，为中国的图书馆学和图书馆目录编制，起了奠基的作用。

三、图书馆的藏书概念与图书馆目录

图书馆收藏图书的目的，是向公众开放，最大程度地发挥图书的功能。所以收藏与利用，是图书馆的两大功能，它表现为收集、整理、保存、利用等一个完整的过程。否则就不能称为藏书。图书的收集，是按照一定原则和标准进行精心的选择。凡未经选择而购置临时存放的书，不是藏书。采选的图书还要按照一定的科学方法和技术规则进行整理，凡未经分类、编目、登记、加工的书，不能入库上架，不能流通使用，不是藏书。经过使用，已失去价值而将要淘汰更新的书，不是藏书。简言之，只有符合图书馆的任务和读者要求，且经过收集、整理、保存、借阅为读者服务的图书，才算藏书。这就是图书馆藏书的选择性与公共使用性的特点。

公众使用图书馆藏书，是通过图书馆目录检索而达到目的的。图书馆目录既是揭示、宣传藏书的手段，也是读者检索、利用图书的工具。图书收藏在架上只能单线排列，目录却可以多头组织，以达到多角度、多途径地揭示、宣传藏书，指导阅读，便于检索，以利使用的目的。馆藏图书是一个庞大的系统，与之相适应的图书馆目录也是一个庞大而完备的系统。

图书馆目录多种多样。按目录的形式分，有簿籍目录、卡片目录、活页式目录、张贴式目录和磁带式目录等。按使用对象分，有读者目录、工作目录两大类。读者目录专供读者查寻使用，置于阅览室或借书处附近，大型图书馆有专用目录室。工作目录，也叫公务目录，是供图书馆工作者使用的目录，它包括馆

① 梁起超：《饮冰室合集·文集》，第43页。

藏全部图书，以及不适于读者借阅的图书。由目录学家编撰的大型图书馆藏书目录是目录学专著。按检索途径分，有四种目录，即分类目录、书名目录、著者目录、主题目录。按出版物类型分，可分为图书目录、期刊目录、报纸目录、图片目录等。此外，大型图书馆还有按藏书范围编撰的各种目录：有包括全部馆藏的总目录，只反映某一部门的借书处目录、阅览室目录、专藏目录、特藏目录、善本书目录等，还有多家图书馆合并编目的联合目录。

以上各种类型的图书馆目录编制就是图书馆目录工作的内容。各类目录的结构、内容，是目录学和图书馆学研究的范围，兹从略。

图书馆目录的检索功能，是由其所著录的项目内容来提供的。一张记录完整的目录卡片，有以下七个项目内容：

（1）书名项。这是专门记录图书名称、副称，或补充书名，以及说明文字的地方，是卡片记载的一项重要内容，是帮助读者了解、识别图书的重要依据。

（2）著者项。著录内容包括作者个人、著作方式的有关内容，帮助读者了解作者姓名、时代、籍贯等内容，以及著作方式，是著、编著、编译，还是口述、自述、整理、注释等。

（3）出版项。专门记录一本书的印制或出版情况。

（4）稽核项。记录图书的外形，告知读者一部书的装帧形式、开本、精装、平装、线装、印数，以及图书内部结构，有无插图、插画、照片等。

（5）提要项。以简洁的语言介绍一书的内容概要、主题思想、主要用途和使用对象等。

（6）附注项。这是专门记载书名项、作者项等不能容纳而又对读者极其重要的内容，一般为：该书有无附录和参考书目、书名的别称、改名或原名，以及本书的内容目次，与它书的关系等内容。

（7）图书馆业务注记。这是图书馆业务或事务性的记录，但很重要。这包括索书号、目录分类号、登记号和储存地点等。

上述各项内容，在图书馆目录中，是按格式记录的，由目录工作者按程式制作，是图书馆服务于公众的新兴目录，它与传统的由目录学者撰写的学术性提要目录有极大的区别。

第二节　检索工具——索引书目

索引，中国旧称通检，英语汉译叫引得。索引书目是专供检索文献资料的一种新兴目录，可以视为图书馆目录的一个分支。

索引的实质是一种“标题目录”。索引的编制是根据一定的需要，把特定范围的文献资料中的有关款目，例如将书籍、报刊、文集内容要项（字词、句子、人名、地名、书名、篇名、事项等）加以摘录，注明出处，然后将这些款目按某种排检法编排，供人查考，这就是索引。索引可以帮助读者从茫茫书海中迅速查到自己所需要的东西，帮助读者尽快吸收古今人的研究成果或古文献资料。

我国古籍索引当以明张士佩撰《洪武正韵玉键》为最早。明末傅山撰《两汉姓名韵》是我国第一部人名索引。但并未引起学术界的重视。索引编纂和理论探讨，在 20 世纪 20 年代成为一门热学。现代索引，传自西方。由于中西文字书籍性质不同，西方成法不能直接套用，中文索引的编制从理论到实践都得从头摸索。因此，1926 年林雨毫发表《图书索引之新法》，提出用国音新韵的 36 韵母编制书目索引。钱亚新从 1929 年到 1930 年，连续发表《杂志与索引》、《从索引法去谈谈排字法和检字法》、《索引与索引法》等文章。洪业在 1923 年出版了《引得说》。1936 年，黎锦熙在北平图书馆协会作了《关于索引的方法》的报告。胡适、朱自清等学者大力提倡。著名作家、教育家叶圣陶身体力行，率领全家用了一年半之精力编纂了《十三经索引》，至今嘉惠学人。这一时期还出现了专业索引机构。1926 年金陵大学图书馆组成“杂志索引合作社”，但不到一年即停业。1930 年秋燕京大学建立引得编纂处，在 1931—1942 年和 1947—1950 年间，共编纂各种引得64种81册，称为“引得丛刊”。还有中法汉学研究所从1943—1950年也连续编撰了通检丛刊，包括十多种古籍语词索引。

20世纪下半叶，新中国的书目索引工作者，着手编制反映我国科学文化成果的书目索引，做出了优异的成绩。中华书局最突出，出版了二十四史系列的人名索引与地名索引，《中国史学论文索引》、《全上古三代秦汉三国六朝文》篇名与人名索引，重编部分先秦诸子著作索引、近代现代期刊报纸索引、《申报索引》、《〈红楼梦〉书目索引》、《〈水浒传〉书目索引》、《鲁迅著作索引》等，受到学术界广泛关注。20世纪90年代，全国多家出版社编制出版了利用计算机编制的大部头书籍索引，估计总量有数百种之多。以内容分，经、史、子、集、丛书，各部俱全，以类型分，则有字词索引、句子索引、专名索引、篇目索引、综合性关键词语索引和图谱索引等。索引已成为广泛编制和应用的工具书，特别是人名、地名、篇目、字词等类索引，很受大众欢迎。

编制索引，是一项学术性兼技术性的工作，似易而实难。它既要求作者有丰富的古代文献知识，又要懂得西方学术，还要有细心和韧性，才能做好。燕京大学教授洪业既精通我国传统学术，又熟悉西方学术，他不遗余力从事引得编纂与理论探索，中国现代索引书目的发展，和洪业的名字是紧紧分不开的。杨燕起在其主编的《中国历史文献学》一书中给予高度评价，设立专节介绍，兹节录概述如下，以见洪业工作之严谨与贡献。

洪业（1893—1980），号煨莲，福建侯官人。现代著名历史学家。早年留学美国，1923年回国任燕京大学历史系教授。他深感我国那些陈旧落后的治学方法不适应科学文化发展的需要。1930年，洪业在燕京大学组建了“引得编纂处”，并自任主任“担指导之义务”，聘编辑聂崇岐等人“分任编校引得”。所编“引得丛刊”64种，分为两个序列：一为“引得正刊”序列，有41号（1号为1种书），此类仅有引得而不附原文；二为“引得特刊”序列，有23号，此类既有引得，又附录经过校勘和标点的原文。这 64 种引得“从类型看：有专书引得，人物引得，书目引得和篇目引得。从体例看：有逐字引得，字词引得，句子引得和条目引得；人物引得中有传记引得，著者引得，字号引得。文献收集范围有原书加注疏引得，注引书引得，原书删存引得，综合引得”①。为了确保引得编制的成功，洪业先用《说苑》作试验，拟定编纂手续纲要。经过编制《说苑引得》、《白虎通引得》、《考古质疑引得》等书的实践后，又对编纂手续纲要加以修订。通过反复探讨和实践，洪业总结出一套中国典籍引得编制的理论和方法，集中体现在他著的《引得说》和十年实践后的总结文字中。洪业还制定非常细密的工作步骤，分为十个程序：（1）选书，选择应做引得的书籍。（2）择本，选择入选书籍的最好版本。（3）标钩，编辑据书的性质加以标号。（4）钞片，将应立条目的字词句等内容抄在卡片上。（5）校钞片。（6）排片，将卡片按“中国字庋撷法”分排。（7）校排片。（8）送印。（9）校印样。（10）发印。其中，以第三步最为重要，关系引得的成功好坏，“盖于标钩时，何者应取，何者应舍，不易有绝对标准”②，全凭标钩者的学术功力而定。

洪业治学态度谨严，设身处地为引得使用者着想，又对西方拼音文字引得编纂法加以创造性改进，使之适合我国古籍实际，所以他主持编制的引得和国内外其他引得相比有四个特点。第一，为便利读者使用，各引得检索方法多样化，以笔画检字和拼音检字辅助“中国字庋撷法”。第二，所编引得已据最佳版本定字词条目页码，又“更参考通行各本，制附各本卷页推算表”，使它能适用于其他版本书籍。第三，古籍流传千年，颇多讹误漏衍；清儒校勘成绩斐然，但其成果或离书单行，或仅附录书后而无标号，读者不易查寻。洪业所编引得“于原书后目注，兼载校勘卷叶；是一检而两得”。第四，所编 64 种古籍，据实用标准而定体例，对学术界常用或十分重要的古籍，则编制“堪靠灯”式

① 胡莲芳：《洪业与〈礼记引得〉》，《广东图书馆学刊》1983 年第 2 期。

② 《国内学术界消息·引得编纂处十年概况》，《燕京学报》28 期。

周遍型单字引得。[1] 洪业等人所编制的各种引得对于检索古籍原文十分便利，因而风行海内外，受到西方汉学家的高度重视。正是由于洪业领导的引得编纂处杰出的贡献，引得之学才日渐发展壮大，成为目录学中的重要组成部分。洪业以其卓越的贡献，获得法兰西铭文学院 1937 年度的茹理安奖金。

第三节　文献的检索原理和方法

一、文献检索的功能

文献检索是指文献资料的查找，这既是一门学科，也是一种技能，一把打开知识大门的钥匙。据说柏林图书馆大门口写着这样一段话："这里是人类知识的宝库，如果你掌握它的钥匙的话，那么全部知识都是你的。"文献检索提供你熟练掌握文献资料的查找方法，帮你提高工作效率、充分利用图书馆的藏书，无论学习或研究，都会事半功倍。具体说，文献检索有如下的功能：（1）掌握检索技能，帮助读者了解学术源流，初知读书门径；（2）掌握检索技能，可帮助读者既快且全地搜集资料；（3）掌握检索技能，就会使读者可以充分借用前人或同代人既有的研究成果去解决问题，从而站在时代和科学的前沿，在新的起跑线上向前冲刺；（4）掌握检索技能，就能及时了解和掌握新知识、新信息，避免知识老化，培养由学习而创新的知识和技能；（5）掌握检索技能，提高效益，在有限的生命中作出无限的贡献来。总而言之，掌握历史文献的检索技能，既是读者掌握知识的良好辅助手段，更是培养读者创造能力必不可少的基本技能。

二、文献检索原理

作为一门学科的文献检索，包括文献的存贮和文献的检索两

① 堪靠灯，为英文 concordance 音译，西方一种语词周遍型单字引得。

大部分，即一方面要把分散的、无组织的大量有关文献的特征著录下来，变为一条条的文献线索，并按一定的方式、方法加以整序，组成人们可以一索即得的检索工具，这就是文献的存贮过程；另一方面要提供一定的检索途径，根据特定的需求，查检出贮存在经过整序了的检索工具中的文献线索。文献检索的基本原理，就是条理化的存贮，迅速而准确的查寻，存贮是检索的先期工作，检索是存贮的逆向过程，是按照存贮的同一思路，采用相同的方法，将存贮在检索工具中的相关知识和文献查找出来。例如《八十年来史学书目》是一部按分类方法将1900年至1980年间中国人所著译的12400余种史学著作存贮起来的检索工具书，当我们利用它检索历史文献时，依类检索，就能迅速而准确地查到所需的资料。

历史文献检索的对象有三个方面：文献检索、事实检索、数据检索。

文献检索 查找对象一般为文献的题录、摘要以及文献本身（原始文献）。例如，查找新中国成立以来有关研究、评论《通典》的论著，我们可以利用《中国古代史论文资料索引》等工具书，查到有关的论文和专著。

文献检索的对象，可能是有关某一科研项目、课题的必需文献，也可能是有关某一科研项目、课题的自有文献记录以来的全部文献。这些文献可以是一个图书馆、几个图书馆所收藏的，也可以是某一地区以至全国、全世界范围所收藏的某一种或几种语种的文献资料。上述有关研究、评论《通典》的论著中，不少就是用日文发表并收藏在日本的。

事实检索 查找对象是具体事实或现象，主要是历史文献的作者（包括其生平、思想等）、文献刊印和发表的时间地点及过程、文献的版本和收藏等。例如，查找《史记》的版本流传情况，可以利用《四库简明目录标注》、《贩书偶记》等检索工具书查检。

数据检索 查找对象是具体数据、图表、公式、论点等。例如，查找古代简策和卷轴制度书籍的实际尺寸长度，可以利用

《中国历代尺度考》、《传世历代古尺图录》查检。又如阅读二十四史，需要查找古地名的确切位置，可以利用《中国历史地图集》（中华地图学社 1975 年版）书末“地名索引”查检到。

三、文献检索的基本方法

历史文献检索的基本方法，归纳起来主要有三种：常用法、追溯法、循环法。

1. 常用法

常用法就是利用检索工具查找文献的方法。这种方法是目前最常用的检索方法，因而称为常用。文献篇名、书名以及具体的字、词、语句、史事、数据、公式、人名、地名、时间等，均可通过常用法查得。常用法又分为顺查和倒查两种：

（1）顺查法。按照时间发展的先后顺序，由远及近地检索文献称顺查法。它以某一研究课题或研究成果产生的起始年代为起点，利用检索工具由远而近逐年查找，先了解其产生，而后了解其发展，最后了解其现状和当代水平。例如，《清史稿》成书于 1927 年，对它的研究、考证始于其后，用顺查法查找《清史稿》的刊本及有关研究文献，就要利用检索工具，从 1927 年起往后逐年查找到近期。

顺查法的优点是漏检和误检的可能性小，便于了解某一学术问题的全貌及研究动态，但费时、费力、工作量大，检索效率不高。

（2）倒查法。它的检索次序与顺查法相反，是逆时间发展的先后顺序，由近及远地查找，即从近期文献入手，向早期回溯查找。例如，按照倒查法检索有关《史记》研究的新成果，那就先从能够反映最新文献的检索工具查起，向早期回溯查找，查到认为切题的文献为止。

倒查法的优缺点恰恰与顺查法的优缺点相反。那么，在哪些情况下使用倒查法，在哪些情况下使用顺查法呢？这就需要根据具体课题的不同特点和要求选择使用。一般来说，在以下情况下用倒查法：一是科研任务紧迫，来不及系统了解某学术问题的全貌，只查到相关的切题文献即可；二是对该学术问题的全貌或基本动态已有所了解，只是需要对立观点和同一观点的相关文献；三是只需阅读某一学术问题的最新文献。

相反，在以下的情况下，用顺查法：一是科研任务重大，必须了解并阅读某学术问题的全部文献；二是科研任务不紧迫，为了文献积累，有必要了解某问题的全貌；三是为了撰写某问题的综述、述评或科研调研报告等，必须了解这个问题的全貌和研究动态。

总之，常用法在具体使用时，要注意分析课题，鉴别选择检索工具，确定检索方法。

2. 追溯法

这种方法又叫扩展法，它不是利用检索工具，而是利用已获文献中的有关注释、参考文献、附后索引等，作为线索逐一追溯查找。在学术论著的后面往往附有参考文献，在各种专题综述、述评等文献之后又往往附有专题论著索引。追溯法的第一步就是利用这些注释、参考文献、附后索引，找到新的文献；第二步再以这些新文献中的注释、参考文献、附后索引扩大查找的范围，发现新的文献；第三步、第四步类推，这样不断追踪，无限扩展，直至检索到切题文献为止。

这种检索方法，由于不是利用检索工具查找，因此很难追溯到比较全面或特定需要的文献，有时因引用文献与原文关系不大，甚至会毫无所得。不过，在检索工具欠缺的情况下，这种方法可以获得一些文献，因为许多作者为了使文章根据充分而积累了一些检索工具以外的文献资料，因此人们还是经常采用这种检索方法。

使用追溯法要注意以下几点：其一，应从最新文献开始，而不要从几年前或十多年前的文献开始；其二，在第三次、四次溯到的文献中应加以选择，而不必每篇都查阅；其三，此法只适用查找书籍文章，具体的事实资料不宜用此法检索；其四，可以同时从几篇最新文献开始。

3. 循环法

又称分段法，即前面两种方法的结合，把两种方法分期、分段地交替使用，几经循环，直到查到所需文献为止。具体做法是先利用较近的检索工具，查找某一时期、某一阶段的文献，然后利用已获文献的注释、参考文献等进行追溯查找，不断扩大所需文献范围。例如，用循环法检索新中国成立以来关于三国史研究的文献，我们可以首先利用检索工具查得张大可《三国史研究》（华文出版社2003年版），书中有一篇《建国以来三国史研究述评》，对新中国成立50年来学术界研究三国史的成绩进行了全面总结。该书后有四个附录：第一，（1978—2001）三国史与《三国志》研究现状的定量分析；第二，三国时期的考古发现和文物研究概述；第三，新中国成立以来三国研究论著书目论文篇目索引；第四，105位作者三国史论文编码索引，可以从中索得新中国成立以来三国史研究的文献，直到检索到切题的文献并了解三国史研究的全貌为止。这样，既比从头至尾地顺查节省了时间，又避免了漏检。

四、文献检索的主要途径

历史文献检索的主要途径，通常总是根据文献的不同特征和读者的特定需要，从各个角度去查找。历史文献的外表特征有书名、篇名、著者、文种、发表时间等；其内容特征有所属学科分支，所属主题，所涉及关键词等。这两方面的特征确定了检索途径。因此，历史文献检索的途径主要有下列五个方面：

1. 书名途径

这是根据文献的名称来查找文献的途径，是把书名或文章篇名按照字顺排列起来的一种检索系统。人们只要知道书的书名或一篇文章的篇名，就可以通过书名目录或篇名索引查检。例如，查找南宋李心传所撰史书《建炎以来系年要录》，便可根据字顺“建”字查得。

2. 著者途径

这是根据著者（包括编者、译者、撰者）姓名来查找文献的途径，是按著者姓名字顺排列起来的一种检索系统。人们只要按已知著者姓名，通过著者目录或著者索引等就可以查检到所需的文献。如欲查找李心传的著作，可按照著者姓名字顺，查到李心传，在其栏目下便可查得李心传《建炎以来系年要录》、《建炎以来朝野杂记》、《丙子学易编》、《丁丑三礼辨》、《西陵泰定录》和《道命录》等著作。由于著者目录可以集中反映出一个著者的全部著作，所以对于研究某一著者及其著作来说，是一种特别有用的检索工具。不过，按照著者途径检索历史文献，首先应该对著者署名的种种变化有所了解，以防漏检；其次应该了解中外人名的异同，以避免误检。

3. 分类途径

这是按照文献分类的学科体系来查找文献的途径，人们可以根据分类目录和分类索引查检到所需的文献。分类目录是每个图书馆都必有的主要目录，从我国古代的重要文史哲工具书到现代的检索刊物，也大都采取分类方法进行编排。

文献的分类，是依据一定的分类法，以学科分类为基础，结合文献的特点，纵横次第，逐级展开。我国封建社会图书分类的基本部类是经、史、子、集，每部之下又分小类，其中有些小类又分子目。20 世纪 30 年代，我国一些图书馆学家如刘国钧等根据美国杜威十进分类法创造了一些与封建社会的四分法相结合的十进制分类法。新中国成立后，我国出现了三大图书馆分类法，这就是中国图书馆图书分类法、中国人民大学图书馆图书分类法、中国科学院图书馆图书分类法。此外，还有一些书目索引的编者们自编了一些分类法，如全国报刊索引、复印报刊资料等。尽管各种检索工具依据的分类法有所差异，但体现在学科体系的系统性上基本是一致的。在历史类中，它们通常是先按国家，后按时代划分展开类目的。

分类途径便于人们从学科范畴来查检文献，但是，按照分类途径检索历史文献应注意以下两点：（1）凡是查找系统记载、说明社会发展情况的文献，应在历史类里查寻；而偏重于结合社会各部门情况进行理论论述的则应在社会科学各有关门类里查寻。

（2）凡是全面研究某国某时代的经济基础和上层建筑或某一历史事件的文献，应在历史类里查寻；而只研究社会某一方面的文献，包括各类专门史文献，则应在各专门学科里查寻。

4. 主题途径

这是通过反映文献内容的主题词或其派生的关键词来查检文献的途径。主题词是从自然语言中选出来的规范化语词，主题途径一般是以主题词按字顺组织主题目录和主题索引。主题途径能集中反映一个主题的各个方面的有关文献，人们按照主题途径检索文献，可以不受学科体系的限制，利于把分散在其他学科的相关文献检索出来。例如，我们可以利用“辛亥革命”这一主题词，把辛亥革命的有关文献，无论是经济文献、政治文献、军事文献，还是历史文献都检索出来。

主题途径在国外是检索文献经常用的途径，几乎每一种检索工具都有以主题词顺序排列的检索途径，学术著作也大都附有主题索引。在我国，主题途径目前还主要用于科技文献的检索，在社会科学方面仅有少数几种书本式主题索引，采用“汉语主题词表”组成历史主题检索的还几乎没有。

5. 时序、地序途径

时序途径，就是按照时间顺序检索文献。查找年代的年表、历表，记载历史事件的大事记和记载个人生平事迹的年谱等，都是按照时间发展的顺序排列的。使用时，只要依照年、月、日的顺序，即可迅速查到所需的文献资料。

地序途径是按照文献内容所属的地理位置或地域关系的顺序检索文献。如古今地图、名胜辞典都是按地序编排的，所以也就必须按照地序途径检索。例如，查某一地名的地理位置，可以根据其行政区划来查，查某一名胜的介绍资料，也可以从所属的行政区划来查。查找时，一般是按照以下的顺序：国名—省、市、自治区名—地、市名—县名—乡镇名等。

总之，历史文献检索的途径多种多样，上面所说的几种检索途径只是一般图书馆经常具有的，人们常用的基本检索途径。在检索实践中，我们应该灵活掌握和运用，取得满意的检索效果。

五、文献检索的工具和手段

文献检索工具就是人们用来报道、存贮和查找文献线索的工具与设备。图书馆目录、期刊索引、电子计算机检索用的文献数据库等都是检索工具。检索工具是对原始文献进行加工整理后编制成的二次文献，它不仅用于检索，而且还具有报道文献和鉴别文献的功能。

按照检索手段划分，检索工具可分为手工检索工具和机械检索工具，使用不同检索工具进行的检索也分别称为手工检索和机械检索。手工检索工具主要指各种印刷型检索工具；机械检索工具是指现代科学技术手段，详见本章第五节。这里只谈手工检索工具。

手工检索工具的类型按照出版形式，可以分为四大类型，如次：

书本式检索工具 又称单卷式检索工具。是以一定学科、专业为专题内容，集中收录一定时期内的文献编制而成。专业性强，收集的文献时间长，比较系统。例如，《古籍目录》（中华书局 1980 年版）收录 1949 年 10 月至 1976 年 12 月出版的各类古籍。

期刊式检索工具 有统一名称，以年月、卷期为单位，定期连续出版。既有综合性的，又有专业性的，能及时反映科学发展概况动态和水平。收录文献以近期为主，但经过长期积累，又可用于回溯性检索。例如，《全国报刊索引》（月刊）。

附录式检索工具 不单独出版，多附载于图书、期刊或文章之后，也有以单篇形式刊载于书刊之中。它收录范围较小、较具体，或为论著所引用的参考文献，或增补已有检索工具之不足。

卡片式检索工具 这类检索工具就是把检索款目印在卡片上，按一定方式排列起来，供人们查检。它便于组织排列，使用较为方便、灵活，便于更新，但排片工作量大、占地方多。目前主要用于图书馆目录组织。

手工检索工具按照用途、内容的不同，又可以分为检索工具书和参考工具书两大类型：

检索工具书 这是指仅仅提供文献目录和资料出处线索的工具书。一般说来，它们没有直接的学术参考价值，只能起引导作用，这类工具书包括书目、索引、文摘。

参考工具书 这是指能直接提供知识、观点，能直接解答各种具体疑难问题的工具书。一般说来，它们不提供线索而提供具体的直接答案。当然，这也不是绝对的，就像检索工具书也有某些参考价值一样，参考工具书有时也有提供线索的作用。例如，类书也提供资料线索，百科全书往往在条目后附有参考书目。参考工具书包括：字典、词典、百科全书、年鉴、手册、类书、政书、表谱、图录等。

此外，在检索工具书、参考工具书与普通书之间还有一种可称为“边缘工具书”的图书，即大部头著作、全集、大部头丛书、史书、资料汇编等。它们既是普通书，又可以起到文献检索的某种作用。

第四节 音像文献的检索

随着现代技术的文献载体的出现，也就出现了利用现代科学技术来检索文献的手段。现代科学检索手段的形式有音像式、阅微式和计算机式等，其中以计算机文献检索最为科学和实用。本节先谈音像文献的检索。

音像文献的检索。为建立和健全我国统一的非书资料的报导、检索体系，我国文献工作标准技术化委员会制定了非书资料的著录规则（简称规则）。

规则是根据《文献著录总则》（GB3792·1～83）以及《国际标准书目著录》（非书资料）［ISBCNBM］的原则制定的，对非书资料的内容、形式特征进行分析、选择和记录。非书资料的分类号暂用中国图书馆图书分类法。历史、地理类以 K 为分类号。规则对音像文献的载体规定了代码，如下表：

载体类型	载体名称	载体代码
录音制品 A	盒式循环录像带 盒式磁带 开盘磁带 唱　　片	AX AH AK AP
录像制品 V	盒式循环录像带 盒式录像带 开盘录像带 录像唱片	VX VH VK VP
幻　　灯 投　　影 S	幻灯胶卷 幻灯插片 投影片	LJ LP LT
电　　影 F	盒式循环影片 盒式电影片 开盘电影片 立体影片	FX FH FK FL

利用这些代码就可以寻检出不同载体。“规则”还对音像文献的著录内容和方式进行规定，著录格式有书本式和卡片式两种。

第五节　电子文献的检索与利用[①]

20 世纪影响人类最大的科技成果就是计算机，它对许多学科的研究，尤其是军事、气象、数学等产生了巨大的影响，现在几乎渗透到了所有领域，并开始影响到文学、古地理、文献学、古汉语的研究，其实计算机的出现仅有六七十年时间。

设计计算机的初衷是用它来计算复杂的方程式，当时主要是用于武器设计和轨道模拟，所以冠名“计算机”。但在 20 世纪 60 年代有位美籍华裔大企业家王安先生独出心裁，将计算机用于文字处理，这一发明对计算机的发展和普及起了巨大的推动作用，从此计算机大规模地用于文件处理，现在已经发展到了办公自动

①本节部分资料由南京大学图书馆中文采编部主任陈远唤提供。

化等。

电子文献有极大的储藏功能，可远距离快速传输，能模拟记录再现生动图像，均需计算机操控。电子文献的检索与利用，实质就是人与资料之间加入了计算机，使传统的手工操作机器化，不仅成百倍地提高效率，而且查询资料、人与人之间的交流，可以在远距离的异地展开，这是先前人们不可想象的。

一、电子文献的检索

电子文献检索的资源，到了20世纪90年代以后，日益丰富，下面只介绍光盘数据库和网络数据库。

1. 光盘数据库

目前使用率比较高的有《文渊阁四库全书》电子版、《汉籍全文检索系统》电子版、《国学宝典》V7.0版等。

（1）《文渊阁四库全书》电子版。此由香港迪志文化出版有限公司与上海人民出版社合作开发。分为“原文及标题检索版”和“原文及全文检索版”两个版本。前者是“原文图像”，据原书摄影而成；后者是“全文文本”，经过特殊处理识别后由原文转换而成，可复制和重新编辑。

标题版，共有167张光盘，含有470万页的原文图像，可从四种角度检索：四库分类检索、书目数据检索、著者资料检索、卷内标题检索均可查到所需的书目及原文。

全文版，共有175张光盘。全文版通过输入任意关键词，可以在几秒或数十秒的时间内，检索到《四库全书》3461种著作中所有与关键词匹配的资料，可以拷贝到文档中进行编辑，也可以下载，非常方便。一般使用全文版就足够了，但有误差。如果写作引用资料，则需查寻“原文图像”版，以兹校对。

（2）《汉籍全文检索系统》电子版。该系统由陕西师范大学历史文化学院袁林主持研制。第二版收入文史类古籍830种，共3.5亿字。其资料库分经、史、子、集四类编排，有十三经、诸子数十种、二十四史、《资治通鉴》、《续资治通鉴》和多种野史笔记。集部最多，有《楚辞》、《昭明文选》、《乐府诗集》、《先秦魏晋南北朝诗》、《全唐诗》、《全宋词》、《全元散曲》、历代诗话和《词话丛编》、多种明清小说戏曲等。详目见“文献目录”，在“帮助文件”中检索。该系统具有多种全文检索功能，既可对其所收全部文献进行检索，也可选择部分文献或一种文献进行检索。

(3)《国学宝典》V7.0版。此由北京国学时代文化传播公司尹小林研制。该数据库不断扩充文献，其V7.0版收录中国古代典籍1400多种，3.5亿字。其中有十三经、诸子35种、道家典籍26种、释家典籍200种、笔记356种、小说300多部、古代戏曲110多种、《全上古三代秦汉三国六朝文》、《先秦魏晋南北朝诗》、《全唐诗》、《全宋词》等大型总集。今后还将继续增加数据，现已扩充了历代地理文献。所有典籍都能全文检索，检索结果可以生成文本文件，可以打印输出，并能自动摘录生成卡片，统计任意字、词的出现次数和频率。

(4)其他。北京同文数字化技术有限公司与万方数据电子出版社合作出版《四部丛刊》，收书504种，共24张光盘。其检索功能可进行书名检索、著者检索、分类检索、全文检索。广西金海湾音像出版社与广西师范大学出版社联合出版的《古今图书集成》电子版，1.6亿字，刻制成28张光盘。该系统无全文检索功能，但有“经纬目录”和“索引目录”两大检索方式。山东汇文科技开发中心用先进扫描技术刻制《四库全书》光盘共135张。20世纪90年代超星电子图书馆制成一套家庭图书馆，只有四五张光盘，储存了100多部名著。目前全国各地出现了大量的光盘图书，种类繁多，不赘述。

2. 网络数据库

这里主要指因特网（internet）上可以检索利用的中国古典文献数据库。这类数据库有“书目检索”、“全文检索”、“全文浏览”三种类型。书目检索数据库可查询有关馆藏古籍的书名、作者、版本；全文检索数据库与光盘检索数据库功能基本相同；全文浏览则是在网络中选择某书某单元后可阅读其全文，但没有检索功能。

（1）古籍书目检索网络数据库。中国国家图书馆公共检索服务系统中“联机公共目录馆藏查询”数据库，可查询该馆所藏古籍目录。既可从国家图书馆（http：//www.nlc.gon.cn）网站主页的“数据库检索”进入，也可由 http：//fgopac.nlc.qov.qu 直接进入。该数据库分“普通古籍”、“善本古籍”和“方志家谱”三个子库。查询时，先在菜单的“检索库”中选择一个或两个库（点蓝），然后在查询框中输入要查的书名或作者名，点击检索键后，检索结果即会自动显示，非常便捷。台湾“国家图书馆”古籍文献信息网（http：//rbook.byweb.oom.tw）中《善本古籍联合目录》，可查询台湾地区所藏古籍书名、作者、版本及馆藏地等。

（2）古籍全文检索网络数据库。北京大学中文系网站《全唐诗》电子检索系统（http：//chinese.pku.edu.cn/taug/）和《全宋诗》检索系统（http：//162.105.161.41/songpoem/lcgi－bin/songlibray.exe）。这两大系统都分公共浏览版与专业检索版两种。在《全唐诗》检索系统的浏览界面中，可按原书顺序、作者、体裁等方式浏览。在《全宋诗》检索系统的专业检索版中，可对《全宋诗》进行作者查询、诗题查询、体裁查询、诗韵查询、诗行内字词查询和整诗字词句查询。北京大学出版社出版的《全宋诗》共 72 册，这一检索系统，为多角度检索利用《全宋诗》提供了极大的方便。

南京师范大学网站《全唐宋金元词文库及赏析》检索系统（http：//metc.njnu.edu.cn/ci－ku.1ci－wk－fm.htm）。该系统收录有《全唐诗五代词》（中华书局版）、《全宋词》和《全金元词》三大词总集，可从作者、词牌、词调通用名、宫调、首句等角度进行全文检索，也可以作综合检索，能将检索结果自动生成索引，并自动统计有关数据。

台湾《汉学研究中心》网站（http：//ccs.ncl.edu.tw）典藏目录及数据库共有典藏国际汉学博士论文摘要数据库、明人文集联合目录及篇目索引数据库、西汉诸子研究论著目录数据库、经学研究论著目录数据库、敦煌学研究论著目录数据库等五个子数据库。在网站（http：//ccs.ncl.edu.tw/data. html）中的明人文集联合目录及篇目索引数据库，包括了故宫博物院图书馆、台湾大学图书馆、“中央”研究院傅斯年图书馆、台湾“国家图书馆”及汉学研究中心所藏明人文集，具有全文、篇目、书名、作者等多项检索功能。

（3）古籍全文浏览网络数据库。台湾“国家图书馆”古籍文献信息网（http：//rbook.hyweb.com.tw）中古籍影像检索系统和明人文集资料库，均有全文浏览功能。古籍影像检索系统可查询馆藏善本书目，并提供黑白影像浏览。其查询途径，可由题名、人名、标题、版本、篇目、出版地、出版朝代等21个字段，以布尔逻辑的组合运用，检索十分便捷。在明人文集资料库中可查询明代文学古籍书目，并提供彩色影像浏览。该资料库收录17种馆藏珍贵明人诗文集。各诗文集的书名、撰者、版本、篇名、序跋者、题识者等资料均可检索浏览，影像全为彩色，如见原书。

现在世界各国著名的国家图书馆、各名牌大学图书馆，以及文化大公司，均有网站并开通互联网，读者可以足不出户点击鼠标就能查阅全国、全世界的古今中外图书资料以及现实情报信息和新闻信息。至于网上图书馆，有如雨后春笋，不可胜数。

中国国家图书馆是一个庞大网站，其主要功能有八大栏，每一栏又分许多子目。在主功能下面又有“读者服务”、“数字图书馆”，其下又分11项，而且大部分项目下也有分项，由此可以看出国家图书馆的数据之大。其网址为：

http：//www.ncl.gov.cn/

中国国家图书馆的网站中有一个很重要的连接：“中国试验型数字图书馆”，该主页中有一“资源主页”，单击它后就会出现：

3. 全球网上的数字式图书馆资源

Digital Library Resources On Web

该网页连接了一些世界上比较著名的网站，遍及欧美各国及日本等发达国家的国家图书馆和名牌大学的网站，不一一备述。

二、电子文献的利用——古籍整理手段的现代化

利用电子文献进行学术研究，使许多传统方法由少慢差费变得快速简易，有的使传统方法无法进行的研究工作变得非常简易。20 世纪 80 年代，中科院曾组织一次大规模的汉字使用频率调查，次年出版了汉字使用频率词典，该书的出版对中小学语文教学、印刷、最大程度地利用计算机资源均有重大意义。这一工作是手工制作无法进行的。

用计算机编制典籍的字、词、句索引，或人名索引、地名索引等，如果用手工方法，其人工以及时间耗费都是巨大的，现在则变得极为简易。

由于电子文献的飞速发展，出现了许多完全意想不到的新功能，这里以《国学宝典》为例说明到目前为止各种电子文献的新功能。

《国学宝典》面向文史专业研究人员，以古籍文献为主，能全文检索数据库，全文逐字及高级智能检索、字频统计、生成卡片、输出文件、浏览等功能，还附有人名词典、书名词典、成语词典等常用电子工具书。同时该系统造字 2000 多个，各种部首 100 多个。基本解决了从先秦到明清各种典籍汉字的正常显示和打印。

1. 阅读文献

中国典籍库分为二级菜单，按经、史、子、集列出典籍分类，选中一类（如经部）后，可列出该典籍的全部目录，包括序号、书名、作者、总页数等。若页数后有 * 号，表示该书有内容提要，只要单击 F9 就可显示内容提要；如按 F8 可对所列典籍作通检：在弹出窗口中输入要检索的字（词），按回车即可；如将光标条放在所要看的书名上，按回车，或单击鼠标左键，即选中该书。选中书名后，就列出该书目录，再选择要查看的章节或回数，屏幕上就显示这一文献资料。

阅读时正文每屏幕显示 22 行，每行 35 个字。屏幕右侧数字

是该书的行号，底行右侧有一组数字，斜线后面的数字是该书的总页码，斜线前面的数字是当前页的页码。

2. 检索及生成卡片

按 F3 键出现查找框，输入查找文字，可从当前页向后查找所需内容。另有三个选项：

（1）在查找文字后输入“//”（两个半角反斜杠），查寻从全书第 1 页开始。

（2）在查找文字后输入“??”（两个半角问号），按回车，出现请输入文件名对话框，输入一个文件名，可将该书中包含查寻文字内容的段落以卡片形式生成至指定文件中，卡片文件包括含所查文字的段落，该段所在的卷数。

（3）在查找文字后输入“!!”（两个半角叹号），可统计出所查文字在全书中出现次数和频率。

在查找的文字中，一个半角“?”代表任意一个汉字，利用此功能可进行模糊查找。按［F5 键］继续查找。若在某书中查某词，进入另一书中仍查此词，直接按 F5 键即可进行查找。

3. 高级智能检索

从中国典籍库中选中一类书后，窗口下方出现“F8 XX 部书全文通检”，如按 F8，就会弹出输入窗口。每次可输入 1～4 组词（或单字），而且可以选这些词是否需按顺序出现，出现在一个段落内或一个短句（短句的定义：除顿号、引号以外的任何标点符号、空格所隔开的一组字串）内。如果每次只检索 1 个字串，后加“??”，则可以在此类书中制做卡片。如果每次检索 2 个至 4 个字串，则不能通做卡片，但可以通过“CTRL＋Y”快捷键将屏幕上的结果送至硬盘 YYY 目录下的 YXL _ CARD. TXT 中。每次写入的内容包括：检索范围、检索条件、检索时间，以及检索到的具体内容，内容按顺序进行编号，标明出自某书某卷等。

4. 用字词检索的方法作考证

字词检索有两种情况，一是为了研究一个语词的来龙去脉，需要查出在历史上的用法。例如我国著名的文学评论家陈辽教授为了弄清楚《三国演义》成书的年代，想尽了各种办法，有一年正好韩国人赠送给他一本《朝鲜吏文》，该书中有一个词“知会”，他发现在元代以前从没有“通知、照会”的意义，经过三个多月时间的检索，又请了数位专家，包括宋词、唐诗、元曲专家的帮忙，证实了这一猜想，他便作为论文在第十三届三国演义年会上发表，但缺乏实例支撑。当时与会的许盘清，利用吃午餐的短暂时间，在计算机上检索《国学宝典》，在2亿字的资料中查出所有用到“知会”之处，约35分钟后共查到1000余条，发现元代前（仅《元史》中用到几次），从没有“通知、照会”之意，明初时才开始普及。同时发现最早出现这一意义的命名是用在佛经上。二是查找词语资料求得史实证据，在众多古籍中手工检索等于是大海捞针，只有用计算机才能做得到。例如三国时期曹魏伐吴出兵“洞口”，这“洞口”在哪里，许多学者只能推断出它的大致位置，但就是缺少证据。用计算机打开《国学宝典》，选用它检索“洞口”，并由它生成“洞口”的检索文件，经过数分钟后，在3.5亿个字的文献中共找到411个洞口资料，其中裴注《三国志》就有七个。经过半个多小时的整理，共发现有意义的“洞口”条目有八个，每一条均清楚地记载着曹休出“洞口”的地方位于江苏与安徽在长江交界处。当然这个例证尚可用手工查找，但很费时。下面一例如不用计算机，则非人工所能及。郭沫若先生曾经考证《再生缘》中的陈云贞为范秋塘的妻子，苦于无旁证，便请冯其庸代查出处，直到今天仍各执一词。后来，尹小林先生用《国学宝典》，花两分钟就查到了在嘉靖年间的《清明丛俗》一书中，有一封陈云贞写给丈夫的信《记云贞致夫书》，信中果然清楚地说明范秋塘为陈云贞的丈夫。

总之，计算机有无限的潜能。古籍整理手段的现代化，用一句话概括，就是将纸为载体的文献转换为以计算机为核心载体的电子文献，掌握制作、阅读、检索、研究电子文献的技能，将使人脑的潜能获得最大值的发挥，读书治学都能事半功倍。

第十一章　中国文献学的发展与成就

本章概述中国文献学产生与发展的历史，回照全书，重点是评述前人整理历史文献的成就。

第一节　中国文献学的产生——先秦时期

中国文献学是伴随文献典籍的整理而产生与发展。中国历史文献，始于甲骨文字。在一定意义上说，有了文献典籍，就开始有了文献典籍的整理。比如商代，卜官将同一类型的有辞卜骨搜集保存在一起，就是一种整理。商周史官把记事竹木简按时间顺序编连起来，也是一种整理。但是，在中国历史上，最早有计划、有步骤、有方法，并系统地对前代文献典籍进行整理的，由孔子开其端。孔子对六经的整理，就是对后来有重大影响的历史文献学的实践活动。所以追溯中国历史文献学的产生，孔子是最早的历史文献学家，他整理六经的实践与成就，产生了中国古典文献学。

一、孔子整理六经

六经，即《易》、《书》、《诗》、《礼》、《乐》、《春秋》，是孔子宣扬政治主张和讲学的基本内容。

【历史背景】孔子以前的文献资料的书写材料大体有甲骨、简策和金石。文献形式，有各种政府机关档案文书，有各国的编年史，有贵族、宗庙和民间的歌曲歌词，有从事占卜活动留下来的纪录，有王室诸侯贵族的谱牒，有口头的传说，有婚丧祀祭和日常人际的礼节仪式规定等。当时各级官府和王室都有史官，负责记录、搜集、保管、传播和实施这些资料或礼仪。如大史负责记述国史，兼管国家典籍。内史负责起草国君文书，掌管朝廷内部文书档案。小史掌诸侯国史书和君王家谱。外史掌管古代和诸侯国资料，起草给侯伯的命令。御史负责发布给臣民的命令和记录重大活动的情况等。《周礼·天官冢宰》说："史掌官书以赞治。"就是说，当时的史官大体是负责秘书兼档案工作的。他们各有分工，又忙于政务。所以他们虽然对各种文献材料广泛搜集，并为了保存而初步予以整理，但对文献档案的利用只限于"赞治"，从而没有也不必要对文献进行系统的分析、整理和提高，他们所保存的大部分文献档案资料大体上都是其形成时期的原始状态，犹如杂货庋存的商品柜，只是同类的材料存放一起罢了。少数经过初步整理的文献，也往往缺乏别裁和精炼。

春秋时代，社会发生激烈变革，诸侯崛起，周王室衰微，卿大夫逐渐掌握各国的实权。于是学在官府的局面发生动摇，王室秘藏的文书档案纷纷流失到民间，有的学者开始私人办学，采用国史或整理旧有文献资料作为教材。于是，社会上出现了所谓百国春秋、志、语、世、训典等种种文献典籍。正是在这种背景下，孔子开始了他整理六经的工作。

孔子名丘，字仲尼，鲁国陬邑（今山东曲阜）人，生于鲁襄公二十一年（公元前551年），死于鲁哀公十六年（公元前479年）。对于社会的大动荡和大变革，孔子认为是礼坏乐崩，他要通过正名来恢复西周的礼仪，达到社会安定的目的。他的行为遭到鲁国新兴势力的反对，于是周游齐、卫、宋、郑、陈、蔡、楚等国，来宣传自己的政治观点和主张，但他到处碰壁，不为人们所理解。14 年以后，回到鲁国，他“病没世而名不称焉。吾道不行矣，吾何以自见于后世哉!”为了没世称名，寄托自己的政治主张，于是他一方面广招弟子，讲授自己的主张和学问，同时根据自己的观点整理旧有的文献典籍，终于编定出《易》、《书》、《诗》、《礼》、《乐》、《春秋》六种儒家经典。

【编定六经】孔子整理六经的过程，分述如下：

易 即《周易》。《易》本来是占卜书。占卜之有，为时甚早，考古发掘的新石器时代晚期遗址就有钻灸过的卜骨。商周时代，诸事皆要占卜。卜官都是上达天文，下知地理，中通人事的学问渊博者。为了占卜得准确，他们非常重视对以往占卜情况的总结，卜辞中的验辞即为此，长期以往，遂有人将占卜之学进行归纳整理，而成为《易》书。《周易》是周代的占卜书，相传为文王或周公所作。学者考定，该书写于周初当是确定无疑的。孔子从 40 多岁就开始学《易》。“读《易》，韦编三绝。曰：‘假我数年，若是，我于《易》则彬彬矣。’”（《史记·孔子世家》）孔子整理《易》的方法和其他典籍不同，主要是进行解释。今本《易》，实际上包含经传两部分。经有卦及六十四卦的卦辞和三百八十四爻辞。传又称十翼，包括彖辞、象辞、系辞（三辞皆分上下篇）、文言、序卦、杂卦。十翼是对经的注释和论述。司马迁说：“孔子晚而喜《易》，序《彖》、《系》、《象》、《说卦》、《文言》。”认定十翼为孔子所作。马王堆出土帛书《周易》中有一篇《要》，专门记述孔子与学生有关《周易》谈话的内容。可见，孔子不仅喜《易》，研究《易》，而且整理《易》，向学生讲授《易》。《周易》经过十翼的阐发，就不限于为占筮之用，而是跨进了哲学著作的领域，成为一切道理的根本。今文学家以《易》为六经之首，《汉书·艺文志》称《易》为“六艺之原”，都是讲《易》阐述了哲学的道理，所以在各种学问中是最为重要的。

书 又称《尚书》。《易·系辞》说：“河出图，雒出书，圣人则之。”就是说，《尚书》中的篇章很早就存在了。现在看来，《尚书》中的篇章基本上是三代政治文献档案材料。孔子提倡“仁政”、“德治”，要从古代君主治绩中寻找根据，于是他来到周王室洛邑。观书于周室，得到虞、夏、商、周四代的典籍，总数达3240篇。他“讨论坟典，断自唐虞以下讫于周，芟夷烦乱，翦截浮辞，举其宏纲，撮其机要，足以垂世立教”（《尚书序》）的典谟训告誓命等文章共100篇，编成了《尚书》。孔子编定《尚书》要达到“恢弘至道，示人主以轨范”的目的。从考古材料来看，虞为原始社会末期，夏的文字材料至今没有发现，所以《尚书》中所谓的《虞书》、《夏书》当为后人追述。在编定《尚书》时，孔子也认识到了这一点。司马迁讲：孔子“序《尚书》则略无年月，或颇有，然多阙不可录。故疑则传疑，盖其慎也。”（《史记·三代世表序》）。这种实事求是的态度，是文献整理工作者所应有的基本态度。

诗 与乐互为表里的是《诗》。周代的诗，按作品的性质和乐调不同，分为风、雅、颂三类。风是民间歌谣。雅是贵族应酬歌曲，又分大雅和小雅。大雅音调比较沉厚，小雅音调比较轻快。颂是宗庙祭祀所用的乐章，音调节奏迟缓板滞，“一唱三叹”（《荀子·乐论》）。周王室有专门的采风之官，以了解民情，作为施政的参考。所以本来诗很多，但多为散篇。孔子认为诗很重要，说：“小子何莫学夫诗？诗，可以兴，可以观，可以群，可以怨。迩之事父，远之事君，多识于鸟兽草木之名。”（《论语·阳货》）这是说，通过学诗，可以提高智才，搞好人际关系，表达思想情感，奉事好父母和国君。孔子一共搜集到3000多篇诗，他“去其重，取可施于礼义，上采契、后稷，中述殷、周之盛，至幽、厉之缺，始于衽席。故曰：《关雎》之乱，以为风始，《鹿鸣》为小雅始；《文王》为大雅始；《清庙》为颂始。三百五篇，孔子皆弦歌之，以求合韶、武、雅、颂之音，礼乐自此可得而述。以备王道，成六艺”（《史记·孔子世家》）。司马迁的这段话，讲了孔子整理《诗》的方法，取舍原则，目的，各部分首篇以及整理以后所余的篇数。历代学者亦有否认孔子删《诗》之事。但是《左传》等书中屡有《诗》中不收的用诗，既然经过2000多年尚有散佚之诗保存，可见孔子删诗之说是不宜否定的。孔子整理的《诗》是我国古代第一部诗歌总集，是我们考证两周人先祖的颂诗，更可以看成如《伊利亚特》、《奥德赛》一般的中国最早的韵文史诗。

礼 指《士礼》，就是《仪礼》。其内容是古代士大夫应该掌握的冠、昏、饮、射、聘、觐、丧葬、祭祀的各种礼仪。司马迁在《史记·儒林列传》中说："《礼》固自孔子时，而其经不具。"对这句话可以理解为"礼崩"之义，亦可以理解为礼本来就没有形诸文字。孔子非常重礼，他把礼看成了实现天下归仁的重要措施。据《孔子世家》载，孔子在儿童时代，就喜欢"陈俎豆设礼容，""年少好礼"。成年后，更注意随时身体力行，所以孟懿子与南宫敬叔都曾向孔子学礼。30岁时，孔子到周，向老子问礼。夹谷之会时，孔子又曾作为鲁定公的相礼者。在陈蔡之间，孔子终于对仪礼有了全面的掌握。他说："夏礼吾能言之，杞不足徵也。殷礼吾能言之，宋不足徵也。足，则吾能徵之矣。"观殷、夏所损益，曰："后虽百世可知也，以一文一质。周监于二代，郁郁乎文哉，吾从周。"（《史记·孔子世家》）。孔子用礼来教育学生，并对社会广泛传播。《礼记·杂记下》记载："恤由之丧，哀公使孺悲之孔子学士丧礼，《士丧礼》于是书。"《士丧礼》是《仪礼》中的一篇，由之可见孔子从搜集、传播到著录《礼》的过程。当时的人对孔子繁缛的礼节有反感。如《晏子春秋》卷八中说："今孔丘盛声乐以侈世，饰统歌舞以聚徒，繁登降之礼，趋翔之节以观众，博学不可以仪世，劳思不可以补民，兼寿不能殚其教，当年不能究其礼。"但是，在古代，礼却是统治阶级维持其等级制度的重要工具。孔子整理著录对华夏之为礼义之邦是有其贡献的。

乐 即音乐，就是古代的歌曲，这对古代交往、祭礼是不少或缺的。"诗言志，歌咏言。"孔子十分重视音乐对了解世俗人情，陶冶情操，引导人们归向仁义的作用。他说："人而不仁如乐何？"又说："季氏八佾舞于庭，是可忍也，孰不可忍也？"（《论语·八佾》）为此，他用了很大的力量搜集研究音乐。在齐国，他听到大虞尽善的韶乐，沉醉于其中，竟“三月不知肉味”（《论语·述而》）。他曾向师襄子学习奏琴，习其曲，得其数，习其志，得其为人，终于究其深旨。他“自卫返鲁，然后乐正，《雅》、《颂》各得其所”（《史记·孔子世家》）。他深有体会地告诉鲁太师说：“乐其可知也：始作，翕如也；从之，纯如也，皦如也，绎如也，以成。”（《论语·八佾》）孔子把乐作为教育学生的功课。但是乐是否有书，古人颇有争论。《后汉书·徐防传》载徐防上疏说：“《诗》《书》《礼》《乐》定自孔子。”沈约也说：原有《乐经》，而秦火之后残亡。（《隋书·音乐志》《四库全书总目》卷八十八《乐类序》）考证说：“考诸古籍，惟《礼记·经解》有乐教之文，伏生《尚书大传》引‘辟雍舟张’四语，亦谓之乐；然他书均不云有《乐经》。大抵乐之纲目具于《礼》，其歌词具于《诗》，其铿锵鼓舞则传在伶官。汉初制氏所记，盖其遗谱，非别有一经为圣人手定也。”此说似较有理。虽然《乐》本无书，但孔子对乐的搜集、研究与传播之功却是不可埋没的。

春秋 这是一部编年史。编年史体的发明在西周时期。到共和前后，楚、齐、燕、晋、蔡、陈、宋等诸侯都有了自己的史官，从而相继有了纪载本国历史大事编年史。这些史书一般称为《春秋》，也有的称为《乘》、《梼杌》。这种诸侯国史，数量很大，如墨子称“吾见百国《春秋》”（《隋书·李德林传》引）。史官们按年记载“诸侯之会，德刑礼义”（《左传》僖公七年），大体都是有记录无别裁。在各诸侯国的历史中，以鲁最为发达。早在封周公子伯禽于鲁时，就特许鲁有“祝、宗、卜、史、备物典策，官司彝器”（《左传》定公四年）。由于传统悠久，鲁国史的内容比它国更为丰富。《左传》昭公二年载，晋之韩宣子聘于鲁，“观书于太史氏，见《易》《象》与《鲁春秋》，曰‘周礼尽在鲁矣，吾乃今知周公之德与周之年以王也。’”孔子曾“使子夏等十四人求周史记，得百二十国宝书”（《公羊疏》引闵因说）。孔子自己也亲自到周王室去观看史书。终于以《鲁春秋》为基础，“约其辞文，去其烦重，以制义法，王道备，人事浃”（《史记·十二诸侯年表序》），而成《春秋》一书。时间上起鲁隐公元年（公元前 722 年），下迄鲁哀公十四年（公元前 481 年），共 242 年的编年史。孔子笔削《春秋》有自己严格的义例和原则。他“为《春秋》，笔则笔，削则削，子夏之徒不能赞一辞”（《史记·孔子世家》）。他笔削的原则是“据鲁亲周故殷运之三代”，即以记载鲁国的历史，体现尊奉和维护周王室的精神，总结三代历史发展的法则。在笔削《春秋》时，他为了“亲周”而注重褒贬和正名。“吴楚之君自称王，而《春秋》贬之曰‘子’。践土之会实召周天子，而《春秋》讳之曰‘天王狩于河阳’。推此类以绳当世贬损之义。后有王者，举而开之。《春秋》之义行，则天下乱臣贼子惧焉。”（《史记·孔子世家》）经过孔子的改造，《春秋》由一般殷鉴实录的史书，变成了寓褒贬存王道的惩恶劝善的工具。所以，孔子非常重视《春秋》，说：“知我者其惟《春秋》乎！罪我者其惟《春秋》乎！”（《孟子·滕文公下》）人们因《春秋》而称孔子为中国史学之祖。的确，从《春秋》以后，史书才有义例有别裁，成为史家经过头脑的再创造。当然，《春秋》文字过于简单，而且又讲为尊者亲者贤者讳，并不是完全可以效法的。

二、孔子对历史文献学的贡献

作为先驱者和创始人，孔子对中国历史文献学的贡献是多方面的。

1. 开创访求和整理文献之先河

孔子以前，学在官府，文献典籍都有官员专司其职。孔子为讲学而整理六经，于是他打破了官府对学术的垄断，把文献典籍引向民间；而整理六经的完成又标志私人著述的出现。因此，整理六经本身就具有多方面的历史开创意义，为了使六经成为有系统的内容，孔子进行了访求文献的工作。《礼记·礼运》有如下一段记载：

我欲观夏道，是故之杞而不足征也，吾得“夏时”焉。

> 我欲观殷道，是故之宋而不足征也，吾得“坤乾”焉。“坤乾”之义，“夏时”之等，吾以是观之。

这段话，可以与《论语·八佾》对照。孔子说：

> 夏礼，吾能言之，杞不足征也；殷礼，吾能言之，宋不足征也。文献不足故也，足，则吾能征之矣。

杞为夏之苗裔，宋为殷之后。故宋、杞二国保存了许多祖先的礼仪。孔子整理“礼”，就到杞、宋二国去调查、访求文献，但所得仍不完整，故有“不足征”的感叹。孔子在夏得到了“夏时”，在宋得到了“坤乾”两种文献。据郑玄注，所谓“夏时”，即关于夏四时的书，今《大戴礼》有《夏小正》，是历书。“坤乾”是关于阴阳的书，在汉时存有《归藏》，但今已亡佚，无从查考。今存《夏小正》是否为夏时之书，还需考究。但这些记载，说明了孔子开创调查搜求文献的工作。

2. 创立了一系列整理历史文献的方法

孔子对于六经文献不同的状态，采取了不同的整理方法。条列如下：

（1）删繁编次，条理分类。《书》、《诗》篇章众多，零乱杂陈，孔子删除芜杂，去其重复，然后加以分类编次。《书》按虞、夏、商、周时代编次；《诗》按风、雅、颂分类，风又按15国风分类。《论语·子罕》记载孔子的话说：“吾自卫反鲁，然后乐正，《雅》、《颂》各得其所。”古代的诗是谱曲歌唱的，经过孔子的整理，诗的《雅》、《颂》得以区分，乐曲的归类也得以条理。

（2）鉴别考证，校勘文字。文献在流传过程中，文字和内容必然存在各种各样的问题，进行整理，就要解决这些问题，这就是辨伪与校勘。例如《春秋》昭公十二年有“齐高偃帅师纳北燕伯于阳”一句。《公羊传》写道：“伯于阳者何？公子阳生也。子曰：‘我乃知之矣。’在侧者曰：‘子苟知之，何以不革？’曰：‘如尔所不知何，《春秋》之信史也！’”对“子曰”句，何休解为："子，谓孔子。乃，乃是岁也，时孔子年二十三，具知其事。后作《春秋》，按史记，知'公'误为'伯'，'子'误为'于'，'阳'在，'生'刊灭阙。"原来，孔子笔削《鲁春秋》时，曾对其原文进行了逐字逐句的校勘，校到昭公十二年的这一句时，发现史文有误，其"伯于阳"是"公子阳生"之讹。昭公十二年时，孔子已经23岁，曾亲历其事，故知其误。"伯"与"公"是同类致误，"于"与"子"是形近致讹，"生"字是抄写脱去。孔子知道这里文字的错误，所以讲给学生听，但遵照"疑以传疑"的原则，他并没有改动史文。《大戴礼记》、《吕氏春秋》等书记载许多孔子辨伪的故事，如"黄帝生三百年"，"夔一足"，"丁氏穿井得一人"等。《论语·述而》记载孔子言："盖有不知而作之者，我无是也。多闻，择其善者而从之；多见而识之；知之次也。"多闻、多见而"择其善"，显然包含了考证辨伪的萌芽，以及校勘的实际工作。

（3）创立笔法，注释文献。已有成书却缺乏别裁的典籍，如《春秋》，孔子则用严格的义例去进行笔削，为之注入了灵魂，使这部流水账的记述资料变成了高水平的历史著作。对于内容深奥难懂的文献，如《易》，孔子用释义阐述的方法作《十翼》，解释《易经》。

（4）注重实践，演练归纳。对于《礼》、《乐》非文字记录的文献，孔子采取深入研究，进行实践演练，然后整理成文字文献。"礼"与人的活动配合演练，"乐"与诗配合演练，从而体会归纳条理成文字文献，以成《礼》、《乐》两书。

（5）评介讲授，传播文献。《论语》中记载了许多孔子论诗的语录，如《为政》载："《诗》三百，一言以蔽之，曰"'思无邪'。"《阳货》载："《诗》可以兴，可以观，可以群，可以怨。迩之事父，远之事君，多识于鸟兽草木之名。"《八佾》载："《关雎》乐而不淫，哀而不伤。"这些都是孔子在讲授、传播文献。至于《书》、《诗》中的大序与小序，则是著述成文的指导性说明文字，具有辨章学术的因素。刘歆《七略》有大小序，考辨学术源流。毫无疑问，《诗》、《书》的大小序，开其先河。

3. 孔子对于文献整理的态度，为后人树立了榜样

孔子对文献整理的态度，概括起来主要有三个方面：

（1）重人事不宣扬鬼神。孔子的时代，科学不发达，鬼神观在社会上影响很大。孔子对鬼神却抱着“敬而远之”的态度。他“不语怪力乱神”（《论语·述而》），就是说不否认其存在，亦不加以宣扬。占筮本来是很神秘的事，从来的统治者都将之附会于天意。孔子整理《周易》，则从哲学上去发掘其奥秘。原来推测未来用的是哲学的方法。这就基本排除了占筮的神秘色彩。史书不能不记灾异，《春秋》虽有不少灾异记录，从中却看不出鬼神的影响，实际上是自然科学史的珍贵资料。

（2）不主观武断，谨慎处理校勘成果。前述《春秋》“伯于阳”乃“公子阳生”之误，孔子知其误而不轻易改动，这一谨慎处理校勘成果的范例，成为后世校勘学经典性的原则。

孔子强调“知之为知之，不知为不知”（《论语·为政》），“毋意，毋必，毋固，毋我”（《论语·子罕》），这些求实求是的原则，可以说是整理历史文献的基本素养和不刊之论。

（3）整理文献注重社会效益。孔子整理文献典籍有着明确的目的，但总的方面来说，是要以之调整人际关系，提高人们的道德水平，达到挽救世风，安定社会的目的。《礼记·经解》有如下一段记载：

> 入其国，其教可知也：其为人也，温柔敦厚，《诗》教也；疏通知远，《书》教也；广博易良，《乐》教也；絜静精微，《易》教也；恭俭庄敬，《礼》教也；属辞比事，《春秋》教也。

可见，孔子每选编一经，都有其目的和教育重点。把它串解出来就是：整理《诗》、《乐》以陶冶感情，调和上下关系；整理《尚书》博古通今，以为帝王准则；整理《易》探讨各种社会历史问题与精微的哲学根源；整理《礼》以为士大夫行为规范；整理《春秋》借文辞以褒贬人事，使乱臣贼子惧。正由于此，孔子

整理的这一套文献，到汉以后成为中国封建社会官定的正统思想文献，尊为经典，影响了中国社会几千年。

三、战国诸子与文献学

战国时期的社会大变动，各国重视引进人才，形成了百家争鸣的学术繁荣景象。诸子百家相互争辨，聚徒讲学，著书立说，形成了百家学说和丰富的诸子文献。诸子继承和发展了孔子整理文献典籍的优良传统。使文献典籍的整理呈现出新的面貌。诸子对文献学的贡献主要有四个方面。

1. 传释经典是文献典籍整理的大宗

流传至今的《春秋》三传就产生于这一时期。三传从史实和义理上诠释《春秋》，固然是孔子及其后学讲学内容的记录，但却对以后古籍注解的方法有深远影响。此外，子夏对《诗》和《丧服》的传释，韩非对《老子》内容的解析如《解老》、《喻老》等，都属于这一范畴。

2. 整理和续写、抄集旧籍以成新的著述

《竹书纪年》是魏国史官整理夏商以来帝王事迹续写魏国史事的作品。《国语》据传是左丘明整理各国记语之书而成的国别史。《穆天子传》是民间所流传周穆王故事的文字整理。《世本》是前代帝王诸侯卿大夫谱牒的汇编。《师春》则是有关预言、谥法等资料的抄集。

3. 萌芽了考据辨伪学

最典型的文献记载是孟子对图书的态度。《孟子·尽心下》说："尽信《书》，则不如无《书》。吾于《武成》，取二三策而已矣。仁人无敌于天下，以至仁伐至不仁，而何其血之流杵也?"孟轲是战国时的儒学大师，他直接怀疑儒家基本典籍《尚书》有不可信的成分，用逻辑推理证明《武成》记载不实。《韩非子·显学》、《荀子·非十二子》的批判锋芒，已从理论上触及了真伪问题。韩非在《显学》中说："孔子、墨子俱道尧舜，而取舍不同，皆自谓真尧舜。尧舜不复生，将谁使定儒墨之诚乎?"诚就是真，不诚就是伪。韩非提出了用“参验”的办法“定儒墨之诚”，这就是明确的辨伪，已不是就事论事的枝节考订了。所以我们说，在诸子学说中萌芽了考据辨伪学。

4. 萌芽了文献分类学

诸子百家争鸣，本是混沌的局面，故称百家。但是《庄子·天下篇》条理九家学说，《荀子·非十二子篇》列举十二家，《韩非子·显学篇》将主要的显学儒家和墨家分别界说，又将两家学说内部，析儒为八，析墨为三。西汉司马谈归并战国诸子为六家，即儒、墨、名、法、阴阳、道。学派区分孕育了文献整理的学术分类，这是很明显的。如果没有战国诸子到司马谈的学派分家的理论，不可能凭空冒出刘歆《七略》诸子九流十家的学术分类。

以上论述说明，在春秋战国时期，有孔子整理六经发端于前，有诸子学说争鸣于后，历史文献受到重视，得到普及。孔子整理六经的实际成果，并在整理过程中形成了系列的方法，加上战国诸子的解经、注经、考据、分类，标志着中国古典文献学已在先秦产生，并得到了初步的发展和丰富。

第二节　中国文献学的形成——两汉时期

如果说先秦是中国文献学的开创时期，那么，两汉时期的文献学发展，正式形成为一门学科，积累了一整套整理历史文献的方法。

【概况】两汉文献学的发展，有三个阶段。秦始皇焚书坑儒，使中国的文献典籍遭受第一次厄运，蒙受沉重的损失。尤其是一度发展的诸侯“史记”，以及商周史官所记历史档案，差不多被焚毁殆尽，导致史学危机，发生断层，在《七略》中无大类史学分部。但是秦朝作为一个统一的中央朝廷，仍然有一系列的文献工作。首先，秦设博士制度，专门负责收藏整理文献典籍，并以之备皇帝顾问应对。其次，秦人比较注意对现实各种档案文献的编辑整理。《汉书·艺文志》录有《奏事》二十篇，就是秦时大臣奏事和始皇巡行天下的刻石铭文的汇编。1975年湖北云梦睡虎地秦墓出土的《南郡守腾文书》、《为吏之道》及律文三种，也是这种性质的东西。刘邦入咸阳，萧何马上将秦官府收藏的户籍、律令、图籍等据之，“具知天下阸塞、户口多少强弱之处，民所疾苦者”（《史记·萧相国世家》），对汉统一天下起了重要作用。

汉兴，重视文治，汉惠帝三年（公元前192年）除挟书令，“大收篇籍，广开献书之路”，武帝“建藏书之策”，成帝又遣“谒者陈农求遗书于天下”（《汉书·艺文志》），采取多种措施，广泛搜求图书。到西汉后期，中秘藏书已达数万卷，为学者整理典籍提供了有利的条件。第一阶段是司马迁撰述《史记》，融汇百家学说于一编，在撰述过程中整理利用历史文献，推进了文献学的发展。有人认为《史记》本身就是文献整理的最高形式，即撰述。我们不敢苟同。文献学是文献整理之学，而不是文献撰述之学，两者不容混淆。但司马迁的文献学成就熔铸在《史记》之中，这是事实，应加以抉择阐微。第二阶段是西汉成帝时刘向、刘歆父子大规模整理图书，较正旧本，比勘文字，确定书名，编写叙录，总结出一套整理古代文献典籍的原则方法，产生了目录学、版本学、校勘学。这些成果的结晶，表现在他们编写的我国历史上第一部系统的图书分类目录《七略》中。东汉班固据《七略》撰《汉书·艺文志》，又开创了我国史志目录的先河。第三阶段是郑玄遍注群经，总结了两汉以来的经学注疏。两汉学者讲经，严格遵循师说家传，故而每种经典都有数家之说。各家纷纷设馆讲学，著书立说，阐述自家学说，从而出现了故、训、章句、注、笺等多种注书方法。最有成就的就是郑玄。他推开今古文之争的壁垒，杂取众家之长，对《易》、《诗》、《礼》、《论语》、《孝经》广加校勘注释，把训诂与阐发文意有机地结合起来奠定了古籍注释的模式，其著作流传甚广，影响很大。

西汉经学的发展、诠释、训诂、刊定正本等文献工作是这一时期文献学成就最高的综合表现形式，后代又称为汉学。西汉统治者大力提倡。第一，设立学官和博士弟子，从中央到地方形成了规模日益扩大的教育体系，东汉后期，单是中央太学就有太学生30000余人。博士弟子，主要是造就统治人材。同时也为整理和研究儒学经典聚集了力量，培养了专业人才。第二，统一经训。东汉章帝时的白虎观会议就是以政府力量带强制性的统一今古文学术分歧，全面解释儒学观点，以期于雅正，为汉政权服务。第三，校勘文字，整理经学定本。早在汉初，学者就纷纷用通行的隶书抄定经书。东汉灵帝时，更由蔡邕等人正定六经文字，刻熹平石经。这是古代第一个经过校刊并予以公布的六经定本。

一、司马迁创纪传体对古典文献学的开拓

前已述及，《史记》本身不是文献编纂，而是历史研究的撰述。但《史记》是一部会通的记叙历史书，它是在作者从事文献征集、考辨、目录等文献工作基础上写成的著作，并且综合引载了各种文献资料，从而在中国古典文献学的形成过程中大大发展和开拓了文献学的领域。如果说，历史文献学产生、形成的主要途径是整理历史文献；那么，司马迁的贡献则在于历史研究的撰述过程中开拓了文献学，这是值得大书一笔的。

司马迁对古文献学的开拓，可概括为以下四个方面。

1. 多种途径搜求史料，开拓了宏博的文献领域

司马迁在《太史公自序》中反复申说广求历史文献的观点，一则曰：“紬史记石室金匮之书”，再则曰：“网罗天下放失旧闻”，三则曰：“厥协六经异传，整齐百家杂语”。司马迁用多种途径搜求史料，载于《中记》中的资料，可以归纳为六个方面。

（1）阅读皇室所藏图书档案。

（2）金石、文物、图像及建筑。

（3）游历访问，实地调查。

（4）搜求诸侯史记和古代佚诗佚文。

（5）接触当事人或他人口述材料。

（6）采集歌谣诗赋，俚语俗谚。

2. 系统考辨文献，发凡编纂书法

古人著述，如何选取材料和组织材料，称之为“书法”，亦谓之“凡例”，“义例”。这些书法属于历史编纂学的范畴，其中包含文献，考辨原则，又属于文献整理工作。《史记》自成“一家之言”，有着严密的书法、义例，并形成了一整套文献考辨的原则，《史记》中也多处作了交待。计其大端者有下列六项。

（1）考信于六艺，折中于夫子。

（2）择其言尤雅者，总之不离古文者近是。

（3）纪异而说不书，所有怪物，余不敢言。

（4）非天下所以存亡，故不著，至于世传其书者，论其佚事。

（5）信以传信，疑以传疑，故两言之。

（6）厥协六经异传，整齐百家杂语。

上述《史记》编纂的书法、义例，包含系列的考辨原则，奠定了考据学的雏形。

3. 叙录太史公书，为目录学的创立奠定基础

《史记》不仅在传纪行文中著录系列的文献书目，载于太史公所见书 102 种，还写了考镜学术源流的《老子韩非列传》、《孟子荀卿列传》。最后叙录《史记》130 篇五体篇目之提要和篇名，题名《太史公自序》，实开目录分类学之先河。郑玄的《三礼目录》，作为一书的完整叙录，就是祖述司马迁的目录专书。

4. 首创古文今译

这一创制对后世有着极其深远的影响。

二、刘向、刘歆校理群籍

刘向（公元前 77—前 6 年），字子政，本名更生，后改名向。刘向为汉宗室，历仕宣、元、成，积官光禄大夫。刘向精通《谷梁传》，为汉名儒，学问渊博，著述宏富，撰有《尚书洪范五行传》、《三统历谱》、《五经要义》、《世说》、《列女传》、《列仙传》、《新序》、《说苑》等百余卷。刘歆，字子骏，建平元年改名秀，字颖叔，是刘向的第三子。他“少通《诗》、《书》，能属文”。成帝初为黄门郎，河平三年受诏与其父一起校中秘书，“讲六艺传记、诸子诗赋、数术方技、无所不究”。王莽篡汉建新朝，刘歆任国师，封嘉新公，为四辅之一，地皇四年（公元 23 年）昆阳之战，王莽军大败，刘歆等图谋兵劫王莽归汉，事泄，自杀，刘歆的著述有《尔雅注》、《三统历谱》等。

西汉收聚图书，到汉武帝时设置专门的书写官，对经书和诸子百家进行抄写，收藏于秘府，并由杨仆主持整理兵书，编成一部专科目录《兵录》。后又经过昭、宣、元、成四帝，图书愈积愈多。“百年之间，书积如丘山。故外有太常、太史、博士之藏，内有延阁、广内、秘室之府。”（《汉志·艺文志》如淳注引刘歆《七略》）。这些藏书大部分未经整理，没有统一编目，无法应用，其中有许多图籍简编断朽，错乱残缺，文字脱讹，如不加整理校勘，将再度散佚。古文经学未列学官，任其自生自灭，影响了儒学的发展。还有许多伪书，需要别择考辨。如此等等的原因，决定了有必要对国家所藏图书进行整理编目。而汉成帝本人则是一位“好经书”，“博览古今”的太平天子。所以，在河平三年（公元 26 年），汉成帝下令谒者陈农到各地搜求遗书。同时，将太常、太史、博士、延阁、广内、秘室藏书集中到一起，由光禄大夫刘向负责，组织一班专家进行校书编目的工作。《汉书·艺文志序》称：“诏光禄大夫刘向校经传诸子诗赋，步兵校尉任宏校兵书，太史令尹咸校数术，侍医李柱国校方技。每一书已，向辄条其篇目，撮其指意，录而奏之。”文中所云“录”就是叙录。据考证，参与校书的，除以上诸人之外，尚有杜参、班斿、房凤、王龚、苏竟、卜圭、富、望等人。公元前 6 年，刘向去世，汉哀帝下令刘歆继续此事业。两年以后，经过刘向、刘歆父子 20 多年的努力，终于圆满地完成了中国历史上第一次由政府组织的大规模图书整理编目工作；经过整理的图书 33090 卷，收藏于天禄阁、石渠阁，建立了第一个国家图书馆；刘歆还写出了我国第一部系统的图书目录——《七略》。这三个第一说明，刘向、刘歆父子的这一工作在中国历史文献史上有极重大的意义。

研究刘向校书的程序和方法，主要依据是遗存下来的几篇叙录。《全汉文》卷37收了《战国策》、《管子》、《晏子》、《荀卿子》、《韩非子》、《列子》、《邓析子》、《关尹子》、《子华子》、《说苑》等十种。从《汉书》和颜注中还可以找到一些，当然其中可能有后人伪造的东西杂入，但全部疑为伪品是没有根据的。

叙录从形式上讲是给皇帝的奏书，其内容大体有五个方面：一是著录书名、篇目。二是叙述校勘经过。三是介绍作者事迹。四是归纳内容、性质，评论思想或史实是非。五是剖析学术源流确定书的价值。这些书录不仅为我们了解该书的情况提供了资料，而且是研究刘向校理群籍的原始资料。这些书录还为后世作书目提要提供了典范。至于其中的辨伪内容，更是倍受后代学者赞誉。

刘向校理群籍的工作，包括对书籍本身的整理和编定目录两个方面，共有六个步骤，亦即程序和方法。

（1）广搜图书，兼备众本。校书必须对同一书有多种本子，方可比勘。刘氏父子校书，第一项工作就是广泛搜集图书，并多备异本。搜集图书的办法大体有四：一是将各官府藏书全都聚集到一起。二是由皇帝派陈农为使者，再一次到民间搜集遗书。三是利用整理者个人的藏书。四是向学者、同僚征求个人著述和藏本。比如校雠《管子》有五种本子，校《晏子》有四种，校《关尹子》有三种本子。

（2）审理篇目，去其重复。由于汉以前古籍为简策书，一般是单篇传抄，本来篇章差异就很大。有的经秦火以后篇章多有残缺，于是同是一书，往往篇目不尽相同。刘氏父子对书籍的整理，首先就是对所有书籍的篇章进行条理，去其重复。比如《管子》的五种本子加起来总计有564篇，他们将其中重复的484篇，定为86篇。再如《晏子》内外之书共有30篇830章，重复的有22篇638章，审定为8篇215章。有许多书，本为散篇流传，他们就搜集一起，经过考订，剔除伪托，定其篇目，合为一书。

（3）纠理错简，校雠文字。根据选定的篇目对其文句进行校定，刘向等人采取了两种方法，即校和雠。他说："雠校：一人读书，校其上下，得谬误为校；一人持本，一人读书，若怨家相对，故曰雠也。”（《文选·魏都赋》注）如果某书只有一种本子，由一个人校对上下，找出错误。如果有几种本子，就先选出一本作底本（“本”）和另外几种副本相校（都称“书”）。这时就由两人进行工作，一人持副本，只管读，另一人持底本，只管校，凡有文字不同之处，互相比对，异文脱句一一记下，加以订正。经过校雠，发现和订正了许多古籍中的脱讹误衍。如刘向校《易经》，以中秘古经为底本，用欧阳、大小夏侯三家经文雠校，发现三家经文《酒浩》有一处脱简，《召诰》有二处脱简，脱 25 五字或 22 字，文字不同处有 700 多，有的脱数十字者。再如校《晏子》，发现中秘本中，以“夭”为“芳”又为“备”，“先”为“牛”，“章”为“长”等，都加以改正。经过校雠，古籍中文字的错误大大减少。

（4）勘定书名，誊清新本。当时古籍同书异名很多，有的书名经长期流传出现讹误，因此，书名的勘定，也是一项必不可少的工作。例如《战国策》一书，本有《国策》、《国事》、《短长》、《事语》、《长书》、《修书》等名称，刘向根据内容皆为游士辅佐所用之国为之策谋这一特点，定名为《战国策》。

在完成以上工作之后，将定本缮写在经过杀青处理的洁白竹简上，一书的整理工作即告完成。所谓杀青，就是削去竹简青皮，再加火炙干去汗，这样处理后，简不生蛀虫，可以永久保存。

（5）撰写叙录，厘定部局。《七略》将图书分为 6 个大类（略），38 种，603 家，共 13219 卷。

（6）条序源流，录成专书。《七略》首为《辑略》，为全书叙录，即总序，概括说明六略 38 种大小类目的意义和学术源流，阐述六略的相互关系和六略书籍的用途。另外每略每种都有大序和小序，也是讲该略、种的学术源流、类别含义等，对学者有很大的指导意义。

《七略》分类的目录编制是经过刘歆完成的。刘向只对每书写了叙录，这原是为了向皇帝呈奏而写的内容提要。刘向集众录以成一书，称《别录》。刘歆改造《别录》，厘定部类，条述源流，从而创制了正式的目录专书《七略》。这就是刘氏父子的目录之学。

三、班固创史志目录

《别录》和《七略》在唐宋以后失传，今赖班固《汉书·艺文志》得知其梗概。班固改编的内容如下。

(1) 调整结构，说明源流。《七略》首为《辑略》，为全书总序，班固分散在每略每种之后，说明每略的分类，以及每种的源流和师承，增强了学术价值。

(2) 调整部居，以明分类。分类是著录文献的最基本工作。班固审定《七略》图书分类，并用“出”、“入"、“省”来说明调整的内容。出，指移出；入，指增人。例如《军礼司马法》百五十五篇，《七略》本著录在“兵·权谋”类，班固移出，入于“六艺·礼”类。省，是删重复。

(3) 详列篇章，注记特征。班固著录文献，按“略—种—家—卷（篇)”的次序详列分类图书数目，以及每书的篇、卷，构成了细密而又系统的著录，不仅增强了学术性，而且对于文献原有面貌和存佚情况有重要意义。班固对特殊的图书，提要钩玄，注记特征。如杂家《荆柯论》五篇，注云：“轲为燕刺秦王，不成而死，司马相如等论之。”又如《古论语》二十篇，著录云：“出孔子壁中，两《子张》。”

(4) 注存佚，辨伪书。注存佚，对于考察文献的流传及现状意义重大。如《小学类》、《史籍》十五篇，注云：“周宣王太史作大，篆十五篇，建武时亡六篇矣。”班固还很注意辨伪，如“《文字》九篇。老子弟子，与孔子并时，而称周平王问，似依托也”。

四、郑玄遍注群经

两汉学术自汉武帝“罢黜百家，独尊儒术”以后，儒家经书成为各种文献中最重要的文献。西汉末刘歆校书，在中秘藏书中发现了《周礼》、《左传》等古文经，并为之争立学官。东汉一代，今古文经并行，并展开了旷日持久的斗争。今文经学重义理，不免曲学阿世，沦为政治附庸。古文经学重历史和典章制度，内容丰富，发展迅速，出现了贾逵、马融、许慎等古文经学大家。今古文之争，各有家法和师承，一方面形成对立的学术政治派别，各守门户；另一方面，竞争促进了对经学的研究和整理。随时间推移，今古文在斗争中相互吸收，日趋同一，亟须打破学派壁垒，总结 200 年经学文献的研究成果，于是郑玄应运而生。

郑玄（127—200），字康成，北海高密人，精通今古两家之学，并熟悉纬书，善长历算，一生著述宏富。他除遍注群经外，还有《天文七政论》、《鲁礼禘祫义》、《六艺论》、《毛诗谱》、《驳许慎五经异义》、《答临孝存周礼难》等，总计达百余万言，被称为汉代文献学的集大成者，后人名之为“郑学”。

郑玄所注群经，据清人严可均统计，有《周易注》9 卷，《尚书注》9 卷，《尚书大传注》3 卷，《毛诗笺》20 卷，《毛诗谱》3 卷，《周礼注》12 卷，《仪礼注》17 卷，《仪礼音》2 卷，《丧服经传注》1 卷，《丧服谱注》1 卷，《礼记注》20 卷，《孝经注》1 卷，《论语注》10 卷又 9 卷，《古文论语注》10 卷，《易纬注》9 卷，《尚书纬注》6 卷等。

郑注打破古今门户之见，以古文为主，融会今文，其功力之大，成绩之著，远远超出前人和他的同时代学者。通行本《十三经注疏》中，《毛诗》、《三礼》均郑玄注。关于郑玄校书与注书的特点，分述于下。

1. 郑玄校书

特点有四。

（1）兼备众本，择善而从。汉代今古文经，文字多有不同，郑玄注释经文，兼采各本，以勘对文字异同为先，每每指出各本文字之异，择善而从。

（2）注明错简，指出误字。郑玄对于经文的错简，便在注中说明，而不擅自移换。遇到经文中有误字，也不妄加改动，只在注中言“某当为某”。这对保持古文献的真实性，防止误改，很有意义。例如《毛诗·豳风·东山》：“不可畏也，伊可怀也。”郑笺：“伊当作緊。緊，是也。”指出伊是緊的借字，其原文应为緊。

（3）改易通假，以释经文。郑注中将通假字改为本字，使经文易于理解。如《周礼·春官·占梦》中“乃舍萌于四方，以赠恶梦”。郑注：“杜子春读萌为明。或云，其字当为明。明谓驱疫也，谓岁竟逐疫置四方。书亦或为明。玄谓，舍读为释，舍萌犹释采也。古书释采，释奠多作舍字。萌，菜始生也。赠，送也。欲以新善去故恶。”

（4）考辨经文，审定真伪。在注经中，发现经文可疑，即予以考定。如《礼记正义·月令》引郑《目录》云：“名曰月令者，以其记十二月政之所行也，本《吕氏春秋》十二月纪之首章也。以礼家好事抄合之，后人因题之名曰《礼记》，言周公所作，其中官名时事多不合周法。"

2. 郑玄注书

以今存《毛诗郑笺》、《三礼郑注》考之，有其鲜明的特点，主要谈两点：

（1）旁征博引，言必有据。郑注以诠释词语，考辨典制名物为主。郑玄博古通今，故注经总是旁征博引，参酌前人诂训，会通之后断以己意。如《诗·楚茨》“以往蒸尝”，郑注云：“冬祭曰蒸，秋祭曰尝。”此注引自《礼记·祭统》篇。又如《诗·小星》“抱衾与裯”，郑注云：“裯，床帐也。”毛传原为：“裯，禅被也。”郑玄认为，古无名被为裯的，而今人谓帐为裯，故据以修正毛传。对于典章名物，郑以古证今，用“古者”二字标出。如《礼记·檀弓上》“子硕欲以赙布之余具祭器”条，郑玄对布的注释云：“古者谓钱为泉布，所以通布货财。”

（2）善长音训，依音求义。音训不创于郑玄而大成于郑玄。汉字是形、音、义三要素的合一，语义的表示有赖于音。而语言的音义因时间空间的变化而发生转义，因母语孳生而出分化，这两者的变化可依双声叠韵或同部类音转而循其轨迹。郑注音训，运用自如，并创造了一整套术语来分别其殊。有“读若”、“读如”、“读曰”、“读为”、“当为”、“当读如”、“读为”等。

五、汉儒对古典历史文献学的贡献

这里着重概括刘向、刘歆、郑玄对文献学的贡献，主要有三个方面。第一，刘氏父子校理群籍，郑玄遍注群经，为古代学术传播，古籍普及流传，作出了重大的贡献。章炳麟在《检论·订孔》一文中说：“书布天下，功由仲尼；其后独有刘歆而已。微孔子则学皆在官，民不知古，乃无定臬。然自秦皇以后，书复不布。汉兴，虽除挟书之禁，建元以还，百家尽黜，民间唯有五经、《论语》，犹非师授不能得；自余竟无传者。东平王求《史记》于汉廷，桓谭假《庄子》于班嗣，明其得书之难也。向、歆理校雠之事，书既杀青，复可移写，而书贾亦赁鬻焉。故后汉之初，王充游洛阳，书肆已见有卖书者。其后邠卿章句之儒，而见《周官》；康成草莱之氓，而窥《史记》，是则书之传者广矣”。第二，刘氏父子创造了系统的古籍整理方法，包括版本学、校勘学、辨伪学、考据学的产生；刘氏父子又审理图书部居，撰写叙录，编成《别录》、《七略》，创造了中国古典目录学。刘氏父子的成就，对当时学术发展有很大的推动作用，对后世校雠学的发展更具有深远意义。班固改编《七略》创史志目录，是刘氏目录学的分支和发展。第三，郑玄注经，一方面开拓了一系列校勘准则，发展了校勘学；另一方面兼取今古文两家之长注书，把训诂、考据与释义理很好地结合起来，成为注经的典范。郑玄不仅是著名经学家，而且是著名文献学家。他发展了训诂学与文字音韵学，使之为整理注疏文献服务，把两汉经学和注释学推向顶峰，在中国经学史和文献学史上都占有重要的地位。

中国古典文献学由孔子开创，经两汉学者的努力，建立了一系列的部居图书、整理古籍、注疏经学的学科，包括目录版本校勘学、文字音韵训诂学、考据辨伪学、文献注释学、历史编纂学等。至此，古典文献学正式形成。

第三节　中国文献学的发展——魏晋至宋元

【概说】魏晋至宋元，时间跨度大，上下 1000 年，是中国封建社会的中期，经历 15 次改朝换代，古籍图书多次蒙受兵火浩劫；同时在历史进程中，学术文化又有很大的发展。中国古典文献学在这一时期有着长足的发展，大段落可以分为三个时期，一为魏晋六朝时期；二为隋唐时期；三为五代宋元时期，这三个时期，文献学都呈上升发展之势，各有新内容和特色。当然，其间有停滞，但总趋势是递进的发展。

一、魏晋南北朝时期

这是一个分裂动荡的时期，历程 360 年。少数民族入主中原，由于政权更迭频繁，统治者为争正统而注重学术，由于战乱，思想界突破了儒家经学的罗网，学术思想比较活跃，还有私人修书风气的盛行和纸的广泛应用，使这一时期的文献典籍整理却异乎寻常地发展起来，文献学进入了成长阶段。

1. 图书目录大发展

从魏郑默开始，学者编纂了许多种国家藏书总目，文献著录分类六分法走向四分法。

2. 古籍的注释经史并重，出现了许多总结前贤高水平的“集解”、“集注”、“义疏”

这一时期又是史注发展的高峰，它有别于训解式经注的突出特点是补阙和考辨式的备列异说和史实考辨，发展起来史考学。而蜀谯周的《古史考》，引据经典百家来考订《史记》的先秦史实，揭开了我国学术界古史考辨的序幕。另外，还产生了自注体，如司马彪的《续汉书》就有自注。这一时期的史学名注有韦昭《国语解》、杜预《左传注》、徐广《史记音义》、裴骃《史记集解》、裴松之《三国志注》、郦道元《水经注》等，都是流传至今的佳作。

3. 对出土古佚书的整理

公元279年晋汲郡古墓发现竹简数十车，学者进行了中国历史第一次古代佚书的整理，共得《竹书纪年》、《穆天子传》、《师春》、《琐语》等古佚书75篇，是古籍整理史上的一个重大事件。

4. 类书和文集的大量编写

类书和文集的大量编定。类书的编撰，是对古籍内容分类抄集的综合性整理。曹魏初期的《皇览》开创了类书体例，后继者甚夥，而且卷帙动辄数百。中国最早的文集应推《诗经》、《楚辞》。但编定作者个人专集则始于六朝，如《陶渊明集》、《诸葛亮集》、《庾开府集》等。而《昭明文选》则是当时编成的现存最早的一部古代文章总集。

5. 学术评论专著的勃兴

学术评论是对前人著作的高层次研究。六朝时期涉及各学科的高水平评论专著很多，其中以刘勰的《文心雕龙》最为著名。

二、隋唐时期

隋唐盛世把中国文献学推入兴盛时期。隋代虽然短祚，但对文献典籍的搜集和整理却很有成绩。隋代经重价搜求，官府藏书达200余万卷。政府重视书籍的挑选、补缺、抄副和收藏，曾经编成《大业正御书》，内收图书精品37000余卷，缮写50套，分藏两京各宫、省、官府。这事实上是我国古代综合性丛书的第一次编选。隋代学者根据国家藏书，编成多种综合书目和专科书目，佛经目录尤甚。在书籍的校勘整理中，考定真伪，摒弃伪书；统一声韵，音释经史；考证群言，勘定文字；训诂经史，阐述文义；编纂类书，以广其用。出现了王劭《读书记》这样的考辨校勘之书，陆法言《切韵》这样的音韵学专著，以及虞世南《北堂书钞》这样的高质量类书。唐代大一统造成的盛唐气象，更把文献学推向兴盛，主要成绩有五个方面。

1. 唐刊经书文学并编纂九经正义把经学推向高峰

唐代刊正经书文字，并完成九经正义的文献工作，集两汉六朝以来经学注疏之大成。从唐初太宗开始，就组织学者校勘经书文字，代宗大历间曾经勘正，刊于论堂之壁。元和间再予壁书，雠校已精。其后颜传经撰《五经文字》、唐玄宗撰《九经字样》，对经书文字详加刊正。文宗开成间在国子监讲堂两廊创立石九经，使经书文字最后刊正而垂范后世。

中国封建社会的选举制度至隋有一大改革，废九品中正制而行科举，唐代因之。科举考试以儒家经书为基础。随着科举的制度化，这就需要由国家颁定经过校正和实用的经注读本，这就是唐代编纂《九经正义》的政治目的和现实需要。在学术上，汉魏时代的传注训诂已使一般学子感到生疏古奥，若不加注释也难于理解。这就是注上加注，六朝时已为之，谓之疏。由于六朝南北分裂，儒学多门，章句繁琐，也需要统一，隋代已开其先声，只是王朝短祚，未能成就。这一工作留给统一的唐王朝，那也就是十分自然的事。

贞观四年（公元 630 年），唐太宗就因“经籍去圣久远，文字多讹（《旧唐书·儒林传序》)，而诏令颜师古考定五经；又因“儒学多门，章句繁杂”，而诏令国子祭酒孔颖达与诸儒撰定五经义疏。孔颖达（574—653），字冲远，冀州衡水（今河北衡水西）人，隋炀帝时为博士，入唐为国子祭酒，深受唐太宗信任，故委以五经义疏总纂。助其事者有当时著名学者颜师古、于志宁、王德韶、朱子奢、贾公彦、杨士勋、司马才章等数十人，经十余年努力，终于在贞观十六年（公元 642 年）成《尚书正义》20 卷，《春秋正义》37 卷，《周易正义》16 卷，《毛诗正义》40 卷，《礼记正义》70 卷，总共 180 卷，合称《五经正义》，于永徽四年（公元 653 年）颁行天下，每年明经依此考试。《五经正义》加上贾公彦的《仪礼注疏》50 卷、《周礼注疏》42 卷，徐彦的《春秋公羊传注疏》28 卷，杨士勋的《春秋穀梁传注疏》20 卷，合称《九经正义》。唐玄宗时又完成了《孝经注疏》。

《九经正义》总结汉隋间经学成果，再次强调了儒学的独尊地位，在文献学史上有重要意义。颜师古等人校正文字，孔颖达等人统一经注，各尽所长，合力以成其业。所谓“追颜师古

《五经定本》出，而后经典无异文；孔冲远《五经正义》出，而后经书无异说”（齐佩瑢《训诂学概论》）。经学经过这次总结，传统汉学达于鼎盛，儒学要发展，只有另辟蹊径。于是从唐朝的啖助、陆淳等开始，以己意解经，开启了儒学的宋学体系的诞生。

汉魏六朝，对经书词语的解释有多种名称，如训、诂、传、说、注、解、笺、章句、集解等。唐初所撰九经的注解，官修的称为正义，私修的称之为疏。以名称本身，说明了这种注解并不在于发明新说，而是要以一家之说为主，逐字逐句逐章讲解古书，从而纠正和统一前人的义疏，向全社会推出标准的系列经学读本。清人皮锡瑞指出：“夫汉帝称制临决，尚未定为全书；博士分门授徒，亦非止一家数；以经学论，未有统一若此之大且久者。此经学之又一变也。”（《经学历史·七、经学统一时代》）

孔颖达等《五经正义》各经皆选定一种前人传注为主。其《周易》尊魏王弼、韩康伯注，《尚书》尊汉孔安国注，《毛诗》《礼记》尊汉郑玄注，《春秋左传》尊晋杜预注，其他诸家皆置不取，这在当时来讲，无疑是最佳的选择。因为郑注二经和杜预《左传集解》确实是古来最佳的经注。至于《易经》，本来难解，王弼所注，本属清言，而江南诸家义疏又辞尚虚玄，义多浮诞，则选用王注，实所难免。孔颖达误将伪古文《尚书》及伪孔传选为定本，至有“朱紫无别，真赝莫分”之讥，这不过是大醇小疵。

《九经正义》，注不驳经，疏不破注，专宗一家，不取异义。但并非完全因循旧注，从训诂学上来说，自有其创造之处。以对经文传注的注释为例，就有倒文、婉文、变文、异文、互文、便文、连言、协句、逆言、文势、对文诸说，从语法、修辞、属文和注训等方面进行总结，使读者对古代文献的认识更为理性化。所谓倒文，有语法之倒、叶韵而倒、成语之倒。如《葛覃》：“施于中谷”，《传》：“中谷，谷中。”《正义》：“倒其言者，古人之语皆然，《诗》文多此类也。”所谓婉文，指为了文章的委婉而为文。如《七月》：“七月在野，八月在宇，九月在户，十月蟋蟀入我床下。”《笺》：“自七月在野至十月入我床下，皆谓蟋蟀也。”《正义》：“以入我床下是自外而入，在野在宇在户，从远而至于近，故知皆谓蟋蟀也。退蟋蟀之文在之下者，从人之床下非虫所当入，故以虫名附十月之下，所以婉其文也。”所谓变文，是指行文变化。如《桃夭》：“宜其室家”，二章作“宜其家室”，三章作“宜其家人”。《笺》：“家人犹室家也。”《正义》：“以异章而变文耳，故云家人犹室家也。”所谓异文，指用辞的不同，如《定于方中》：“作于楚宫”，“作于楚室”，《正义》：“别言宫室，异其文耳。”所谓互文，是指不同说法为同一概念。如《旄丘》：“何其处也？必有与也？”“何其久也？必有以也。”《正义》：“言‘与’与言‘以’者互文，以者自己于彼之辞，与者从彼于我之称。”所谓便文，是指省便的用辞。如《出车》：“设此旐矣，建彼旄矣。”《正义》：“言此旐彼旄者，凡两事一言彼一言此，便文耳。于彼新田，于此菑亩，皆此类也。”所谓连言，是指顺带言及。如《宾之初筵》：“弓矢斯张”。《正义》：“弓可言张，而并言矢者，矢配弓之物，连言之耳。”所谓协句，是指为文字和谐而成此文。如《谷风》：“我躬不阅，遑恤我后？”《笺》：“我身尚不能自容，何暇忧我后所生子孙也？”《正义》：“以此妇人去夫，故知忧所生之子孙也。时未必有孙，言之协句耳。”所谓逆言，是指为了某种原因而将前后事倒说，如《礼记·文王世子》：“其登馂献受爵”，《正义》：“以《特牲》言之，则先受爵而后献，献而后餕，今此经先云餕者，以餕为重，举重者从后以向先逆言之，故云其登餕献受爵也。”所谓文势，是从文章气势来解注文何以如此。如《周易》：“言天下之至赜而不可乱也。”韩注本“至赜”作“至动”。《正义》：“以文势上下言之，宜云至动而不可乱也。”所谓对文，是指用文字意义的对应进行解释。如《尚书·顾命》：“一人冕执刘，立于东堂；一人冕执钺，立于西堂。”《传》：“刘，钺属。”《正义》：“刘，钺属者，以刘与钺相对，故言属，以似之而别，又不知何以为异。”

总之，唐代编纂《九经正义》，对于保证汉至隋这一时期的经学成果，为后代提供儒家典籍的标准定本，作出了贡献，是中国文献学史上的一件盛事，值得大书一笔的。

2. 正史注解兴起

唐代所注正史数量多质量高。为《史记》作注的就有 14 家，最著名者为司马贞、张守节；为《汉书》作注的有 15 家，最著名的是颜师古；为《后汉书》作注的有李贤；为《晋书》作注的有高希峤等。学者在注释史书的同时还对史书内容进行考订，为后人读史提供了方便。

3. 创立政书

唐人编纂了如《艺文类聚》、《初学记》、《白氏六帖》等很有影响的类书，但从体例上讲，已没有什么创新。而政书则是唐人的创造。所谓政书，是分门别类记述典章文物制度沿革的专书。刘秩《政典》创此体例。杜佑《通典》采集前人著作中的典制内容，分为九门，汇编成书，完善了通纪列代的典志体政书体例。苏冕的《唐会要》，则开创了专详一朝一代各种典制的会要体政书体例。历代继作政书者颇多，成为史籍之大宗，也是一种关于古籍内容的综合性整理。

4. 萌芽辨伪学

流传古籍中有伪托之作，不将伪书辨明，就真伪混杂，影响古籍的使用。在《五经正义》中已对《竹书纪年》、《国语》、《世本》、《管子》、《孔子家语》等书有所怀疑和议论。啖助、赵匡等更攻驳三传，考三家得失，以为《左传》非丘明所作（陆淳《春秋啖赵集传纂例卷一》）。柳宗元断定《鹖冠子》、《亢仓子》、《鬼谷子》、《列子》是伪书。韩愈识古书之正伪，也很有成绩。刘知几《史通》是一部史学评论的专著，但其中《疑古》、《惑经》等篇，罗列大量证据，批评《尚书》、《春秋》、《论语》、《孟子》等对于古史的妄测虚增，矛盾错谬，指出五经和上古之书真伪不分，对后人很有启发。

5. 佛经的大量翻译

隋文帝时就大力提倡佛教，组织僧人译经。唐代，中外文化交流更盛，佛经大量传入，译经工作有更大的成绩。玄奘西行，取回大量佛经，然后专门从事翻译，译成经论 75 部，1335 卷。

高宗时，义净取经回国后，又译成经论 61 部，239 卷。佛经的翻译整理，不仅促进了佛学的发展，而且对中国文献学的内容方法有了新的开拓。

三、五代宋元时期

这一时期，中国文献学在广度和深度上比唐代又有发展，主要是两宋时期，成绩有以下八个方面。

1. 大量校勘印刷经史书籍

印刷术产生于初唐，但到五代以后，才普遍运用于经史书籍的刊刻上。五代时，经冯道奏请，国子监雕印九经。宋代刻书，分官刻、家刻、坊刻三个系统。英宗治平二年（公元 1065 年）完成了十二经的刊刻。而从公元 994 年到 1093 年又雕印了三史、《三国志》、《晋书》、《隋书》、《通鉴》、《唐律疏义》等史部书。此外，字书、医书、科技书、文集等都有刊刻，数量巨大，对古籍的保存和流传作用很大，也给学者研读提供了方便，故而公私藏书大量增加。为了刊印，学者努力于经史的校勘。官校史书工程浩大，方法进步，都选请专家从事此项工作。著名学者杜镐、陈尧佐、宋祁、曾巩、刘攽、范祖禹等都曾从事校书工作，并著有一些校史专书。在此基础上，郑樵《通志·校雠略》，对如何搜集储备资料，校勘史料提出了许多可贵的方法和意见，是第一部校雠学专门著述。

2. 辨伪学成为时尚

宋人疑古之风很盛，辨伪不墨守成规，能别出心裁地判断是非，虽难免疑古过甚，却不少精到的见解。欧阳修、王安石、苏轼、司马光都在辨伪上做出成绩，南宋朱熹更对《古文尚书》、《周礼》和先秦诸子提出了许多疑问，叶适、陈振孙、王应麟、黄震等也都提出不少书的作伪之迹。

3. 考史的勃兴

司马光在撰写《资治通鉴》的同时，博引 350 多种记载，对书中所述史实加以考证，说明去取原因，成《资治通鉴考异》，是学者对自己所写史著中的史实进行历史考证的第一部专书。吴缜的《新唐书纠谬》、《五代史记纂误》，吴仁杰的《两汉刊误补遗》，则是对他人史著中文字上的错误、事实上的伪谬、记载上的遗漏、文句上的含糊等进行详细考证和论述的专书。王应麟《困学纪闻》则杂考经史，水平很高。

4. 编纂大部头的类书、政书

宋代编纂大部头的类书、政书卷帙空前。宋代官修类书《太平御览》、《太平广记》、《文苑英华》、《册府元龟》各1000卷。私撰的类书如王应麟《玉海》、祝穆《事文类聚》、高承《事物纪原》等亦很著名。宋代所编政书有郑樵《通志》，王溥《唐会要》、《五代会要》，徐天麟《两汉会要》，李攸《宋朝事实》，李心传《建炎以来朝野杂记》，官修《宋会要》等。

5. 金石学的兴起为历史文献的整理开创了新途径

宋人对殷周彝器、石刻、泉布、简牍、陶器大量搜集、整理、鉴定、考释、著录，并用来考订历史记载。欧阳修《集古录》、吕大临《考古图》、王黼《宣和博古图》、赵明诚《金石录》、薛尚功《历代钟鼎彝器款识法帖》、洪遵《泉志》、郑文宝《玉玺记》等是宋代重要的金石学著述。

6. 目录学繁荣

宋代目录书，官修最著名的是《崇文总目》凡60卷。郑樵《通志·艺文略》创十二分类法，并对目录编撰方法进行了一系列理论探讨，对后代的目录编纂很有影响。宋代开创学者编写个人藏书目录之例。著名的如晁公武《郡斋读书志》、尤袤《遂初堂书目》、陈振孙《直斋书录解题》等。

7. 辑佚学发端

古书的辑佚工作，由宋代学者开其端，王应麟辑《三家诗》深受章学诚推崇。郑樵《通志·校雠略》总结辑佚的途径与方法，至今有指导意义。

8. 创立纪事本末史体

纪事本末史体的创立，为改编旧史利于阅读打开了新的门径。

辽、金和元代的文献学自然不如宋代气象博大，但却是少数民族文献的崛起时期。第一，以少数民族文字著述了许多历史文献，如女真文《祖宗实录》、蒙古文《蒙古秘史》等。第二，将汉文书籍译为其民族文字。如金人就将《尚书》、《春秋》、《左传》、《史记》、《汉书》、《新唐书》、《贞观政要》等翻译成女真文字颁行，供统治者阅读。蒙古入主中原的元朝，仍以传统的汉文化治国，文献工作仍有成绩。可称述者，其一，元人刻书之风较盛。由于元代刻书多由书院主持，故精于校雠，刊刻精美。其二，政书和文编书较有成绩。马端临《文献通考》，张玮《大金集礼》、《元经世大典》、《元典章》是著名的政书。苏天爵《元文类》、赵天麟《太平金镜策》是著名的文编。其三，史书注释，产生了胡三省的《资治通鉴音注》这一佳作。

四、唐宋诸儒对中国文献学的贡献

唐宋诸儒只评介唐陆德明和宋郑樵两人。

1. 唐文献学家陆德明

陆德明（约 550—630），名元朗，以字行，苏州吴（今江苏吴县）人。隋炀帝时，官秘书学士，迁国子助教。入唐，任国子博士。陆德明博学宏识，他经毕生精力广搜两汉魏晋六朝音训，考证各本异同，写成集汉魏以来音训大成的《经典释文》30 卷。全书音释以儒家典籍为主，有 12 种，计有《周易》、《毛诗》、《周礼》、《仪礼》、《礼记》、《春秋左传》、《公羊传》、《谷梁传》、《孝经》、《论语》、《尔雅》；当时人们认为《老子》、《庄子》为道家经典，《经典释文》包罗《老》《庄》，共音释 14 种书。陆氏在“自序”中自称此书：“研精六籍，采摭九流，搜访异同，校之《苍》《雅》。”因此是书是荟萃群言的精品，考释古代旧音的渊薮。《经典释文》还保存了许多古字异文，是古籍之功臣。张舜徽《中国文献学》评价陆氏此书义例，创造性地打破了过去音义书的体式，指出有下列四个方面的特点：

（1）经注兼明，摘字为音。陆氏所搜集的各家音义，既用以释经，亦用以释注。释经的墨书，释注的朱书，历经传钞，混而为一，流传下来的，都用墨书了。

（2）博征异说，存之音内。陆氏兼收并蓄旧音，留待后人稽考，给古代音韵保存了丰富资料。

（3）依时先后，次序群经。

（4）考镜源流，各为叙论。《经典释文》的“序录”乃全书的纲领，对所收 14 种书，有条不紊地加以介绍，加经传起源，传授本末，注家姓名，音义述造，源流清晰，对后学有很大的指导意义。

陆德明的文献工作，为唐代统一思想文化编纂九经正义，在学术上开了先声。陆德明撰述的《经典释文》，集两汉魏晋六朝音训之大成，为九经正义的编纂铺垫了道路。

2. 宋郑樵的文献学理论

郑樵（1104—1162），字渔仲，南宋兴化军莆田（今福建莆田县）人，著名的古代文献学家。他深居莆田西北的夹漈山（今称草堂山），读书讲学 30 年，时人称为夹漈先生。郑樵博览群书，自述“十年为经旨之学，三年为礼乐之学，五、六年为天文、地理、虫鱼草木之学，八、九年为讨论之学”。一生著述宏富，总数 9 类 84 种 1000 余卷。留传下来的只有《通志》、《夹漈遗稿》、《尔雅注》、《诗辨妄》、《六经奥论》等数种。《通志》是其主要著作，是一部“通百家之学”、“集天下之书为一书”的纪传体通史，全书 200 卷，约 600 万字。最有价值的部分是政书部分《二十略》，卷数为全书的 1/4，篇幅为全书的 1/7。郑樵的毕生心血，学术精虑，文献学成就，尽在《二十略》中，下面从求书、校释、目录三个方面略述郑樵的文献学理论。郑樵对文献学的贡献，主要保存在《校雠略》、《艺文略》中。

郑樵的求书八法 郑樵“三十年著书，十年访书”，总结了一套实践的经验。一曰即类以求。“凡星历之书，求之灵台郎，乐律之书，求之太常乐工；灵台所无，然后访民间之知星律者，太常所无，然后访民间之知音律者。”就是到专门人才那里去访求该学科的图书。二曰旁类以求。“凡性命道德之书，可以求之道家。小学文字之书，可以求之释氏。”就是从相近学科的人那里去访求某学科的图书。三曰因地以求。“《孟少主实录》，蜀中必有。《王审知传》，闽中必有。《零陵先贤传》，零陵必有。《茅山记》，必见于茅山观。”就是有关某一地的文献可到当地去寻求。四曰因家以求。“《钱氏庆系图》，可以求于忠懿王之家。《章氏家谱》，可求于申公之后。徐寅《文赋》，今蒲田有之，以其家在蒲田。”就是向作者家中或文献有关的人家访求该图书。五曰求之公。“礼仪之书，祠祀之书，官制之书，版图之书，今官府有不经兵火处，其书必有存者。”就是向官府访求有关典制地理的书。六曰求之私。“书不存于秘府，而出于民间者甚多。如漳州吴氏，其家甚卑，然一生文字间，至老不休，故所得之书，多蓬山所无者。”就是向私人藏书家借书。七曰因人以求。“乡人陈氏，尝为湖北监司，其家或有田氏一书。臣尝见其有荆州田氏目录。若迹其官守，知所由来，容或有焉。”就是因其人曾在某地为官，或许收藏有某地的文献，可以访求。八曰因代以求。“书之难求者，为其久远而不可迹了。若出近代人之手，何不可求之有?”就是近人著作易于访求（《通志·校雠略·求书之道有八论》）。此外，还提出求书过程应注意四点：其一，“书有亡者，有虽亡而不亡者，有不可以不求者，有不可求者。”书确已亡佚，固无法访求。但有的书虽称亡佚，却从他书中见其内容，此种书不可不求。其二，“古之书籍，有不足于前朝，而足于后世”。如《陶潜集》，梁时 5 卷，隋时 9 卷，至唐时为 20 卷，是因后人不断增补重编。其三，“古之书籍，有不出于当时，而出于后代者”。如汉萧何《律令》，不载于《汉书·艺文志》，却见于隋唐人著录。其四，“古之书籍，有上代所无，而出于今民间者”。如陆机《正训》，隋唐史志不收，而南宋时出于荆州田氏。根据这些见解，他提出政府“求书欲广，必遣官焉，然后山林薮泽，可以无遗”（《校雠略》）。

郑樵的校释理论　郑樵好校勘训诂之学，其著述虽亡，其方法理论存于“二十略”中。归纳为四个方面：

（1）校释文献，必须以古本为依据。郑樵认为，图书随着时代的嬗递和人事的变迁，数量愈多，内容愈繁，在刊印流传中，难免鲁鱼亥豕，而古本书籍“其辞质，其义古”，更可信赖为校释依据。这里，郑樵正式从理论上阐明了一条校勘学的普遍原则。

（2）*校释文献如狱吏办案，必须认真对校。*郑樵说：“事无两造之词，则狱有偏听之惑”，“所传之书有异，故是非从此起”（《艺文略》经类第一）。就是说校勘要广搜异本，不偏听一方之词，不迷信一种版本，要在备异中考求真实。如《诗》有齐、鲁、韩三家，不必只从毛传。为此他作了《诗辨妄》以见其得失。《尚书》有今古文，他作了今古文对校，“考今文无妨于义者，从今；有妨于义者，从古”，以期“古今文义两不相违”。为此，郑樵写了《书考》与《书辨讹》两本校勘学专著。

（3）*校释文献，必须一专二久。*专，指专长，专家。郑樵十分赞赏《左传》杜注和《汉书》颜注。杜预精通天文律历地理名物，颜师古长训诂，他们的专长保证了注书质量。久，指任其事要持久，如刘向、刘歆之校书，颜师古之定五经，要毕生为之。

（4）*名物训诂必须与实际知识相结合。*郑樵注重实学，反对空谈的义理之学和雕饰的辞章之学。郑樵指出：“语言之理易推，名物之状难识。农圃之人识田野之物，而不达《诗》《书》之旨；儒生达《诗》《书》之旨，而不识田野之物。五方之名本殊，而物之形不一。”（《通志·总序》）因此校释历史文献的名物必与实际相映证，反对空疏，反对臆说。

郑樵的上述主张，是他身体力行实践的总结，大大丰富了校勘学的理论。

郑樵的目录学思想 郑樵认为，图书编目，首要之旨是分清类例。“类例分，则百家九流，各有条理”，图书再多，也不紊乱，即可久存。如何分清类例，郑樵提出了三点主张：一曰以类相从，即“一类之书，当集在一处，不可有所间也”。二曰依书分类，而不应“以书类人”，如皮日休文数十卷，当入总集类，文集 18 卷，当入别集类，以书类人，统列皮日休名下，则总集别集无别。三曰编次有序。“《隋志》每于一书而有数种学者，虽不标别，然亦有次第。如《春秋》三传，虽不分为三家，而有先后之列，先《左氏》，次《公羊》，次《谷梁》，次《国语》，可以次求类。”这是说同类图书的目录排列也应有一定的次序。通过类例的分解，郑樵辨章学术，考镜源流，以为其旁通一切“天下之大学术”的治学目标服务。他的《通志·艺文略》分为12大类，即经、礼、乐、小学、史、诸子、星数、五行、艺术、医方、类书、文。类之下分为家，家之下分为种。使书目错落有致，条理井然，更能适应学科门类增多和图书数量激增的实际，也是他目录学理论的实践。对于著录图书目录的范围，郑樵提出要通贯古今，兼记有无，略古详今，官私书目通载备录；重视收录金石、图谱。

总之，郑樵对文献的校勘、训释，图书的征集、整理，以及确定类例，辨伪订误，以及编次目录，考镜源流等一系列问题，都提出了一些很好的意见，进行了理论的总结，他的文献学理论，是中国历史文献学的宝贵财富。

第四节　中国古典文献学的高峰——明清时期

本书贯通讲述中国文献学，而本章本节标出“古典”二字，旨在说明传统文献学，伴随中国封建社会终始至清而极。明清时期，政治高压造成史学的衰落而带来文献学的繁荣，可以说是畸形的发展。“高峰”二字，主要指明清时期的古籍整理成就，特别是清代乾嘉考据学的成绩。古籍整理，明代编纂了最大的类书《永乐大典》，清代编纂了最大丛书《四库全书》。乾嘉考据学清理了中国古代的典籍，辨伪和精校了大量的古籍，为我们今天学习和研究中国古代历史带来了方便。清人的考据方法把古典实证文献工作推向了顶峰，也为我们积累了不少的经验。

【概说】明清两代，跨时六七个世纪，也是一个比较大的时代段落。明人学问空疏浅陋，颇受清人讥刺。明代的停滞，可以看作是清代学术高峰到来之前的一个孕育时期。尽管如此，明代的文献典籍整理亦有不少成绩。第一，明代出版事业发达，私家藏书之风甚盛。藏书家不惜以重金求购珍本，故古已失传之书颇有所出。且藏书家多手抄精校，用功极勤，使许多古籍恢复或接近原貌。第二，由于版本较多，便于比较，明代辨伪之学成绩很大。宋濂《诸子辨》是第一部辨伪专书，胡应麟《四部正讹》说明辨伪之重要，伪书的种类与由来，总结了辨伪的方法和工具，还考辨了 70 多种古籍，"辨伪学到此成为一种学问"（梁启超《古书真伪及其年代》第三章）。梅鷟《尚书考异》认定伪《古文尚书》25 篇出自皇甫谧，虽然结论错误，却开了后来辨伪的许多法门。第三，明修《永乐大典》是历史上最大的一部类书，内容极为丰富，许多古籍因之得以保存和流传。第四，焦竑的目录学，朱明镐的《史纠》，王世贞的明史考证，冯从吾的《元儒考略》，魏显国的《儒林全传》，都是各自领域中的佼佼者。第五，明人的辑佚也颇有成绩，如吴琯《古今逸史》，屠乔孙、项琳《十六国春秋》，孙枝《古微书》，都很有影响，只是体例不尽完善。

明清之际的巨变，引起学者的深沉反思。于是，在明末清初之际，一些有识之士就痛感明代空谈性理之学为非，从而提倡经世之学，注重考据实证，为清代的实学腾飞作了思想准备。康熙中叶至雍正、乾隆间，清政权得到巩固，于是腾出手来抓经济发展和文化控制。清廷一方面大兴文字狱，严厉镇压对明政权念念不忘的知识分子；另一方面又笼络收买一般知识分子，组织许多大型文化项目，提倡整理考订古典文献。许多知识分子扎进故纸堆，大搞训诂名物，专力从事三代秦汉文献和历代史书的整理与考订，形成了所谓乾嘉考据学派。惠栋、戴震、钱大昕、赵翼、王鸣盛是当时最杰出的考据学家。乾嘉及其以后的学者对古代文献典籍大都进行了考证整理，学术价值很高，给我们留下了珍贵而又丰富的遗产。其中仅以史部书来说，有通考诸史的，如钱大昕《二十一史考异》，王鸣盛《十七史商榷》，赵翼《廿二史劄记》，杭世骏《诸史然疑》等。有专辨一史的，如梁玉绳《史记志疑》，钱大昭《三国志辨疑》，汪辉祖《元史本证》等。在考据学的影响下，古籍的注解、校勘、版本、辑佚等都取得了前所未有的成绩。清儒经解作品收入《清经解》和《清经解续编》，就达700册之巨。此外洪亮吉《春秋左传诂》、刘宝楠《论语正义》、郝懿行《尔雅郭注义疏》等单行本都堪称佳注。清人训诂学的成就根植于文字音韵之学的发展。顾炎武《音学五书》奠定了古音学的基础。戴震《九经古义》等书以古音古义，一扫前人之误。踵起者以高邮王氏父子成绩最著，王念孙《广雅疏证》由音义校勘讹误，极为精审。其他如段玉裁《说文解字注》，阮元《经籍纂诂》，朱骏声《说文通训定声》，王引之《经传释词》都是小学佳著。校勘方面的代表是王念孙《读书杂志》，卢文弨《群书拾补》以及顾广圻、黄丕烈等。辨伪方面成绩突出的是姚际恒《古今伪书考》，阎若璩《古文尚书疏证》，崔述《考信录》等。版本之学，本用以来辨别真伪，钱大昕《竹汀日记》，黄丕烈《士礼居藏书题跋记》，顾广圻《思适斋集》，孙星衍《平津馆鉴藏书记》等，都以校勘而兼治版本学。当时，一般私人藏书家和书商都精于此道。清末叶德辉《书林清话》、江标《宋元本行格表》，使版本之学正式从传统校雠学中独立出来。辑佚工作本起于惠栋等人治经。雍、乾之际李绂、全祖望等发现《永乐大典》中保存了很多失传之古籍，遂从中抄出一些佚书。乾隆三十八年朱筠奏请开四库馆，从此馆臣勤于此道，从中辑出385种4926卷佚书。其中如《东观汉记》、《续资治通鉴长编》、《旧五代史》，以及后来徐松辑出的《宋会要》等，都是惊人的成绩。以后学者向更早的类书、义疏、史注中挖掘，努力辑出那些在史志中著录过而后来又失传的书。成绩最突出的有：严可均所辑《全上古三代秦汉三国六朝文》费时27年，全书达746卷；马国翰《玉函山房辑佚书》760卷；王谟《汉魏遗书抄》等。补遗工作，也是清代成绩最突出。订补正史表志，清人著述200余种，在《二十五史补编》中占90%。清代目录工作，最突出的是《四库全书总目提要》的编纂。但目录之为学，则章学诚的贡献很大，其《校雠通义》阐明图书资料、学术研究与目录的关系，提出目录学要“辩章学术、考镜源流”，阐述目录的编制方法、理论和观点，解决了图书著名的辅助方法——互著和别裁。该书体现了清代目录学方法和理论的最高成就。清人所编丛书、类书，康雍乾间的大型题目《古今图书集成》和《四库全书》两者的编纂是很值得一说的。《古今图书集成》本为陈梦雷纂集，后来由蒋廷锡等修订以铜活字刊印 64 四部，全书 1 万卷，总字数约 1 亿 6000 万。由于明《永乐大典》散佚，《古今图书集成》是现存分类最精、篇幅最巨的一部类书。《四库全书》的编纂与查禁销毁有反清内容图书的活动同时进行，共收图书 3400 余种，基本上包括了除戏曲、小说以外乾隆以前的重要著作。是现存最大的一部丛书。鸦片战争前后，在深重的民族危机面前，为了救亡图存，许多学者开始了边疆史地的研究，他们把文献考证和实际调查结合起来，风气一新。洪亮吉的《昆仑山释》、《西海释》，徐松的《汉书西域传补注》、《汉书地理志集释》，就是其中有代表性的作品。王先谦是这一时期校注旧史的杰出学者，其《汉书补注》、《后汉书集解》至今有益于学者。杨守敬的《水经注疏》也颇有水平。至于康有为的《孔子改制考》、《新学伪经考》等名为考史治经，实则给变法造舆论，从文献典籍研究整理的角度看，没有多大价值。

下面再着重介绍明清之际的西学东渐、清乾嘉考据学、清文献学家章学诚三目。

一、西学东渐

西学，指近代西方资产阶级科学文化；东渐，指传入中国所产生的影响。

1. 西学东渐丰富了中国文献学的内容

在中国历史上有三次中西方文化大交流，第一次是西汉张骞通西域，第二次是隋唐拓边西域，第三次是明清之际的西学东渐。前两次都是中华文明处于领先地位，可以说是东学西传。当时人们的地理知识、交通工具都有限制，东西交流限于中亚、欧非部分地区，交流内容也以物质为主。第三次中西交流，当中国明代中叶至清康熙末，正处于西方文艺复兴的后期，欧洲封建制度走向解体，资本主义迅速兴起之时，空想社会主义思想产生，西学处于领先地位。故学术界称第三次中西文化交流为西学东渐。

西学东渐始于明万历十一年（公元 1583 年）意大利传教士利玛窦来华。这时的西方传教士经过 16 世纪初德国马丁路德的宗教改革，具有新知识和新思想，有着较高的社会科学和自然科学修养。他们还带来西方技术和器物，如钟表、天文算术仪器、三棱镜、西洋乐器等。主观上他们是用西方科技知识为传教服务，客观上却向闭塞的中国介绍了许多闻所未闻的新知识，给中国文献增添了新内容，受到先进士大夫的欢迎。

利玛窦来华，先在肇庆、韶州等地立足，以后逐步向北发展，1601 年到北京，买通太监，向神宗献耶稣与圣母像，报时自鸣钟和《万国图册》，神宗对自鸣钟最感兴趣，于是下令给利玛窦四夷馆一个闲差，给予俸禄，又在宣武门内赐给住宅一区。不久，利玛窦就在宅旁筑教堂，开始了在北京内外的传教事业。同时，与朝臣徐光启、李之藻等切磋学问，讲授与翻译西方科技书籍，援引中国古代经典宣传耶稣会教义。1610 年利玛窦逝世。这年十一月初一发生日食，钦天监对日食发生的分秒和亏圆情况的预测又发生了差错。于是，传教士庞迪我、熊三拔等人被推荐参与历法的修订。随之，西方天文历法书籍得到翻译。从此，耶稣会士大批来华，虽有 1616 年的禁止传教，驱赶教士的诏令，也“迁延不行，所司亦不为督发”（《明史·外国传七·意大里亚》）。传教士后来又为明王朝监制火炮，纂修历法，颇受信用。清圣祖玄烨喜好西学，他多次召集比利时传教士南怀仁等人与之讨论历法，向德国传教士汤若望请教算学，向法国传教士张诚、白晋等学习几何学、天文学、地理学和生理解剖学等，并聘请他们教授天文、数学，编纂历法，测绘地图等。还多次派人到外国招聘科学家。中西文化荟萃，面貌一新。但是，罗马教皇格勒门罗对传教士容忍中国教徒既信教又拜孔子、拜天、拜祖先很反感，于 1704 年和 1720 年两次派使者来华，下令禁止，否则将其逐出教堂。康熙帝大怒，于是于 1720 年下令禁止天主教在中国流传，关闭了中西交流的大门。

2. 西学对中国文献学的影响

主要有三个方面。其一，传入了天主教神学和正统经院哲学，增加了中国书目中西方和神学的书籍。如意大利传教士利类思所译《超性学要》、葡萄牙传教士安文思所译《复活论》，就是直接从天主教正统哲学托马斯·阿奎那斯的《神学大全》中摘出的。其他如利玛窦《辨学遗牍》、郭居静《悔罪要记》、罗如望《天主圣教启蒙》、艾儒略《万物真原》、汤若望《主教缘起》、白多玛《圣教功要》、马若瑟《信经真解》等大量著述，都属于这一方面的内容。其二，介绍和传播了西方实用科学，以及地理、数学、天文等。据统计，传教士以中文著译的著作有 370 种左右，其中有关自然科学书达 120 种。天文历法方面，如葡萄牙传教士孟三德《长历补注解惑》，利玛窦的《乾坤体义》，法国传教士金尼阁《推历年瞻礼法》，瑞士传教士邓玉函《西洋历法新书》，日耳曼传教士汤若望《古今交食考》、《赤道南北两动星图》、《西历新法》，意大利传教士利类思《天学真诠》、《西历年月》等。数学和测量方面的，如利玛窦《几何原本》、《同文算指》，意大利传教士艾儒略《几何要法》、罗雅各《测量全义》《比例规解》、南怀仁《数理精蕴》等。地图地理学方面的，如利玛窦《万国舆图》，艾儒略《职方外纪》，南怀仁《坤舆全图》、《坤舆图说》，法国传教士雷孝思《皇朝舆地总图》等。机械制造方面的，如邓玉函《奇器图说》、南怀仁《神武图说》。农田水利方面的，如熊三拔《泰西水法》。其他学科的如利玛窦《西琴八曲》，葡萄牙传教士鲁德照《字考》，意大利传教士毕方济《画鉴》、邓玉函《人身说概》，葡萄牙传教士徐日升《律吕正义续编》、艾儒略《西学凡》、金尼阁《西儒耳目资》等五花八门。必须看到，这些传教士带来的，并不都是西方最先进的科学技术。但是，即使这些不太先进的东西，对中国人来说，也是全新的，有助于推动中国科学技术发展的。第三，推动了中国学者的科学著述。耶稣教士在中国接近官僚士大夫，发展教徒，明清之际，据统计已在 13 省 30 处建有教堂，中国信徒达 15 万人（公元

1650年)。通过与教士们的长期接触，许多学者思想触动很大，他们发现“坟典丘索之外别有秘笈”，慨叹“远西名士……著有象律舆图诸论，探原穷流，实千古以来未发之昌。俾我华宗学人终日戴天，今始知所以高；终日履地，今终知所以厚。昔人云，数术穷天地，制作侔造化，惟西土当无愧色耳”(毕拱辰《斐录答问序》)。他们认为，中国人并不比外国人笨，只是“吾东士之未尝究心也”(孔贞时《阳玛诺天问略小序》)。从而，许多有识之士在向西方学习的同时，开始了对中国科技的总结研究和著述。如大科学家徐光启，作为利玛窦的密友，他协助其翻译了《几何原本》等许多西方书籍，同时，自己参以《周髀算经》和《九章算术》，撰写《题测量法义》、《测量异同》、《勾股书》等。在向庞迪我、熊三拔等学习天文历法学以后，参照中国古籍，撰写《平浑图说》、《日晷图说》、《夜晷图说》、《简平仪说》、《崇祯历书》。在帮助熊三拔写出《泰西水法》以后，他总结中国农桑经验，写成《农政全书》等。其他，如李之藻所译克拉维的《实用算术纲要》，王征著作的《诸器图说》，方以智著作的《物理小识》，梅文鼎《历算全书》，王锡阐《晓庵新法》等都是使人耳目一新，在许多方面登上该学科高峰的科学著述。至于这次中西文化交流从思想深层对中国学术界的启蒙和影响，更为深远，而且难以用文字叙明。甚至可以说，中国历史文献学之所以在清乾嘉间达到高峰，也与明清之间西方人文主义学说的影响有一定关系。

二、古典历史文献学鼎盛的标志——清乾嘉考据学

清代乾隆、嘉庆年间，学术界考据之风盛行，学者以考据的方法，对古代的文献，进行通盘的分析整理，成就赫然，学术史上称为乾嘉考据学。中国传统方法治学，至此达于鼎盛，也是古典历史文献学的高峰。

【时代背景】清朝前期实行高压的文化专制主义，在康熙、雍正、乾隆三朝134年的统治中，所兴文字狱竟达103起之多。如庄廷鑨明史案、戴名世《南山集》案、吕留良案等，举世震

惊，每一案株连数百人。康、雍时期的文字狱只杀人不毁书。乾隆一朝的文字狱多达50起，既杀人，又毁书、禁书。另一方，乾隆修纂《四库全书》，笼络士人，诱导人们钻故纸堆。这就是刚柔相济的两手政策，迫使士人治学脱离现实。于是许多学者纷纷抛弃诗赋举子艺业，而致力于训诂名物的考订，使得考据之风逐渐取代了早年的“经世致用”的“奥学”，进而发展成为我国学术史上考据风行的乾嘉学派。乾嘉学者治学范围十分广泛，诸如历史、文学、语言、文字、音韵、训诂、辨伪、金石、碑刻、目录、版本、校勘等都取得了丰硕的成果。给后世留下了丰富的文化遗产，也极大地丰富了文献典籍的蕴藏量。

关于乾嘉考据学的形成原因，梁启超在《中国近三百年学术史》中有“清代学术变迁与政治的影响”一题，有论如下：“凡当主权者喜欢干涉人民思想的时代，学者的聪明才力，只有全部用去注释古典。欧洲罗马教皇权力最盛时就是这种现象，我国雍乾间也是一个例证。”这就是乾嘉考据学形成的政治原因。但是政治高压与学术高涨并不是成正比的，历史的逻辑倒是政治高压将扼杀学术的发展。例如，中国历史上的秦始皇焚书坑儒，隋文帝废学校，北宋蔡京禁书，南宋秦桧的文字之祸，明朱元璋的文字狱，都影响了学术的发展，何以清代文字狱倒压出了乾嘉学术高峰？如果只看到政治的一个因素，那将会导致真理越出界域而成谬误。乾嘉考据学的形成由多种因素造就。除上述政治原因外，还有以下四个因素：其一，明亡遗恨带来的学术反思，导致考据学的发展。明中期以后，国事日非，清人入主中原，更加引起有识之士的反思，于是产生了明末清初的顾炎武、黄宗羲、王夫之三大家，他们提倡“经世致用”之学，“凡文之不关于六经之指，当世之务者，一切不为”(《亭林文集·与某书二》)，倡导恢复汉学以反对宋明空疏之理学。从宏观历史主义来看问题，这是学术螺旋式发展的必然规律。汉代经学至唐而极，必另辟蹊径产生宋明理学；宋明理学走上空疏而极，而出现考据学。因为清人的汉学绝不可能是汉唐老路。又由于史学自南宋以后，在专制主义控制下日益沦落为“政治婢女”，曲笔回护统治者的丑恶行径，失去了实录的真实性。清初，痛感明亡的史家，为了总结历史经验而大治明史。大治明史，又在“经世致用”的学风下，自然要考证真实，恢复历史本来面目，从而推动了考据的发展。由明史入手而上溯历代正史及各种文献，于是考据学大行。其二，长江三角洲特殊的地理环境。在西学东渐的影响下产生复兴实学的新思想。因此，乾嘉学考据大师多产于江浙皖三省。长江三角洲，在明清之际，农业、城市手工业、商业都较发达，已有资本主义萌芽。明中叶以后西方传教士东来，就在这一地区发展。资本主义萌芽的民主色彩，西方科学传入的影响，不能不对该地士大夫产生影响。例如以治古史为务的钱大昕，在他的《十驾斋养新录》之卷十七中，关于“圆经周率”、“盖天”、“回回算术”等篇，就参考了传教士的天文、历算等新学差别。向达所译班兹史学史有如下一段论述可为佐证。西方人文主义史学的表现形式，不外两途：“一为恢复希腊、罗马史家之旧稿而校订之，一为撰述可信之史籍。而其搜寻新智、网罗新发见或传世之旧稿，比较而考订之，此不仅在史料上为重大之贡献，即利用古文书学及古文字学等辅助科学以为史学研究之臂助，盖亦发轫于斯时。”中西史学先后出现同样流派，足以发人深省。其三，明清出版事业的发展，尤其是江浙地区藏书家辈出，为考据学派的学术活动提供了丰富的材料。其四，清前期社会经济的迅速恢复和发展，给乾嘉学术活动准备了良好的物质条件。

1. 乾嘉学派的形成与发展

乾嘉考据学，又称汉学、朴学或乾嘉学派，本业是指研究经学、回溯和尊崇汉代经说的一派学者，后来扩展到史学等其他领域，并风靡全国。

清考据学发轫于明末遗民顾炎武、黄宗羲、王夫之三家的经世致用之学。其中，顾炎武的《日知录》引据浩繁而抵牾者少，首开一代考据之风。不过顾、黄、王三大家是“汉宋兼用”，还不是专力于考据的学者。稍后有阎若璩（1636—1704）、胡渭（1635—1714）者出，专力从事考据。他们对古书的考证精密而严谨，颇有发现。阎若璩著《古文尚书疏证》8 卷，从篇数、篇名、典章制度、历法、文字句读、地理沿革和古今行文异同等多方面进行考证，确证东晋梅颐所献《古文尚书》及孔传皆为伪作。胡渭作《洪范正论》、《易图明辨》论证和驳斥前人说经之谬，作《禹贡锥指》对其详加注释而申论之。他们的著述，使考据学得以发扬，实际上是乾嘉考据学的前驱。

到乾隆、嘉庆时代，由惠栋（1697—1758）正式开创了考据学派。他“博通经史，学有渊源”，“所得尤深，拟诸汉儒，当在何邵公、服子慎之间，马融、赵岐辈不得及也。”（钱大昕《潜研堂文集》卷39《惠先生传》）以他为代表的吴派，以信古为标志，提倡由古文的文字以求义理，尊信和固守汉儒的经说，被称为纯汉学。而以戴震（1723—1777）为代表的皖派，则注重于文字音韵和校勘训诂。他们重视三礼中名物制度的考证。从音韵、文字学入手，由此来判断和了解古书的内容与含义，对考据学有很大的发展，被称为考证学。此外、尚有以焦循、汪中为代表的扬州学派，以全祖望为代表的浙东学派，都对考据学作出了贡献。

随着儒学领域考证学的盛行，历史学也走向考据的道路，学者对于古史进行通盘的考订、改写、补作，撰修方志、谱牒，注释史书，成绩赫然。

这种风气，在乾嘉之间“几乎独占学界势力，虽以素崇宋学之清室帝王，尚且从风而靡，其他更不必说了。所以稍为时髦一点的阔官乃至富商大贾，都要附庸风雅，跟着这些大学者学几句考证的内行话”（《中国近三百年学术史》）。

嘉庆中叶以后，衰老的中国封建制度在内外交困中急速走向灭亡。深重的民族危机和社会矛盾使一些知识分子从埋头于古代文献的考据回到残酷的现实世界之中，学术风气亦为之一变，开始注意世界问题和边疆问题的研究，把考据转向实用，搞起新形势下的经世致用之学，考据学才日渐衰落。但是，乾嘉考据学的一些基本方法和积累的学术成就，在今天仍然起着重要的作用。

2. 乾嘉学派对文献学的贡献

乾嘉学派的学者数百，知名者也有60多人，他们以考证的方法对中国历史文献进行了全面的整理，成绩巨大。梁启超在

《中国近三百年学术史》中总结乾嘉学者的工作，共有13个主要方面，即经书的全部笺释，史料之搜补鉴别，辨伪书，辑佚书，校勘，文字训诂，音韵，算学，地理，金石，方志之编纂，类书之编纂，丛书之校刻。以下着重谈三个方面的贡献。

（1）对古籍的校注、辨伪和辑佚。校勘之学是乾嘉学者的特长。当时校注的经书、子书和史书数量很大。对经和传记，学者们逐句逐字爬梳，引申或改正旧解者不少，对难读的古书，都根据善本，或厘审字句，或推比章节，还它本来面目。大部分的研究结果，写成了笔记或专篇，后来有人就综合起来，作全书的校勘、释例或新注新疏。在这方面，王念孙、卢文弨、顾广圻、黄丕烈等成绩卓著。他们校勘的方法，大体有四种，一是两本对照，择善而从，二是根据本书或他书的旁证反证校正文句原始的讹误，三是发现著书人的原定体例以之来刊正全部通有的错误，四是根据别的资料校正原著的错误或遗漏。这些方法比宋明学者的校勘无疑要精细得多了。

辨伪方面，成绩最突出的是姚际恒和崔述。姚际恒作《古今伪书考》二卷，考证了伪书70种。崔述（1740—1816），字东壁，作《洙泗考信录》等考信五录，由对史籍的考证研究进而怀疑古史的真实性，指出经传和古史因人云亦云而致误者甚多。“大抵文人学士多好议论古人得失，而不考其事之虚实。余独谓虚实明而后得失或可不爽。故今为《考信录》，专以辨其虚实为先务，而论得失者次之，亦正本清源之意也。”（《考信录提要》卷上）顾颉刚先生称其为“科学的古史家”。清儒的辨伪，把许多伪书或年代错误之书以及许多人云亦云的伪事，都用严格的辨伪揭露出来，大半成为信谳，使我们在运用史料时可以少走许多弯路。

辑佚工作，开始于惠栋等人治经。雍乾之际，李绂、全祖望等从《永乐大典》中抄了一些古书。开四库馆时，更有组织地进行辑佚工作。此后，学者向更古发展，努力辑出那些在《汉书·艺文志》和《隋书·经籍志》中曾经著录而后佚失之书。其中最突出的，如严可均以27年时间所作《全上古三代秦汉三国六朝文》，辑录了3496位作者的佚文746卷。这些辑佚，使许多失传的古书恢复或部分恢复了原貌，为后学者提供了更多的文献资料。

（2）对旧史的改写、补作和考证。乾嘉学者对除《史记》、《汉书》、《后汉书》、《明史》以外的各部正史都有不同看法，故改作者不乏其人。其中比较著名的，如谢启昆《西魏书》、陈鳣《续唐书》，强调正统，并且注意材料的考证。不少学者有志于对《元史》的改作，较早的有邵远平《元史类编》，其后有钱大昕的《元史》艺文、氏族二志，又有汪辉祖《元史本证》等。有些学者续写《资治通鉴》和各朝纪事本末。毕沅《续资治通鉴》为其成功之作。

为纪传体正史补作表志成为时尚。万斯同作《历代史表》59卷，开了补史的先例。其后，钱大昕《后汉书补表》8卷、《补续汉书艺文志》1卷，洪亮吉《补三国疆域志》2卷、《十六国疆域志》16卷，钱大昕《唐书史臣表》1卷，陈芳绩《历代地理沿革表》47卷，杭世骏《历代艺文志》等，是其中之佼佼者。

对旧史内容和文字的考据，是乾嘉史家工作的主要内容。学者对于旧史文字上的错误，事实上的伪谬，记载上的遗漏，文句上的含糊等，都作详细的考证和论述。王鸣盛《十七史商榷》为正史"改讹文，补脱文，去衍文，又举其中典制事迹，诠解蒙滞，审核踳驳，以成是书"（《十七史商榷序》）。赵翼《廿二史劄记》，以史证史，注重综合分析，对诸史的作者、写作过程、史料来源、成书时间、体裁笔法进行了系统的考订分析。钱大昕《廿二史考异》经过细致缜密的审核，校订了诸史许多传抄与刊刻上的误讹，驳正了许多注释的舛谬，查出了不少史实的脱漏。

陈乃乾先生统计，历代为二十四史作注和补作表谱、进行考证的专书共616部，其中清人（主要为乾嘉学者）所作为448部，占72%，成绩显著。

3. 方志与谱牒的编纂

修撰方志与谱牒，是乾嘉学术的重要内容。

（1）方志。清代是我国古方志发展的鼎盛时代，在编修志书的规模，成书的数量，以及辑录旧志和方志理论的研究等方面都远远地超越前代。清廷曾多次下令各地修方志，乾嘉间许多学者积极参与了这一工作，从而修出了一大批质量很高的地方志书。比较著名的，如王昶《乾隆太仓州志》，钱大昕《乾隆鄞县志》，姚鼐《乾隆庐州府志》、《江宁府志》、《六安州志》，章学诚《嘉庆湖北通志》，李兆洛《嘉庆凤台县志》等。据统计，清人所修方志计 4655 种，76860 卷，占现存历代方志总数的 58%。为了编好方志，许多学者从理论上进行了探讨，尤以章学诚贡献最大。他撰写的《修志十议》等方志学论述，对地方志书的性质、源流、作用、体例和编纂方法等，提出了一套完整的看法，使方志学成为一项专门的学问。

（2）谱牒。清代谱牒学是魏晋六朝以后的又一个高潮。请人作谱，以年谱为多。据统计，清人所编年谱在 1136 部以上。这些年谱，又可分为自著年谱，师友先辈年谱和补作改作前人年谱。自著年谱比较有名的如钱大昕《竹汀居士年谱》、汪辉祖《病榻梦痕录》及《余录》。为师友先辈所作年谱，如李塨、王源合著《颜尽斋先生年谱》、董秉纯《全谢山年谱》、段玉裁《戴东原先生年谱》等。补作或改作前人年谱，如顾栋高《司马温公年谱》、蔡上翔《王荆公年谱》等。清人族谱、家谱工作、数量也很大。豪富之家往往礼聘学者为之修订家谱，而且每隔三五十年就续修一次。而学者个人多编订基本族谱牒。章学诚《高邮沈氏家谱》为谱牒之名作。

对乾嘉学派的评价，学术界褒贬不一，反差强烈。有人认为乾嘉考据学繁琐，雕虫小技，不足挂齿；也有人高度赞誉乾嘉考据的基本功力和求实学风，誉为中国古代历史文献研究的“珠穆朗玛峰”。客观地说，乾嘉考据学的繁琐是其短处，但它确实是传统史学研究微观方法的顶峰。乾嘉学派进行目录、版本、校勘、辨伪、辑佚、音韵、训诂等的一整套治学方法，集传统学术研究方法的大成，是值得总结和发扬的。

三、清文献学家章学诚

章学诚（1738—1801），字实斋，号少岩，浙江会稽（今绍兴）人。章学诚不热心功名举业，一生潦倒。他终生奔走，先后为朱筠和毕沅的幕客，代人编书、修志，自己著作，除《文史通义》、《校雠通义》、《古籍考》外，其他著述很零散，他的著述死后才陆续为人刊印。1921 年吴兴刘承干刻印的《章氏遗书》51 卷，是比较完整的文集。下面略述章氏的三部文献学论著。

《文史通义》　现有八卷、九卷两种版本，分内外篇两部分。1956 年古籍出版社排印本计内篇 6 卷 72 篇，外篇 3 卷 74 篇。又补遗 8 篇，补遗续 5 篇，总计 157 篇。内篇泛论文史，外篇专言方志。

《文史通义》是继《史通》之后又一部史学理论专著，也是一部文献学论著。章学诚独树一帜的史学理论要义有三。其一，提倡“经世致用”之学，他认为当时风行的“汉学”、“宋学”都不足取，只有史学之“义”才能经世致用，提出“六经皆史说”，很有教育意义。其二，提出“史德”说，发展了刘知几“史才三长”的理论。其三，在史学领域内强调“撰述”与“记注”的区别。在考据之风盛行的时代，章学诚的论说刮起了一股清新之风。章学诚不愧为浙东学派的殿军，他的新说有其进步意义。

《校雠通义三卷》　本书是章学诚在其所撰《和州志艺文志序例》的基础上分章分节，仿郑樵《通志·校雠略》，替三通馆代拟的稿子，原题为《续通志校雠略》。该书系统地探讨了校雠学的有关问题，表现出他在文献目录学方面的巨大成就。原书计 4 卷，即内篇 3 卷，外篇 1 卷。乾隆四十六年，他去河南途中遇盗，不仅行李遭劫，而且所有著作文稿也荡然无遗，其中就包括《校雠通义》。他只好将以前别人抄录的前 3 卷要回，稍加修订，而成此书，第 4 卷就永远遗失了。该书第一卷阐述了作者的目录学思想，第二卷是对《汉书·艺文志》的考证，第三卷分析《汉志》的得失。

《古籍考》　本书是章学诚编纂的一部大型目录工具书。由于规模宏大，章氏于50岁时投毕沅幕下，欲藉其力以撰此书。设局后，章氏主其事，袁钧、胡虔等为助手，经8年时间，完成全书的大部分。嘉庆元年（公元1796年）因失去毕沅支持而中辍。次年，借浙江巡抚谢启昆、学使阮元之力，在杭州继续编纂，晚岁精力，全耗于是书。该书从未刊刻，原稿去向亦不明。有人说原稿已为火毁，有人说流落在美国国会图书馆。从来的书籍目录，都是对现在之书加以著录考订。他的这部书，却“无论书之存亡，但有见于古今著录，或群书所称引，苟有名目著见，无不收录考次，博综贯串，勒为一家”（《史考释例》载《章氏遗书·补遗》）。全书共325卷，分12部57目，著录古今存亡著述，是章氏最重要的学术成就。

章学诚的文献学理论　可以概括为以下九个方面：第一，主张“学业将以经世”；第二，发扬“六经皆史”说；第三，强调“史德”；第四，区分撰述和记注；第五，反对著作体裁的墨守成规；第六，阐明了图书资料、学术研究与目录的关系；第七，提出目录学的任务是“辨章学术，考镜源流”；第八，系统地阐述了编制目录的方法；第九，主张编制索引。在乾嘉时代学者都集中力量从事考证之学的时候，章学诚却独树一帜，着重于从事文献理论的研究，自成一个宏伟的学术体系，是郑樵以后的一位大文献学家。章氏的文献学理论，对后世有重大影响。

第五节　近现代的文献工作与文献学——“五四”以来的新时期

【概说】中国近现代的文献工作与文献学发展，当起于“五四”新文化运动。从1919到1949年的30年为近代，1949年新中国成立以来为现代。

1919到1949年的30年是中国近代历史上政治动荡的时代，也是思想活跃的新时代，资产阶级和马克思主义两种思想体系、两种研究方法从西方传入中国，在古老神州大地上激发了“五四”新文化运动。新型历史文献不断涌现，报纸、期刊、文摘、统计、个人文集、回忆录、自传、年谱等，层出不穷，日新月异，研究方法更新，比如考据学有王国维的二重证据法，胡适的“大胆假设，小心求证”的实证方法，顾颉刚的层累式考证的方法等。马克思主义体系思想传入后，在唯物史观指导下的文献研究领域，繁琐堆砌资料的旧注体系为简明的白文新注体系所取代，这是当代古籍整理的一大特色。文物考古学的发展，打破了文献只限于文字资料的旧含义，文物及历史遗迹都可经研究整理转化为文字记录的特殊文献资料。现代印刷与现代技术载体文献的出现，更加开阔了人们的眼界。这一切都要求建立具有系统的科学的理论体系的现代中国历史文献学。近年来文献学的理论著述不断推出，有张舜徽的《中国文献学》、吴枫的《中国古典文献学》、王余光的《中国历史文献学》、洪湛侯《中国文献学新编》、张君炎的《中国文学文献学》、黄存勋等的《档案文献学》等。总之，方法的更新、眼界的扩大、理论的建设，是近现代文献工作与文献学发展的显著特色。

传统文献工作的主要形式为古籍整理。1919 至 1949 的 30 年，出版了许多有价值的古籍。上海商务印书馆，在张元济主持下影印《四库珍本》、《四部丛刊》及其续编、三编，《百纳本二十四史》，排印了《万有文库》和《丛书集成》，中华书局刊印《四部备要》，影印《古今图书集成》，开明书店出版《十三经》，《二十五史》及其《补编》，都是一些部头很大的书。其次，为了利用古籍、古籍书目与索引工作也取得很大成绩。书目如孙殿起《贩书偶记》、朱士嘉《中国地方志综录》，以及王重民等 85 人合编的《四库全书提要续编》等。姚名达、余嘉锡等在总结与阐述古代目录学方面作出了贡献。运用现代科学方法编制古籍索引始于 20 年代，形成所谓“索引运动”。当时王云五创四角号码检字法，洪业（煨莲）创中国字庋擷法，随之各种索引、引得纷纷编撰出版，给学者使用古籍以很大的方便。其中实用价值大的有叶圣陶《十三经索引》，开明书店《二十五史人名索引》，商务印书馆《十通索引》，哈佛燕京学社引得编纂处的 64 种古籍引得，中法汉学研究所的14种通检。第三，对一些古籍进行了整理注释。如范文澜《文心雕龙讲疏》，王国维、胡适对《水经注》的研究整理，丁福保《说文解字诂林》，汪原放校点《红楼梦》等旧小说，鲁迅《嵇康集》的校勘，闻一多的《楚辞校补》，许维通《吕氏春秋集释》和《管子校释》，顾颉刚整理和校点《崔东壁遗书》，陈垣《元典章校勘补释例》、《通鉴胡注表微》等。第四，是对新发现文献材料的著录与考证。对甲骨卜辞的著录与研究，主要是四堂（罗振玉号雪堂、董作宾号彦堂、王国维号观堂、郭沫若号鼎堂）。金文的著录与研究，主要是罗振玉、刘体智、容庚、郭沫若、商承祚。对汉简和敦煌文书的搜集、著录与研究，主要是王国维、陈垣、向达。对内阁大库、军机处档案与太平天国史料的发现与研究，主要有罗振玉、陈寅恪、陈垣、萧一山、王重民等。第五，考证与辨伪之学有所发展。王国维以甲骨金文证史，岑仲勉以碑证史，孟森的明清史事考证，陈垣的宗教史和元史考证，陈寅恪的诗史互证，吴晗的明史和《金瓶梅》考证都极有深度。辨伪学有王国维、梁启超、马叙伦、张心徵等对伪书的考辨；有胡适、顾颉刚和古史辨派对古史的辨伪。

新中国成立以来，党和政府十分重视整理和利用古代文化遗产为建设社会主义的新文化和精神文明服务。1950年5月24日，政务院制定了《关于古迹、珍贵文物、图书及稀有文物保护办法》，还颁布了《古代文化遗址及墓葬之调查发掘办法》。1958年2月，国务院科学规划委员会成立了以齐燕铭为首的古籍整理出版规划小组，并制定了古籍整理的规划。在这个规划的指导下，各级科研单位，大专院校，各学科的专家学者对古籍整理付出了辛勤的劳动，出版了系列的古籍整理成果。1959年北京大学中文系成立了古典文献专业，招收了第一届专业大学生，进行人才培养。1981年5—7月间，中央领导陈云同志曾两次对古籍出版问题，提出了重要意见。中共中央于9月发出了《关于整理我国古籍的指示》，即1981（37）号文件，指出整理出版古籍是“一项十分重要的关系到子孙后代的工作”，并说，这项工作“得搞上百年”。随后，国务院并重新组建了以李一氓同志为首的国务院古籍整理出版规划小组。1982年3月，在北京召开了古籍整理出版规划会议讨论和规划了1982至1990年的古籍整理出版规划，提出整理、影印、重印古籍2000余种的大型出版规划。其中有《全唐文》、《全宋文》、《全辽文》、《二十四史研究资料丛刊》，新编《诸子集成》，重印《丛书集成》、《道藏》、《佛藏》、《清实录》等大型丛书。国家每年拨出专款资助古籍的整理和出版工作。现在，全国有18家以出版古籍为主的专业出版社，每年出版古籍近千种。全国高等院校成立古籍整理研究机构有研究所、研究室七八十之多，加速加快人才培养和古籍整理。我们可以预计，在二十一世纪中，我国现代的古籍整理事业和历史文献检索将有辉煌的建树。

具体地说，在20世纪下半叶，即新中国成立以来的50年里，古籍整理与研究，经历了新生、繁荣、挫折、兴旺四个阶段。

从1949年10月到1957年底是第一阶段。当时，广大的知识分子面临着改造自我以适应新时代要求的任务，国家也忙于抓经济恢复和三大改造。这一时期的古籍的整理、研究和出版工作处于新生、零散和稳步发展的状态。8年中，共出版文史哲古籍，包括今人的有关研究专著和古籍工具书为495种。其中比较重要的，影印的有《十三经注疏》、《明经世文编》、《宋会要辑稿》等，点校的有《资治通鉴》，整理出版的有《二十五史补编》、《诸子集成》、各种《会要》、笔记、文集，以及杨树达、许维遹、范祥雍、王伯祥、郭沫若、陈垣等人的古籍整理和研究专著等。

从1958年成立古籍整理出版规划小组到1966年，是古籍整理研究的繁荣时期。为了有计划、有选择、有系统地整理出版我国古籍，制订了古籍整理的十年规划，计划包括重要古籍1450种，其中大部分项目在1966年“文化大革命”发生前已经完成或落实。据统计，这8年间，共出版古籍680种，而且质量也有很大提高。比如在历史书籍方面，组织专家分头进行二十四史的整理工作，到1966年为止，出版了前四史，影印了《永乐大典》、《全上古三代秦汉三国六朝文》、《唐大诏令集》、唐宋六大类书等卷帙很大的古籍，整理出版了几种史料笔记丛刊、资料丛书，以及岑仲勉、陈登原、周祖谟、王利器、杨伯峻等的古籍整理研究专著。

1966年6月到1976年的“文化大革命”，给古籍整理和文献研究造成了严重的挫折。其间，绝大多数的知识分子为运动所苦，根本没有条件从事学术工作。“文化大革命”头五年，全国没有出版一部古籍。在周恩来同志的直接干预下，1971年恢复了二十四史的点校工作，以后5年总共出版古籍73种。其中，除点校的二十四史19种以外，主要是配合“评法批儒”运动，出版了商鞅、晁错、王充、王安石、李贽、王夫之等“所谓的法家著作”，以及个别新出土竹帛书。

粉碎“四人帮”以后，古籍整理和文献研究工作逐渐恢复。在1977年至1981年的前5年中，就整理了许多古籍，出版361种。到1978年春，不仅出齐二十四史和《清史稿》，而且还出版了从《左传纪事本末》到《明史纪事本末》的诸纪事本末史书，以及许多新校新注的典籍。其中，最突出的是郭沫若主编的13巨册《甲骨文合集》，上海师大和华东师大点校的《续资治通鉴长编》，湖南岳麓书社的《走向世界丛书》和中华书局的诸史《人名索引》等。1981年陈云同志指示以后，古籍整理与出版迅猛发展。1982年至1986年，5年出版古籍约3500种。北京中华书局重印的古籍大型丛书有《古逸丛书》，《中外交通史籍重刊》，唐、宋、元、明、清、近代各代史料笔记丛刊，《宋人著录金文丛刊》，《殷周金文集成》，《中华大藏经》，《古小说丛刊》等。上海古籍出版社出版的系列古籍有《宋元笔记丛书》、《明清笔记丛书》、《清人别集丛刊》、《中国古典小说研究资料丛书》、《古戏曲丛书》、《瓜蒂庵藏明清掌故丛刊》等。各省文史专业出版社和地方出版社也有计划地出版古籍，如江苏广陵古籍出版社出版了《铜琴铁剑楼藏书目录》、《士礼居藏书题跋记》、《玉海》、《峭帆楼丛书》；山西人民出版社出版了《三晋古籍丛书》；浙江古籍出版社出版了《中国历代笔记小说选译丛书》；福建人民出版社出版了《八闽文献丛书》；湖北人民出版社出版了《楚辞研究集成》；广东人民出版社出版了《广东地方文献丛书》；甘肃人民出版社出版了《陇右丛书》；三秦出版社出版了《史记注译》、《史记全本新注》等。80年代以来，古籍出版的数量和质量都是前所未有的。古籍整理和文献研究走上了兴旺的新阶段。

近现代著名的文献学家，首推罗振玉、王国维、张元济、陈垣、郭沫若等人。张元济对文献学的贡献，见本书第八章“古籍整理”第四节。下面次第简述罗、王、陈、郭四人的文献学成就。

一、罗振玉对历史文献的搜集整理

罗振玉（1866—1940），字叔蕴，又字叔言，号雪堂，晚年又号贞松老人，原籍浙江上虞，寄籍江苏淮安。15岁举秀才。先为乡间塾师，后至上海从事翻译工作，创办《农学报》。1900年应湖广总督张之洞之聘，任湖北农务局总理兼农务学堂监督，后去日本考察教育。1904年创办江苏师范学堂，以后入京，补参事官，兼京师大学堂农科监督，并一度经理清廷内阁大库档案，大力搜购甲骨等文物。辛亥革命爆发，一贯守旧的学部参议罗振玉亡命日本，进行甲骨和古器物研究。1919年回国，纠合封建遗老，组织东方学会。1924年9月被溥仪召至故宫，入直南书房，为其检理宫中器物。从此一直跟随溥仪，并与日本帝国主义勾结，成为帮助日本帝国主义分裂中国，炮制伪满洲国的重要汉奸之一，任伪监察院长。1937年退休，继续整理刊行所藏古、文物史料。1940年病死于旅顺。

罗振玉在政治上是侏儒和小丑，在学术上是巨人和大师。他19岁时就整理读书笔记成《读碑小笺》和《存拙斋札疏》，初露头角。他30多岁时，已著述丰硕，有《毛诗草木鸟兽虫鱼疏新校证》、《俗说》、《眼学偶得》、《干禄字书笺证》、《五史校议》、《面城精舍杂文四编》、《乙编》等。罗振玉继承了乾嘉以来朴学大师们的方法和求实学风，为他一生的学术活动打下了基础。罗氏一生共校刊书400余种，自著书130余种，搜集整理了甲骨、金石、简牍、敦煌吐鲁番文书和明清档案，是本世纪前期整理和研究新发现的历史文献的首席功臣。罗氏的成就可分为四个方面。

1. 对殷墟甲骨文字的整理

罗振玉是甲骨学发轫时期的著名学者。1902 年他协助刘鹗出版《铁云藏龟》，1906 年开始自行购买和派人到安阳采掘，前后共搜集到甲骨 3 万多片，于是正式从事传印甲骨文字的工作。侨居日本期间，他埋头整理考释甲骨卜辞。先后出版《殷墟书契》三编、《殷虚书契菁华》、《铁云藏龟之余》五部书，影印刊布甲骨卜辞。同时，他着力系统地研究甲骨文字，选写成《殷商贞卜文字考》一书，用分类推求的方法进行研究，考定甲骨出土之地为殷武乙的故墟，卜辞为王室的遗物，给予后来研究甲骨的学者以很大的启示。1914 年，又出版《殷虚书契考释》，将甲骨文字以类相聚，进行系统的文字考释。总共考释出约 500 单字，使能通读的卜辞大大增加，同时将卜辞内容分卜祭、卜告、卜禾、卜出人、卜田渔、卜征伐、卜风雨等类，对卜辞从总体上有了基本的把握。对后继者启发很大。

2. 对金石刻辞和古器物的整理

罗振玉在金石刻辞的整理研究上用功颇勤。他先后收集到金石文字拓本四五千通以及大量古器物。将私藏之器影印为《梦莘草堂吉金图》《贞松堂吉金图》诸书，又将 2047 件古器物的拓片摹印为《集古遗文三编》，又综括古今钟鼎彝器款识文字成《三代吉金文存》20 卷。他还将搜访的各种石刻，印为《唐风楼碑录》13 种，给研究者以很大的方便。这些书对金石文字的整理，主要采用按时间编次、按物类编次和按地区编次三种方法。价值很高。

罗振玉对古器物的研究，不仅注意有文字的器物，还注意那些残石破陶。在搜集、挖掘甲骨时，他就得到不少殷代古器物，影印成《殷虚古器物图录》。他对先后收藏在 2000 件以上的古器物，进行悉心研究，写成《古器物识小录》一书。他还撰有《古器物学研究议》一书，提出将金石学正名为古器物学，并规定其研究对象为礼器、乐器、车器马饰、古兵、度量衡、泉币、符契玺印、服御诸器、明器、古玉、古陶、瓦当专甓、古器抚范、图画刻石、梵像，共15卷，对现代文物考古学有很大的启发。

3. 对敦煌文书和汉晋简牍的整理

当敦煌文书被发现遭帝国主义分子劫夺时，罗振玉得知情况后即奏请学部购运余存。他又以私人关系从法人伯希和处要来部分敦煌文书影印件与自己所得写卷汇为《敦煌石室遗书》、《鸣沙石室遗书》、《石室秘宝》等书，进行校读，写成题跋等考证文字，根据这些材料，他还补充旧史所缺，成《补唐书张义潮传》《高昌麴氏系谱》等，开敦煌文书研究之先导。斯坦因携出之千余枚简牍，由法国汉学家沙畹予以考释。沙畹将考释稿寄请罗振玉审定。罗振玉于是和王国维一道，研究这批简牍材料，由罗整理小学数术方技书和简牍遗文，王国维整理屯戍丛残，各为考释于1914年编为《流沙坠简》出版。由于罗振玉的努力，这些珍贵的古代文献得以为国人所见，是敦煌吐鲁番文书研究之始。

4. 对内阁大库档案的保存和整理

内阁大库所藏，主要是文渊阁遗留的书籍、明清历朝帝王朱批谕旨，大臣缴进的批折、黄本、题本、奏本，外藩属国的表章，历科殿试的大卷等档案资料。1909年宣统继位，其父摄政监国，想从大库中检寻清初摄政典礼档案，遍觅不得，阁臣遂奏请焚毁旧档。俞旨下达，为罗振玉得知，于是亟向军机大臣大学士张之洞言明大阁旧档多重要史料，不能毁弃。由此，将大库书籍档案交部保存，以后移置历史博物馆。1922年，博物馆将档案的3/4共9000麻袋卖给旧纸商，准备造纸。罗振玉得知，又以三倍的价钱，从纸商手中买回，保存于善果寺。

罗振玉不仅收藏保存了这批明清档案，而且进行整理，于1924年出版《史料丛刊初编》，收经其整理的22种史料。罗振玉、还准备将所得档案全部整理刊行，然以一人之力，终难胜任，只有将所整理《目录》四卷，于1934年，由其子罗福颐付印。在他之后，“中央”研究院历史语言研究所继续从事明清档案史料的整理刊印工作，为明清史研究者提供了丰富的资料。

二、王国维的古文献研究

王国维（1877—1927），字静安，又字伯隅，号观堂、永观，浙江海宁人。1898 年王国维到上海求职，任《时务报》书记校对，同时在罗振玉的《东方学社》学习日文及理化，受罗赏识，于是以罗为师，并终生依庇于罗，从事学术工作。1924 年王国维随罗振玉入京，曾任学部总务司行走，学部图书馆编译等职。辛亥革命后又随罗到日本，整理罗氏所藏经史、古器物。1916 年回国，在上海为哈同编《学术丛编》，兼任仓圣明智大学教授，1924 年进京为溥仪的南书房行走，1925 年任清华研究院教授，1927 年北伐军进至河南，王国维在颐和园投湖自杀为清殉葬。他在政治上受罗振玉影响，而在学术上其成绩史识在罗振玉之上。王国维一生学业的结晶在他的《观堂集林》和《海宁王忠悫公遗书》中。郭沫若在《中国古代社会研究·自序》中评价王国维说：王国维留下的学术遗产，就“好象一座崔巍的楼阁，在几千年来的旧学的城垒上，灿然放出了一段异样的光辉”，又说：“大抵在目前欲论中国的古学，欲清算中国的古代社会，我们是不能不以罗、王二家之业绩为其出发点了。”自郭沫若将罗王并论以后，已得到学术界的公认。

中国在 19 世纪末和 20 世纪初在考古学和史料学上新发现了甲骨、简牍、敦煌遗书、明清档案等四大系统的新史料，震惊中外史坛。如果说罗振玉的主要功绩是对新发现的历史文献进行保护与整理的话；那末，王国维的主要功绩则是对新发现的历史文献的研究和释例。下面着重介绍他发明的二重证据法所获得的成绩。

王国维早年精习乾嘉考据学，后来接受西方资产阶级学术思想，史识高人一着。他用地下文物及金石证史，提出了二重证据整理文献和考史的新方法。他校理甲骨、简牍、金石、器物、敦煌遗书，以及研究历史地理、蒙古史学、边疆史学、商周史学都有卓越建树。王国维早年攻哲学，又精通词曲、古文字学，是一位文史哲兼通的全才。他在文献学和历史研究领域的最大贡献就是运用二重证据法，以出土甲骨、金文去证《尚书》、《诗 经》、《春秋左传》、《史记》等书所记载的商周历史，取得了很大成绩。二重证据新方法，发展了重视实物证据的科学历史观念。他的《殷卜辞中所见先公先王考》和《续考》，以甲骨证实了《史记·殷本纪》为可靠信史。他又据甲骨、金文与文献结合撰写著名的《殷周制度论》，考证殷周纪典与传位制度，总结了许多规律性的古史结论，更重要的是二重证据法，扩大了人们的眼界，开拓了史料的空间领域，影响十分深远。

三、陈垣对历史文献学的贡献

陈垣（1880—1971），字援庵，广东新会人。陈垣是我国近现代著名的教育家和学者。1904 年，青年时期的陈垣，思想进步，与友人潘达微等创办《时事画报》，撰文抨击清廷，积极参加反清爱国运动。辛亥革命胜利，中华民国成立，陈垣当选为众议院议员。1913 年曾一度出任北洋政府教育部次长，不久辞去职务，潜心于教育与学术，先筹办北京孤儿工读园，又创办平民中学。1922 年起先后在北京大学、北平师范大学、燕京大学、辅仁大学任教。1926 年起任辅仁大学校长，并先后任京师图书馆馆长，故宫博物院理事，“中央”研究院历史研究所研究员等职。1971 年，他以 91 岁高龄在动乱中含恨逝世。

陈垣一生著述宏富，有专著和论文二百余种。给我们留下了丰富的精神财富。白寿彝教授指出：“从历史文献学的角度来看，陈垣先生作出了一些示范的工作，在目录学方面、在校勘学、在避讳学、在辑佚学，在年代学等方面，都做出了成绩。”（《历史教育和史学遗产》第 95 页）。

1. 对目录学的贡献

陈垣认为目录是治学的门径。“懂得目录学就可大概知道祖遗仓库里有什么书，如果连仓库里存货情况都不了解，还谈什么继承、批判呢?”（《纪念陈垣校长诞辰一百周年》）为了掌握中国历史文献的概貌，他年轻时就对《四库全书总目》作过仔细研究。到北京后，花 10 年时间，将文津阁本《四库全书》阅读了一遍，撰写了《文津阁书册数、页数表》、《四库书目考异》《四库撰人录》、《四库书名录》、《四库全书纂修始末》等。20 世纪 20 年代他为历史系创设的《史学名著评论》课程，也是为学生在目录学方面打基础的。他还编写了《明末清初教士译著现存目录》、《中国佛教史籍概论》等书，对研究基督教史和佛教史很有参考价值。

2. 对校勘学的贡献

陈垣认为："校勘为读史的先务。日读误书而不知，未为善学也。"他用全力校勘《元典章》和《旧五代史》，1931 年出版《元典章校补》和《元典章校补释例》，1937 年出版《旧五代史辑本发覆》，成为三部校勘名著。1957 年，陈氏将《元典章校补释例》改为《校勘学释例》重印。该书归纳沈刻本《元典章》讹、夺、衍、倒等谬误为 6 门 42 例，例证 1000 余条，是我国校勘学理论集大成的著作。该书第四十三"校法四例"为学术界所公认。他还开设了"史源学实习"的课程，以赵翼《廿二史劄记》顾炎武《日知录》和全祖望《鲒埼亭集》为例，指导学生掌握和运用史料的方法及注意的问题，对培养学生考校史料的能力很有好处。

3. 对避讳学的贡献

避讳在我国实行了 2000 多年，给阅读古籍造成了困难。前人的研究散见各书，或片断零碎，或错误很多。陈垣通过对避讳学的深入研究，于 1928 年写成《史讳举例》一书，举 82 例，详细解释了避讳所用的方法、避讳的种类、避讳的史实，因避讳而生之讹异，以及避讳学应注意事项和各朝讳例。该书是对避讳学的总结性著作。

4. 对年代学的贡献

年代学是历史文献学的基本内容之一。陈垣对年代学的研究，是从研究外来古教、中西交通史和伊斯兰教史时开始的。为了弄清各种历年的不同，他用了 4 年时间发愤考证 2000 年朔闰和中西回历之别，终于在1925年撰成《二十史朔闰表》和《中西回史日历》二书，是我国中西回历合编的最早著作，为这三种历法的纪年提供了确实可靠的换算工具，给考史者以很大的方便。

陈垣以自己杰出的研究成果，为建立中国近现代文献学作出了开创性的贡献。

四、郭沫若对历史文献的整理研究

郭沫若（1892—1978），原名开贞，四川乐山县人。他是中国现代杰出的作家、剧作家、诗人、历史学家、考古学家、古文字学家。郭沫若是一个全才全能型的学者，在历史文献的整理和研究方面，也取得了卓越的贡献。

1. 郭沫若对甲骨文、金文的整理研究

在20世纪头20年中，刘鹗、孙诒让、罗振玉、王国维等，对甲骨文字的著录与考释，已取得了较大的成就。郭沫若在此基础上，走出为研究而研究的圈子，运用唯物史观对甲骨文、金文等第一手文献资料考释整理，以此研究古代社会生产、生活、婚烟、经济等各个方面，从而获得了突破性的成就。如《释耤》、《释勿勿》，考察了殷代的农业生产；《释朋》，考察了殷代经济生活中的货币贸易；《释岁》、《释支干》，研究了殷代的天文历数；《释祖妣》，不仅探讨了古代婚姻制度的发展，还论证了天神上帝观念的起源；《释臣宰》，从臣宰二字的字形，论证了殷代社会奴隶的存在。这些论文共17篇，收入《甲骨文字研究》一书中，成为学术界甲骨文研究的一部名作。郭沫若的《卜辞通纂》和《殷契粹编》两书，是选择甲骨拓片的精品进行综合性分类考释的专书。他一反过去偏重形式的传统分类方法，主要按干支、数字、世系、天象、食货、征伐、畋游、杂纂等内容分类，为甲骨著录建立起一个科学的体系。他还逐片考释卜辞内容，从而考察了殷代社会的各个方面，这两书至今仍是学习甲骨文的入门书。中国金石学有较悠久的历史，但对青铜器作系统的科学的研究，郭沫若是第一人。他的名作《两周金文辞大系》从传世的铜器中，选出有重要史料价值的铜器320余件，以年代和国别为条贯，进行历史断代与地方分类。同时将青铜器的历史，分为滥觞、勃古、开放、新式四个时期。为青铜器与金文的研究开辟了一条科学的道路。他的《殷周青铜器铭文研究》和《金文丛考》也被称为青铜器研究的划代时的著作。新中国成立以后，他将《两周金文辞大系》增订为《两周金文辞大系图录考释》，科学价值更高。

2. 郭沫若对古器物、古文字、古文书的整理研究

郭沫若对石鼓文和古器物有精湛的研究。他的《古代铭刻汇考四种》（1933年）、《古代铭刻汇考续编》（1934年）、《石鼓文研究》（1939年）等以及解放后发表的一系列文章，就是这方面成果的体现。他反复论述石鼓文的年代，对石鼓文原文进行复原、考释，并据之研究周人的历史，独具特点。他对汉熹平石经鲁诗残石，对古镜、古楚器进行研究，也有许多独到的见解。郭沫若对古文字研究，考释出许多罗、王诸家所未识的甲骨文，如释“帚”为“妇”，释“蚩甲”为“沃丁”等。他十分关心文字改革工作，发表《日本的汉字改革和文字机械化》（1964年）、《古代文字之辩证的发展》（1972年）等论文。特别是后文，十分精辟地论述了我国古代文字表达由简单到完善，书写则由繁复到简易的辩证发展过程，可说是作者几十年研究古文字的科学总结。郭沫若对古文书的研究，除早期发表的外，20世纪70年代的成果主要收辑在《出土文物二三事》中。如对吐鲁番文书《卜天寿〈论语〉抄本后的诗词杂录》的研究，考释了这几首诗词和杂录，说明唐代西域的文化程度十分深入普及，和内地没有什么两样。再如对《坎曼尔诗签》的研究，发现了唐代的一个少数民族诗人，并据其所抄《卖炭翁》校勘今本，都很有价值。1966年发表的《侯马盟书试探》和1972年发表的《新出土侯马盟书释文》，对盟书的文字考订，对盟誓的仪礼和晋国历史的考证，都提出了很有价值的意见。

3. 郭沫若对古籍的整理

新中国成立前，闻一多、许维遹曾有《管子校释》未曾出版。郭沫若以闻、许残稿为基础，收集各种版本、稿本，校以原文，纠正错误，对散见于群书中的历代校释《管子》的资料，予以总结，在 1956 年出版了《管子集校》，历来堪称难读的《管子》，经他的整理，成为可以流畅阅读的古代思想史的宝贵资料。他还非常重视《盐铁论》的史料价值，于 1957 年出版《〈盐铁论〉读本》，为《盐铁论》标点、分段，并对其中难解的字、句进行注释。为我们今天整理古代文献提供了榜样。

第十二章　中国文献学的理论建构

本章殿卷略谈中国文献学的理论建构，与本书绪论前后呼应，互为补充，从理论层面定位文献学的历史地位，总结20世纪文献学发展所达到的高度。

第一节　综合型通论文献学是文献学体系中的新兴学科

中国传统的文献工作，从孔子整理六经算起，已有2400多年的历史。中国古代的文献学家在文献工作上取得了丰硕的成果，并建立和发展了广义文献的许多分支学科：目录、版本、校勘、考据、辨伪、辑佚、注疏等，总称为中国古典文献学。随着历史的推移和经济文化的发展，历史文献日益增多和膨胀，文献学还在不断地发展。20世纪新增了许多文献学的分支学科，有三个系统。一是伴随新型出版社和图书馆的新生事物，产生了编辑学、图书馆学、图书馆目录学、索引书目学、文献检索学、文献情报学等；二是科技与文化发展，产生文献新载体，从而产生了载体学、电子文献学、古籍整理学、今注今译学等；三是新材料发现，产生文献学的相关学科甲骨学、简牍学、古文书学、档案学等，上述各分支学科应总称为现代文献学。此外，史学理论和研究方法是现代史学的重要分支或者说高超层次，从而带动文献学的理论升华，综合型文献学可分为通论文献学、通用文献学、专科文献学、专题文献学、专书文献学，以及文献学史等。综合型通用文献学，省称“文献学”或冠以“中国”二字称“中国文献学”，它打破时间界限，贯通古今，包容古典文献学与现代文献学，这就是本章所要阐释的主题：“中国文献学的理论建构”。冠以“中国”二字，目的是不把翻译学与西方文献的研究纳入“中国文献学”。

综上所述，文献学以文献整理工作为根基，它是一门古学，由众多分支应用学科构成文献学系统，是一个大家族，如何宏观把握这个学科系统，进行理论归纳，构建一门综合文献学新学，是 20 世纪现当代人提出的任务，尤其是当代人的任务。因此，文献学的理论不能停留在古代的传统工作范围之内。现代文献学理论，必须包括古今的文献工作。古代传统文献工作的重点是对图书的分类和整理，追求“辨章学术，考镜源流”。现代文献工作，除对图书分类整理，保留“辨章学术，考镜源流”的优良传统之外，更要着重文献的技术处理，适应现代社会快节奏的生活，以便达到最迅速的传播与利用，亦即文献的检索。如果说古代文献学着重“整理”二字，是“组织知识”，现代文献学加入了“利用”，即“检索技术”。将“整理”与“利用”二者统一起来，这就是建构综合文献学所要完成的任务。

第二节　郑鹤声建构文献学理论的尝试

《中国文献学概要》（以下简称《概要》），是我国第一部文献学论著，由郑鹤声、郑鹤春合著，成书于 1928 年，1930 年由商务印书馆出版。由于本书是开创之作，显然是二郑建构文献学理论框架的尝试。

郑鹤声（1901—1989），近现代著名史学家，字萼荪，浙江诸暨人。他治史 60 余年，研究领域十分广阔，在中国史学史、目录学、文献学、史料学、清史、中国近代史、民国史、中外交通海外关系史、民族史多个领域均有建树，著作甚富，多达 160 余种，2000 余万字。本书合作者郑鹤春（1892—1957），字萼邨，为郑鹤声长兄，教育学家。

《概要》全书 7 章，只有 13 万余字，是一本简明扼要的小册子，但结构宏大，对文献学研究的对象、范围、内容构建了一个较为完整的体系，起了奠基的作用。1933 年商务印书馆出版。1983 年上海书店重印。2001 年，上海古籍出版社再次重印，收入“蓬莱阁丛书”中。此外，部分章节为他书征用，可见本书有较深远的影响。

《概要》7 章论题如次：第一章，“导言”；第二章，“结集”；第三章，“审订”；第四章，“讲习”；第五章，“翻译”；第六章，“编纂”；第七章，“刻印”。在上海古籍版书前有中国青年出版社编审郑一奇写的“导读”，对《概要》全书做了详尽的评述，中肯而透彻，兹概略转述如次。[①]

《概要》第一章“导言”，对“中国文献渊源与价值”的考察，是放在世界文化的背景下来考察的。中国是世界性的文明古国，中国文献是世界性的遗产。中国在中世纪之前，一直走在世界之前列，虽然近代落伍了，但中国人应当有信心，重新登上世界学术文化的高峰，绝不应“妄自菲薄”。

第二章“结集”，讲述中国古代文献的著录与分类，涉及古籍整理的目录学、分类学知识。作者认为中国古代有四次大的典籍结集编目分类：一是《汉书·艺文志》，二是《隋书·经籍志》，三是《宋史·艺文志》，四是《四库全书总目》的登录分类。

第三章“审订”，通过对“孔子删订”、“刘氏（刘向、刘歆）

① 郑一奇：《〈中国文献学概要〉导读》《中国文献学概要》，上海古籍出版社 2001 年版。

校理”、“乾隆审校”的介绍，讲述了中国古代文献典校整理的概况，以及古典文献学校勘之源流。

第四章“讲习”，通过“周代教育”、“东汉讲学”、“魏晋南北朝讲学”、“隋唐佛学”、“两宋理学”、“明儒心学”、“清儒总结”等节概述了古典文献学中的经籍传授史与清人考据学，总结了我国古代的文献传播、利用的概况。

第五章“翻译”，总结我国古代的中西文化交流，《概要》认为“我国对于他国的知识之要求，盖有两度，一为隋唐以前之印度文化，二为明清之欧西文化”。此二种文化，前者已告一段落，后者则“日新无已”。于是此章分“佛典翻译”与“科学翻译”两题介绍，尤重后者，指出“日新无已”，可谓卓识。

第六章“编纂”，通过考察《永乐大典》、《古今图书集成》、《四库全书》、《四部丛刊》等大型丛书、类书的编纂，总结了我国古典文献编纂学的主要成就和得失。

第七章“刻印”，通过“印刷与学术”、“刻印渊源”、“版本类别”几节，概述了古典文献学中版本学、刻印源流等知识。对我国发明的印刷术带给世界文化的影响，《概要》引用外国文献作了仔细考订。

1986年，张君炎在他的《中国文学文献学》的“绪论”中对《概要》一书的内容做了如下的剖析与评价。张君炎说：“就其全书内容来看，他们（指二郑）所说的‘文献学’是指考订和论述古籍图书在分类、目录、校勘、编纂、翻译、版本和印刷方面的源流和概况。涉及了古籍的分类目录、典校整理、经籍传授、编纂、版本和刻印源流等问题。实际上包括了古籍整理和研究中有关目录学、版本学、编纂学、校勘学以及中国书史等许多方面的内容，近似章学诚、范希曾、张舜徽等所说‘校雠学’。”

张君炎的评述，指出了《概要》架构与传统校雠学的渊源，但没有具体评述《概要》理论架构的得与失，以及意义，是远远不够的。我们通过对《概要》内容的解析，可以得知《概要》理论架构的意义，有三大成绩。第一，《概要》一书，把传统校雠学的几个重要分支学科目录学、版本学、校勘学纳入了文献学的理论建构之中，这是《概要》的合理内核，对照50年后王欣夫的《文献学讲义》并列目录、版本、校雠三大块，即可知二郑之卓识。第二，《概要》是在中西文化冲撞的时代背景下，重新审订、申明中国文献学的世界地位和价值，把翻译纳入了文献学，这是一个创新。将翻译纳入文献学，是否恰当还可讨论，但方法从古今中外大背景下来构建文献学，反映了作者的宏观视野，触及了文献学的本质，把传统文献工作从理论层面上升华，是在尝试文献学的理论架构，超前学术界一般层面50年，这正是《概要》作者思想光芒所在。第三，《概要》把"编纂"，实即古籍整理纳入了文献学，同时把刻印也纳入了文献学，这也是作者的创新。刻印，不仅触及了中国书史的内容，也触及了载体的内容。在当时条件下，没有载体的概念是可以理解的。

《概要》内容有以上三个成绩，或说三大特点，已经基本构建了一个文献学的体系，奠定了文献学的基础，可以得出这样的结论：二郑之《概要》是学术界在20世纪20年代末成功地建构文献学理论的尝试。

但是二郑草创文献学《概要》之后，整整50年，半个世纪没有后继者，一方面可以说是二郑的卓识超前学术界50年，另一方面说明二郑的理论建构未能达成共识，有它本身的缺陷，无庸讳言。《概要》的不足也有三点。第一，理论层面《概要》没有跳出传统校雠学的窠臼，它是以孔子与马端临的文献定义为基础来构架文献学理论的。二郑在《概要·例言》中援引孔子与马端临关于"文献"一词的解释后说："本编亦采其谊，结集、翻译、编纂诸端，谓之文；审订、讲习、印刻诸端谓之献。叙而述之，故曰文献学。"二郑没有对传统"文献"的界说重新定义，而把创新的思想生吞活剥硬套，使人不能透明理解作者的"结集、翻译、编纂诸端谓之文；审订、讲习、印刻诸端谓之献"，割裂了文与献，理论未精。第二，中外文献的翻译，是中国文化走向世界的问题，特别是古典文献走向世界至今还处于起步阶段，所以把翻译纳入文献学，为时过早。而古籍整理的关键是古今语言的转换，应当是把古籍今译纳入文献学，而《概要》没有提及。在20世纪20年代，古籍今译尚未提上议事日程，《概要》没有论及是可以理解的。第三，《概要》篇幅过小，又是首创，所讨论的问题仅仅是提出和介绍，没有深入，故未能引起学术界的重视。若再把《概要》与王欣夫的《文献学讲义》作对照，王氏之作理论体系不及二郑氏之作，但对传统文献学成绩的总结深入细微，引证丰富，系统性和条理性都令人信服，这是《概要》无法比拟的。这些不足，说明《概要》的理论架构是有缺陷的。但是总体上说，《概要》对文献学理论建构的开创之功，永远闪耀着不灭的光芒，是不容置疑的。

第三节 张舜徽建构文献学理论的奠基性贡献

1930年，郑鹤声、郑鹤春发表《中国文献学概要》之后50余年，学术界沉寂无声。1957年至1960年，王欣夫在复旦大学开设“文献学”，讲授目录、版本、校勘等内容，这是新中国高校在“文化大革命”前开设“文献学”仅见的例子。1982年底，中州书画社推出了张舜徽的《中国文献学》，重新启动了文献学课题的理论研究。张著结构宏大，对古典文献学做了系统而又重点突出的总结，被誉为文献学领域的奠基性著作。

张舜徽（1911—1992），湖南沅江市人。生前为华中师范大学教授，博士生导师，现当代著名的历史学家、文献学家。20世纪70年代末，他发起成立了中国历史文献研究会，创办了该会会刊《中国历史文献研究集刊》，建成了全国第一个历史文献学学科点，即华中师大历史文献研究所，受教育部委托举办了全国性的历史文献学讲习班，被国务院学位委员会评为全国第一位历史文献博士生导师，10余年间他共培养了文献学博士、硕士约60名。

张舜徽毕生致力于文献学的研究，底蕴厚实，推出一系列论著，有《说文约注》、《中国古代史籍校读法》、《汉书艺文志通释》、《郑氏校雠学发微》、《郑学传述考》、《清人文集别录》、《清人笔记条辨》，《老子疏证》、《管子四篇疏证》、《太史公论六家要指述义》，代表作为《广校雠略》、《中国文献学》。其他论著有《中华人民通史》、《周秦道论发微》、《中国史论文集》、《史学三书评议》、《顾亭林学记》、《清代扬州学记》等。如果以兼通经、史、子、集并有相当建树且桃李满天下为国学大师的标志这一标准来衡量，张舜徽是20世纪下半叶，即现当代寥寥可数的国学大师，他最突出的贡献是对文献学体系的卓越建构，在这一领域当代尚无人能追步。

《中国文献学》取编、章、节结构，全书12编60章，体系宏大，古典文献学的各门分支文献学科目录、版本、校勘、考据、辨伪、辑佚、注疏、今译等皆包容其中，奠定了文献学的核心基础，赢得学术界的共识。辨伪、今译等均是首次纳入文献学体系。其中重点论述版本、校勘、目录，突出了文献学的重中之重，也是不易之论。此外，文献类别、文献整理、文献学家、编字典等文献检索工具书也纳入了文献学体系，也是不容置疑的。张舜徽还把修通史、修方志、绘地图、制图表、编教科书也纳入了文献学体系，这一部分似可商榷。

如何评价张舜徽《中国文献学》在理论上的建树，在北京师范大学教授杨燕起主编的《中国历史文献学》[①] 新版中列了专节评述，归纳为三个方面，评价中肯，这里扼要复述于次，间下己意。

其一，《中国文献学》论述了古代文献含义的发展过程，对文献范围进行界定。孔子第一个使用“文献”一词，从汉至唐宋，均把“文”解释为典籍，把“献”解释为贤才。元马端临，第一个用“文献”二字以名其书，曰《文献通考》，并界定“文”与“献”的范围。“文”即经史、历代会要及百家传记之书，“献”即臣僚奏疏、诸儒评论、名流燕谈、稗官记录。马氏的界定与先贤相比，“献”的含义不再专指贤才，而臣僚奏疏、诸儒

① 该书1989年书目文献出版社第1版，2003年新版在近现代文献学家中增入了张舜徽、白寿彝等人。

评论等，实际上也是写成文字的材料。这说明，表现为图书典籍的文字材料在文献中的比重越来越大。明成祖朱棣编《永乐大典》，初名“文献大成”，这里的“文献”一词的含义几乎就是图书的别称。张舜徽详论古代文献含义的发展过程，就是要廓清文献的原有含义，强调文献学不能抛弃文献原有的含义，不同意文献含义的扩大，反对把古迹、古物、模型、绘画等称为历史文献。《中国文献学》的论述坚持了这一原则。

其二，明确文献学的基本要求和任务。传统文献学是一门研究古代文献产生、发展、整理和利用的专门学科，表现在文献整理的各分支学科中，张舜徽统称为文献工作。张氏认为文献学要为文献整理系统、科学地开展提供理论指导，要研究文献整理的对象、整理的内容和方法以及文献整理的历史。张舜徽第一次明确了文献学的基本要求和任务，是他对文献学这一学科作出的杰出贡献。

其三，探讨古代文献的流传与类别，丰富文献学研究的内容。《中国文献学》对古今典籍亡散之由，提出了更深层次的探讨，提出了一系列独到的见解。张舜徽还从古代文献内容的来源上进行考察，将其分为著作、编述、抄纂三大类。他说：“三者虽同是书籍，但从内容实质来看，却有高下深浅的不同。”著作发凡起例，最具创造性，也最有价值。编述剪裁熔铸，价值次之，但数量最多。抄纂是综录旧事异闻，或做一些订讹补阙的工作，价值又次之。这种看法，无疑是比较科学的，对于指导阅读和使用文献都有积极的意义，可以说是提供了一把有用的钥匙。张舜徽还以批评性审视的目光，总结、继承了中国学术史上整理研究历史文献的积极成果，有所取舍，兼收并蓄，形成了自己的历史文献观。他把“辨章学术，考镜源流”作为整理历史文献的最终目的和最高学术境界，他提出要为人民大众服务，以写出通俗易懂且能为一般人民所接受的通史为文献学的天职，这是历史文献观的社会落脚点与最后的归宿。为此，《中国文献学》列了专编用四章阐述。张舜徽身体力行，他晚年完成了《中华人民通史》110万言，践行自己的诺言。

杨著评述是全面肯定《中国文献学》上述的理论体系。不过笔者认为，《中国文献学》的这个理论体系是有缺陷的。突出的有两个方面。第一，张舜徽主张"文献"二字要保持原有的含义，那么文献学理论建构只能保持在古典文献学的范畴，《中国文献学》也确实如此，它不仅排除了古迹、文物、模型、绘画等为文献，排斥了现代文献，也未引入载体的概念。用"记录古代文献的材料"来替代"载体"的概念作叙述，首先，局限于古代，其次，用"材料"代替载体是不科学的。现代科技载体、音像载体也都被排斥在外，文献学理论不能贯通古今。究其根源，"文献"二字，在文献学理论的建构中，必须重新界定，符合现代科学，不能停留在原有的含义。既然元代的马端临都没有保持汉唐至宋诸儒的原有含义，怎么到了 20 世纪还要去保留原有的含义呢？当然，扩大含义不是抛弃传统，而是继承发展。杨著对张舜徽主张保持"文献"原有含义的评述说："他廓清了对文献概念的种种误解，对文献的范围作了明确的界定，特别是把古迹等从文献中剔除出去，使文献学的研究对象更清楚，对文献学的学科建设起着积极的作用"，还有商榷的余地。第二，无限扩大文献工作的范围，理论有自相矛盾之处。张舜徽在《中国文献学》中列专编（第二编）严格区分著作、编述、抄纂的区别，主张古有文献工作而无文献学，今之文献学理论是提供文献整理的方法，而又把修通史、修方志列入文献学的最高境界，逻辑上把一切著述工作，纳入了文献学中，使自身的理论陷入矛盾，也是不切实际的。《中国文献学》指出今后的文献整理的方向有四：一是甄录古代遗文，二是改造二十四史，三是整理地方志书，四是融贯诸子百家，而最高境界是修通史，另列了专篇。据笔者看来，甄录古代遗文，即结集与辑佚，这无疑是文献工作，它是古籍整理的一部分。整理方志是文献工作，若是撰述方志则超出了文献工作。改造二十四史，融贯诸子百家，特别是修通史，毫无疑义是非文献工作。学术界一些学者在评价张舜徽的文献观时全盘肯定，这不是科学的态度。张舜徽建构文献学理论表现的缺陷，无损于他的贡献及其奠基的地位，笔者提出的批评，只在说明对于文献学的理论建构还未到达成熟的境界，学术界还需努力。

杨著对张舜徽和《中国文献学》贡献的总体评价仍十分得体，兹引录以为本节的结束。其文说：

张舜徽一生服膺许郑之学，他的学术脱胎于清学和汉学，而又超越了清学和汉学。他效法郑玄、许慎的治学方法，仰慕郑樵独树一帜的创造精神，赞佩与发扬章学诚追求治学宏旨，敢开一代学术风气的气质。他继承了清学直通汉学，而又超越了清学和汉学。他效法郑玄、许慎的治学方法，主张实事求是，但是极为赞许“清学别派”章学诚，致力于扩大历史文献学研究范围。张舜徽把传统的历史文献学从偏狭的领域中解放出来，拆除了“文献学”与“史学”森严的壁垒，恢复了汉唐历史文献学“辨章学术，考镜源流”的宏旨；他以登高一呼、学者认同的魅力，带领广大学界同仁开创了现代历史文献学的基业，把历史文献学发展到新的历史阶段。[1]

第四节　20世纪80年代文献学论著的兴起

20世纪80年代起，文献学繁荣兴盛，真正步入了快速发展的坦途，学术界继张舜徽《中国文献学》之后，文献学论著如雨后春笋，产生了一大批具有开创性的成果。据有关专家统计，80年代以后的20年间。正式出版的文献学论著达300余种，学术论文4000余篇，真是盛况空前。下分三目来谈。

一、古典文献学通论著作

20世纪80年代以来30年间出版的300余种文献学论著，十

① 杨燕起等主编：《中国历史文献学》，北京图书馆出版社2003年修订版，第198页。

之七八为传统分支文献学，姑置不论。以“文献学”命名的通论文献学虽然只有十之一二，数量却有数十种，其中十之七八仍为古典文献学。现代文献学尚无专著问世。专题文献学、专科文献学、文献学史，虽然品种寥落，但已崭露头角。这里评述几部代表性的通论古典文献学。

继张舜徽之后，具有代表性的文献学论著有吴枫的《中国古典文献学》，齐鲁书社1982年出版，与张舜徽论著同时，也可列为奠基性的论著之一。张舜徽的《中国文献学》虽无“古典”之名，实际仍是一部古典文献学，因为它的考察对象，是以古代文献为界囿的。嗣后王欣夫《文献学讲义》上海古籍出版社1986年出版。罗孟桢《古典文献学》，重庆出版社1989年出版。倪波主编的《文献学概述》，江苏教育出版社1990年出版。洪湛侯《中国文献学新编》，杭州大学出版社1994年出版。以上诸种论著，在构建文献学学科体系方面都起了重要作用。最有特色的是洪湛侯的《中国文献学新编》，分体、法、史、论四个部分。形体篇，包括文献载体、文献体裁、文献体例。方法篇，包括目录、版本、校勘、辨伪、辑佚、编纂方法，以及标点、注释、翻译、资料搜集、文献保藏等方面知识。历史编，包括文献史、文献学史。理论编，包括文献学家、文献理论。在此，作者洪氏认为，“我国文献事业长时间停留在研究、整理阶段，虽有经验，也很少能够另外总结成文”。洪氏还指出，“我国文献学理论，早期观念含混，界义不明，明显存在着技术性经验总结和科学理论之间的差距”，并明确对以目录、版本、校勘三端拼装的“文献学”提出批评，“难免滋人疑惑”。洪氏最后提出了“文献学理论刍议”，并提出了“搜集发掘”、“按类摘编”、“归纳梳理”、“择要注释”、“编纂专书”等五个步骤来积累文献学理论资料的建议。

有多种以“历史文献学”题名的文献学，并不是历史学专科文献学，而是使用广义的历史概念，仍是通用文献学，代表性的论著有王余光《中国历史文献学》，武汉大学出版社1988年出版。杨燕起、高国抗等《中国历史文献学》，书目文献出版社

1989年初版，北京图书馆出版社2003年修订新版。张家璠、黄宝权《中国历史文献学》，广西师大出版社1989年出版。曾贻芬、崔文印《中国历史文献学》，学苑出版社2001年出版。这些论著的作者均活跃于高等院校教学第一线，所出论著积淀有许多教学实践的实例，丰富了文献学的内容。例如杨燕起开发了史源学、编纂学、藏书史等内容。特别是“史源学”的增设，较好地吸收了北京师范大学陈垣先生对文献进行考订核实的优良传统，但“史源学”是否要纳入“文献学”还有讨论余地。

此外，王燕玉《中国文献学综说》，贵州人民出版社1987年出版。迟泽、党怀兴《中国古典文献学纲要》，陕西人民教育出版社1995年出版。陈界、张玉刚《新编文献学》，军事医学科学出版社1999年出版。熊笃、许廷桂《中国古典文献学》，重庆出版社2000年出版。潘广树等《文献学纲要》，广西师大出版社2000年出版。杜泽逊《文献学概要》，中华书局2001年出版。这些论著的体式和内容，大抵不出古典文献学的范围，但在普及文献知识，扩展文献学研究内容等方面，或多或少提出了一些新的内容。如杜泽逊在他的论著中开发了谱学，增添了文献学的新内容。其中也存在着可商榷的内容。例如张玉勤的《实用文献学》，山西古籍出版社1998年出版，该书把古汉语、地理沿革、年代学、古代名号等内容纳入了文献学，未免太滥，但是书开发了古代避讳学，较为得体。

二、通用文献学

此指综合型贯通古今的文献学，目前尚不多见，故特创“通用”二字以别之。张大可、王继光主编的《中国历史文献学》，陕西人民教育出版社1991年出版。该书贯通古今，综合古典文献学与现代文献学的内容做了探索性的建构。它以中国古今历史文献为对象，考察它的载体形式的发展，概述文献的内容类别，总结整理利用它的经验和方法，叙述和评价它的历史发展和成果等四个方面的内容，分为四编，用编、章、节的结构。该书重新界定了文献、历史文献的概念，把文献载体、文献检索、文献学史，以及现代文献纳入了文献学的范围，是其特点。谢玉杰、王继光主编的章节体《中国历史文献学》，民族出版社 1999 年出版，承袭了这一体式和内容。

三、专科文献学

以专门的学科，或专门范围的文献、专门的主题、专门的论著为研究对象的文献学，统称专科文献学，包括学科专科文献学、专题文献学、专书文献学、文献学史等类型，目前品种还不多，但各种类型已经齐全。学科专科文献学有张君炎《中国文学文献学》，江西人民出版社 1986 年出版；刘跃进《中古文学文献学》，江苏古籍出版社 2000 年出版；倪道善《明清档案概论》，四川大学出版社 1990 年出版。专题文献学有吴肃民《中国少数民族古籍概论》，天津古籍出版社 1995 年出版；洪湛侯《中国文献学要籍解题》，杭州大学出版社 1997 年出版；黄建国、高路新主编的《中国古代藏书楼研究》，中华书局 1999 年出版。专书文献学有赵生群《〈史记〉文献学丛稿》。文献学史有孙钦善《中国古文献学史》，中华书局 1994 年出版；曾贻芬、崔文印《中国历史文献学史述要》，商务印书馆 2000 年出版。

专科文献学的特点是对某一学科、或某一专题的文献内容按通用文献学的理论框架进行深入考察，对其源流、种类、体裁、整理工作做详尽而深入的总结，目前刚刚起步，尚无特别的内容可称述。文献学史，是新增的文献学种类，属专题性通用文献学。孙钦善的《中国古文献学史》是一部鸿篇巨制的开创之作，全书上下两卷，近 100 万字，评述了从先秦至近代我国古典文献学的发展历史。该书以朝代纵贯的时间为纲，分为七章：第一章，“先秦”；第二章，“两汉”；第三章，“魏晋南北朝”；第四章，“隋唐五代”；第五章，“宋辽金”；第六章，“元明”；第七章，“清及近代”。每章第一节为概述，其他各节评述文献学家的成就及贡献为目，全书建构了以人为中心的学术史体式，从孔子到王国维标目的文献学家有 60 余人。此种结构点与面结合，学术渊源清晰自如，传统学术的“辨章学术，考镜源流”得到了生动的贯彻。该书资料丰富，论证翔实有据，为了解我国古代文献学的总体状况和发展脉络，提供了极大的方便。

曾贻芬、崔文印的《中国历史文献学史述要》是一部贯通古今的文献学史论文集，先以专题论文的形式在《史学史研究》上发表，但做了有意识的规划，所以结集以后是一部自成体系的文献学史论著。全书共 32 个专题，勾勒了古典文献学的发展线索，交叉评说重要的文献典籍和文献学家，提供读者需要了解的中国古典文献学的一些重点课题，别开生面。作者的导师白寿彝先生在该书“题记”中评价说：“每篇文章，都是在阅读大量的原始资料以后写成的，文字平实，每篇都力求有自己的独立见解或新意，他们确实做到了这一点。”白先生没有过誉，该书的确是一部文献学的优秀之作。

第五节 文献学理论研究

如何建构文献学的学科体系是理论研究的一个焦点。当代老一辈著名历史学家、教育家白寿彝在晚年做了长期的探索。白寿彝（1909—2000），字肇伦，又名哲玛鲁丁，回族，河南开封人。北京师范大学教授。20 世纪 80 年代初，他率先在北京师范大学历史系成立了历史文献研究室，1981 年组建了古籍研究所。当年他以答客问的形式撰成《谈历史文献学》的文章，对历史文献学的用途、范围、与历史学的关系等问题进行讨论。对于建构历史文献学的内容，白先生说：“可以包含这样的几个内容，一、目录学；二、版本学；三、校勘学；四、辑佚学；五、辨伪学。另外，还包括有古汉语、古民族语文、甲骨文字、金石文字、年代学、历史地理学等等。”时隔一年之后，白先生仍以答客问的同一形式发表《再谈历史文献学》，提出“中国历史文献学”，可以包含四个部分：一是理论部分；二是历史部分；三是分类学部分；四是应用部分。全面提出了文献学建构框架的设想，划清历史学与历史文献学的界限，修正了文献学所包含的内容不应包括古汉语、历史地理学等等。10 余年之后，1997 年白先生草拟的《历史文献学研究提纲》，所包括内容如次：“一、历史、历史文献、历史学；二、历史文献的收藏；三、历史文献与公私图书馆；四、历史文献与博物馆；五、历史文献的特藏；六、丛书和类书；七、目录学；八、版本学；九、校勘学；十、辨伪学；十一、历史文献与逻辑；十二、历史文献与辩证法；十三、历史文献的阶级分析；十四、佚书的访求；十五、文献的整理和发表；十六、历史文献与档案；十七、海外藏书。”①

白先生的这个提纲比《再谈历史文献学》的四个部分内容相比，视野更宽阔，内容更丰富，把历史文献的保管与传播纳入了文献学，博物馆的古器物归入了历史文献。提纲中属于理论的题目，用“历史文献与逻辑、历史文献与辩证法、历史文献的阶级分析法”，取代了《再谈历史文献学》中“历史文献的局限性、历史文献的多重性”，转换了研究角度，这一变化意味着从关注历史文献本身的属性，转为要求历史文献工作者应具备一定的理论素养。

白先生没有来得及完成他的文献学论著，但他对文献学体系的建构所作出的努力，表现了老一辈学问家孜孜以求的探索精神，也生动地说明了通论文献学是一门正在建构之中的年轻的学科，它的学科结构还未形成定式，学术界还须继续努力。

据《全国报刊索引》（哲社版 1978—1998.11）G256 文献学类目统计，文献学理论研究的论文 527 篇。谢灼华等《20 年来我国文献学理论研究综述（1978—1998）》②，对我国文献学理论在这一时期的研究状况、研究内容、主要代表人物及其学术观点作了介绍。文献学基础理论包括文献的定义、属性、发展规律、文献学的研究对象、范围、目的、学科体系、相关学科等内容，谢

① 转引自杨燕起、高国抗主编：《中国历史文献学》，北京图书馆出版社 2003 年修订版，第 203 页。

② 《晋图学刊》1999 年第 3 期。

文作了归纳和评述，分析揭示了20年间文献学研究的特点与进展动态。

于鸣镝《试论大文献学》[①]及《再论大文献学》[②]、潘树广《大文献学散论》[③]等文讨论了现代文献学与古典文献学相异相通，认为从时间上分，有古典文献学、近代文献学、现代文献学；从地域上分则有中国文献学、外国文献学；从内容上分有普通文献学、专科文献学。

潘树广在《论古典文献学与现代文献学的交融》[④]一文中主张，应建立"将古典文献学与现代文献学融为一体的广义的文献学。它以古今文献和文献工作为对象，研究文献的产生、发展、整理、传播、利用及其一般规律。"目前除前述张大可、谢玉杰各自主编的《中国历史文献学》之外，尚无这种类型的示范性论著出现，根本原因就是现代文献学的理论建构十分薄弱。

对于文献学的学科建设，冯浩非在《我国文献学的现状及历史文献学的定位》[⑤]与《试论中国文献学学科体系的改造》[⑥]两文中做了具体的论述。冯氏认为："我国高等院校和科研院所目前共有三类文献学专业，即中文学科中中国古典文献学，历史学科所属历史文献学，图书馆、情报与文献学所属文献学，都是二级学科，但是互不相涉，各自发展，致使学科体系比较落后、杂乱，存在不少问题，不利于学术发展和学科建设，亟需加以改革。"

文献学理论诸多问题的提出和探讨，对于促进文献学完备科学的学科体系的建立，以及推动文献学理论体系的建构，无疑具有重要的意义。

① 《图书馆工作与研究》2000年第1期。
② 《图书馆工作与研究》2000年第6期。
③④ 《苏州大学学报》2000年第4期。
⑤ 《学术界》2000年第4期。
⑥ 《文史哲》2002年第1期。

附录：《中国文献学》征引及参考主要书目[①]

1. 文献学论著书目

中国文献学概要/郑鹤声、郑鹤春/商务印书馆 1933 年
中国文献学/张舜徽/中州书画社 1982 年
中国古典文献学/吴枫/齐鲁书社 1982 年
文献学讲义/王欣夫/上海古籍出版社 1986 年
中国文学文献学/张君炎/江西人民出版社 1986 年
中国文献学综说/王燕玉/贵州人民出版社 1987 年
中国历史文献学/王余光/武汉大学出版社 1988 年
中国历史文献学/张家璠、黄宝权/广西师范大学出版社 1988 年
中国历史文献学/杨燕起、高国抗/书目文献出版社 1989 年
古典文献学/罗孟桢/重庆出版社 1990 年
文献学概述/倪波/江苏教育出版社 1990 年
中国历史文献学/张大可、王继光/陕西人民教育出版社 1991 年
中国古文献学史/孙钦善/中华书局 1994 年
中国文献学新编/洪湛侯/杭州大学出版社 1994 年
中国文献学要籍解题/洪湛侯/杭州大学出版社 1997 年
实用文献学/张玉勤、赵玉钟/山西古籍出版社 1998 年
新编文献学/陈界、张玉刚/军事医学科学出版社 1999 年
中国历史文献学/谢玉杰、王继光/民族出版社 1999 年

① 书目分三类，按出版时间排序，其中第一类文献学论著，除二郑之作外，全为 20 世纪 80 年代以来的新作，于此可见文献学的理论建构是一门新兴的学科。第二类为传统分支文献学论著书目。第三类为参考的相关书目。参考的今人论文及古代文献书目未收。

中国文学批评文献学/孙立/广东人民出版社 2000 年
文献学纲要/潘树/广西师范大学出版社 2000 年
中古文学文献学/刘跃进/江苏古籍出版社 2000 年
中国古典文献学/熊笃、许廷柱/重庆出版社 2000 年
中国历史文献学史述要/曾贻芬、崔文印/商务印书馆 2000 年
文献学概要/杜泽逊/中华书局 2001 年
中国古典文献学/张三夕/华中师范大学出版社 2003 年

2. 分支文献学论著书目

目录学发微/余嘉锡/中华书局 1932 年初版，1963 年重印
目录学研究/汪辟疆/商务印书馆 1934 年初版，1955 年重印
中国目录学史/姚名达/1937 年初版，上海古籍出版社 2002 年重印
古典目录学浅说/来新夏/中华书局 1981 年
中国目录学家/申畅/中州古籍出版社 1982 年
古书版本常谈/毛春翔/上海人民出版社 1977 年
古籍版本鉴定丛谈/魏隐儒、王金雨/印刷工业出版社 1984 年
版本学概论/戴南海/巴蜀书社 1989 年
古籍版本学概论/严佐之/华东师范大学出版社 1989 年
中国古籍版本学/曹之/武汉大学出版社 1992 年
版本学/姚伯岳/北京大学出版社 1993 年
校勘学释例/陈垣/中华书局 1959 年
校勘学史略/赵仲邑/岳麓书社 1983 年
校勘学概论/戴南海/陕西人民出版社 1987 年
校勘学述略/王云海/河南大学出版社 1988 年
校史随笔/张元济/上海古籍出版社 1998 年
古书真伪及其年代/梁启超/1927 年，收入梁启超全集第 17 卷，北京出版社 1999 年
古今伪书考补证/黄云眉/1932 年初版，齐鲁书社 1980 年重印
伪书通考/张心澂/商务印书馆 1939 年初版，1954 年重印
中国书史简编/刘国钧/书目文献出版社 1987 年
中国书史/郑如斯等/书目文献出版社 1987 年

中国古籍辑佚学论稿/曹书杰/东北师范大学出版社 1998 年
注释学纲要/汪耀楠/语文出版社 1997 年
古文今译技巧/吴其宽、吴端华/上海人民出版社 1996 年
中国古籍整理体式研究/冯浩菲/北京图书馆出版社 1997 年
古籍整理概论/黄永年/上海书店 2001 年
中国少数民族古籍概论/吴肃民/天津古籍出版 1995 年
图书馆学概论/桑健/辽宁人民出版社 1985 年
中国古代藏书楼研究/黄建国、高跃新/中华书局 1999 年
图书馆现代技术/刘荣等/武汉大学出版社 1986 年
中国图书馆学史/吴仲强/湖南出版社 1991 年
档案工作基础知识/和宝荣等/档案出版社 1982 年
文书档案管理学基础/郑崇田/吉林大学出版社 1985 年
明清档案概论/倪道善/四川大学出版社 1990 年
古籍索引概论/潘树广/书目文献出版社 1984 年
应用索引学/黄思祝/上海书店 1993 年
中国文献分类法百年发展与展望/俞君立/武汉大学出版社 2002 年
文献检索基础/高崇谦、朱孟杰/书目文献出版社 1983 年
社会科学文献检索与利用/来新夏/南开大学出版社 1987 年
史地文献检索与利用/金恩晖主编/吉林文史出版社 1987 年
科技文献检索与利用/张有云/中国科学技术大学出版社 1999 年

3. 参考的相关书目

中国历史研究法/梁启超/1921 年，梁启超全集本第 14 卷，北京出版社 1999 年
中国近三百年学术史/梁启超/1924 年，梁启超全集本第 15 卷，北京出版社 1999 年
史料学概论/谢国桢/福建人民出版社 1985 年
史料和历史科学/荣孟源/人民出版社 1987 年
中国史学史稿/刘节/中州书画社 1982 年
中国古代史学史简编/仓修良/黑龙江人民出版社 1983 年
中国史学发展史/尹达主编/中州古籍出版社 1985 年

期刊工作浅谈/樊锦淳/书目文献出版社 1980 年
中国新闻事业史稿/李龙牧/上海人民出版社 1985 年
情报学基础/邹志仁/南京大学出版社 1987 年
民族古籍研究/贾春光/民族出版社 1987 年
中国的印刷/上海人民出版社 1960 年
简明统计学/樊锦淳/北京大学出版社 1986 年
统计发展史/陈善林/立信会计图书用品社 1987 年
中国佛教史籍概论/陈垣/中华书局 1962 年
史学入门与文史工具书/张大可、徐兴海/青海人民出版社 1987 年
文史哲工具书简介/南京大学编/天津人民出版社 1980 年
图书馆自动化基础/刘荣、毛玉姣/武汉大学出版社 1985 年
电子时代的图书馆和图书馆员/〔美〕F. W. 兰开斯特著，郑登理等译/科学技术文献出版社 1985 年

附编一：典籍评介四篇

【说明】典籍评介四篇，系作者相关的文献研究论文，皆因事而作。《纪传体全史概述》，为主编《中国历史文选》教材“纪传体”单元文选的“典籍概述”而作，最初以“纪传史简论”为题发表。《〈晋书〉评介》、《〈水经注〉评介》两文为应邀之作。《〈资治通鉴〉导读》为《资治通鉴新译读本》所写前言。这四篇散论均属文献研究，故本次结集附于此。

纪传体全史概述

我国历代蝉联而下的纪传体正史积数有 26 种，4042 卷，洋洋 4500 万言，按各史的朝代序列完整无缺地保存下来，故学术界有“全史”之称。记事起于黄帝迄于清末，中华民族 5000 年文化发展的规模体制，载述毕于此编。历代封建王朝明令颁布为正史的纪传史迄《明史》止共 24 种，故二十四史成为学术界的一个专用名词。正史之名始见于梁阮孝绪的《正史削繁》。清乾隆年间敕修《四库全书》，确定以历代纪传史为正史，并明确规定，凡未经“宸断”的不得列入。乾隆诏定二十四史为正史。所谓正史，就是标准和典范的意思。汉王朝以五经为正宗思想，行为规范则以国史载笔为准绳。所以在《汉书·艺文志》中，史部书目被列为经部附庸。自马、班的《史》、《汉》书出，褒贬人物，述朝章典制，引起了统治者的重视，被看做国家大典。东汉明帝就敕命刘珍、李尤等著作《东观汉记》。一时，述史家、注史家，蜂起云集，史部书目至魏晋之际，蔚成大观。到了唐代，纪传史被颁令为国史，中央王朝设馆修撰，纳入了封建国家的政治体制。二十四史加上民国年间所修的《新元史》和《清史稿》共二十六史。分四个层次介绍于下。

一、纪传体全史书目和内容

列表概述如下：

书名	作者		内容			备注
	朝代	人名	各体篇数	记事起迄年代	总卷数	
史记	西汉	司马迁	本纪十二表十书八 世家三十列传七十	远古黄帝至西汉武帝太初年间约三千年。表后注①。	一三〇	私撰
汉书	东汉	班固	本纪十二表八志十 列传七十〔表注一〕	汉高祖王汉中至王莽地皇四年 〔公元前 206—公元 23 年〕	一二〇	私撰
后汉书	刘宋	范晔	本纪十 列传八十 志三十〔表注二〕	东汉建武元年至建安二十五年 〔公元 25—220 年〕	一二〇	私撰
以上三史	魏晋人所称三史，原有《东观汉记》，唐以后失传，以范书补之。北宋太宗淳化五年合刻。表后注②。				三七〇	
三国志	西晋	陈寿	魏书纪四 列传二六 蜀书列传十五 吴书列传二十	魏黄初元年至西晋太康元年 〔公元 220—280 年〕	六五	私撰
晋书	唐	房玄龄等	本纪十 志二十 列传七十载记三十	西晋泰始元年至东晋元熙二年 〔公元 265—420 年〕	一三〇	官修
宋书	梁	沈约	本纪十志三十 列传六十	东晋义熙元年至刘宋升明三年 〔公元 405—479 年〕	一〇〇	奉敕撰
南齐书	梁	萧子显	本纪八志十一 列传四十	齐建元元年至中兴二年 〔公元 479—502 年〕	五九	私撰

续表

书名	作者		内容			备注
	朝代	人名	各体篇数	记事起迄年代	总卷数	
梁书	唐	姚思廉	本纪六列传五十	梁天监元年至太平二年〔公元 502—557 年〕	五六	奉敕撰
陈书			本纪六列传三十	陈永定元年至祯明三年〔公元 557—589 年〕	三六	
魏书	北齐	魏收	本纪十二志二十列传九八	北魏登国元年至东魏武定八年〔公元 386—550 年〕	一三〇	奉敕撰
北齐书	唐	李百药	本纪八列传四二	自高欢至齐幼主承光元年〔公元 496—577 年〕	五〇	奉敕撰
周书	唐	令狐德棻等	本纪八列传四二	自宇文泰至周静帝大定元年〔公元 505—581 年〕	五〇	官修
隋书	唐	魏征等	本纪五志三十列传五十	隋开皇元年至大业十四年〔公元 581—618 年〕	八五	官修
以上十三史	唐人所称。				一一三二	
南史	唐	李延寿	本纪十列传七十	宋永初元年至陈祯明三年〔公元 420—589 年〕	八〇	私撰
北史			本纪十二列传八八	北魏登国元年至隋大业十四年〔公元 386—618 年〕	一〇〇	
新唐书	北宋	欧阳修 宋祁	本纪十志五十表十五列传一五〇	唐武德元年至天祐四年〔公元 618—907 年〕	二二五	官修

续表

书名	作者		内容			备注
	朝代	人名	各体篇数	记事起迄年代	总卷数	
新五代史	北宋	欧阳修	本纪十二 列传四五 考三 世家十 十国世家年谱一 四夷附录三	唐乾符二年至后周显德七年〔公元875—960年〕	七四	私撰
以上十七史	宋人汇刻。				一六一〇	
宋史	元	脱脱等	本纪四七 志一六二 表三二 列传二五五	北宋建隆元年至南宋祥兴二年〔公元960—1279年〕	四九六	官修
辽史			本纪三十 志三二 表八 列传四五 国语解一	辽太祖元年至保大五年〔公元907—1125年〕	一一六	
金史			本纪十九 志三九 表四 列传七三	金收国元年至天兴三年〔公元1115—1234年〕	一三五	
元史	明	宋濂等	本纪四七 志五八 表八 列传九七	元太祖元年至元顺帝亡〔公元1206—1370年〕	二一〇	官修
以上廿一史	明人汇刻。				二五六七	
明史	清	张廷玉等	本纪二四 志七五 表十三 列传二二〇	自明太祖至崇祯十七年〔公元1352—1644年〕	三三二	官修
以上廿二史	清乾隆时合刻。				二八九九	
旧唐书	后晋	刘昫等	本纪二十 志三〇 列传一五〇	唐武德元年至天祐四年〔公元618—907年〕	二〇〇	官修

续表

书名	作者		内容			备注
	朝代	人名	各体篇数	记事起迄年代	总卷数	
旧五代史	北宋	薛居正等	本纪六一 志十二 列传七七	唐乾符二年至后周显德七年〔公元 875—960 年〕	一五〇	官修
以上廿四史	清继二十二史之后合刻。				三二四九	
新元史	近人	柯劭忞	本纪二六 表七 志七〇 列传一五四	元太祖元年至昭宗八年〔公元 1206—1378 年〕	二五七	私撰
以上廿五史	1922 年北京政府颁令《新元史》入正史，开明书店合排廿五史。				三五〇六	
清史稿	近人	赵尔巽等	本纪二五 志一四二 表五三 列传三一六〔表注三〕	自清太祖至宣统三年〔公元 1559—1911 年〕	五三六	官修
以上廿六史	至 1978 年，中华书局将廿四史及清史稿标点排印出齐。				四〇四二	
表注	〔注一〕《汉书》百篇，唐颜师古作注，析为一百二十卷。 〔注二〕范史本无志，梁代刘昭注《后汉书》，取晋人司马彪《续汉书》的志，合成今本。 〔注三〕《清史稿》是民国初年北京政府设立的清史馆所修。1928 年初刊。编者系清朝遗老，回护清廷。国民政府北伐胜利后禁止发行，故未颁入正史。					

①《史记》卷首《五帝本纪》叙史前文化，确实年数不可考。“三千年历史”是晋人张辅语。《晋书》卷六〇《张辅传》云：“辅尝著论云：迁之著述，辞约而事举，叙三千年事唯五十万言。”

②汉末已有“三史”之名。《三国志·吕蒙传》注引《江表传》云孙权“至统事以来，省三史”，并劝吕蒙、蒋钦勤读三史。钱大昕《十驾斋养新录》有释三史条，谓魏晋人所称三史指《史记》、《汉书》、《东观汉记》。《东观汉记》是东汉明帝诏刘珍、李尤等修撰的一部当代纪传史。原书今已不存，清代乾隆时从《永乐大典》中辑出残本二十四卷。

上列二十六史，其汇刻顺序与成书先后，不完全吻合。范晔《后汉书》晚陈寿《三国志》100多年，是唐以后列入前三史的。魏晋人所称三史为《史记》、《汉书》、《东观汉记》。北宋最早的史部雕版书就是《史记》、《汉书》、《后汉书》三史，于淳化五年（公元994年）汇刻。宋人汇刻的十七史不包括《旧唐书》、《旧五代史》。因为欧阳修、宋祁是文学大家，所以新书出，旧书日渐湮没不闻。尤其是统治者的倾向对史书的存亡关系极大。唐代官修《晋书》出，而十八家私撰之晋史亡。金章宗泰和七年（公元1207年）诏令学者五代史只用欧史，元统一后继承金制，于是《旧五代史》逐渐失传，幸赖《永乐大典》收存，清编《四库全书》始辑出。清乾隆中，诏增《旧唐书》、《旧五代史》、《明史》入正史，随后又汇刻了二十四史，于是学术界多次版印、聚珍均以二十四史为一套书发行。民国年间修成二史。一是公元1922年完成的《新元史》，北京政府以大总统令颁入正史，日本东京大学文学部授予作者柯劭忞以文学博士学位，推尊《新元史》"文章雅洁，论断明快"，于是开明书店排印了二十五史。二是公元1927年完成的《清史稿》。至1978年，已由中华书局将《清史稿》与二十四史一并标点出齐，这是最新的读本，嘉惠世人，实在是新中国成立以来学术界整理古籍的一个巨大成果。

二、纪传体的结构和特点

纪传体是司马迁创造的，他的《史记》是我国第一部纪传体通史。司马迁的写作宗旨有四点：一是"究天人之际"，即探讨天道与人事的关系；二是"网罗天下放失旧闻，王迹所兴，原始察终，见盛观衰"以"通古今之变"，即总结古今一切人间社会的史事，考治乱之源；三是确立以人物为中心的述史体系；四是"拾遗补艺"，创一代典籍，继《春秋》之后，"成一家之言"。上述写作宗旨，概括起来就是，司马迁要完成一部以人事为中心的包容百科全书知识的通史。内容决定形式。《史记》由五体构成。

“本纪”12篇。“表”10篇。“书”8篇。“世家”30篇。“列传”70篇。全书共130篇，52.65万字。中华书局标点本《史记》正文有55.8146万字，因杂有褚少孙等人补续的文字近4万字在内，故比原著为多。《史记》述历黄帝以来至太初而讫近3000年的历史，体大思精，是纪传史中最伟大的一部作品。班固沿用这一体例写成断代史《汉书》，记述西汉一朝的历史。西汉是统一的中央集权国家，初年所封诸侯王，后来被消灭或者名存实亡，所以《汉书》无世家，并改“书”为“志”。以后各代编写断代史，都效法班固，改“书”为“志”。又，《汉书》以下各史，表、志或有或无，而纪、传必备，因此简称纪传体。

纪传体的最大特点是体大思精。体大，是指纪、表、书(志)、世家、列传五体形式，能容纳最大量的历史内容；思精，是指纪传体史书内容具有全面性和系统性。体大思精的体系形象地反映了封建社会的等级秩序结构。“本纪”、“世家”、“列传”具有不同的载述笔法，就是一种等级序列。“本纪”编年，摘载诏令制诰，以象征历史发展的纲纪。“世家”述开国承家的诸侯。“列传”叙人臣事迹，辅弼君上，如众星之拱卫北辰。所以纪传史是以帝王将相为中心的历史，适应了封建统治的思想体制，这是纪传史之被封建王朝颁令为正史的内在原因。

纪传体史书的表、志两体内容相当繁富，有较大的史料价值。全史有19种史志，自《汉书》以下皆渊源于《史记》八书。全史志目分合异同之内容，列三表如下。

表一　与《史记》八书分合对应的史志

书名	史　志　类　目							
史　记	礼书	乐书	律书	历书	天官书	封禅书	河渠书	平准书
汉　书	礼乐志		律历志		天文志	郊祀志	沟洫志	食货志
后汉书	礼仪志		律历志		天文志	祭祀志		
晋　书	礼志	乐志	律历志		天文志			食货志
宋　书	礼志	乐志	律历志		天文志			
南齐书	礼志	乐志			天文志			
魏　书	礼志	乐志	律历志		天象志			食货志

续表

书名	史志类目							
隋　书	礼仪志	音乐志	律历志	天文志				食货志
旧唐书	礼仪志	音乐志		历志	天文志			食货志
新唐书	礼乐志			历志	天文志			食货志
旧五代史	礼志	乐志		历志	天文志			食货志
新五代史					司天志			
宋　史	礼志	乐志	律历志		天文志		河渠志	食货志
辽　史	礼志	乐志		历象志				食货志
金　史	礼志	乐志		历志	天文志		河渠志	食货志
元　史	礼乐志			历志	天文志	祭祀志	河渠志	食货志
新元史	礼志	乐志		历志	天文志		河渠志	食货志
明　史	礼志	乐志		历志	天文志		河渠志	食货志
清史稿	礼志	乐志		时宪志	天文志		河渠志	食货志

表二　与《两汉书》新增史志分合对应的史志

汉　书	刑法志	五行志	地理志	艺文志		
后汉书		五行志	郡国志		百官志	舆服志
晋　书	刑法志	五行志	地理志		职官志	舆服志
宋　书		五行志	州郡志		百官志	
齐　书		五行志	州郡志		百官志	舆服志
魏　书	刑罚志		地形志		官氏志	
隋　书	刑法志	五行志	地理志	经籍志	百官志	
旧唐书	刑法志	五行志	地理志	经籍志	职官志	舆服志
新唐书	刑法志	五行志	地理志	艺文志	百官志	车服志
旧五代史	刑法志	五行志	郡县志		职官志	
新五代史			职方志			
宋　史	刑法志	五行志	地理志	艺文志	职官志	舆服志
辽　史	刑法志		地理志		百官志	
金　史	刑　志	五行志	地理志		百官志	舆服志
元　史	刑法志	五行志	地理志		百官志	舆服志
新元史	刑法志	五行志	地理志		百官志	舆服志
明　史	刑法志	五行志	地理志	艺文志	职官志	舆服志
清史稿	刑法志	灾异志	地理志	艺文志	职官志	舆服志

表三　《宋书》以下各史新增史志

宋　书	符瑞志							
南齐书	祥瑞志							
魏　书	灵征志	释老志						

续表

新唐书			仪卫志	选举志	兵志			
旧五代史				选举志				
宋　史			仪卫志	选举志	兵志			
辽　史			仪卫志		兵卫志	营卫志		
金　史			仪卫志	选举志	兵志			
元　史				选举志	兵志			
新元史				选举志	兵志			
明　史			仪卫志	选举志	兵志			
清史稿				选举志	兵志		交通志	邦交志

上述史志类目清楚地反映了时代愈后，类目愈多，史事制度愈繁。历代封建统治者所重的《五行》、《符瑞》、《祥瑞》、《灵征》、《灾异》诸志，都是封建社会中的迷信记录，史料价值不大。《律历》、《天文》是专门科学知识。史料价值最大的是记载历代经济的《食货志》，记载政治制度的《礼志》（一部分）、《刑法志》、《百官志》、《选举志》、《兵志》，记载古今典籍的《经籍志》。其次是记载宗教的《释老志》，记载封建等级礼制的《礼志》（一部分）、《乐志》、《舆服志》、《祭祀志》、《仪卫志》等。

三、纪传体全史的价值和缺点

纪传体全史的价值，要点有三：

1. 资料引证，具有权威性

前人讨论纪传史的等第，一般说法，前四史最优，其次为《南、北史》、《宋书》、《新唐书》、《明史》，又其次为六朝至五代的其他各史，《宋》、《辽》、《金》、《元》四史最下，而《元史》最芜杂。这是史学史研究者大略的说法。作为研究历史的原始资料，各史系不同时代之史，无论优与劣在今天都是宝贵的资料。唐、五代、元三个时期各有新旧两史，可互为补充，而不可以新代旧。拿新、旧《唐书》来比较，《旧唐书》编于乱世，《新唐书》成于治世，又后出，故新书采辑的资料比旧书更丰富。旧书用骈体文约190万字，文字冗赘，也是一短。新书用散文，文字精练，约170万字，内容更多。人物列传，新书废旧书61人，增传331。欧阳修分撰新书的纪、志、表，他首创《仪卫志》、《选举志》、《兵志》，又编制了《宰相表》、《方镇表》、《宗室世系表》，这些创作，大大丰富了《新唐书》的内容。故新书进书表称"其事则增于前，其文则省于旧"。"文省事增"是新书作者自诩的优点。但从史料角度看，新书的价值在于事增，而文省的优点有待商榷。新书刻意文省，有时不免流于晦涩险怪。尤其是新书删节奏疏、公文，遗漏了不少有价值的资料，以至于史实失真，可以说是一个缺点。史称《魏书》褒贬任情，为世所讥，但它得以传世，则因其所载史料基本可信。我们研究中国历史，资料浩博，有编年史、纪事本末、十通、会典等等，但纪传史是各个王朝史实的较早记载，保存了最丰富的原始资料，凡考证史实，引据旧事，"正史"资料仍有权威性，这是它的第一个价值。

2. 纪传史编纂受到社会极大关注，在史学史上享有崇高的地位

唐朝设馆修史，宰相监督任提举，开创了新王朝修撰前朝历史的通例。于是"正史"有私撰与官修的区别。

所谓私撰，即个人奋力构思之作，体例完备，成一家之言，具有独特的风格。官修是奉敕编撰，成于众手，体例不纯，风格不一。尤其是官修书忌讳太多，载述多曲笔，故官修书一般不如私撰书的质量高。但亦不能执一而论。有两点必须注意。第一，私撰之史虽由一人统筹，但一般并非一人修成。例如《史记》是司马谈发凡起例，由司马迁完成，可以看作是父子相继修撰的一部史书，凝聚两代人的心血。其后续作《史记》的有10余家，班彪、班固父子集其大成而成《汉书》。第二，官修书也有一人奉敕主修与众手修成之别。《宋书》、《梁书》、《陈书》、《魏书》、《北齐书》是奉敕撰，主要由一人最后删定，具有私撰性质。计私撰之史11种：《史记》、《汉书》、《后汉书》、《三国志》、《宋书》、《南齐书》、《魏书》、《南史》、《北史》、《新五代史》、《新元史》。官修之史15种：《晋书》、《梁书》、《陈书》、《北齐书》、

《周书》、《隋书》、《旧唐书》、《新唐书》、《旧五代史》、《宋》、《辽》、《金》、《元》、《明》、《清》史。私撰之史，良史迭出；官修之书，亦不乏佳品。必须指出，11种私修之史，得到了官家之助。《史记》是司马氏父子在太史令任上完成的，如同司马光修《资治通鉴》，可以看作是私家完成的官修之史。成于众手的官修之史，尽管有许多缺陷，但它纳入了国家工程，带来了许多修史的方便，这一点应予以充分的肯定。

以时代论，唐以前主要私撰，唐以后主要是官修。这有两个原因。其一，客观原因是封建王朝日益加强中央集权的思想控制。早在东汉，班固修《汉书》就被告发为私撰国史而下狱。嗣后汉明帝敕刘珍、李尤等修撰《东观汉记》，已开官修国史的先例。由于魏晋六朝的纷争，未形成全国统一的中央政权，禁网未密，私家述史之风，仍然盛行。北魏崔浩奉敕修撰国史犯忌讳，遭灭三族之祸，同坐死者158人。这一次文字狱冤案，给私撰国史者敲了警钟。隋文帝下令禁止私撰国史。所谓禁止私撰国史，就是不允许个人修撰纪传史，褒贬君臣。可见唐代创设史馆，并非偶然。其二，主观原因是个人不易获得资料，而时代愈后，转向别史、杂史，也是形势所逼。这样一来，唐以后的官修史书就成了一家独撰，缺乏众多私家著述的参考，这也是影响国史质量的一个重要原因。认真总结各史成书的经过，可以提供借鉴的历史经验是极其丰富的。纪传史在史学史上有崇高的地位，这是它的第二个价值。

3. 编纂体例完备

从编纂学的角度来看，纪传史的结构能容纳丰富的历史素材。刘知几评论说："《史记》者，《纪》以包举大端，《传》以委曲细事，《表》以序其年爵，《志》以总括遗漏，逮于天文、地理、国典、朝章，显隐必该，洪纤靡失，此其所以为长也。"① 清赵翼申论之曰："古者左史记言，右史记事，言为《尚书》，事为《春秋》，其后沿为编年、记事二种。记事者，以一篇记一事，而

① 《史通·二体》。

不能统贯一代之全；编年者，又不能即一人而各见其本末，司马迁参酌古今，发凡起例，创为全史。《本纪》以序帝王，《世家》以记侯国，十《表》以系时事，八《书》以详制度，《列传》以志人物，然后一代君臣政事，贤否得失，总汇于一编之中，自此例一定，历代作史者，遂不能出其范围，信史家之极则也。”[①] 这是纪传史的第三个价值。

纪传史的缺点主要有四点。

1. 记述人物活动以帝王将相为中心，宣扬英雄史观

人民群众的活动被抹杀，农民起义被骂为“盗贼”，科学、文化、技术的进步和重大发明都归之于少数英雄人物身上。阶级斗争的历史被歪曲或完全颠倒了。

2. 纪传史“虚美隐恶”，宣扬君权神授的天命史观，为封建王朝制造合法的理论根据

班固撰《汉书》，宣扬“汉绍尧运，自当继尧”（《通志·总序》）的唯心史观。历代封建史家都仿效班固，宣扬君权神授，美化帝王。《天文志》、《郊祀志》、《五行志》、《符瑞志》等，充满禨祥，愚弄人民。君权既是天授，故帝王之荒淫无耻，史家必要曲意回护。

3. 纪传史制造所谓“正统”的理论，以巩固封建专制统治

所谓正统的理论主要有两点。一是同时对立的几个王国，确立其一国为主体纪年，而以其余各国为“闰位”，即“正名分”为本朝回护。二是隐讳篡夺事迹，编造“禅让”的谎言。编年史家亦要维护正统。但正统的理论却创自纪传体。

司马迁作《史记》，已露正统理论的端倪。《六国年表》，实述八国。首列周朝，就是正名分。次列秦国，才是指实，因六国均统一于秦。《秦始皇本纪》之上有《秦本纪》，隐含司马迁以秦为战国之世的正统。楚汉之际有《项羽本纪》，这是记实。真正的正统理论创自陈寿的《三国志》。陈史首列《魏书》，称魏君为“帝”，明标为“纪”。次《蜀书》，次《吴书》，对蜀、吴之君均

---

① 《廿二史劄记》卷一。

称为“主”，蜀、吴两国君臣均标为“传”。这表明陈寿是以魏为正统。他对刘备政权称蜀而不称汉，是不以蜀为正统的明证。但陈寿又发扬了司马迁的实录笔法，载述了曹魏的篡夺形迹。他不作志、表，已见其婉约之志。因为蜀汉是用汉旧仪，不须作志。魏既篡夺，吴又僭割一隅，都不足以当一世之制。陈寿又改“论”、“赞”为“评”，而独于《蜀书》的《杨戏传》中引杨戏的《季汉辅臣赞》对蜀汉君臣普遍作“赞”，寄托故国之思。最后书名又为《三国志》，分别以各自的年号纪年。陈寿为晋朝回护，他以魏为正统，却又委婉地揭示了曹氏的篡夺形迹，真实地反映了三国鼎立的形势，具有良史之才。其后沈约撰《宋书》，用禅让的说法，既为宋讳，也为齐讳。

4. 因事立目，褒贬人物，以维护封建统治的等级秩序

《汉书》不为叛臣作传，故西汉大理财家桑弘羊无传。《晋书》则创《叛逆传》来贬斥农民起义领袖和凌上的大臣。中华书局标点本《晋书》抹去“叛逆”二字，是不妥当的。封建史家创立的类传，其类目特具笔法，不应删削。例如为了转移阶级斗争的视线，封建史家创立了《酷吏》、《循吏》两种人物的类传。大抵暴吏入《酷吏传》，清正之官入《循吏传》。又立《儒林传》以尊儒学，立《独行传》褒扬守义成仁之士，等等。班固还在《汉书》中创《古今人表》来品评人物，区分等第，宣扬上智下愚。

总之，纪传史的结构，能够完美地把以帝王为中心的英雄史观和天命论结合起来，歌功颂德，隐恶扬善。这就是正史的“正”字的真实含义。因此，历代封建王朝都把修撰纪传史列为国家大典。建议封建王朝由中央设馆修史的人，是唐初的大臣令狐德棻。唐高祖武德五年（公元 622 年），在干戈扰攘之际，令狐德棻就对高祖说：“陛下既受禅于隋，复承周氏历数，国家二祖功业，并在周时。如文史不存，何以贻鉴今古？如臣愚见，并请修之。”[1] 于是《隋书》极力宣扬隋亡唐兴“斯乃非止人谋，抑

① 《旧唐书》卷七三《令狐德棻传》。

天之所赞也”[1] 的天命史观，为李唐政权争正统。显然其他体裁是不能取代纪传史的这种地位的。拿编年史来说，创自《春秋左氏传》，比纪传体为早，又被尊为经。嗣后司马光撰《资治通鉴》，宋神宗钦定书名。但是编年史，是作为替封建皇帝编写的国史删节本而提倡的。刘知几从编纂学的角度主张纪传、编年二体并重，但封建王朝的国史馆还是只修撰纪传史，并不以编年史为国家大典。

（原题《纪传史简论》，载《兰州大学学报》1981 年第 1 期。本文移植于教材为“纪传体”单元文选的典籍概述改为今题）

① 《隋书》卷二《高祖纪下·史论》。

《晋书》评介

《晋书》是唐代大规模设馆修史所成的最后一部，也是较重要的一部。由于官修书成于众手，难免有一些缺陷，历代学者对《晋书》评价不高，如果我们认真地研究《晋书》的编纂体例和载述的内容、笔法，就可以看出，《晋书》是历代官修正史的上乘作品之一，也是集体修史的成功之作，足可誉为史学名著。对《晋书》的认识要重新评价，兹分四个方面来谈。

一、唐太宗敕修《晋书》的原因

李唐王朝建立在短命的隋王朝之后，好似秦汉政权嬗递的一次重演。西汉初年，刘邦令陆贾作《新语》总结秦之所以失，汉之所以兴，以为殷鉴。唐初大规模设馆修史，也是基于这一目的，即总结前朝的历史经验，为李唐王朝取鉴，并为其存在争正统地位，这在令狐德棻的上奏中说得十分明白。唐高祖武德五年（公元 622 年），令狐德棻从容言于高祖曰："窃见近代已来，多无正史……陛下既禅于隋，复承周氏历数，国家二祖功业，并在周时。如文史不存，何以贻鉴今古？如臣愚见，并请修之。"[1]唐

① 《旧唐书》卷七三《令狐德棻传》。

高祖准奏，下诏修魏、梁、陈、北齐、周、隋六代史。由于当时全国尚未统一，烽烟未息，诸史没有修成正果。唐太宗贞观三年（公元 629 年），又诏房玄龄、褚遂良等重组班子，继续修纂六代史。众议魏史已有魏收、魏澹两家，于是不再修撰，只修五代史。贞观十年（公元 636 年），五代史修成，仍未提出重修晋史的计划。因为在唐以前晋史有二十四家[1]，至唐仍有十八家《晋书》流传。所以在武德五年唐高宗所下的修史诏中，就有“三国受命，迄于晋宋，载籍备焉”[2] 的话头。也就是说，《晋书》未在设馆修史的计划之列。但是，到了贞观二十年（公元 646 年），距五代史修成后 10 年，唐太宗忽又下了一道《修晋书诏》，组织了一个异乎寻常的强大的修史班子，从贞观二十年开始，到二十二年成书，历时不到三年，唐太宗又亲为宣、武两帝纪，二陆、王羲之两传作论赞，称制曰，并题其书名为御撰。如此隆重，这就不无原因了。

唐太宗为何在他的晚年敕修《晋书》，我们可以从《修晋书诏》以及唐太宗的卸制论赞中寻其端倪，联系当时的政治形势，其因有四。

其一，不满前代《晋书》的修撰，这是最基本的原因。《修晋书诏》称：“十有八家，虽存记注，而才非良史，事亏实录。绪（臧荣绪）烦而寡要，思（谢沈字行思）劳而少功，叔宁（虞预字叔宁）课虚，滋味同于画饼；子云（萧子云）学海，涓滴湮于涸流；处叔（王隐字处叔）不预中兴，法盛（何法盛）莫通于创业。洎乎干（干宝）、陆（陆机）、曹（曹嘉之）、邓（邓粲），略记帝王；鸾（檀道鸾）、盛（孙盛）、广（徐广）、谦（刘谦之），才编载纪。其文既野，其事罕传……宜令修国史所更撰《晋书》，铨次旧文，裁成义类。”[3]刘知几亦云：“皇家贞观中有诏，以前后晋史十有八家，制作虽多，未能尽善，乃敕史官，更

---

① 金毓黻：《中国史学史》表列二三家，漏列杜延业《晋春秋略》，见《新唐书·艺文志》。

② 《旧唐书》卷七三《令狐德棻传》。

③ 《大唐诏令集》卷八一。

加纂录。采正典与杂说数十余部，兼引伪史十六国书，为纪十、志二十、列传七十、载记二十，并叙例目录，合为百三十二卷。自是言晋史者，皆弃其旧本，竞从新撰者焉。”①

唐初所存十八家晋史，据《史通通释》浦起龙的考释，实为十九家。其言曰：“按隋唐二志正史部，凡八家：其撰人则王隐、虞预、朱凤、何法盛、谢灵运、臧荣绪、萧子云、萧子显也。编年部凡十一家：其撰人则陆机、干宝、曹嘉之、习凿齿、邓粲、孙盛、刘谦之、王韶之、徐广、檀道鸾、郭季产也。据志盖十九家，岂缘习氏书独主汉斥魏以为异议，遂废不用欤?”浦氏认为习凿齿的《汉晋春秋》，以蜀为正统，不为唐史官取法，故未计入。从内容上，习氏之书上包东汉及三国，不专载晋史，这也当是未计入的一个原因。《修晋书诏》列举各家晋书之不足，指出有的繁杂寡要，有的空洞鄙野，有的只载西晋四朝之史，有的仅述东晋史事，大都“才非良史，事亏实录”，所以要重修。当时只有臧荣绪的《晋书》，“括东西晋为一书，纪、录、志、传百一十卷”②。唐太宗敕修《晋书》，即以臧荣绪之书为蓝本，博采众家之长，于是新书出，十八家晋史尽废。

其二，借古规今，垂示将来。“戡乱以武，守成以文”③，唐太宗十分重视文治。贞观初诏修五代史，着重修《隋书》，因“鉴败莫如亡国”，总结隋之所以失，以为唐王朝治政借鉴，是当务之急。贞观二十年，形势大变，唐政权已经巩固，全国统一，天下太平。但统治集团的内部矛盾即日益上升。太宗十四子，太子承乾，第四子李泰，第九子李治为长孙皇后所生。承乾立为太子，年少时性聪慧，太宗甚爱之。及长，好声色，粗鄙荒唐，亵狎群小，不像一个皇太子，为太宗所忧。魏王李泰乘隙“潜怀夺嫡之计”，于是与承乾“各树朋党，遂成衅隙”④。贞观十七年

① 《史通》卷一二《古今正史》。
② 《南齐书》卷五四《高逸·臧荣绪传》。
③ 《资治通鉴》卷一九二。
④ 《旧唐书》卷七六《李承乾传》。

（公元643年），太子谋反事发，“承乾悖逆，泰亦凶险，皆不可立”[①]，懦弱无能的李治在长孙无忌等人的支持下立为太子，即后来的高宗。这场争嗣的宫廷政变好似当年唐太宗发动玄武门之变的重演，给唐太宗的刺激很大。卷入太子承乾谋反案有太宗弟汉王元昌、太宗甥赵节、太宗婿杜荷（杜如晦之子），以及开国功臣侯君集等。太子承乾谋反案又是由于太宗第五子齐王祐反于齐州引发的。太宗悲怆满怀，对大臣长孙无忌、房玄龄、李世勣、褚遂良等说：“我三子一弟，所为如是，我心诚无聊赖！”还作了一番抽刀自刺的表演 。[②] 三子，即齐王李祐、太子承乾、魏王李泰。一弟，汉王李元昌。唐太宗诛杀了侯君集等，进而加重了忌疑心。贞观十九年十二月刘洎被赐死。二十年三月张亮又以谋反罪被诛。侯君集和张亮都是贞观十七年图形凌烟阁的功臣。这些事变促使唐太宗重修晋史，用以垂示将来，使嗣君大臣知为君臣之义。唐太宗在《晋书·武帝纪论》中，指出晋武帝开国之初注重俭约，爱好直言，取得了“握图御宇”的成绩。后来有了“骄泰之心”，不知“居治而忘危”，“加之建立非所，委寄失才”，造成昏君当国，大臣贾充、杨骏等凶竖“包祸心以专辅”，纲纪大乱，西晋灭亡。尤其是刘渊当除不除，惠帝当废不废，可以说是晋武帝“畏小忍而忘大孝”，违背了圣贤之道。唐太宗的这些话头，显然是为自己废太子、诛大臣寻找的历史依据。最后，唐太宗用“所以殷勤史策，不能无慷慨焉”作结语，把重修《晋书》的原因，鲜明地和盘托出。

在《宣帝纪论》中，唐太宗挞伐了司马懿、司马昭父子的不臣行为，指出他们“应期佐命”、“受遗二主”，却“饰忠于已诈之心”，“前忠而后乱”，欺负孤儿寡妇，干出掩耳盗铃之事。唐太宗说，司马懿父子的经营违抗天命，虽然子孙得福，而自己仍不免终身为臣，却留下了身后恶名。这篇评论具有一箭双雕的作用。一是为自己的玄武门之变辩解。唐太宗把这一事变誉为周公诛管蔡，要史臣实录，书法不隐，强调司马懿父子的鼠窃狗偷行

---

①② 《资治通鉴》卷一九七。

为不可与之并论。二是劝诫臣下，不要效法司马懿父子，要修自身的令名。唐太宗在《二陆传论》中，劝诫之意就更为鲜明。这篇传论首先肯定陆机的文学成就，是“百代文宗，一人而已”，又颂扬了他的家世及才干。然后笔锋一转，指出二陆在荣利面前，忘了“居安保名”的君子处世原则，造成“卒令覆宗绝祀”的悲剧，使人慨叹！很明显，这是教诫群臣，好自为之，不要谋他李家天下。

其三，囊括华夷，宣扬大一统。魏收撰写《魏书》，在匈奴刘聪等传的序中称“夫帝皇者，配德两仪，家有四海，所谓天无二日，土无二王者也”。《魏书》以大一统的格局兼载十六国史事及南朝，这是它的长处。但北魏并不是一个大一统的王朝，而且《魏书》一概贬斥分裂割据政权为僭盗，不利于民族统一。唐朝是一个空前统一的大帝国，为了巩固大一统的局面，在修史中把分裂政权纳入一编，以便确立一个正统中心。西晋曾经是一统的王朝，而各家晋史都不包括十六国史事。臧荣绪书有“纪录志传”四体，其中之“录”或许是“秦录”“凉录”之类，今臧书不存，难以确论。即或臧书有载，而指导思想是否有利于一统，亦不可知。唐太宗重修晋史，宣扬大一统，宣扬华夷一家，这对于巩固唐政权是有积极意义的。贞观二十一年（公元 647 年），唐太宗与群臣讨论唐朝建立成功之道有五，第五点便是“自古皆贵中华，贱夷、狄，朕独爱之如一，故其种落皆依朕如父母”[①]。这一原则贯彻在修晋史中，便是“载记”之创立，无疑这是进步的思想。

其四，通过修撰《晋书》，用以“尊扬皇室，证明先世之渊源”[②]，也是一个原因。

二、修撰《晋书》的时间及编撰人员

《晋书》的修撰时间，一般持修于贞观十八年至二十年说。

① 《资治通鉴》卷一九八。

② 陈寅恪：《李唐氏族之推测》，《金明馆丛稿二编》。

首发其论者为邓之诚的《中华二千年史》，其后诸家史学史多持其说，如金毓黻《中国史学史》、柴德赓《史籍举要》、李宗邺《中国历史要籍介绍》、朱杰勤《中国古代史学史》，以及1980年版《辞海》晋书条。此说依据旧本《旧唐书·房玄龄传》的记载，房玄龄"十八年，与司徒长孙无忌等图形于凌烟阁……寻与中书侍郎褚遂良受诏重撰《晋书》……至二十年，书成，凡一百三十卷"云云。其实房传中的"十八年"与"二十年"均是误记。中华书局点校本《旧唐书》已校改"十八年"为"十七年"，并出校记云："各本原作十八年，据本书卷三《太宗纪》、《通鉴》卷一九六改。"无论"十八年"，还是"十七年"，均不是始修书之年。"至二十年，书成"，以实考校，当是"二十二年"之误。但点校本没有校改。

《晋书》应修于贞观二十年至二十二年。这有充分的文献依据。中华书局点校本《晋书》在其出版说明中明确地提了出来。嗣后，李培栋作了一番考证，于1984年在《上海师院学报》第二、三期发表的《晋书研究》一文中作了论述。《晋书》的始修时间，《修晋书诏》提供了直接的证据。《唐会要》卷六十三、《唐大诏令集》卷八十一、《册府元龟》卷五五六《国史部·采撰二》均载诏文的下诏时间为贞观二十年闰三月，《唐会要》更具体为"闰三月丙寅（初四）"。再说诏文本身也提供了下诏时间的背景资料。诏文起首："朕拯溺师旋，省方礼毕，四海无事，百揆多闲。"这几句充满了现实的历史内容。所谓"朕拯溺师旋"，指的就是唐太宗贞观十九年亲征高丽，二十年三月己巳（初七）"车驾回京师"事。"四海无事，百揆多闲"，正写出太宗废太子，重新安排了储君人选，以及诛杀了侯君集、张亮等人而感到身心松弛，诏文下达时间与史实对照，若合符节，因此，贞观二十年闰三月初四为《晋书》始修时间之界标，应无疑义。

《晋书》修成时间，虽无"进书表"之类的直接文献断案，但亦有坚实的旁证材料可以定案。《唐会要》及《册府元龟》均记载，《晋书》修成后，"赐皇太子及新罗使者各一部"。新罗使者来朝时间，《旧唐书·太宗本纪》及《资治通鉴》卷一九九均记为贞观二十二年十二月。关于赐书，《旧唐书·新罗传》更作了明确记载："（贞观）二十二年，真德遣其弟国相，伊赞干金春秋及其子文王来朝。……太宗因赐以所制《温汤》及《晋祠碑》并新撰《晋书》。"这一记载特标明"新撰《晋书》"，有两层含义。第一，所赐《晋书》非臧本《晋书》，而是重修的新《晋书》。第二，"新撰"亦指新近修成不久。监修房玄龄死于是年七月癸卯（二十四日），《旧唐书·经籍志》题称许敬宗等撰，可见《晋书》奏进在房玄龄死后，由许敬宗领衔。官修书奏进时以当时监修人领衔是一个惯例，许敬宗领衔奏进《晋书》则是创例。这说明，《晋书》修成具体时间在贞观二十二年八月至十二月之间。《新唐书·艺文志》据《旧唐书·房玄龄传》的记载题称御撰。由此可以推知，许敬宗领衔奏进原题御撰以示尊君，因唐太宗写了四论，正合许敬宗谀上之为人。《旧唐书·经籍志》的作者按奏进人题许敬宗等撰，至《宋史·艺文志》改以实际监修人题称房玄龄撰。

唐修《晋书》问世，与臧荣绪书并行于世，为示区别，称唐修《晋书》为《新晋书》。后来臧书失传，无分新旧，于是唐修《晋书》成为二十四史之一，流传至今。

关于《晋书》的作者，由于文献记载歧异，作者人数及分工有多种说法。本文据《唐会要》、《新唐书·艺文志》作基础，参稽《旧唐书》之《房玄龄传》、《令孤德棻传》、《敬播传》，以及《册府元龟》、《史略》等记载，归合厘正，得修撰人名单及分工如下：

其一，监修3人：房玄龄、褚遂良、许敬宗；其二，分功撰录14人：来济、陆元仕、刘子翼、卢承基、李淳风、李义府、薛元超、上官仪、崔行功、辛丘驭、刘胤之、杨仁卿、李延寿、张文恭；其三，考证类例5人：令狐德棻、敬播、李安期、李怀严、赵弘智。总上作者22人，若将唐太宗计入，则为23人。

《唐会要》卷六十三《史馆上》和《史略》卷二"唐御撰晋书"条，均列撰人21人，分三个层次：监修、分功撰录、考证类例。两书记载有1人出入。《唐会要》列监修3人，分功撰录

14 人、考证类例 4 人，共 21 人，考证类例中无赵弘智。《史略》列监修 3 人、分功撰录 14 人，考证类例 5 人，在分功撰录中无卢承基，在考证类例中增赵汝智（按，赵汝智乃赵弘智之误）。《新唐书·艺文志》列撰人 21 人，与《史略》同，赵汝智正作赵弘智。《史略》为宋人高似孙作，所列撰人实依据《新唐书·艺文志》。《册府元龟》卷一五六《国史部·采撰二》列撰人 19 人，脱上官仪、崔行功、赵弘智 3 人。至于各书所载个别撰人名字的异同，兹不赘述。

中华书局点校本《晋书》的“出版说明”，未计唐太宗与赵弘智，故谓作者 21 人。“出版说明”并认为 21 人是“前后”参加编写人数的总计。查《旧唐书·房玄龄传》载列撰人共 10 人：房玄龄、褚遂良 2 人奉诏监修；许敬宗、来济、陆元任、刘子翼、令狐德棻、李义府、薛元超、上官仪等 8 人是房玄龄奏请的分功撰录班子。这就是唐修《晋书》修撰者八人说与十人说所本。令狐德棻为唐初修史大家，房玄龄奏请为修撰总裁，令狐德棻复又奏请敬播、赵弘智等预修撰，于是修史班子由 10 人扩大为 22 人，并分工负责，是一个有严密组织强大的修撰班子，故能在两年多的时间内修成了一代大典。

《晋书》修撰的 22 人，有 15 人在两唐书中有传，有令狐德棻、李延寿、薛元超、敬播、上官仪、褚遂良、许敬宗、来济、李义府、李安期、李淳风、房玄龄、刘胤之、赵弘智、崔行功。他们都是当时的文史名流和学问大家，大都出身名门士族，有深厚的家学渊源，熟悉历史掌故，精通经学、史学。从地域看，关陇、山东、江南各地都有，可以说是集中了全国的学术名流，是一个高水平的修史班子，组织严密，分工明确。将其三个工作层次分述于下。

第一层次，监修人，有房玄龄、褚遂良、许敬宗 3 人。官修史书，设重臣监修，南北朝时发其端，至唐设馆修史而成定例。高级监修官之设置，一方面说明封建统治者对史学控制的加强，另一方面也说明了统治者的重视，创造了有利的修史条件，如图籍的查阅，档案的提供，人员的调集，经费的保证等，均能得到圆满解决。

第二层次，分功撰录，即基本的写作人员，有来济等 14 人。具体分工因文献无征，不得其详，但由于《晋书》的监修人、主修人都是学术大家，所以可以推知分工安排是得体的。郑樵在《通志·艺文略》中推其原则曰："随其学术所长者而授之，未尝夺人之能而强人之所以不及。"大约"博通古今"者，"则授之以纪传"；"明天文、地理、图籍"之学者"则授之以志"，如李淳风"博涉群书，尤明天文、历算、阴阳之学"，便授之以"天文、律历、五行志"。

第三层次，考证类例，有令狐德棻、敬播等 5 人，此为实际的主修人。考证类例包括发凡起例与审校定稿两方面的工作，《册府元龟》用"详其条例，重加考证"8 个字来概括。个人编书，发凡起例可运之于心，审校定稿是最后的一道修改工序。集体编书则不然，发凡起例，制定严密的编书条例，供全体编写人员遵行，必须先行。由于各撰人水平不一，文字表现亦有高下，审校统稿更是极其复杂繁难的工作。因此，考证类例诸人是高于分工撰录人的一个重要层次。

在考证类例中，令狐德棻与敬播起正副主编的作用，李安期、李怀俨、赵弘智起编委作用。敬播，史称"凡例皆敬播创焉"[①]，大抵凡例皆播所发也[②]。但两唐书《令狐德棻传》称，"当时同修一十八人，并推德棻为首，其体制多取决焉"[③]，"预柬凡十有八人，德棻为先进，故类例多所诹定"[④]。所谓"凡例""体制""类例"是一个概念，即发凡起例，制定《晋书》的总体设计。其制出于敬播与令狐德棻两人之后，令狐氏为首，敬播为副手，故知两人主修，即今之所谓正副主编。

《晋书》撰人的分工组织形式为后世史官修史立一楷模，其成功经验亦可为今天集体编书提供借鉴。

---

① 《唐会要》卷六三。
② 《新唐书》卷一二〇《敬播传》。
③ 《旧唐书》卷七三《令狐德棻传》。
④ 《新唐书》卷一〇四《令狐德棻传》。

三、《晋书》的内容和成就

《晋书》是载述两晋历史的纪传断代史，叙事起西晋武帝泰始元年（公元265年），到东晋恭帝元熙二年（公元420年），共156年的历史。其中西晋4帝：武帝、惠帝、怀帝、愍帝，都洛阳，历52年；东晋11帝：元帝、明帝、成帝、康帝、穆帝、哀帝、废帝、简文帝、孝武帝、安帝、恭帝，都建康，历104年。全书包括帝纪10卷、志20卷、列传70卷，载记30卷。另有叙例1卷，目录1卷，共132卷。后叙例散失，目录不再独立成卷，故今本为130卷。《晋书》不仅首尾完备地记载了两晋兴亡史，而且还创造了“载记”的形式，载述了割据政权“十六国”的历史，无论编纂体例，还是叙事内容，都取得了很大的成就。

1. 体例完备

《晋书》帝纪按时间顺序编列史事，用大事记的笔法勾勒历史脉络，为全书之纲。书志载典章制度，列传序人物，载记叙十六国，把东西晋分裂局面的历史纳入一编，基本理顺了五胡十六国时期的纷乱历史。《晋书》叙事，虽然只有156年，然而史事错综复杂，比两汉历史要难写得多。《晋书》体例却能包容，具有许多独特的创造，发展纪传史以适应记载复杂局面的历史，是值得肯定的。

其一，《晋书》帝纪，在武帝之前有宣、景、文三帝纪，叙晋武帝祖父司马懿、伯父司马师、父亲司马昭创建晋国基业的过程，上溯三国65年（从汉建安六年至魏咸熙二年）史事，不仅补充了陈寿《三国志》的漏略，而且使晋史记载渊源明了。

其二，《晋书》十志，“极有伦类”，“本末兼明”，可以与《五代史志》比美而无憾。[①]

其三，《晋书》列传归类合理，编次得体。《晋书》列传70，

---

① 郑樵：《通志·艺文略》。

载于目录者772人，颇多合传，以类相从，归类合理。

如卷四十九阮籍、稽康、向秀、刘伶等合传，因他们具有“其进也，抗俗同尘，不居名利；其退也，餐和履顺，以保天真”的共同特点。卷五十九八王合传，因危乱晋朝者，“煽其风、速其祸者，咎在八王”，“故序论之，总为其传”。卷五十一皇甫谧、挚虞、束皙、王接等4人以考古见长合传。卷八12陈寿至徐广等12人以史学名家合传。在类传中，表彰节义创忠义传，诛伐叛逆创叛逆传。中华书局点校本大约因农民起义首领与叛臣合传而删叛逆二字，殊非得体。列传编次以时代为序，按类为辅。例如陶潜死于宋，为褒其不忘晋之心，而在《晋书》中立传。桓温因有夺晋之谋，故其传不立于桓彝之下，而与王敦、桓玄并列。类传首列孝友，叛逆编在四夷之末，表现了唐朝统治者提倡孝行，贬斥叛逆的义例。十六国中的张氏前凉，李氏西凉，因仍奉晋正朔，故不编入载记而编入列传。

其四，载记独特，义例精善。《晋书》写统一王朝两晋历史，而与之对峙的中原十六国，不受晋封，不奉正朔，难以用前史“世家”之例以载之。陈寿写三国史，创三国分叙之例，符合三国鼎峙之局。十六国纷乱，大都割据短暂，基本为五胡所建。唐太宗要贯彻华夷一家，加强一统观念，于是援引“载记”之例，分国记述前赵、后赵、前燕、前秦、后秦、成汉、后凉、后燕、西秦、北燕、南凉、南燕、北凉、夏等十四个政权，在笔法上，三十载记，只称“僭伪”，不辨华夷，以示四海一家。载记内容，既具本纪之纲领，复有列传之委曲，并穿插典章经制和重臣行事，完整地叙述了各族首领在中原割据兴灭始末之史事，完满地解决了汉族正统中心与胡族割据并载一史的难题，无疑是一大独特的创造。

《晋书》在体例上的创造，善于师古而特出新意。陈寿《三国志》在文帝曹丕之前列载武帝纪曹操，魏收《魏书》在道武帝拓跋珪之前有序纪，此为《晋书》序宣、景、文三帝纪之所本。班固在《东观汉纪》中已创载记一体，用以记述平林、新市及公孙述事迹，其义不过为列传附庸，具有贬斥意味，“后之作者，莫之遵效”，这与《晋书》备载十六国史事的洋洋三十卷载记独出于纪、传之后，无可比拟。对《晋书》颇多微辞的刘知己，面对此一创造，也情不自禁地说："可谓择善而行，妙于师古者矣。"①

2. 书志精善

《晋书》有10志：《礼》、《乐》、《律历》、《天文》、《食货》、《刑法》、《五行》、《地理》、《职官》、《舆服》。在志目上没有创新，但《晋书》之志可补《三国志》之缺。特别是《食货》、《刑法》两志，叙事仰包东汉，不仅补《三国志》之缺，而且补《后汉书》之不足，因司马彪《续汉书》亦无此两志。所以梁代刘昭以司马彪续书之志补范书，就缺了这两志。魏晋南北朝正史共11部，唯《晋书》与《魏书》有《食货志》，有9部正史缺略，自唐修《晋书》后，历代正史除《新五代史》外，皆修《食货志》，可以说这是《晋书》修志留下的影响。

李淳风所撰《天文》、《律历》、《五行》三志，为世所称，其中《天文》、《律历》两志最精审。《天文志》记载了汉魏以来天文学的三派：盖天说、宣夜说和浑天说，并肯定了浑天说。《律历志》则记载了魏晋的几种历法，保存了我国古代科学史的重要资料。《地理志》对研究魏晋之际行政区划变更，州县制的变迁，具有重要意义。

3. 叙事简练，内容充实

唐修《晋书》，距晋亡已200多年，除因袭旧文外，很少撰者曲意回护的内容，叙事实录，简练有法。例如揭露统治者的贪婪、腐朽、出卖官爵等，在晋武帝、愍怀太子、何曾、王恺、会稽王司马道子、刘毅、鲁褒、石崇等纪传中都有生动的记述。由于两晋是一个民族斗争、社会矛盾最为复杂激烈的时期，叙事面广，头绪纷繁，不容易调理。《晋书》作者，既是文学大家，又精通史学，因此叙事简练而详尽，在各种人物传中记述内容广泛而深刻，并多载重要文献，蕴蓄了丰富的原始资料，如《裴𬱟传》载《崇有论》，《刘寔传》载《崇让论》，《刘毅传》载《九品八损疏》，《李重传》载《论九品中正制》，《傅玄传》载兴学校、

① 《史通》卷四《题目》。

劝农功诸疏，《皇甫谧传》载《笃终论》，《陆机传》载《辩亡论》，《江统传》载《徙戎论》，《温峤传》载《奏军国要务七条》，《郭璞传》载《刑狱疏》，《鲁褒传》载《钱神论》，等等，提供了研究两晋社会思想意识、政治经济、文化军事、民族问题等各个方面的珍贵资料。

《晋书》修书，前后不到三年，而能取得如此成就，有主客观的各种有利因素。客观原因，一是有多种晋史可供参阅、取资，二是最高统治者的提倡，提供各种便利条件。主观原因，一是修史者大都具有真才实学，二是撰修《五代史》取得了有益的经验，用于修撰《晋书》，事半功倍。

四、《晋书》的缺点和评价

《晋书》的缺点，历代批评者甚多，大体可以概括为五个方面：

1. 受政治钳制，宣扬天命，宣扬孝道

唐太宗在御撰的宣、武两纪论中定下基调："治乱无常，兴亡有运"，"非可以智竞，不可以力争"。因此，司马懿虽然"道格区宇，德被苍生，而天未启时"，不免"身终北面"；而司马炎则"延膺天命，握图御宇"，成为开国之君。《桓玄传论》就大讲凡帝王之起，必有符瑞，桓玄没有符瑞，所以败亡。李淳风所撰《天文》、《五行》两志也充满禨祥符瑞，颇受清人讥议。吴士鉴在《晋书斠注序》中就说："此二志出李淳风手，历代推重，不知在各志中最为纰谬。"吴氏此言，是针对《天文》、《五行》二志所书魏晋灾异，以长历推之，日月每有不合，且多漏略。这是由于作者记天变必书以事应，宣扬天人感应必然的结果。其次，《晋书》宣扬孝道也十分突出。类传中列"孝友"一目，在《序》中开宗明义地宣扬说："大矣哉，孝之为德也……用之于国，动天地而降休征；行之于家，感鬼神而昭景福。"在其他列传中也鼓吹孝行。如《王祥传》，就着意描写他卧冰得鲤，黄雀入幙的孝行感应。《吴猛传》渲染吴猛“手不驱蚊，惧其去己而噬亲”的愚孝行为。《晋书》宣扬天命，宣扬孝道，强化纲常名分，用以敦励风俗，巩固李唐政权。其他史书亦如此，只是官修书封建意识更浓烈罢了。

2. 因袭旧文，好为怪异之记

刘知几在《史通·杂说上》中指出：“近皇家所撰晋史，其所采多是短部小书，省功易阅者。若《语林》、《世说》、《搜神记》、《幽明录》之类是也。”由于两晋南北朝佛教与玄学盛行，社会动荡，统治者大力推行“神道设教”的愚民政策，影响这一时期的史风，大量采录荒诞迷信的材料入史。如王隐《晋书》、沈约《宋书》有《符瑞志》，何法盛《晋中兴书》有《鬼神录》，萧子显《南齐书》有《祥瑞志》，魏收《魏书》有《灵征志》等等。《晋书》虽未列此类专志，仍大量采录鬼神妖异、因果报应等邪说入史，宣扬封建迷信。如《阮瞻传》载阮瞻持无鬼论，却遇鬼受惊而病卒，借鬼话说：“鬼神，古今圣贤所共传，君何得独言无！即仆便是鬼。”鬼言毕，竟变异形而灭。又《郭璞传》所载妖幻怪术，实属荒诞不经。又，两晋南北朝史家多党护本朝，丑化敌国，记本朝则讳败夸胜，载他国则去美溢恶。《晋书》因袭旧文，积习未改，延续了一些错误的观点和材料。如晋元帝为牛氏子，说其始于沈约而魏收《岛夷传》因之，《晋书》又袭用之。

3. 成于众手，前后抵牾，疏漏甚多

《晋书》在载述上的错误甚多，最为人所讥。刘知几在《史通·暗惑篇》中就揭出了多处错误。清人张熷《读史举正》，揭出《晋书》谬误多达450余条。王鸣盛《十七史商榷》、钱大昕《二十二史考异》及《十驾斋养新录》都揭出了不少的错误。如《冯紞传》说“紞兄恢，自有传”，《殷颉传》说“弟仲文、叔献，别有传”，实际上并无《冯恢传》和《殷叔献传》。又如《李重传》称：“于时内官重，外官轻，兼阶级繁多，重议之，见《百官志》。”但《晋书》只有《职官志》而无《百官志》，在《职官志》中，也不见李重奏。《司马彪传》载晋武帝亲祠南郊，彪上疏定议事，云“语在《郊祀志》”，而《晋书》也无《郊祀志》，在《礼志》中也不载司马彪奏议。又《地理志》本于太康三年所修之《地记》，故太康三年以后之地理沿革，记载多缺略，江南侨置郡县，仅存大概，十六国疆域则语焉不详。又，该志袭用沈约《宋书·地理志》，不加校改，以致南朝刘宋地名移于晋代，讹误甚多。清毕沅校正此志讹漏，“凡数百条”①。《晋书》纪年亦有许多错误，深为史家所病。例如汲冢书的发现，是文化史上的一件大事，在晋初就曾引起轰动。但《晋书》记载纪年含糊不清。《武帝纪》载于咸宁五年（公元 279 年），《束皙传》云在太康二年（公元 281 年），而先于《晋书》修成的《隋书》又云在太康元年。又如晋惠帝即位第二年改元永平，三月又改元元康，而《惠帝纪》竟不记元康年号。公元 402 年，东晋安帝改隆安年号为元兴。是年，桓玄入京师取消元兴，复隆安，旋改大亨，次年再复改元兴。可是《安帝纪》载桓玄入京师，却未载改隆安、大亨年号事。这些疏漏是不应该有的。

4. 编纂义例不严，类传人物诠叙不当

这里所述恰与前节所说列传归类合理，编次得体正相反，这说明书成众手，为例不纯。如《孝友传》序列十四人，孝友事迹并不多，又多杂神怪、梦幻、诡异之事，实有损于孝友人物的示范形象。有些人物事迹，主导方面不在孝友，应当序列于其他类传中。如李密先仕于蜀，蜀平入晋，诏征太子洗马，密以祖母年高为辞，上《陈情表》，不应征召，实情是怀恋故国，不忍再仕于晋，其应表彰者是他的操守和政治见识，而非孝友。王裒以父王仪被司马昭所杀，故不臣服晋朝，托名孝母而拒不出仕，实一抗节隐士。至于庾衮，不听父言戒酒，父死照旧醉饮，每醉则自杖三十以示惩罚违背父教，行为类似滑稽，也不应入孝友传。又《忠义传》，把王育、韦忠列入，亦颇失类。王育本是晋讨伐刘渊的破虏将军，及被刘渊俘获而为其太傅；韦忠为晋郡功曹而仕于刘聪。两人于晋为叛臣，与全节之士并传，可以说是忠逆不分了。又《列传》卷三十，将晋忠臣解系、解结、缪播、索靖与晋

① 《晋书·地理志新补正序》，《二十五史补编》第 2 册。

乱逆之徒孙旂、孟观、牵秀、张方等合传，殊为不伦。

5. 宏奖风流，以致褒贬失实，文过饰非

《晋书》美化门阀世族，备载名士浮华狂荡之行，而评论又好绮丽之文，竞为奇艳，不求笃实。刘知几在《史通·采撰篇》中作了尖锐批评，其言曰："郡国之记，谱谍之书，务欲矜其州里，夸其氏族。……至如江东五俊，始自《会稽典录》，颍川八龙，出于《荀氏家传》，而修汉晋史者，皆被彼虚誉，定为实录。"又在《叙事篇》中说：自《史记》、《汉书》以后，"史道陵夷，作者芜音累句，云蒸泉涌。其为文也，大抵编字不只，捶句皆双，修短取均，奇偶相配。故应一言以蔽之者，辄足为二言；应以三句成文者，必分为四句。弥漫重沓，不知所裁"。褒美门阀，词尚虚浮，这是六朝风习，唐修《晋书》未能力矫积弊，加之唐太宗作论赞示范，史臣竭力效仿，也给《晋书》带来一短。

《晋书》尽管有上述缺点，但比起它的成就来，毕竟是次要的。《晋书》修成之初，一时颇受世人青睐，"言晋史者弃其旧本，竞从新撰"[①]。但不久受到一些史学家的严厉批评，以刘知几为最。刘氏在《史通》中直接评论《晋书》的就有 13 处，贬多于褒，定下了历代批评《晋书》的基调。刘氏指摘《晋书》，"务多为美，聚博为功，虽取悦于小人，终见嗤于君子"[②]。刘知几的好友徐坚，干脆另起炉灶而私撰《晋书》110 卷，见《新唐书·艺文志》。后晋史家《旧唐书》的作者张昭远等人，在《房玄龄传》中总结刘氏所论，指出《晋书》"参考诸家，甚为详洽"，"然史官多是文咏之士，好采诡谬碎事，以广异闻；又所评论，竞为绮艳，不求笃实，由是颇为学者所讥"。清修《四库全书总目提要》，以及乾嘉史学名家王鸣盛、钱大昕等均持批评态度。前人纠正《晋书》纰缪是可取的，而激烈抨击其短大都言过其实，应当一分为二。刘知几以《史记》《汉书》比《晋书》，加之他对官修书的厌弃和反对文人入史局，故其评论颇多偏宕。其后层层相因，攻击其短，不计

---

① 《史通》卷二〇《古今正史》。

② 《史通》卷五《采撰篇》。

其长，这就是《晋书》历来评价不高的原因。

唐修《晋书》独传于今，不仅十八家晋书亡，而徐坚新撰之《晋书》亦亡，可见诸家晋史不如官修之《晋书》。清赵翼在《廿二史劄记》中，一方面指出了《晋书》"好采诡谬碎事"，另一方面却否定了《晋书》"忽正典而取小说"的成就偏见，充分肯定了《晋书》成就。赵翼认为，《晋书》采录了诸家晋史，"不专据荣绪一书"。又说，当时史家，"如令狐德棻等，皆老于文学，其纪传叙事皆爽洁老劲，迥非魏、宋二书可比；而诸僭伪载记，尤简而不漏，详而不芜，视十六国春秋，不可同日语也"。赵翼的评价是中肯的。

总上所述，《晋书》是一部存在许多缺点的优秀官修书。我们应该肯定历代研究《晋书》提出考订纠缪的成绩，今人应当充分利用，《晋书》中许多缺点是官修书不可避免的。但我们更应看《晋书》的主流，它体例精严，规模宏大，系统地保留了有晋一代史料，囊括了两晋及十六国史为一编，不仅是研究晋史，也是研究三国史、南北朝史不可缺少的文献依据。

阅读《晋书》的参考资料，主要有两种。一是清人汤球的《九家晋书辑本》，又称《晋书辑本》。该书广采众书把零句剩字悉加收录，用力颇勤。二是民国时吴士鉴所撰《晋书斠注》。该书收录各种逸史和诸家注释，校勘成果，分溯源、捃逸、辨例、正误、削繁、考异、表微、补阙八项内容加以会注，是比较详赡的注本。其体例仿裴注。以补充资料为主，尽量搜集《晋书》之前的十八家逸史，具有很高的价值。

《晋书》的版本有多种。有宋版百衲本，元二十二字本，明南北监本，汲古阁本，清武英殿本，江宁局翻汲古阁本，图书集成本。通行有《四部备要》本。中华书局 1974 年出版点校本，是最新读本。

（本文与吾友四川师范大学历史系彭久松教授合署，收入仓修良主编《中国史学名著评介》第一卷，山东教育出版社 1990 年出版）

《水经注》评介

《水经注》是我国古代的地理名著，它和《洛阳伽蓝记》、《齐民要术》并称北魏三大奇书，又与《三国志》裴松之注、《文选》李善注并称三大名注，学术价值和文学价值都很高。

《水经注》的作者郦道元，字善长，北魏范阳（今河北省涿州市）人，《北史》、《魏书》均有传。他的生年史无确载，大约是北魏和平六年（公元465年）或延兴二年（公元472年），卒于孝昌三年（公元527年），享年62岁或56岁。[①] 郦道元出身于世宦之家，少年时随父宦游山东，博览群书，并对"访渎搜渠"有极大兴趣。他有著述多种，今只存《水经注》一书。

《水经注》成书于北魏延昌至正光（公元512—525年）年间，是给《水经》一书作的注。《水经》是一部专记河流水道的地理书，旧题桑钦撰。桑钦是西汉末年的古文经学家，对《尚书》名篇《禹贡》有深入研究，《汉书·地理志》及《说文解字》都多次称引其所得，但收罗宏富的《汉书·艺文志》中却不见《水经》之名。《隋书·经籍志》始记"《水经》三卷，郭璞注"，

① 赵贞信：《郦道元之生卒年考》，《禹贡》半月刊1937年4月第七卷第一、二、三合期。

《新唐书·艺文志》更干脆说《水经》是郭璞所撰。但郦道元撰《水经注》时，只是称引郭璞的《山海经注》，却从未提及郭璞撰《水经》。据清代学者考证，《水经》的作者是三国时人，托名桑钦，以重其书。

《水经》记述中国河流水道 137 条，1 万余字，分为 3 卷，十分简略。而郦道元的注，记述水道 1252 条，注文 30 余万字，分为 40 卷。记述的地理范围扩大了，准确性提高了，内容更详尽、更丰富了。在规模上远远超过原书，实为我国古代地理著作中的鸿篇巨制。

郦注在内容编纂上的特点是"因水以证地，即地以从古"①。这就是说，它不像《水经》那样单纯地记述水道的流域，而是以水道为纲，记述沿流的土地物产、城邑沿革、聚落兴衰、民情风俗、山林水泉、交通道里、水文气候、土壤植被、形胜，等等，熔自然地理与经济地理为一炉，熔历史与地理为一炉，内容丰富而纲目清楚，堪称一部综合性的史地名著。

郦注的文笔清丽简约、生动具体，每条注文几乎都可以作为独立成篇的优秀散文，其中已被选进现行中学语文课本的《三峡》便是脍炙人口的名篇。因此《水经注》在我国散文发展史上也占有重要地位，对后世散文有积极影响。郦注在文学上的成就，是和他热爱祖国大好河山的思想感情分不开的，郦道元曾亲自探访山川名胜，广采民间歌谣、谚语、方言、传说，这给他以丰富的实地感受。正是由于这种思想感情和实践活动，所以在他笔下，写景则情景交融，状物则绘声绘色，叙事则使人如同亲历。

郦道元不但注重实地考察，而且注重使用古籍。注文从地理情况到史实、传说，都称引古书作旁证，引书多达 437 种，还辑录了不少汉魏间的碑刻。这些古书和碑刻大多失传，因此《水经注》在保存文献及文物资料方面的功绩也是不能低估的。

作为一部全国性的地理著作，《水经注》还反映了郦道元对

① 王先谦合校本序。

中国疆域范围的看法。郦道元虽然生长在北魏，正值南北朝对峙时期，却排除了分裂政治局面的影响，仍然把统一的两汉疆域作为记述的对象，把中国看成一个统一的整体。这和当时修史者各以自己所在地区为对象，以致不曾出现过一部南北朝合史的情形相比，郦道元的这种统一观点是难能可贵的，这种远见卓识正是我们中华民族在长期发展过程中所形成的国家统一观念的反映。

综上所述，《水经注》的成就和价值远远超过了《水经》原书。在我国古代学术史上，注文的价值全面超过原书的价值，除了《水经注》，恐怕很难找到第二例了。

当然，《水经注》的产生也不是偶然的。除了郦道元本身的诸多条件以外，还有更为重要的社会历史条件。魏、晋以来，尽管战乱频仍，分裂代替了统一，但南北地区的经济仍在战争的间隙中有所恢复、有所发展。东晋、南朝时期，劳动人民加强了对南方的开发，荆、扬、益、广地区尤为显著。北方受战乱破坏严重，但北魏统一北方广大地区后，经济依旧有所恢复，特别是北魏孝文帝实行汉化、迁都洛阳、推行均田制后，经济更有较大发展。分裂并未断绝南北之间的经济交流。南北方的对外贸易也超过前代，南方的番禺、广陵已成重要外贸口岸，北方的洛阳南郊则有四夷馆、四夷里、四通市，“商胡贩客，日奔塞下”[①]。随着外国商队的到来，印度、中亚的佛教僧侣也从海陆来到中国，传播佛教文化。外商、胡僧还把异国的风土人情、地理知识带到中国，从而扩大了人们的视野。伴随经济、文化、交通的发展，地理著作便应运而生。

《汉书・艺文志》只著录了《山海经》等几部不成体系的地理书，而且没有单独分类，只是附录于术数略之中。《隋书・经籍志》于史部中单列了一个地理类，著录了139种，1433卷，蔚为大观。从中看到：在《水经注》之前，已有晋挚虞的《畿服经》170卷和齐陆澄的《地理书》集160家之说。这些大部头著作为郦道元提供了范例和素材。郦注撷英而成，而又高出前人，

① 《洛阳伽蓝记》卷三“龙华寺”条。

故能流传后代。

同许多古代学术名著一样，《水经注》也有一些不足之处。由于当时南北分裂，郦道元未曾亲到江淮以南地区考察，同时也没有到过塞外，因此对这些地区的记述，难免有一些袭谬沿疑之处。此外，郦注引书，也有剪裁、改写不当的情况。至于在长期传抄中造成的讹误，亦复不少，以至经与注互相混淆，好在经过明清以来几十家学者的考证、整理，在很大程度上弥补了这些缺点。清代学者全祖望、赵一清师生二人分辨经、注，成《水经注释》40 卷；戴震详考水地，著《校水经注》40 卷，他们的研究成果都超过了前人。王先谦荟萃诸家之说，潜研 30 年，写成《水经注合笺》40 卷，更是后来居上。清末民初的学者杨守敬和他的学生熊会贞又用了 20 多年的时间撰《水经注疏》80 卷，对郦注所引之书，皆注其出典，所叙之水，指详其迁流，集中了《水经注》各家纂疏的精华。此书在新中国成立后由科学出版社影印出版，改作 40 卷，是目前最便于阅读的版本。

（原载《文史知识》1981 年第 6 期）

《资治通鉴》导读

《资治通鉴》是北宋大政治家、大史学家司马光领衔修撰的一部历史名著，是我国历史上第一部编年通史，有着巨大的历史价值，以及知往鉴今的借鉴价值，值得所有人阅读。台湾三民书局为了普及《资治通鉴》，邀请我与当今著名的学者韩兆琦先生主持诠译《资治通鉴》，经过7年多的努力终于杀青，定名为《资治通鉴新译读本》。本文为该书导言，旨在引领读者怎样读《资治通鉴》，着重点是评价编年史书的特点，了解《资治通鉴》一书的内容、体制及价值，还应涉及编年史书的源和流，方能透彻了解《资治通鉴》的特点。以下分三节来集中评说《资治通鉴》。

一、编年体史书的源流与特点

《资治通鉴》全书294卷，不计标点约有330万字，上起周威烈王二十三年（公元前403年），下迄后周世宗显德六年（公元959年），记载了战国初年迄于五代末叶1362年错综复杂的历史，是一部贯通古今的编年史巨著，其气势与规模，不仅在古代中国，就是在世界中世纪史坛上，都堪称高视独步、无与伦比之作。如此一部伟大的历史巨著，不是凭空产生的，它是编年体史书发展到成熟时期水到渠成之作。大体说来，编年体史书的发展经历了三个历史阶段。编年体史书，以下行文简称编年史书。商周迄秦，即先秦时期，是编年史书的草创时期，可称之为源。两汉迄唐，即汉唐时期是编年史书的确立时期，两宋迄清是编年史书的成熟时期，《资治通鉴》是其成熟的标志。这后两个时期，可通称为流。本节简括地评介《资治通鉴》产生前的编年史书的源和流，即先秦时期与汉唐时期，《春秋》和《汉纪》分别是这两个时期的代表之作，重点说这两部书，以了解编年史书的特点。

1. 先秦时期，编年史书的草创

编年体是按时间发展顺序记叙历史的一种史学体裁形式，是我国上古记载史事普遍使用的一种体裁，所以《隋书·经籍志》称为古史。上古事简，低下的生产力限制了人们的眼光，加以书写条件极其困难，负责记叙历史的史官或档案人员，只能用简练的文字记下他们认为重要的事，为使所记载资料更具使用价值，往往冠之以时间单位，因而很自然地创造了编年记事的形式，此不独中国为然，世界各国亦多循由此途拉开各自史学发展的序幕。原始社会结绳记事，刻木为志，就是最早的以时间为顺序的编年体式。我国现存最早的记事文献为商朝甲骨文。甲骨文又称卜辞。卜辞记事就已标明年月日的顺序，只是一般以日、月在前，而年代居后。现存西周的文献，也有只记日、月而不记年的，或者只记年、月、日其中之一项的，缺乏完整准确的时间观念，说明编年记事体制尚处在原始阶段。

《汉书·艺文志》载，西周时“左史记言，右史记事”。但由传世文献来看，西周史书记事很不完备，不重时间观念，以记言体为主，记事编年体处于附属地位。春秋战国时期群雄竞起，称霸争雄。为在变动的社会中掌握历史主动权，统治者招延名师攻习历史，不仅是时髦，而且更是实际需要，从而推动了史学的发展。记言体史书，因大多无时期位置可以对比，日益不受重视，如《国语》就被目为《春秋外传》，地位在《左传》之下。这时，编年体史书，由于有时间作为界标，便于考察时事，抑恶劝善，进一步发展起来，成为史书编纂的主导形式。此时期编年记事方式有了发展，按年、时（季）、月、日记事的程式已固定下来，所以内容也丰富充实得多了。编年体的史书编纂体例已略具定式。周代王室和各诸侯国都设有专门的史官，有左史、右史、内史、外史、大史之类，负责编年记载史事，所成之书，通称“春秋”。《墨子·明鬼篇》所谓“百国春秋”，犹言各国春秋，乃合指周王室和各诸侯国的大事记式的编年史。也有少数诸侯国不称春秋的，如晋之《乘》、楚之《梼杌》等，据《孟子》解释，都是春秋的别称，也就是该国各自的编年史。

秦始皇焚书，“诸侯史记尤甚，为其有所刺讥也”[①]。“史记”是“春秋”的又一通称，指为史官所记。先秦编年史书劫后复见者，仅存孔子所修鲁史《春秋》，为五经之一，这是极为遗憾的事。相传孔子以鲁国的《春秋》为主，参照其他国家的记载整理删定而成。从此以后，《春秋》成为对一书的专称。《春秋》用鲁国年号，按年、时、月、日分条记事，以展示自鲁隐公元年（公元前722年）至鲁哀公十四年（公元前481年）共242年的春秋列国史。[②] 文字极简略，每事只记结果或结论，没有过程的描述和事态的展开，且措辞隐晦，往往使人不知所云，又对于社会情况及重大事件多有缺漏。于是，为《春秋》作注解的所谓“传”便相继出现了。汉代传《春秋》的有5家，即《左氏传》30卷，《公羊传》、《谷梁传》、《邹氏传》、《夹氏传》各11卷。《邹氏传》、《夹氏传》两传早亡，剩下的就是著名的《春秋》三传。其中《公羊传》、《谷梁传》两传，重在阐释微言大义，向不目为史学著作。但细考二传，都是严格遵循编年体式，按时间顺序以阐释《春秋》义旨的，其中着重阐释避讳书法理论及大一统思想之类，对后世史学影响甚巨，且在编年释义中，亦偶有史料的补充，因之，仍具有某种编年史书性质，应该在史部典籍中占有一定的地位。至于《左传》，因作了大量的史料补充和在史学上的重大探索

① 《史记》卷一五《六国年表·序》。

② 《春秋》三传，《公羊传》、《谷梁传》记事至鲁哀公十四年，《左传》则延至鲁哀公二十八年，全书记事为257年。

而成为我国第一部比较完备的编年体史书，则是举世皆知的了。

《左传》原名《左氏春秋》，形式上虽也以鲁国隐、桓、庄、闵、僖、文、宣、成、襄、昭、定、哀十二公记事，但其内容追溯到周宣王二十三年（公元前805年），较《春秋》记事提前83年，又下延记事至智伯之灭（公元前453年），后延18年，前后共计多出100年以上。其记事特点，不仅尽力充实史料，更注意过程的叙述，场面的描写，人物的刻画，同时又新创史论，于人物事件有分析，有评说，文辞更是着意求工，曲尽其妙，使人读之兴味盎然。凡此诸端，遂使《左传》成为我国古代第一部独立的史著。换言之，《左传》虽属解释《春秋》的“传”，但它却可以离开《春秋》而显示史学著作的功能，但《春秋》如离开《左传》，不少地方将使人难明所指。由于《左传》不仅记述了春秋时期政治、军事、社会、文化等各方面的重大史实，而且集录了很多有关春秋以前的历史事实和传说，因而成为研究先秦历史的重要资料。

《左传》与《春秋》相比，史体有重大改进。大体说有三个方面：一是丰富了史料。《春秋》宣公二年“秋九月乙丑，晋赵盾弑其君夷皋”此条史事寥寥13字，《左传》则衍为534字，详细予以记述，才使得事件真相大白，读者明其所以。二是注意了文采。《左传》记事渊懿美茂，其语生气勃勃，文章优美，便易习诵，有利流传。三是新创了史论。《左传》记事用评论来表现是非，或以“君子曰”发端，或借引“孔子曰”代己立言，或系判断语于事尾，巧妙地将各种形式的史论，组合交织于记事之中，是述史的一种“书法”。这种书法，左丘明发端于前，司马迁宏扬于后，理论概括称之为“寓论断于序事”，比《春秋》的“书”与“不书”或一字褒贬之法上升不可同日而语的境界。《左传》编年记事的成就，对《资治通鉴》产生重大的影响。上述《左传》改造《春秋》史体的三大特点，在《资治通鉴》中有淋漓尽致的发扬。

2. 汉唐时期，编年史书的确立

到了汉代，编年体史书结束了它的草创时期而进入确立时期。具体说有两大标志。

其一，《史记》、《汉书》创立的“本纪”编年记事的创造，是这一时期编年体确立的第一个标志。总体上，纪传体与编年体是各为一体互相争胜于史坛，但细致分析，纪传体实际是把编年记事、人物传记、年表谱录与制度专史熔于一炉的综合体。其中“本纪”明确采用编年体为全书之纲。《史记》、《汉书》的“本纪”以年、时、月、日为经，以载录大事为纬，广泛涉及政治、经济、军事、文化、民族关系乃至中外交通，无不备载，强调揭示一定时期历史发展的重要线索和基本轮廓，故能成为全书之总纲，其余列传、表、志所述，无不据以为依归。这种述史体制，较之《春秋》基本不录社会经济文化史料是一个巨大的进步。《左传》载政治军事又囿于常事不书、非告无录、斤斤于礼、叙存细事、讳饰含混，乃至于黑白颠倒，有害实录。《史记》、《汉书》本纪编年对先秦编年体所作的重大改造，也为《资治通鉴》所吸收。

其二，此时期出现了改编纪传史而成的新型断代编年史书《汉纪》，是编年体确立的第二个标志。《汉纪》为东汉末荀悦所编。起因是汉献帝读《汉书》，苦其“文繁难省”，乃命荀悦删之，荀悦在建安五年（公元200年）完成改编《汉书》的编年史书《汉纪》30卷。是书以“辞约事详，论辩多美”[①]著称于世。

所谓改编，并非就《汉书》各帝本纪加以简单串联，而是统驭全书材料，分类排比，再撷其精要，足以显示历史发展脉络者，用以编年之法表现出来。荀悦改编《汉书》的成功为后世编年史书，特别是《资治通鉴》的修撰提供了宝贵的经验。此外荀悦还有三大创新：一是首创了断代编年史书，其后专写一个王朝的编年史书接踵而起，《汉纪》所起开山引导的作用，不能低估。二是首开以“纪”名编年之例，即改“春秋”为“纪”，它不只是一个称谓问题，实则寓有纲纪的深意。“盖纪者，纲纪庶品，

① 《后汉书》卷六二《荀悦传》。

网罗万物”[1]，取纪以名编年之史，表明其纪事原则不是有闻必录，洪纤靡失，而是突出重大事件，纲纪万物，以表现一代之史。三是首为自立凡例与著书意图以统驭全书。总上，《汉纪》在史体方面的创新，使编年体正式确立，后世史家给予了高度评价。刘知几在《史通》中论史体的发展，提出了“六家”、“二体”之说，就是以班固断代的《汉书》和荀悦断代的《汉纪》作为纪传，编年二体的代表总结理论，肯定了荀书确立编年体的历史地位。近代学者亦给予高度评价。梁启超称《汉纪》是“现存新编年体之第一部新书”[2]。金毓黻说《汉纪》为司马光修《资治通鉴》之所本[3]，都是很有见地的。

在东汉末年荀悦《汉纪》的影响之下，魏晋南北朝时期，断代编年史书大兴。一国之史，往往一部纪传史出，旋即有一部编年史与之相配，更有先出编年后出纪传，乃至仅有编年而无纪传者。编年史书蜂起，与纪传史书争胜于史坛，形成自春秋、战国以后编年史书发展史上的又一次高潮。其中，影响较大的有袁宏《后汉纪》、孙盛《晋秋阳》、干宝《晋纪》、王韶《晋安帝阳秋》、裴子野《宋略》、何之元《梁典》以及王邵《齐志》等。因种种原因，流传下来的只有袁宏《后汉纪》一种。袁书对编年体又有丰富与发展，是编年体确立时期堪与《汉纪》相比美的一部力作。

二、《资治通鉴》的特点与成就

唐初修《晋书》、《梁书》、《陈书》、《北齐书》、《周书》、《隋书》、《南史》、《北史》，确立纪传体为正史编修体例，编年体的发展势头相对低落。至北宋《资治通鉴》出，又重振雄风，进入了编年史书的成熟时期。

《资治通鉴》总结了以往编年史家的经验，发展和完善了这

① 《史通》卷二《本纪》。
② 梁启超：《中国历史研究法》。
③ 金毓黻：《中国史学史》。

种古老的体裁，使编年体得以重振，代表了我国古代编年史的最高成就。兹从以下六个方面略述其体制特点与成就。

1. 预先制定严密的工作程序和体例细则以指导编纂全过程

司马光修纂《资治通鉴》，开创了主编全面负责的集体分工合作制。司马光为全书主编，刘恕、刘攽、范祖禹为主要的协编。《资治通鉴》编书程序，分作三大环节，先作丛目，次成长编，最后定稿。前两步工作由协编者分段负责，大体分工是刘攽负责汉史长编，刘恕负责魏晋南北朝史及隋史长编，范祖禹负责唐史长编。五代史也归刘恕。刘恕中途病死，未完的南北朝部分归为刘攽，五代部分归为范祖禹。最后定稿由司马光一人独立完成。丛目制作之法，首先在广泛阅读原始文献的基础之上，按时间顺序列出事题目录，叫作“事目”，然后为事目作注，即将收入各目之资料，注明篇卷出处，因事目繁多，故谓之“丛目”。长编又称“草卷”，实即初稿，制作之法，是根据丛目提供的线索，将史料重新检阅一次，然后经过取舍、综合、诠次，写出编年史雏形。长编写成后，交由主编“笔削”，作进一步加工，又有“粗删”、“细删”的程序，以期定稿趋于完美。司马光在修《资治通鉴》之前先拟定出《通鉴释例》一卷，确定全书用语、格式等方面凡例 36 条，后又与刘恕反复商讨，定出纪元、薨卒等多项义例，又对范祖禹工作指示，全面申述丛目及长编修撰细则。这些规则，为所有编写人员所遵守，成功地体现在整个编书实践中。以上种种措施，皆为编书质量提供了保证，使《资治通鉴》在结构谨严、体例统一方面，能够卓然高出于传统编年史书。

2. 主干材料与辅翼材料交相为用，使编年体书体制一新

为什么要编《资治通鉴》，司马光自道原因说：“每患迁、固以来，文字繁多，自布衣之士，读之不遍，况于人主，日有万机，何暇周览！臣常不自揆，欲删削冗长，举撷机要，专取关国家盛衰，系生民休戚，善可为法，恶可为戒者，为编年一书，使先后有伦，精粗不杂。”① 可见《资治通鉴》之修，实存在满足士

① 司马光：《进资治通鉴表》。

子学史需要和提供君主治国借鉴两方面的原因。由于前者，必须写成“举其大略”的比较全面反应历史内容的通史，由于后者，必须强调政治史，以便从“国家盛衰”与“生民休戚”中引出“善可为法，恶可为戒”的历史借鉴，二者的综合，遂使主干材料与辅翼材料相交为用的述史体制应运而生。《资治通鉴》着重叙述历代重大政治事件和战争，以“穷探治乱之迹”，同时对于重要历史人物的言论事迹，各类典章制度的沿革，民族间的交往，经济的发展，习俗的变迁，历法的进步之类，皆有扼要的记述，以为“生民休戚”之表和“治乱兴衰”之基托。所以胡三省说：“温公作《通鉴》，不特纪治乱之迹而已。至于礼乐、历数、天文、地理，尤致其详。读《通鉴》者，如饮河之鼠，各充其量而已。”① 纪传体广载史事，各类史料按纪、传、表、志，分体著录，做到分而不散。《资治通鉴》则熔纪、传、表、志材料于一炉，用编年线索加以贯穿，使之统而不分。如此述史，于中心突出之际，兼收包罗宏富之功，既便于总结历史治乱兴衰的经验教训，又便于全面表现社会历史的概貌。此例之设，为编年体注入了新的血液，使编年史书真正建立起了与纪传史书并驾齐驱的体制基础。

3. 首创史料考异之法以取信，使编年述史体制臻于精善

《资治通鉴》载述1362年的历史，面对极其浩繁的史料，如何考订鉴别，成为一大难题。为了准确记事，对相互矛盾的史料，必须有所去取，对各有短长的记载，必须综合诠次。司马光将此等去取诠次的情形，写成《通鉴考异》30卷，随附《资治通鉴》并行，由此创造了史料考异之法，也开启了修史之家“自著一书，明所以去取之故”的先例，遂使古老编年体臻于精善。考异之例一开，对后世史家震动甚大，有作为而又实事求是的史家，争相效仿之。如《通鉴》协编者之一范祖禹之子范冲，南宋高宗朝时重修北宋《神宗实录》，即著《神宗实录考异》5卷，以明对旧录删改去取之由。此外，李焘等一些史家，在他们的编年著作中，更将考异文字，直接附于正文有关史事条下，体式又有

① 《资治通鉴》卷二一二胡注。

所推进。

4. 系年方法进一步改进

时间本位是编年史书最根本的特征，也是它区别于其他史体的最主要依据。在标准编年体式中，被记载下来的所有史实，无一不一一与其确定的时间相联系，并被嵌入相应的日、月、时、年、年号、君主、朝代的严密序列当中。如此述史，便于把握大势，使一定时期历史发展的概貌，由远及近地展现在读者面前。如何编年记事，前节评述了《春秋》、《汉纪》，乃至《史记》、《汉书》的本纪已经奠定了基础，至《资治通鉴》又有改进。具体说，系年的改进，主要有以下三项。

（1）《资治通鉴》纪年吸取了当代历法的最新成就。古代用干支纪年，要推定朔闰，必然牵涉到历法，而历法精粗不一。自然导致纪年的准确程度呈现差异。北宋著名天文历法专家刘羲叟著《长历》一书，相当精密。司马光即采用《长历》辨定典籍所载史事的朔闰、甲子，因使纪年错误较少。

（2）《资治通鉴》效法《春秋》、《左传》记事叙次的原则。此原则如注家杜预所概括，乃“以事系日，以日系月，以月系时（季），以时系年”。《资治通鉴》因是通史，又加上“以年（号）系君主，以君主系朝代”，则其纪年体式为“以事系日，以日系月，以月系时，以时系年，以年系号，以号系朝”。例如曹操之死，《资治通鉴》记为“魏记·世祖文皇帝（曹丕）·黄初元年：春，正月，武王（曹操）至洛阳；庚子，薨。”汉武帝以前，没有年号，鲁庄公某年，秦始皇某年，汉高祖某年之类，是当时通行的纪年法，还不属“以年号系君主”，《资治通鉴》以前没有编年体通史，断代编年，自然没有在行文中标明朝代的必要。可见，《资治通鉴》改进纪年法，也是时代变化、史学发展的必然结果。

（3）并立政权的系年。诸侯并立，王朝分裂，各国对峙时期，《资治通鉴》纪年，只取一国、一帝年号；又更号改元之岁，皆取最后一个年号。这种纪年方法，容易示人主从亲疏，并产生“头齐脚不齐”的感觉，有待进一步改进，但能使行文简明，体例划一，也是无法否认的。

5. 叙论分出，突出史论地位，创新史论体式

所谓叙论分出，是指在编年史书中，史事的叙述与撰史者的评论明确分开，并突出史论的地位。一般来说，史事的叙述，严格依据有关史料来写，“悉从论纂，皆有凭据”①，不得向壁虚造。史而有论，乃是史学著作区别于单纯史料汇编的重要标志。我国古人撰史，向来重视“事”、“文”、“义”的有机联系。《资治通鉴》史论，即是为“义”而发之作。自《左传》创立史论体式以来，有作为的史家，无不致力于此，写出脍炙人口的力作。《资治通鉴》既以“资治”为重要编书目的，则发掘、阐发史义的文字，便不能不提到突出地位。表现在数量方面，据精确统计，《资治通鉴》全书设史论218篇，其中有不少千言以上的大论，这在我国古代史书编撰中是空前的。内容方面，除一般的讨论为政得失、赏善惩恶外，更围绕以礼治国思想反复宣扬，并对史学功能、经史关系乃至编修凡例之类，展开广泛评说。《资治通鉴》突出史论地位，是与它主要作为政治史的体制相吻合的。

《资治通鉴》史论，分为两大类型：一是司马光自撰之论，以“臣光曰”发端；一是借引前人成说之论，以借引史家姓名或著作名发端。前者可称“自论”，后者可称“借论”。《资治通鉴》对欲评之事，一般一事一论，或自论，或借论。间亦有同时借引两则成说，或借引一则成说之后又作“臣光曰”，即以二论共评一事者。《资治通鉴》全书，共设借论98篇，征引作者34家，其中：

孟轲1篇　荀况2篇　贾谊1篇　司马迁2篇　杨雄6篇　班彪3篇　班固15篇　仲长统1篇　荀悦8篇　傅玄1篇　华峤1篇　陈寿5篇　徐众1篇　孙盛5篇　习凿齿6篇　鱼豢1篇　虞喜1篇　干宝1篇　袁宏3篇　袁准1篇　范晔3篇　崔鸿2篇　沈约4篇　裴子野11篇　萧子显1篇　萧方1篇　颜之推1篇　陈岳2篇　李延寿2篇　权德舆1篇　李德裕1篇　柳防1篇　苏冕1篇　欧阳修2篇。

借引成说立论，发自左丘明，司马光加以宏扬，广泛借引成

---

① 司马光：《进稽古录表》。

说，将借论与自论有机地结合起来，构成遍布本书为之经络，无疑应是对编年体式的一种创新。

6. 主体著作与成套系列著作联为一气，使编年史体气象万千

《资治通鉴》因记事时限太长，虽极尽简要之能事，亦洋洋三百万余言，颇难掌握。为便阅读，提高史著的社会效益，司马光以《资治通鉴》为中心，先后编写了一系列著作，以与主体互相发明。除《通鉴考异》30卷起辨析增广史料的作用外，“又略举事目，年经国纬，以备检寻，为《目录》三十卷”①。

《通鉴目录》与一般书籍的标题目录不同，其特点是“年经国纬，著其岁阳岁名于上，而各标《资治通鉴》卷数于下，又以刘羲叟《长历》气朔闰月及列史所载七政之变著于上方，复撮书中精要之语散于其间。次第厘然，具有条理”②。实为一内容提要性的大事年表。《通鉴目录》与《通鉴考异》随《资治通鉴》同时上奏宋神宗，是《资治通鉴》的两部主要的辅翼之作。此外，又恐《通鉴目录》过于简略，复有《通鉴举要历》80卷，《通鉴节文》60卷，以为简编。加上修《资治通鉴》之前撰写的《通鉴释例》1卷，载录修书凡例及与协编者来往信札，又《历年图》5卷，“上自周威烈王二十三年，下尽周世宗显德六年，略举每年大事，编次为图”③。总上6种辅翼著作，共186卷，与《资治通鉴》正文294卷交相辉映，从不同侧面增强了《资治通鉴》这部编年体通史巨著的表现力。可以说这是编年体的一项重大革新。

《资治通鉴》引领编年体史书蓬勃发展，仿其体制继起者，或添前，或续后，自宋迄清，逐步形成了一个从古到今的编年史系统，举其要者，有12种，书目如次：

1.《通鉴外纪》10卷，目录5卷，北宋刘恕撰。

2.《汉纪》30卷，东汉荀悦撰。

3.《后汉纪》30卷，东晋袁宏撰。

4.《资治通鉴》294卷，北宋司马光等撰。

---

① 司马光：《进资治通鉴表》。

② 《四库全书总目提要》卷四七《资治通鉴目录》条。

③ 《温国文正司马公集》卷五一《乞令校定资治通鉴所写稽古录札子》。

5.《续资治通鉴长编》520卷，南宋李焘撰。

6.《建炎以来系年要录》200卷，南宋李心传撰。

7.《宋元资治通鉴》64卷，明薛应旗撰。

8.《明纪》60卷，清陈鹤生撰。

9.《明通鉴》100卷，清夏燮撰，亦为明代编年史。

10.《国榷》108卷，明末清初谈迁撰。

11.《资治通鉴后编》184卷，清徐乾学撰。

12.《续资治通鉴》220卷，清毕沅撰。

这就是与二十四史纪传史系统相辅相补的编年史系列，不一一备述。但没有一部编年史书可与《资治通鉴》相颉颃。胡应麟《史书占毕》说："编年之史，备于司马氏。"这个"备"字，应视为对《资治通鉴》完善编年体历史功绩的确评。

三、《资治通鉴》的内容与价值

1.《资治通鉴》的主要内容

中国传统史学强调经世致用，《资治通鉴》把这一主旨发展到极致。书名《资治通鉴》虽然是宋神宗所赐，实为司马光之本旨，顾名思义，即史学要"鉴于往事，有资于治道"。既然是"垂鉴资治"，所以司马光选用材料以及叙述内容，"专取关于国家盛衰，系生民休戚，善可为法，恶可为戒者"[①]。这就决定了《资治通鉴》全部内容落实在"治、乱、兴、衰"四字上，用今语说，是一部政治军事史。司马光着墨于国家治乱，写得最多的是君主的贤愚，官吏的好坏。司马光认为"国亡治乱，尽在人君"[②]，因此特别重视为君之道。司马光把历史上的君主，依据他们的才能与功业，分为创业、守成、衰替、中兴、乱亡五类。"创业之君"，如汉高祖、光武帝、隋文帝、唐太宗等，削平群

① 司马光：《进资治通鉴表》。
② 司马光：《稽古录》卷一六。

雄，统一中夏，“智勇冠一时”，乃非常之人，干非常之事。这些君主的光辉业绩，《资治通鉴》写得很详细，供人敬仰与效法。“守成之君”，能把创业之君留下的家业发扬光大，如汉文帝，汉景帝，北魏孝文帝等，他们是守成的代表人物。司马光说：守成之君，“必兢兢业业，以奉祖考之法度，弊则补之，倾则扶之，不使耄老有叹息之音，以为不如昔日之乐，然后可以谓之能守成矣”[①]。司马光称美文景，借引班固的话说：“扫除烦苛，与民休息，移风易俗，黎民醇厚，周云成康，汉言文景，美矣。”[②]中兴之君，指能拨乱反正，把处于危机或急剧衰落的国家引导上正轨，转危为安，使政治重新归于治。汉宣帝是中兴之君的典型。司马光借班固的话赞颂说：“孝宣之治，信赏必罚，综核名实。政事、文学、法理之士，咸精其能。至于技巧、工匠、器械，自元成间鲜能及之。亦足以知吏称其职，民安其业也。”[③]衰替之君，即昏庸之主，他们“习于宴安，乐于怠惰”，“人之忠邪混而不分，事之得失置而不察，苟取目前之佚，不思永远之患”，以至“祖考之业”日益衰微。西汉元帝、成帝，东汉桓帝、灵帝，都是昏庸之主。最坏的是乱亡之君，他们“心不入德义，性不受法则，舍道以趋恶，弃礼以纵欲，谗谄者用，正直者诛，荒淫无厌，刑杀无度，神怒不顾，民怨不知”，结果是“敌国丧之”，“下民判之”[④]，只有破家亡国了。亡国之君十之八九都是昏暴淫逸的乱亡之君，秦二世、陈后主是其尤者。创业、守业、中兴三类之君，是贤圣的明君，是司马光提供学习的榜样。衰替、乱亡之主，是司马光提供借鉴、警世的标识，在叙述中给予揭露和鞭挞。司马光发扬传统史学惩恶劝善的思想，应予肯定。

战争是政治斗争的最高形式。古代国之大事，在祀与戎。司马光在《资治通鉴》中着力描写各种战争，对改朝换代群雄逐鹿的战争，创业之主平乱诛暴的战争，雄主御辱与开拓的对外战争，农民起义与王朝镇压的战争，《资治通鉴》都做了绘声绘色的描写。司马光总结战争经验，各种战争，在不同年代、不同地域、不同将帅

①②③④ 司马光：《稽古录》卷一六。

指挥下有不同的结果。有国有家者，不可以不知兵。写战争就是要总结强国用兵的兵法。顾炎武评论说："《资治通鉴》承左氏而作，其中所载兵法甚详。凡亡国之臣，盗贼之佐，苟有一策，亦具录之。朱子《纲目》大半削去，似未达温公之意。"[①]

司马光轻文学，明人李因笃说"《资治通鉴》不载文人"指此。大诗人屈原，《资治通鉴》只字未题。司马迁写《史记》，为文学家立专传，大量录载文学作品，评价屈原《离骚》"虽与日月争光可也"，认为司马相如赋"虽多虚词滥说，然其要归引之节俭，此与《诗》之风谏何异"。两司马的态度大相径庭。文人参与的政治活动，与王朝、社会有重大关系的涉政文章，司马光仍不遗弃。如录载司马相如的《谏猎书》，录载唐宋八大家唐韩愈的《谏佛骨表》、《送文畅师序》，柳宗元的《梓人传》、《种树郭橐驼传》。司马光轻文学家及文学的政治作用，既不必为之讳，也不必为之病，这就是他的立场。

《资治通鉴》对于正史诸志中关于礼仪、刑罚、职官、食货等方面的内容，颇多采录。如西汉除肉刑、东汉立石经、曹魏九品官人法、西晋罢州郡兵、北周创府兵等。涉及土地制度与民生的财赋制度亦纳入为重要的政治内容。如商鞅变法，文景时期的轻徭薄赋，北魏孝文帝的均田制，唐代德宗实行两税法，以及水旱丰歉等记载不遗余力。当然，比起纪传史来，综合史的内容大大减少，突出的是政治军事，这是编年史书的一个特点。

由于《资治通鉴》吸收《左传》、《汉纪》，以及纪传史之"本纪"叙事的优点，在政治军事中关注礼乐、历数、天文、地理、经济、文化等内容，因此《资治通鉴》是一部内容宏富的古代政治编年通史。简括条列其述史内容，主要有以下十个方面：

1. 帝王的即位、治绩与丧葬、评说。

2. 重要历史人物的活动与卒年。

3. 经济、政治制度的变革与重要的法令颁布。

4. 社会各阶级、阶层尖锐复杂的矛盾斗争。

① 顾炎武：《日知录》卷二六。

5. 重大的军事活动与战争。

6. 民族关系。

7. 中外关系。

8. 重要的科技文化的发明与发现。

9. 生产工具和生产技术的改进。

10. 重大的自然变革与灾害。

台湾三民书局《资治通鉴新译读本》，书后附录10余万字大事年表，是特邀中国社会科学院历史所陈绍棣研究员按《资治通鉴》以上十大内容整理的大事年表，回应全书，并与本导读前后呼应，以便读者检阅。是否有所裨益，留待读者评说。

2.《资治通鉴》的史学价值

《资治通鉴》的史学价值，在史学、史体、史料三个方面都有突出的创造，试简析之如次。

（1）*史学方面*。史学价值，指帮助人们了解历史，认识历史，总结历史。作为鸿篇巨制的《资治通鉴》它较为详尽的反映了中国古代从战国至五代，公元前403年至公元959年，共1362年的历史，熔铸于史事内容中的史学价值有三个方面。

第一，贯通古今。《资治通鉴》一书在手，历代大事囊括其中，兴衰得失会聚眼前，这一优点，其他任何一部史籍无可比拟。清张之洞，近人梁启超做了画龙点睛的评价。张之洞说："若欲通知历朝大势，莫如《资治通鉴》及《续通鉴》"[①]。梁启超在《新史学》中说："司马温公《资治通鉴》亦天地亦一大文也。其结构之宏伟，其取材之丰赡，使后世有欲著通史者，势不能不据为蓝本，而至今未能有逾之者焉"。

第二，政治史为中心。司马光《进资治通鉴表》明确其著书目的说："专取关国家盛衰，系生民休戚，善可为法，恶可为戒者，为编年一书"。知往鉴今，其要在政治，《资治通鉴》的价值亦在此，这是读《资治通鉴》要牢牢把握的。

第三，以史为鉴。这一点经历了历史的考验，正如胡三省所

① 张之洞：《辅轩语》。

说："为人君不知《资治通鉴》，则欲治而不知自治之源，恶乱而不知防乱之术。为人臣不知《资治通鉴》，则上无从事君，下无以治民。为人子不知《资治通鉴》则谋身必至于辱先，作事不足以垂后。乃如用兵行师，创法立制，而不知迹古人之所以得，鉴人之所以失，则求胜而败，图利而害，此必然者也。"①

（2）史体方面。在我国史体发展史上，编年体占有重要位置，一是开众体之先，二是奠众体之基。无论是中国还是世界，按年月日记事，是人类最早用于编写史书的方法，也就是人类创造的最古老的史体。在这个意义上，可以说编年体乃开众体之先，即史体之祖。中国编年体经历了自草创、确立直至成熟的过程。在其自身发展的同时，又给后起其他史体以普遍的深刻影响。《资治通鉴》追附交错的叙事，编年之中带纪事本末的辅助，对一些事件的前因或过程加以补叙，多用"初"字起笔，避免了割裂。《资治通鉴》已经达到史家叙事得心应手的境界。由《资治通鉴》又派生出袁枢的《通鉴纪事本末》，以及朱熹的《资治通鉴纲目》，成为南宋以后流行的史书体裁。特别是《资治通鉴》完备的时间本位叙事，为各种史体奠定了基础。

（3）史料方面。司马光对史料的处理，考异取信已如前述，这里补述搜罗宏富。司马光在《进资治通鉴表》中说，他搜集史料"遍阅旧史，旁及小说，简牍盈积，浩如烟海"。后人考证司马光采用的资料有300余种。宋人高似孙《纬略》说："《资治通鉴》采正史之外，其用杂史诸书凡二百二十二家。"清人胡元常录《通鉴考异》所载书名，作《通鉴引书考》凡得272种。近人张煦侯据《资治通鉴》和《通鉴考异》所引各书加以考索，分为正史、编年、别史、杂史、霸史、传记（附碑碣）、秦汉（附别集）、地理、小说、诸子共十类，得301种。1987年《河北师院学报》第2期载陈光崇先生的《通鉴引用书目的再检核》，拾遗补缺，考定为359种。司马光实际引用的书目不只此数，足见其用力之勤，为后进述史者树立了榜样。

① 胡三省：《新注资治通鉴序》。

司马光从宋英宗治平三年（公元1066年）奉命编写《资治通鉴》，到宋神宗元丰七年（公元1084年）完成，历时19年，耗尽了司马光的一生心血。在这19年中，司马光“研精极虑，穷竭所有，日力不足，继之以夜”，把全部精力投入到这部书上。由此可见，要写出一部历史名著，作者要付出何等高昂的代价。司马光的付出，换来了《资治通鉴》的永垂不朽。《资治通鉴》自问世以来，一直享有很高的声誉。宋神宗钦赐书名《资治通鉴》。明胡应麟说：“自有书契以来，未有如《资治通鉴》者”。清王鸣盛说：“此天地间必不可无之书，亦学者必不可不读之书也。”[①] 清浦起龙对《资治通鉴》产生的影响作了高度评价，浦氏说，国史“上起三国（指韩赵魏列为诸侯），下终五季，弃编年而行纪传，史体偏缺者五百余年，至宋司马光始有《资治通鉴》之作，而后史家二体，到今而行，坠绪复续，厥功伟哉”[②]。这是说《资治通鉴》带动了编年史书的复兴，产生了贯通中国历史的编年史书系列，与纪传体全史交相辉映。司马光对中国史学的贡献，铸就了他在中国史学史上崇高的历史地位。

最后，还须交代一下司马光写《资治通鉴》既不写上古，又不写后周之灭，止于禅让之前，一部通史，无头无尾，总给人以遗憾，其实这正是司马光用心良苦处。《资治通鉴》始于周威烈王命韩、赵、魏三家为诸侯，由此写了一篇史论，批评周王违背了名与器不可假人的礼，开启了礼坏乐崩，表明司马光维护帝王权威，臣下不可越礼犯分的思想。《资治通鉴》下限不书宋周禅代，既为本朝回护，隐讳赵匡胤从孤儿寡母手中夺权的尴尬，也为自己避免触讳，少惹麻烦。中国历史上的文字狱，历史学家首当其中，因此我们不能苛责司马光去效法南史氏吧。由此可知，《资治通鉴》无头无尾，皆寓意良深，这也是曲折地反映了中国社会的某种特色吧！

（2011年9月28日完稿于北京）

---

① 王鸣盛《十七史商榷》卷一〇〇。
② 浦起龙《史通通释》卷一二。

附编二：教材建设

【说明】这里收录作者主编三部高校教材《中国历史文选》、《中国历史文献学》、《史记教程》的前言，以及相关资料，从一个侧面记录作者致力于教材建设的历程。用力最勤者为《中国历史文选》教材，从1988年初版35院校本到2011年商务印书馆第三版为止，仍在修订不辍。本卷《中国文献学》是作者在《中国历史文献学》基础上的升华。《史记教程》是作者毕生从事《史记》研究用于教学的结晶，与文集第三卷《史记文献研究与选讲》一脉相承。

《中国历史文选》四题

第一题　谈谈《中国历史文选》教材的改革[①]

1986年6月，由兰州大学、重庆师范学院两校历史系联合发起，邀请兄弟院校协作，新编《中国历史文选》教材。新编本共有35所高等院校协作，甘肃教育出版社承担出版。四川大学缪越教授为本书题签。新编本现已出版。新编本立足于革新，广泛吸收各家文选教材的长处，尤其汇总了35所高等院校现任文选教师，即本书各位作者的实践经验，大胆探索，打破了现行各种选本依时间顺序选文的旧体例，而采用依文体类别选文的单元制。现在，我们来谈谈新编本改革的指导思想和改革的内容。

一、"中国历史文选"课的性质和目的

"中国历史文选"是高等院校历史系开设的一门基础课，一

① 本文阐释35院校本单元制《中国历史文选》教材建设的思路。该教材1988年甘肃人民出版社出版。2007年由国家教育部组织专家评定为"普通高等教育'十一五'国家级规划教材"，由商务印书馆出版。2008年高教司评为精品教材。

般认为这是一门工具课，就是解决学生过文字关的能力，如果基于这样的认识，那么“历史文选”与“古代汉语”就没有什么区别，而且力不胜任。如果单纯解决过文字关，什么样的选本也不能代替“古代汉语”那一整套系统的语法知识。既然是“历史文选”，就必须在“史”字上作文章。

目前，“历史文选”随着教学改革的深入，教材编写如雨后春笋，公开出版的就有近10家之多①，至于各高等院校的自编教材就不胜枚举了。影响最大的是周予同先生主编的《中国历史文选》教材。我们简称周本教材。其次要数高振铎主编的《中国历史要籍介绍及选读》，我们简称高本教材。高本是在周本基础上属改良型的文选教材。第一，把要籍介绍从周本的解题中独立出来，扩大了介绍的范围，并置放在文选之上；第二，扩大了选文的范围，注释简明，增加了语词的注释；第三，附有练习白文文选和文化常识。就整个体例来讲，仍是周本的体例。高本的改良表明了两家编者对这门教材的性质、目的，在指导思想上略有变化。这在两家文选的前言中有所反映。试比较如下：

周本文选“前言”说：“中国历史文选”设置的主要目的，“在于通过各种典型的历史作品，培养学生阅读并运用一般文言文史料的能力，也向学生介绍一点有关中国史料学和中国史学发展概况的常识。”

高本文选“前言”称：“解放以来，各高等院校历史系，为了提高学生阅读和运用史籍的能力，造就符合规格的历史工作者，曾把‘中国历史要籍介绍及选读’或‘中国历史文选’，作为一门重要课程而加以开设，这不仅完全必要，而且非常及时。”

周本文选是把解决学生阅读历史典籍能力放在第一位，高本是把运用史籍的能力放在第一位或者说把阅读与运用史籍二者并重。因此高本合“要籍介绍”与“选读”为一编。这就是两家文选在指导思想上的差异和体现在编纂上的改良所在。高本文选从

① 近10家只是1988年笔者当时掌握的情况。到2009年，全国正式出版的《中国历史文选》教材近40种。

指导思想到编纂体例均有所前进。

如何给“历史文选”下一个恰当的定义，在当前百花齐放的局面下似乎为时过早，需要大家共同来探索。我们新编本根据自己的教学实践与体会，在出版“题记”中开头作了这样的说明：“中国历史文选”是高等院校历史体系（科）开设的一门工具性基础课，其目的是培养学生初具阅读和使用我国古代文献典籍的能力，为进一步学习和研究奠定一个基础。这就要求《历史文选》教材在保证文选教学这一主体内容的前提下，辅之以相应的文献与读史常识，以加深学生对我国丰富多彩的文献典籍全貌的了解，并提高阅读能力，懂得历史研究的一般方法。”

这段话包含了我们如下的一些思想：第一，“历史文选”是一门工具性的基础课。所谓工具性，就是带有方法论和综合性的特点。第二，顾名思义，“历史文选”，当然选读是其主体内容，提高阅读古典文献的能力是主要的目的。第三，提高阅读能力，不是单纯过文字关，而更主要体现在运用古典文献的能力，使之为历史学的研究服务，所以我们提出本课程的目的是“培养学生初具阅读和使用我国古代文献典籍的能力，为进一步学习和研究奠定一个基础”。一个是运用文献典籍的能力，一个是历史学的研究，要把二者结合起来，或者说统一起来，自然是综合型的内容。第四，我们用“文献典籍”四个字代替“历史史料”或“文言史料”，似乎更切合实际。因为经史子集皆为史料，今天的历史学研究，不限于旧史部典籍，而且地下文物，一经发掘整理，变成文字的叙述也是文献史料。培养学生的目的是能从中国浩如烟海的文献典籍中筛选史料，而不是直接运用史料。

依上述理解，我们认为“历史文选”是历史系学生必须接受的一门工具性的、综合性的，具有系统性文化知识理论的基础课，而题名“历史文选”，则又表明本课程以选读历史典籍文章和练习为主要教学手段。

二、35所高等院校新编本的内容

35所高等院校协作单位依名称总笔画为序如下：四川大学、

山西大学、山西师范大学、兰州大学、西北大学、汕头大学、上海师范大学、西安师范专科学校、延边大学、四川师范大学、天津师范大学、宁夏大学、西南师范大学、华南师范大学、陕西师范大学、浙江师范大学、南京师范大学、咸阳师范专科学校、贵阳师范大学、湖北大学、扬州师范学院、杭州师范学院、南充师范学院、徐州师范学院、重庆师范学院、黑龙江大学、湘潭大学、新疆师范大学、内蒙古赤峰师范专科学校、新疆大学、西北民族学院、西藏民族学院、无锡教育学院、重庆教育学院、苏州铁道师范学院等，共35所高校。这35所高等院校可分为5个层次：有综合大学11所，师范学院17所，民族学院两所，教育学院两所，师范专科学校三所。我们有意打破各种层次院校的壁垒，以便集思广益，使新编教材具有最大的适用性，为各个层次的院校所采用。

新编本全书53万字，分上、下两册，共14个单元。上册五个单元：（一）纪传体上；（二）纪传体下；（三）编年体；（四）纪事本末体；（五）别史、杂史。下册9个单元：（六）传记、笔记；（七）政书、诏令奏议；（八）地理、方志；（九）史论、史考；（十）民族文献；（十一）甲骨、金石、简牍、古文书、档案；（十二）经书；（十三）子书；（十四）文集。

每一单元分为四个层次：典籍概述；文章选讲；练习文选；通论。现将14个单元的典籍概述和通论目录列下。

典籍概述：（一）纪传体全史概述；（二）纪传史的注解和二十五史补编；（三）编年体概述；（四）纪事本末体概述；（五）别史、杂史概述；（六）传记、笔记概述；（七）政书、诏令奏议概述；（八）地理、方志概述；（九）史论、史考概述；（十）民族文献概述；（十一）甲骨、金石、简牍、古文书、档案概述；（十二）十三经及其注疏概述；（十三）子书概述；（十四）文集概述。

通论：（一）汉字；（二）音韵；（三）训诂；（四）古书的标点断句与今译；（五）古汉语语法常识；（六）目录；（七）版本；（八）校勘；（九）考据、辨伪、辑佚；（十）天文、历法、纪年；（十一）沿革地理；（十二）职官、选举；（十三）宗法、谥法；

(十四）姓名字号、避讳。

四个层次结构的单元内容，似乎有些庞杂，它涉及了史学史、文献学，文字音韵训诂学、文化史知识等。根据我们自己成长的经历和教学体会，多讲几篇文章过不了文字关。单就阅读能力的提高，也需要有一个广阔的知识面。就目前我们学术界的现状来讲，整理和研究历史文献与历史学的研究，两者结合不甚紧密。搞历史学研究的文献基础薄弱，搞文献学的似乎只知道乾嘉考据，不太懂得历史学的研究方法，不会写文章的人不在少数。这种现状我们必须打破，自然要从教学教材的改革入手。

新编本典籍概述与通论，总字数约 23 万字，占全书的 2/5。上册 5 单元，文选量占 3/4；下册 9 单元，总字数与上册相当，因此 9 个典籍概述加 9 个通论，总字数超过了文选，占 3/5。我们认为在下册加大典籍概述和通论是符合循序渐进原则的。此外，概述和通论，有的可供阅读而不讲，所以它不影响“历史文选”课的教学。教师可以灵活掌握。我们还打算在修订时把典籍概述与通论在文字上进一步精练，使其字数总量只占全书的 1/3，让文选量占全书的 2/3。增加文选内容，但全书总量控制在 60 万字左右，以减轻学生的负担。

三、单元制文选结构的特点

从编纂体例和内容两个方面来说明单元制文选结构的特点。

1. 单元制体例贯通古今，建立了系统性的知识结构

现行各种文选均依时间顺序，按朝代编排，是断代结构型。其优点是典籍与时代紧密联系，使读者易于看出时代对典籍的影响和典籍对时代特点的反映，但是这种编排方法难以清晰地反映文献典籍发展的渊源关系及其演变。而且断代切块，看不出系统性。有鉴于此，新编本采用单元制，建立贯通的系统结构。全书以典籍分类设单元，按传统的四部分类法，分为经、史、子、集四部。重点介绍史部，分为 9 单元，13 个类目：纪传体（两单元）；编年体；纪事本末体；别史、杂史；传记、笔记；政书、诏令奏议；地理、方法；史论、史考。新增民族文献和甲骨金石等两单元。沿用四部分类，目的是使学生熟悉和运用古代文献，而不是用现代的科学图书分类法重新编次古代图书，所以单元结构基本遵循古代的图书分类，但并非完全沿袭，而是根据史料的发展和当前的历史学研究特点而有所因革。四部分类是经、史、子、集，而“历史文选”重点突出史部，所以史部有11单元，经、子、集只各占2个单元，并列在编末。就以史部而论，《四库全书总目》分为15类：正史、编年、纪事本末、别史、杂史、诏令奏议、传记、史钞、载记、时令、地理、职官、政书、目录、史评。新编本根据文章选读不设史钞、载记、时令、职官、目录等单元，而增加了笔记、史考、民族文献、甲骨、金石、简牍、古文书、档案等，反映历史学研究的发展。此外，载记分别归入别史、杂史；地理分出方志。这样的分类，既反映了旧的典籍体制，又反映了新的学术发展，扩大了历史文献入选的范围，拓宽了学生的眼界。

单元制的系统性是十分明显的。分开来看，每一单元所述典籍体例源流具备；合起来看，历史典籍汇于一书。通论部分亦如是。每一通论是某一方面的知识，合起来是系统的文献学和文化史知识。系统性还表现在编纂的以类相从，贯通古今，以“辨章学术，考镜源流”。学生学完这部教材，不仅可以“即类求书，因书究学”，而且能够明了历代史书的继承、发展、演变、得失。换言之，新编本用典籍概述统帅文选，即把要籍介绍与文章选读提高到学术发展史的角度来讲授，培养学生具有宏观的综合与微观的分析能力，以及运用典籍的能力。

2. 内容上的革新，使新编本具有篇幅小，容量大的特点，具有较大的适用性

下面分别说明单元制四个层次内容的特点。第一层次，典籍概述，着重写两个方面的内容。一是典籍发展概况，介绍该类典籍的出现、特点、发展、演变和影响，条贯2000年之脉络，即前面所说的“辨章学术，考镜源流”。二是要籍介绍，重点介绍历代名著，也对一些虽不具有代表性，但确在文献发展史上起过影响的典籍予以历史的评价。第二层次，文章选讲。选目原则如下：一是配合典籍概述，尽可能扩大入选范围，以具体的选文感性认识，使学生体会典籍的体例、取材、叙事、编纂特点；二是选文关联通史和专史教学，使学生熟悉一些重大史事、历史人物、典籍等；三是可读性强，有利于提高学生的阅读兴趣，多选名著中短小精炼的名文。第三层次，练习文选。练习文选均为白文，在选目上与选讲文章纳入一体考虑，互为补充，既供学生作标点、注释、翻译讲析等练习，也供教师选讲。练习文选部分，不标点，前有简短说明，交待文章出处、历史背景、篇旨等，引导学生阅读、理解和做练习。第四层次通论。内容有三个系统。一是提高汉语基础知识，有汉字、音韵、训诂、标点、今译、语法等；二是文献学知识，有目录、版本、校勘、考据、辨伪、辑佚等；三是文化史常识，有天文、历法、纪年、地理、方志、职官、选举、宗法、谥法、姓名字号、避讳等。这三个系统的知识，并非游离于文选之外，实际上正是提高阅读和运用史料的基础知识，包括古今治史的方法论，应该是基本功。单元制结构的四个层次的内容扩大了知识领域，使“历史文选”在有限的篇幅内，做到了有较大的知识覆盖面，学生可用较少的时间获得较多的实用知识。所以新编本教材，无论教与学都有较大的适用性。教材兼有史学史、文化史、思想史、民族史、方志学、文献学等知识。综合大学学生，可在本教材中获得初步知识，提早形成重点选修的方向；对于开课较少的大专院校，本教材就起补充作用。典籍概述与通论部分的教学可深可浅，有很大的伸缩性，可适应一年制到两年制的教学需要，因此能适应各个层次的院校采用。

四、新编本教材编写所遵循的原则

编写原则实际已经包含在前述各节内容中，下面再重复强调三点。

1. 由浅入深，循序渐进的原则

所谓由浅入深，就是全书内容安排先易后难。先秦典籍、甲骨、金石、简牍等，难教难学，编在下册。上册一开头从《史记》、《汉书》入手，既突出了“历史文选”以“史”为主题的原则，又符合先易后难的教学原则。所谓循序渐进，即遵循时代先后以及学术系统性的原则。每一体的选文则以时代先后为序，如编年体从《左传》讲起，然后《资治通鉴》；别史、杂史，以《逸周书》、《国语》、《国策》为序。至于全书单元顺序的安排，首讲史部三大体，以纪传体居首，这也是《隋志》以来的惯例。

2. 主次分明，合理容量的原则

新编本把典籍概述放在第一层次，因它是贯通古今的一条经线，文选放在第二层次，内容是横向展开的一条纬线。经纬纵横形成一个具有无限容量的立体结构，通论是充填这一结构空间的各类知识，单元可增减，内容有伸缩，但总体上是容纳了多方面的知识。而教学时间一般只有一年，或一年半，周学时四小时，教与学都是有限的。为了解决这一矛盾，全书编纂有主有从。文选（包括练习）为主，典籍概述和通论为辅；前者重在培养感性的阅读能力，后者着眼增加知识面和方法训练。主与从的量，要求教师在教学过程中具体把握；但新编本在编写中已有鲜明的体现，即上册文选部分突出地占有 2/3 以上的篇幅，就在于保证主要的教学内容。

3. 实践性和巩固性的原则

这主要体现在每单元都有练习文选，要求学生标点、注释、概括段意、翻译、讲析等。其次四个层次的编写互相配合。如文章选讲，选自典籍概述的重点名著，有关通论又是文选注释的补充。《断句、标点和今译》、《古汉语语法常识》等通论所用例句大都选自本教材的文选。

总括以上各点，新编本教材的革新，并不是为标新而立异，而是根据多年来教与学的实际状况，从实践中提出来的革新。但是由于编写时间短，从发起、组织到定稿只有几个月的时间，加之主持人的水平有限而且将众手文章汇于一编有许多具体问题，这都影响本教材的编写质量。我们希望编写本教材的全体作者在使用过程中继续深化认识，发现问题，提出改进意见。我们更希望同行专家及广大读者提出批评，以便我们修订时参考。最后，特别指出，我们吸收现行各种文选的研究成果及其他有关著作的成果，不能一一注出，在此一并感谢！

（原载兰州大学《教学与研究》1988年第2期）

第二题　《中国历史文选》教学大纲研讨[①]

一、课程设置

“中国历史文选”是高等院校历史系（科）开设的一门重要专业基础课。不同层次的高等院校，开设的课时不等。多数院校只在第一学年开设，共两个学期，每个学期按18周计，每周4学时，全年共授课144学时。有的院校开设每周只有2学时，总授课为72学时。也有开设一年半的，总授课超过144学时。本大纲按总授课144学时制定，对于课时的增减，可作出相应调整，仍有参考价值和指导意义。

二、教学目的与要求

“中国历史文选”课的目的主要是培养学生阅读和使用我国古代文献典籍的能力，同时也为进一步学习和研究中国历史奠定一个基础。这就要求本课程在保证文选教学这一主体内容的前提下，辅之以相应的文献和读史常识，以加深学生对我国文献典籍的全面了解，并提高阅读能力，掌握历史研究的一般方法。为了

① 1988年暑期，兰州大学接受教育部高教司委托举办全国中青年“中国历史文选”任课教师一个月的讲习班，有40余所高校约50位任课教师参加。作者当时在兰州大学任教，主持讲习班工作，组织了“中国历史文选”教学大纲研讨，本文就是这次研讨会总结。

实现这一目的，“中国历史文选”教材内容要革新。新编单元制《中国历史文选》教材适应这一要求。内容分为四个层次：(1) 典籍概述；(2) 文章选讲；(3) 练习文选；(4) 通论（文化常识）。具体的教学和要求如次：

(1) 典籍概述。教材按类分为十三个单元，每单元在文选之前作专题讲授。典籍概述内容包括每一类目文献典籍的源流、体例、价值，以及要籍书目。要求学生了解文献典籍的发展概况，对历史要籍要掌握作者简历、成书年代、主要内容、编纂体例、史料价值、版本、注本等。

(2) 文章选讲。通过各类典型历史文选的讲授，要求学生掌握较为系统的古汉语理性知识，能够阅读通用的古代文献典籍，并能具体感知各类文献典籍的体例、叙事、取材及编纂特点。讲授以字、词、句为主，可适当串讲，但要防止以串讲代替字、词、句的落实，以培养学生举一反三的能力。对于词汇，要求学生掌握1000左右的基本词汇，能够理解古汉语常用词的本义、引申义、假借义，以及实词活用，其中300至500左右的重点词，要达到熟练的程度。

(3) 练习文选。供学生作业实践，原则上每周一至二次，与教学时数相等。方式多种多样：标点断句、注音释义、语译古文、语法分析、写段意、或简析课文等。作业提倡全批全改，对其中的共同错误，利用辅导形式集中讲解。

(4) 通论（文化常识）。通过各单元专题通论的教学，要求学生了解和掌握阅读古籍必备的较有系统的基础知识，包括传统的小学文字、音韵、训诂、古籍的标点、断句、注疏与今译，古汉语基础知识，文化史基础知识，文史工具书的使用，历史名词特殊读音等等。通论的课堂教学不应占过多的学时，教师只做辅导、提示，主要靠自学来掌握。

三、教学原则与方法

(1) 以唯物史观作指导。批判继承中国古代文化遗产，培养爱国主义思想。

（2）循序渐进教学。学习中国古代文献典籍，时间愈早难度愈大。新编教材，打破了依时间顺序选文的旧例，代之以按文体类别贯通古今的条式单元制，为循序渐进教学奠定了基础。在教学实践中，教师依据这一原则，还可在单元制基础上作创造性的发挥。

（3）合理容量的多层次教学。任何一种“中国历史文选”教材的容量，总是大于教学时数总量，这是“历史文选”教材的一大特点。因此，课堂教学，要按教学时数总量，合理选讲教材内容，要事先作出通盘的安排，这是合理容量的教学原则。对于教材内容，采用有的精讲，有的略讲，有的不讲以及课外指导等多种形式，这是多层次的教学原则。

（4）强化实践教学，进行综合素质训练。“中国历史文选”是一门实践性很强的专业基础课。阅读和使用古代文献典籍的基本技能都要靠练习实践来掌握，来体会。课堂实践极其有限，因此强化实践教学，进行综合素质训练，就要大力开展课外辅导，把练习的时间基本放在课外。辅导实践的内容除落实和批改练习文选作业外，还应指导学生阅读一定数量的参考书，并可开展适量的科研活动，以提高学生的兴趣，培养学生独立的工作能力。

四、学时比例

按一年学制 144 教学时计，典籍概述和通论教学可占 44 学时，为总教学时的 30%，文章选讲是主体内容，要保证 100 学时左右，占总教学时的 70%。练习实践安排在课外进行，时间比例一般为教学时的一比一，即总量为 144 小时。有的院校压缩教学课时为 72 学时，学时比例只好相应减少一半。

144 教学时的具体安排比例如下：

第一，典籍概述，可安排 28 学时。教材 14 个单元，即为 14 讲，每一讲两学时，其中典籍概述应控制为 1 学时；要籍介绍每四至五种约 1 学时。14 讲共 14 学时可介绍 50—60 种要籍。

第二，通论教学为辅导性质，可安排 12 学时。14 个单元的通论共 12 讲，原则上每讲控制为 1 学时，目录和古汉语常识几个单元为重点，有的通论加 1 学时。有的通论可不讲，或课外辅导。

第三，文章选讲，100 学时，精讲篇目为重点，可安排 80 学时，精讲文选 10～15 篇左右；略讲安排 20 学时，可讲 10 篇左右。教材选文 85 篇，其中选讲篇目 53 篇，课堂讲授可达 30%，70%的课文供学生自学，练习文选 22 篇。只开设 72 学时的院校，文章选讲 50 学时，可讲授课文 15 篇左右，约占课文的 1/5，则 4/5 的课文为自学篇目，教师提示性的辅导将占有更重要的位置。

以上教学时间安排，不可拘泥，意义在于要有控制地进行比例教学，才能使学生在有限的单位时间中学习到充实的系统的知识。如果失控，随意教学，就不可能完成教学计划和保证质量。

要籍介绍书目 50～60 种，精讲、略讲文选篇目约 20～25 篇，由任课教师在教材范围内自选。史部类目三大体，即纪传体、编年体、纪事本末体是教学的重点内容。

【说明】本大纲并非国家颁布，它只代表研讨会文选教师提出的教学改革建议，积淀了一代文选教师的经验总结，故题为“中国历史文选教学大纲研讨”，省称为“大纲”。“大纲”的主要内容已融入《中国历史文选》教材的前言，这里借“导读”出版做全文刊载[①]，并将其大旨精神略作说明如次。

“中国历史文选教学大纲研讨”，全文不长，仅 2000 字左右，可包含的内容既丰富具体，而又是高度洗练的原则性概括。“大纲”分为四题：（1）课程设置；（2）教学目的与要求；（3）教学原则与方法；（4）学时比例。从上述标题就可看出，这个“大纲”别具一格，它是教学实践的结晶。其特点如下：

第一，“大纲”对“中国历史文选”的性质、目的，作了高

① “导读”，指《中国历史文选导读》，这是一本《中国历史文选》辅导读物，与教材配套发行。

标准的“探讨和要求”。有一种较普遍的观点认为，“中国历史文选”只是一门工具课，目的就是学一点“之乎者也”的古汉语，为阅读文言文打下过文字关的基础。在这一认识下，“中国历史文选”被视为“豆芽菜”，教学单调，主要内容就是讲一些文章选讲。而“大纲”扫清了这一模糊认识，明确指出：“中国历史文选”是高等院校历史系（科）“开设的一门重要专业基础课”，其目的“主要是培养学生阅读和使用我国古代文献典籍的能力，同时也为进一步学习和研究中国历史奠定一个基础”。并强调指出：为达此目的，这一课程的教学不仅不能单调，而且要有方法论。我们认为，只有从这个高度提出，才能真正过好文字关。为了加强学生对我国文献典籍的全面了解，并提高阅读能力，掌握历史研究的一般方法，单元制新编“中国历史文选”编入了“典籍概述”、“文章选讲”、“练习文选”、“通论”四个方面的内容。显然，采用单元制新编本“中国历史文选”，对教师和学生，都提出了高标准的要求。

第二，“大纲”对“中国历史文选”的教学内容提出了切合实际的具体要求。“大纲”围绕单元制“中国历史文选”的四个方面的教学内容提出了明确的数量要求，对教学时数也提出了合理的建议。这些都是经验之谈。例如“典籍概述”，“大纲”要求教学有两个方面的内容。一是从宏观上把握，对每一类目文献典籍把握其“源流、体例、价值、代表性书目”。二是从微观上深入对要籍的掌握，即对每一种要籍的“作者简历、成书年代、主要内容、编纂体例、史料价值、版本、注本”等内容都要了解。对“文章选讲”，“大纲”要求落实以字、词、句为主的教学，对于词汇，要求学生掌握1000左右的基本词汇，并能够理解古汉语常用词的本义、引申义、假借义，以及实词活用。特别是对其中300个左右的重点词，要求达到熟练的程度。《中国历史文选导读》选讲40篇文选，单列了253个重点词，就是基于这个大纲要求来写的。这253个重点词，是通过对先秦儒家六经、论语、孟子以及先秦诸子、国语、国策等国学基本典籍使用汉字的频率来确定的。“大纲”对落实字、词、句的教学内容，在“文章选讲导读”部分都有具体的阐述，因此“大纲”的要求不是空洞的。“大纲”以“导读”为基础，而“导读”以“大纲”为纲领，两者紧密结合，以期达到提高学生阅读古书的能力。

另外，“大纲”对如何进行辅导教学，即“练习文选”的教学，以及“通论”的教学，都有明确的要求，这里不再赘述。

第三，“大纲”对教学原则和方法，提出了具体的指导意见。“大纲”强调，“中国历史文选”教学，也应贯彻以唯物史观作指导思想的原则，要批判继承，要融入爱国主义思想。在教学方法上要贯彻循序渐进、多层次教学的原则，要加强实践，多做练习，提高学生综合素质，使之能举一反三，逐渐具有独立阅读能力。“大纲”还注意了“中国历史文选”教学的特殊性，特别提出了“教学原则与方法”的问题，例如指出“中国历史文选”教学不能满堂灌，读死书，那样达不到培养的目的。总之，“大纲”具有重要的指导意义和实践意义。

第三题　商务版《中国历史文选》前言[①]

本篇前言阐述四个问题：本书组织、内容体制、革新特点，以及教学建议。

1. 本书组织

《中国历史文选》是高等院校历史系开设的一门很重要的专业基础课，其目的主要是培养学生阅读和使用我国古代文献典籍的能力。本课程自20世纪20年代由陈垣大师在北京大学创立以来，已有近一个世纪的历史，大体经历了三个发展阶段。新中国成立以前，是第一阶段，叫“中国史学名著选讲”；新中国成立后50至70年代，是第二阶段，基本类型是“历史要籍介绍及选读”；

① 本文为商务印书馆《中国历史文选》2011年7月第3版前言。

20世纪80年代以来进入第三阶段，呈现百花齐放形势，全国公开出版的“历史文选”已达30余种，有“历史名著选讲型”，有“历史要籍介绍及选读型”，有“史学史发展要籍选讲型”，有“古汉语加史籍选讲型”，有“革新本单元制新型”，等等。60年代初，国家教委委托复旦大学周予同教授编写《中国历史文选》教材，正式奠基了这门课程的名称。周本依时间顺序选编历史要籍名篇，初具规范，整整影响了一代人。80年代以来的各种新编本，除单元制新型外，基本都是周本模式的改良，没有离开“要籍选读”的框架，不具有独立课程的体制。单元制新型，是80年代中期，张大可教授在兰州大学任教时倡议改革的，得到重庆师范学院徐景重先生的协助，有35所高等院校加盟合作，称35院校本。单元制新型打破周本依时间顺序选文的旧体例，而采用依文体类别贯通古今置单元，扩大历史文献选读范围，以系统的历史典籍概述取代要籍介绍，以四部文献分类为理论基础，建立总集型的选学学科，摆脱依附地位，使“中国历史文选”成为有理论有体系的独立学科。1987年4月，全国首届历史文选学术讨论会在武汉江汉大学召开，新编本单元制体系得到国家教委高教一司田珏教授的关注和支持。随后，35院校本单元制教材于1988年在甘肃教育出版社出版，当年便获得全国教育出版研究会举办的首届优秀教育图书评选三等奖，同时国家教委委托兰州大学在1988年暑期举办了首届“全国高校历史文选师资讲习班”，并进行了“中国历史文选教学大纲”学术讨论会，总结经验，提出了规范化教学的“《中国历史文选》教学大纲研讨”的意见，还编写了一本《中国历史文选导读》，作为师生的共同参考书。这些说明了单元制新型教材获得了成功。进入90年代，已有多种单元制“历史文选”本教材出版，说明这一体制正在得到推广。

20世纪80年代以来，多种文选本教材的并存，不利于规范教学。全国各高校文选教师，经过百花齐放的摸索与总结，积累了经验，加之面临21世纪新时代的挑战，共同体会到编一本集思广益的高质量的规范教材应提上议事日程。在这一背景下，1996年，由35院校本《中国历史文选》主编张大可教授牵头，联合京穗两地七所大学①《中国历史文选》主讲教师共同发起改革《中国历史文选》教材的倡议，邀请全国各高等院校历史文选教师协作。参编单位共45所高校，作者60人，凝聚了六部《中国历史文选》教材主编合作②，为教材改革集思广益提供了条件。本教材1998年由陕西人民教育出版社出版，在学术界获得好评，称45院校本。2006年，45院校本教材由商务印书馆与北京师范大学联合申报，经评审列入普通高等教育“十一五”国家级规划教材，2007年由商务印书馆出版，2008年，本教材被评为普通高等教育精品教材。2009年，北京师范大学受高教司委托，于4月25—26日举办了全国第六届《中国历史文选》教学改革学术研讨会，修订本教材是研讨会的主题之一。与会同仁决心再用三年左右的时间对本教材作出重大修订，打造成具有时代特色的精品教材，并规划出版系列科研成果。本版是第二次修订，为商务本第三版，参编单位和编委会亦相应有所调整。

2. 内容体制

本教材《中国历史文选》，全书共13个单元，加序篇，凡14个单元③。选文内容包括经、史、子集四部典籍，以及民族文献等，是一部历史文献总集选本，生动地体现了历史学综合性与百科性的特点，而重点突出“史部”典籍，有8个单元，即第一至第八单元，篇幅占65％。此外，有“经部”、“子部”、“集部”与“民族文献”、“考古文献”等5个单元，篇幅占35％。这一单元制结构，以传统的四部分类为理论基础，而又不墨守旧章。例如

① 主持人兼主编张大可教授作为广州师范学院客座教授代表广州师范学院发出倡议，联合京穗两地七所院校共同发起，七所院校是：广州师范学院、中山大学、暨南大学、华南师范大学、中国人民大学、北京大学、首都师范大学。

② 六部《中国历史文选》教材主编，分别为：35院校本主编张大可教授、北京大学张衍田教授、北京师范大学杨燕起教授、中国人民大学王德元教授、东北师范大学宋衍申教授、西南师范大学刘重来教授。

③ 商务版《中国历史文选》14个单元目录如次：序篇　目录、汉字/第一单元　纪传体/第二单元　编年体/第三单元　纪事本末体/第四单元　典志体政书、诏令奏议/第五单元　别史、杂史/第六单元　地理、方志/第七单元　史论、史评、史考/第八单元　传记、笔记/第九单元　经书/第十单元　子书/第十一单元　诗文集/第十二单元　民族文献/第十三单元　考古文献选读。

“经书”中的《左传》，就提到编年体中，以明编年体之源；而又在“经书”单元的练习文选中选一篇三传对照的旧注，使《左传》在经书中重现，以明传统体系。《四库全书总目提要》分“史部”典籍为15类，本书只设置了8个单元，加以调整，突出重点，其中“笔记”一类是从子书中筛出。但基本体制不割裂传统，编委会反复讨论，不应设“科技学术”单元，古典科技典籍与明清学术，仍留在“子部”中，以便充分认识“子部”的庞杂与综合性质，有利于使用旧籍。单元前的序篇概述史部典籍，设置“目录”通论，以及选文共同组成“中国历史文选”的理论基础与突出主线，说明单元制结构首为纪传体的学术渊源。

每个单元的内容又分为四个层次。

（1）典籍概述。每单元的典籍概述，按文体类别贯通古今，反映历史编纂学的发展，辨章学术，考镜源流，系统介绍，突出要籍。历史名著及作者点到为止，不作大篇幅解题，留给教师在课堂发挥，也留给学生作深究的课题。系统概述典籍，是对单元选文作大解题，高屋建瓴，是文选领读的大纲，对文献知识建立宏观立体认识，而不是几部要籍解题，这是本书的一大特色，是“要籍介绍与选读”发展的质的飞跃，两者形似而实不同，读者须细心体会。典籍概述重点介绍了64部要籍。

（2）文章选讲。选学功力只在一个“选”字。选目原则如下：第一，选文范围，体现“历史文选”的总集性质，尽可能扩大入选的典籍范围，反映历史编纂学的发展，加深读者对中国典籍的系统认识。第二，选文质量，要求思想性、可读性、史学价值兼顾，要以名著名篇为主干，如纪传体之前四史，编年体之《左传》、《资治通鉴》，典志体之三通，史评之《史通》、《文史通义》等，以及其他历史名著、四部要籍，用以体现中国古代史学及其他文献典籍的最高水平。第三，选文要反映文献典籍类例特点。如纪传体包括了纪、表、志、世家、列传各体名篇，一一入选。《左传》以征伐会盟为主，选文有盟有战。《后汉书》、《宋书》长于史论，选论赞。第四，选文要拓宽知识面，要涉及多种历史学科知识与文章体例，博杂而有系统，提供综合素质训练。

第五，选文长短结合，以语言规范的短篇为主，这样可以在适量的篇幅中，包容多样风格的典范文章，以利学习汉语。选文总量所含古汉语常用词要达到1000左右，这是过文字关的基本数量要求。对所选长文，一般节选，不加省略符号，使行文整洁。版本尽可能采用通行本，在题解和说明中说明备查。各篇选文注释以篇为单位，前后重出条目不注参见，以利学习，省翻检之劳。

（3）练习文选。供多种练习之用，白文标点为主要练习手段，其次有注释、解题、今译、史事评析、赏析及其他练习。没有多种手段的练习，就没有综合素质训练。练习文选也可供教师选讲；选讲文章也可作练习，两者互补，切不可拘泥。

（4）通论。主要为古汉语基础知识，以及阅读古文所必须的历史文献基础知识，用以指导学生阅读古书作理性归纳。通论少说抽象理论，不要求面面俱到，只介绍实用的基础知识，有利自学。

四个层次的内容，全书纵横结构编排，每个单元有机配合，全书贯通构成典籍系统、选文讲读系统、练习系统、通论系统。目录安排，即可见单元制鲜明的纵横体系特色。

3. 革新特点

单元制《历史文选》的革新思路，主要有三点：第一，明确本课程的性质与目的，是独立的一门基础课，历史文献总集型选学，总结历史经验，赋予该课程教材一个理论体系，具体说，就是总集型文选框架，以类相从，时代为序，既反映古代文献典籍的四部分类，又能最大限度地突出史部典籍，并注入时代新思维。第二，选文注重语言规范，风格多样，以名文名篇为主，以利学习汉语。在此基础上，尽可能与重大史实、事件、人物、典制、史籍体例相结合，体现史学风貌。第三，编纂体制要有系统性、科学性，达到篇幅适度、知识容量大、实用性强的目的，可以配合各科教学，涉及通史、史学史、文献学、古汉语等多学科知识，带给学生综合素质训练，开启知识窗口。但历史文选并不是哪一门学科的附庸，诸如通史课的教学参考书，或历史系的古汉语课，其提法均为糊涂观念。

以上是说的革新思路。就内容体系和知识结构，纵观教材目录，可以具体条列有五大特点：第一，单元制按文体类别贯通古今，建立了辨章学术、考镜源流的知识结构与宏观方法论；第二，拓宽历史选文范围，构建总集型文选框架，是在要籍介绍与选读基础上的飞跃，是总结历史经验的升华；第三，单元制容量大，条理分明，系统性强，更具科学性；第四，编纂体系严密，主次分明，由浅入深，既保持了"史学名著选讲"的传统，又符合循序渐进的教学原则；第五，多种练习，对提高阅读古书能力提供了切实的手段和保障。这是全国文选学界多年教学经验的总结。

4. 教学建议

21 世纪到来的新世纪对人才的要求，标准更高，知识面更广，因而学生所学的科目必然增多，"中国历史文选"课程的教学时数势必减少，但质量要求却不能降低，这是一对矛盾。"中国历史文选"教学要作大踏步的改进，才能适应新时代的需要。以往教学基本是填鸭式一篇接一篇讲名著选文，学时二年。今后要立足于只有一年教学，还要提高质量，怎么办？核心抓好两个环节，第一是教材编写，第二是教学方法，两者要有规范，这就需要制定一份完善的教学大纲。前文提到 1988 年在兰州大学进行了一次教学大纲专题学术讨论，总结的《教学大纲》至今仍能作参考，大要精神如次：

（1）教材是根本。单元制文选体系与内容是提供综合素质训练的载体，已如前述。现在谈一下适量教材的篇幅问题。45 院校本 84 万字，第二次修订为约 60 万字，本次第三次修订，又调整了一些内容，仍控制为 60 万字。《中国历史文选》教材既要适应学时缩短，减少教材篇幅的要求，又要使教材有足够的系统内容，适宜自学，因此要求教材篇幅要短，而涵盖面要宽，内容丰富，单元制适应了这一要求。在有限的篇幅内，容纳充足的知识量，是本教材的一大特色。

（2）单元制四个层次的教学内容。分述如次：

典籍概述　教材按类分为 13 个单元，加序篇共 14 个单元。在文选之前作专题讲授。典籍概述内容包括每一类目文献典籍的源流、体例、价值、代表性书目。要求学生了解文献典籍的发展概况，对历史要籍要掌握作者简历、成书年代、主要内容、编纂体例、史料价值、版本、注本等。

文章选讲 通过各类典型历史文选的讲授，要求学生掌握较为系统的古汉语理性知识，能够阅读通用的古代文献典籍，并能具体感知各类文献典籍的体例、记事、取材及编纂特点。讲授以字、词、句为主，可适当串讲，但要防止以串讲代替字、词、句的落实，以培养学生举一反三的能力。对于词汇，要求学生掌握 1000 左右的常用词汇，能够理解古汉语常用词的本义、引申义、假借义，以及实词活用，其中 200 左右的重点词，要达到熟练的程度。

练习文选 供学生作业实践，原则上每周一次，方式多种多样：标点断句、注音释义、语译古文、语法分析、写题解、段意、或简析课文等。作业提倡全批全改，对其中共同错误，利用辅导形式集中讲解。

通论教学 通过各单元专题通论的自学，要求学生了解三个系统的基本知识：一为传统文字学汉字、音韵、训诂的基本知识，以及断句、标点、今译等知识；二为目录学与文史工具书使用的知识；三为古汉语基础知识。其中目录与汉字是本学科的理论基础，已如前述。这些是阅读古典文献必备的基本知识，主要靠自学掌握，教学只作几项提示性的辅导，主要是答难释疑，并向学生推荐一些适宜的参考论文或书目。

（3）学时比例 按一年学制，每学期 18 周，每周 4 学时计约 144 学时。典籍概述与通论教学可占 40 学时，为总量的 30%；文章选讲为主体内容，要保证 100 学时左右，占总量的 70%。练习实践安排在课外进行，时间比例一般为一比一，即总量为 144 小时，基本可作完全书的练习。如果只有 72 学时的教学，则各项学时比例相应减少一半。

教学时数缩短，更要讲求授课方法，要精讲与略讲结合，这也有一个学时比例问题。典籍概述 13 讲，每讲 2 小时，大体概述 1 小时，要籍介绍 1 小时，可介绍要籍 5～6 种。总计 13 学时可介绍要籍 60～70 种。这样可使学生获得点面结合的知识，重点突出，层次分明。约 100 小时的文章选讲，精讲文章 20 篇左右，以短文为主，大体每周一篇，个别长文、难度大的文章两周一篇，略讲的辅导性篇目，一般两小时或一小时一篇，亦可达到20篇左右。两项合计约40篇，这个数量学好了，可以基本过文字关，并给学生打下自学的厚实基础，因而可促使教师避免填鸭式教学，而重点放在释难、答疑、串讲与组织常用词和语法教学上。显然增加了教学难度，但效果必然更好。

以上教学时间安排，不可拘泥，意义在于要有控制地进行比例教学，才能使学生在有限的单位时间中学习到充实的系统的知识。如果失控，随意教学，就不可能完成教学计划和保证质量。

此外，必须把握“中国历史文选”是一门实践性很强的专业基础课这一特点。阅读和使用古代文献典籍的基本技能都要靠练习实践来掌握，来体会。课堂实践极其有限，因此强化实践教学，就要大力开展课外辅导，把练习的时间基本放在课外。辅导实践的内容除落实和批改练习文选作业外，还应指导学生阅读一定数量的参考书，并可开展适量的科研活动，以提高学生的兴趣，培养学生独立的阅读古书的能力。

本书由商务印书馆出版，责任编辑丁波做了大量的校勘工作，并仔细审读了每一篇文章，提出了诸多的修订意见，全体作者表示衷心感谢。

编委会

2011年5月

第四题　求真求实，打造精品①

《中国图书评论》在2011年第2期发表了题为《商务版〈中

① 本文回应《举隅》，旨在说明商务版《中国历史文选》打造精品教材修订过程，《中国图书评论》2011年第5期。

国历史文选〉勘误举隅》（以下简称“《举隅》”）的署名文章，对《中国历史文选》（商务印书馆 2007 年版）提出了许多宝贵的修订意见，对此，《中国历史文选》编委会表示感谢。

45 所高校创作新编单元制《中国历史文选》是一部革新型的教材，2006 年由主编之一的北京师范大学和商务印书馆共同申报，2007 年经教育部组织专家审定，被列入“普通高等教育‘十一五’国家级规划教材”，由商务印书馆在 2008 年出版。因参编高校急于用书，《中国历史文选》编委会要求商务印书馆提前一年，于 2007 年出版该教材，这给教材的编辑加工工作带来很大压力。该教材出版后，在 2008 年被教育部评为“普通高等教育精品教材”。商务印书馆领导高度重视，责成责任编辑丁波立即与《中国历史文选》编委会（以下简称“编委会”）联系，商定《中国历史文选》的修订。编委会及参编高校极为珍惜这一荣誉，视为一种鞭策和责任。编委会与责编共同制定了“分步修订、三年完成、打造精品”的修订计划。2009 年 3 月，修订工作正式启动，首先以编委会名义向 45 所参编高校作者发出修订通知。4 月 25—26 日，商务印书馆和主编之一的北京师范大学共同举办了“第六届中国历史文选教学改革研讨会”，商务印书馆向大会赠送 120 套 2007 年版《中国历史文选》，参会学者人手一套，广泛征求修订意见。责任编辑作为大会协办方代表，在大会开幕式上发言，号召参会的全国高校《中国历史文选》教师集思广益，帮助商务印书馆和编委会进一步完善《中国历史文选》。学术研讨会之后，编委会向所有参编作者发出《中国历史文选》修订征稿函，并在当年，也就是 2009 年 8 月在《中国历史文选》第二次印刷时进行了初步修订。2010 年 4 月，修订工作会议在云南红河学院召开，讨论《中国历史文选导读》的编写，编委会第二次向参编作者征求修订意见，参编作者反馈的意见，也已纳入到《中国历史文选》2011 年的第二次修订版中，即将出版。商务印书馆和编委会按照“三年完成”的修订计划，将于 2012 年，在杭州师范大学再召开一次定稿研讨会，做第三次修订。这一修订过程生动地说明，北京师范大学、商务印书馆、教材编委会采取大动作、大范围征求意见，不断完善这部精品教材，一版比一版好，这一工作还没有最后完成，真诚地希望得到善意的批评。

《举隅》一文的作者之一成荫，是四川师范大学历史文化学院教师，也是《中国历史文选》的编委。成荫参加了2009年商务印书馆和北京师范大学联合举办的“第六届历史文选教学改革研讨会”，《举隅》一文就是他应编委会征稿函的要求提出的修订意见，并整理成文发表在研讨会会议论文集《解字说文——中国历史文选研究》一书中，由北京师范大学出版社在2010年3月出版。《举隅》一文中订正的校勘错误，《中国历史文选》（商务印书馆2009年版）已订正一部分，如：《举隅》提到“上册书第123页《张骞传》第2段注释1‘手仗’之‘仗’当为‘杖’”、“下册书第366页《永宁寺》注释5‘焚语音译’之‘焚语’当为‘梵语’”、“贾谊建议列侯就国之‘列候’当为‘列侯’”、“下册书第365页《永宁寺》第3行‘是以常景碑雲’中‘雲’当为‘云’”，等等。在2011年第2次修订版的《中国历史文选》中已将《举隅》文中正确的订误全部采纳。但《举隅》一文中的有些意见，还有讨论的余地。第一，以不误为误。如《续后汉书》作者为“宋萧常”，《举隅》认为是“南朝宋”，而《四库全书》与《中国丛书综录》皆无“南朝”二字。第二，以误纠误。如《江南野史》作者为“龙衮”，教材误为“尤袤”，《举隅》认为是“尤衮”，亦误。第三，纠误一半留一半。如《廿二史劄记》，教材简化为《二十二史札记》，《举隅》认为要用原书名用字是对的，但更正为《廿二史札记》，仍留了一个尾巴。第四，纠误带出新误。如《苏秦始将连横》一文中，“嬴縢”教材注为“裹起绑腿。嬴，当作‘羸’，裹也”。《举隅》认为“羸”通“累”，缠绕意，是。但说“嬴”无缠绕意，只有“羸”才有缠绕意。清文字学大家朱骏声说“嬴”与“羸”两字互通。旧版《辞海》解“嬴”字有“裹”意。再说，“羸”作本字解，瘦弱，可引申为破败，“羸縢”，即破败的裹腿，亦通。此一例说明学术多歧，不要以偏概全。第五，《举隅》亦有笔误。如“褒斜道南口在今陕西勉县褒城镇”。《举隅》说：“至今陕西勉县褒城镇”。将“在”字误为“至”字，文义不畅。这里指出《举隅》文中的这些问题，说明学术要平等研讨，不能随意轻出判词，任情定位。学术研讨要留有余地，这就是善意的切磋。

目前全国高校使用的《中国历史文选》教材，仅编委会就搜集了30余种。而商务版《中国历史文选》之所以成为“普通高等教育‘十一五’国家级教材”，又被评为“普通高等教育精品教材”，主要有两大因素。第一因素，教材本身有诸多特点，是一部首创的单元制革新型教材。革新思路有五大特点：(1)单元制按文体类别贯通古今，建立了辨章学术、考镜源流的知识结构与宏观方法论；(2)拓宽历史选文范围，构建总集型文选框架，是在要籍介绍与选读基础上的飞跃，是总结历史经验的升华；(3)单元制容量大，条理分明，系统性强，更具科学性；(4)编纂体系严密，主次分明，由浅入深，既保持了“史学名著选读”的传统，又符合循序渐进的教学原则；(5)多种练习，对提高阅读古书能力提供了切实的手段和保障。这是全国文选学界历经近百年（“中国历史文选”课由前辈学者陈垣老在20世纪20年代始创，初名“中国历史名著选读”，历今近百年）几代人教学经验的总结，也是参编45所高校50多位学者的集思广益。第二因素，商务印书馆与教材编委会及全体作者密切配合，孜孜以求，开门征求修订意见，求真求实，打造真正的精品。编委会感谢商务印书馆不遗余力的执着精神，他们不计成本，一年一次修订，深深感动了全体作者。

《中国历史文选》编委会与商务印书馆责任编辑紧密合作，几年来付出了大量辛苦的劳动，深知打造精品十分不易。但我们的付出，能换来一版比一版好的教材，一切付出也就释然。商务版《中国历史文选》修订工作还在继续，编委会将加倍努力来补拙。由于编委会学人学识有限，错误难免，但绝不讳疾忌医。一句话：“求真求实，打造精品。”借《中国图书评论》一角刊发这篇修订工作历程的文章，希望继续听到善意批评，以利改进工作。

编委会

2011年4月

《中国历史文献学》前言[①]

“中国历史文献学”是20世纪80年代以来在部分高等院校历史系新开的一门课程。从学科体系上来看，这既是一门传统的学问，历史悠久，又充满了青春的活力。具有系统理论的“中国历史文献学”，还处在建设阶段。本书《中国历史文献学》所涵盖的内容及体系和体例，也是一种试探性的创造，既继承传统，又打破传统，是一部抛砖引玉之作。

文献，是人类社会进入文明时代的产物，并随着人类文明的进步而不断发展。中国是世界文明古国之一，从商代甲骨文算起，中国历史文献已有3000多年的发展历史。中国传统的文献工作，从孔子整理“六经”算起，已有2400多年的历史。中国古代的文献学家在文献工作上取得了丰硕的成果，并建立和发展了广义文献学的许多分支学科，如目录学、版本学、校勘学、考据学、辨伪学、辑佚学、文字学、音韵学、训诂学、注疏学等，都可冠以文献二字，称之为“文献目录学”、“文献版本学”、“文献校勘学”等名

① 本文原题《本书的缘起和体例》，载张大可、王继光主编《中国历史文献学》书首，陕西人民教育出版社1991年版。《中国历史文献学》是作者继《中国历史文选》之后主编的第二部高校教材，同时探索“中国文献学”的理论建构。得到西北民族大学王继光教授的全力支持，共任该书主编。本书1988年启动，1991年陕西人民教育出版社出版。

称。1986 年上海古籍出版社出版的王欣夫《文献学讲义》就是目录、版本、校勘（校雠）三大块。上述各门文献分支学科，都有着悠久的历史，它们是伴随着我国古代大规模图书整理和群经、群籍的注疏而发展起来的。各门学科都有具体的研究对象和方法，并有丰硕的成果，涌现了众多的专门文献学家。所以说，中国文献学，或中国历史文献学，是一门传统的学科，它是中国悠久文化历史的产物。学术的发展是不断的深入和分支，同时也要求有不断的综合。中国广义文献学，由校雠工作而发展演化出目录学、版本学、校勘学、考据学、辨伪学，又由经学讲习传授而演化出文字学、音韵学、训诂学、注疏学，等等，这就是学术的深入和分支。学术越分越细，越密越专。但是，在实际运用中，又需要综合的知识。如何批判继承和整理利用中国丰富的文化遗产，就需要综合的文献学知识。具有系统理论的综合型的中国历史文献学，并不等于目录、版本、校勘三大块或四大块、五大块的拼合物。它应该具有独特的系统的理论和体系，它的研究对象、研究方法、研究成果、发展历史，应该作系统的总结。1933 年商务印书馆出版郑鹤声、郑鹤春《中国文献学概要》，才正式提出了"文献学"的名称，把建立"文献学"理论体系的工作提上议事日程。但自那以后，历史过了半个世纪，系统的文献学理论还没有建立起来。1982 年中州书画社出版张舜徽的《中国文献学》，被称为"奠基性"的著作。同年齐鲁书社出版了吴枫的《中国古典文献学》同样具有开创的性质。与此同时，学术界出版了《中国文学文献学》、《档案文献学》等专科文献学。综合型或专科型的《中国历史文献学》，即将有数家出版。"文献学"领域出现的这种"百家争鸣"景象，又说明了它具有青春的活力，正处在发育、成长的阶段。换句话说，中国历史文献学的学科结构，在学术界尚未形成定式。

鉴于"中国历史文献学"还处于建设和形成之中，为了深化教学改革，我们 1986 年在编写《中国历史文选》教材时，就酝酿构思它的框架。1987 年 10 月，中国历史文献研究会在昆明召开第九届年会，张大可教授就编写"中国历史文献学"的课题与同行学者交流意见，受到同仁的鼓励和重视。1988 年 7 月至 8 月，兰州大学受国家教委委托举办“高校中国历史文选师资讲习班”，同时召开了“中国历史文选教学大纲讨论会”，来自全国40余所高等院校的中青年历史文选教师参加了讲习班，有10余位正副教授应邀讲学并参加了教学大纲学术讨论会。我当时在兰州大学主持了这一工作。于是在讲习班和学术讨论会上正式抛出了一个“中国历史文献学编写提纲”，广泛征求意见，并在学术讨论过程中组织编写班子，陕西人民教育出版社致电给予支持。在讲习班和讨论会上，集思广益，大家一致确定了本书编写的学术方针是：第一，尽可能做到有限的篇幅内，知识覆盖面要宽；第二，广泛吸收学术界的研究成果，在继承传统的基础上创出新体例；第三，要反映时代的信息，给学员以最新的思想和实用的知识。本书编写的组织方针是：贯彻多所高等院校的横向联合，集思广益，以便在出版发行后具有较宽的教学实验基础，不断完善。这就是本书编写的缘起。

按照我们的构想，“中国历史文献学”这一传统学科，把它列入教学体系，应该是“中国历史文选”的发展，其目的是扩展学员更进一步了解和使用中国历史文献的能力，为从事历史学研究或古籍整理打下坚实的基础。因此，编写适用于教学的《中国历史文献学》，具有重要的现实意义和历史意义。为了编好这本书，有的作者在当年就开出了文献学或文献学专题的课程，以便获得实践的体会。这说明本书在编写过程中就已经推动了教学改革的深入，锻炼了教师队伍，获得了良好的效果。

作为教材，一般采用编、章、节、目的章节体结构，便于教学。章节体的优点，层次分明，条理清晰。但过多的节与目的标题，又显得结构臃肿、松散，使文字冗长。打破章节体，采用专题式或立体式的块状结构，把全书内容分为若干专题或几大块，在每一专题或每一块内部的层次结构用排版技术标识，一气下联，减少过渡段落，姑名之为学术体。学术体的层次和条理，在直观上不如章节体鲜明；而结构实际上更为紧密和干练，在有限的篇幅中能容纳更多的内容。本书结构以编、章来分块，在章之下不标节与目，直接行文。在行文中用排版技术标识不同层次的若干小标题，以突出知识的主旨和内容。取消节与目的占行标题，实际是取消过渡文字，一气下联，以省篇幅。读者阅读，在层层小标题的点示中，将会感到气顺理畅，逻辑不紊。教师在教学中，可以转换为板书章节，留下创造余地。1989 年 5 月下旬，重庆师范学院和重庆教育学院主办了定稿会，经过反复讨论，最后由两主编张大可、王继光综括取舍定下了本书的体例。

下附《中国历史文献学》编章目录。

导论：历史文献学的范围、任务与相关学科

第一编　历史文献的载体和印刷技术

第一章　印刷术通行前的文献形式

第二章　雕版印刷文献

第三章　活字印刷与现代技术印刷文献

第四章　以现代技术为载体的文献

第二编　历史文献类别概述

第一章　四部分类的古籍文献与藏置

第二章　历史学文献类别概述（上）

第三章　历史学文献类别概述（下）

第四章　古今原始资料文献

第五章　少数民族历史文献

第三编　历史文献的整理与检索

第一章　整理历史文献的基础知识

第二章　整理历史文献的传统方法

第三章　当代的古籍整理

第四章　历史文献的检索

第四编　中国历史文献学的发展与成就

第一章　历史文献学的产生——先秦时期

第二章　历史文献学的形成——两汉时期

第三章　历史文献学的发展——魏晋至宋元

第四章　古典历史文献学的高峰——明清时期

第五章　近现代的文献工作与文献学——“五四”以来的新时期

1990 年 12 月

商务版《史记教程》前言[①]

《史记》是中国古典文史名著，一部国学精品根底书，可以说是人人必读之书。20 世纪初，倡导新史学的思想大家梁启超十分推崇《史记》。后来他走上讲堂就曾向学生宣讲过《史记》，并倡言大学课堂应有《史记》的一席之地。20 世纪 30 年代，陈垣开设"中国历史名著选讲"，即后来的《中国历史文选》课，《史记》是一部重要的讲读书。20 世纪 80 年代以来，《史记》研究步入黄金时代，研究队伍迅猛发展，研究成果以加速度的趋势递增。据不完全统计，1980 年以来，近 30 年间，全国报刊发表《史记》论文 3000 余篇，出版《史记》论著 153 部，论文、论著作者达 2000 余人，真是盛况空前。[②] 许多高校开设了《史记》课，有的高校还成立了《史记》研究室。培养《史记》研究生。例如国家人文社会科学重点科研基地北京大学中国古文献研究中心就培养了多位《史记》研究博士生。在如此形势下，却没有一

① 《史记教程》，张大可组织、策划、统稿，中国史记研究会编。安平秋、张大可、俞樟华为主任编委。初版于 2002 年华文出版社出版。2011 年商务印书馆出版修订本。此为商务版前言。

② 这里所列当代《史记》研究各项数据，为本书此次重印统计的数据，截至 2010 年。本书第一章导论三表所列数据截至 1998 年。

本通用的“史记”课教材。若干高校开设“史记”课，大体均采用开课教师的个人论著，或选讲若干《史记》篇目，百花齐放，没有规范，这一现状必须改变。

2001年4月，全国30余所高校和研究单位50余位《史记》研究学者在无锡江南大学聚会，成立了中国史记研究会，加强了《史记》研究学者之间的交流，有力地推动了《史记》研究的发展。同时，规范“史记”课教学，协作编写一部“史记”课的通用教材提上议事日程。《史记教程》就是由中国史记研究会发起组织，在2002年推出的普通高校专修课选修教材。参编教师一致认为，讲课可以百花齐放，专题选修课本身就具有学术探索的任务与义务，主讲教师可以充分发挥自己的学术见解，畅抒自己的一家之言，并且鼓励学生独立思考，在教学中展开讨论，培养和锻炼新人，推动《史记》研究向前发展。但是编纂一部阐述“史记学”基础理论，反映学术界研究现状与研究水平的通用教材，指导学生阅读，启迪学生思维，给开课教师提供一本教学参考书很有必要。而且通过协作编写教材，加强学术交流，集思广益，互相借鉴教学经验，无疑也是很有意义的。《史记教程》就是在这样的背景下应运而生的。因此本书的出版，有利于推动教学交流，有利于《史记》的普及，这是不言而喻的。

本版《史记教程》全书分为两个部分。第一部分“史记通论”，第二部分“史记选读”。本版的创作队伍包括了28所高校31位学者，可以说阵容整齐，汇聚了当代《史记》研究的骨干与精英，是当前《史记》研究学术水平的一次检阅和标志。应该说这是一部较好的教材和可资阅读的好书。

学术的生命力就在于有争鸣，有争鸣才能不断地探索与开拓。因此，许多学术观点是不可能统一的。例如司马迁的生年就有王国维和郭沫若两大家考证的不同观点，《史记》研究界习惯称王说、郭说。本书参编的作者，赵生群等教授支持郭说，张大可、安平秋、俞樟华等教授支持王说。再如司马迁的历史观，有人说是朴素唯物史观，有人说是唯心史观，或二元论史观；司马迁的天命观，有人说司马迁不信天命，有人说司马迁时而相信、时而否定。如此等等，不一而足。但一部通用教材，不是百家争鸣的阵地，它要选取一个主流的说法，才能有条理地叙述。本书由安平秋、张大可、俞樟华三人共同任主编，不言而喻，三位主编要协同一致，对争鸣问题所选取的说法很自然地要受自己的思维的局限。但主编也不能固执己见，尽可能在有条理的叙述当中介绍各家观点，作为学术信息归纳、总结，提供进一步讨论。交代这一点，便于各位教师在采用本教材时，可以在课堂上自由发挥，可以对本教材提出商榷，这是很正常的。也就是说，持不同观点的教师，不会受本教材论述的局限，对这一点，高校学生以及广大读者也自然理解。本书第一版只有上编通论，没有选文，于2002年由华文出版社出版，经过近10年的试用，受到学术界的关注，重印了两次。为了本书能够得到持续的发行，并提高它的权威性，编委会对全书做了重新校阅，按第一线教学实践教师的意见，增加了下编的选文，交由商务印书馆出版发行，以保证各高校开课用书。编委会也作了调整，由全书作者组成编委会，题署为中国史记研究会编，这是撰写本教材的初衷，由中国史记研究会来推广。全书作者均是“中国史记研究会”的成员，近半数作者是学会领导，会长、副会长、秘书长都身体力行。常务副会长张大可教授担任策划、组织、统稿。商务印书馆丁波副编审认真审读全书，提出许多问题与编委会商讨修正，体现了商务印书馆对这部教材的高度重视。

本书第六章第五节“《史记》与中国史学”，系采自华东师范大学法政系周一平教授的文章，征得本人同意，特以致谢。

西安著名书法家文则天先生为本书题名，值此出版之际，表示衷心感谢！

下附《史记教程》上编《史记通论》章题目录：

第五章　《史记》取材

第六章　创立纪传体通史

第七章　创立传纪文学

第八章　《史记》的语言成就

第九章　《史记》蕴涵的进步思想

第十章　《史记》题案与史公疏略

下编《史记》选读篇目：本纪、表、书、世家、列传，五体皆备，目录略。

编委会

2011年元月30日